普通高等院校工商管理类专业“十四五”规划系列精品教材

编委会

普通高等院校工商管理类专业“十四五”规划系列精品教材

- 2019年广东省本科高校教学质量与教学改革工程“法学重点专业立项建设”项目成果
- 广东省重点学科建设项目“重点培育学科—民商法学”（粤教研函〔2017〕1号）成果
- 广东省本科高校教学质量与教学改革工程建设项目“法学专业系列特色教材”（粤教高函〔2014〕97号）成果

企业法律实务

（第三版）

（3rd Edition）

谈　萧　主编

華中科技大學出版社
http://www.hustp.com
中国·武汉

内 容 提 要

本书围绕企业生产经营过程中的法律问题，从法律实务的角度予以全面阐述，具有如下特点。

第一，内容丰富。本书并未根据部门法意义的企业法体系安排教学内容，而是从法律事务处理和法律风险防控出发，全面解析企业设立、企业合同、企业竞争、企业担保、企业融资、企业诉讼、企业知识产权、企业劳动管理、企业国际贸易等法律问题。

第二，面向应用。本书秉承应用型人才培养的理念，不过多涉及理论争议问题，而较多涉及法律争议问题，通过典型的案例引导和案例分析来阐述相关知识点，通过技能训练、实践活动以及习题练习来提高学生处理企业法律实务问题的能力。

第三，适用面广。本书在清晰阐述相关法律概念和法律知识的基础上，力求行文流畅、通俗易懂，不仅能满足法学专业开展企业法律实务教学的需要，而且也能较好地满足经济管理类专业、行政管理类专业学生学习企业法律实务知识的需要。

图书在版编目(CIP)数据

企业法律实务/谈萧主编.—3版.—武汉：华中科技大学出版社，2021.1
ISBN 978-7-5680-4262-8

Ⅰ.①企… Ⅱ.①谈… Ⅲ.①企业法-中国-高等学校-教材 Ⅳ.①D922.291.91

中国版本图书馆CIP数据核字(2020)第249406号

企业法律实务(第三版) 谈 萧 主编
Qiye Falü Shiwu(Di-san Ban)

策划编辑：周晓方 兰 刚
责任编辑：殷 茵
封面设计：刘 卉
责任校对：张会军
责任监印：周治超
出版发行：华中科技大学出版社(中国·武汉) 电话：(027)81321913
武汉市东湖新技术开发区华工科技园 邮编：430223
录 排：武汉正风天下文化发展有限公司
印 刷：武汉科源印刷设计有限公司
开 本：787mm×1092mm 1/16
印 张：21 插页：2
字 数：495千字
版 次：2021年1月第3版第1次印刷
定 价：58.00元

华中出版

总序

General Prologue

从字面上看，企业行政管理是企业管理与行政管理相结合而产生的一个概念，但实际上并非如此。企业行政管理既非一般的政府行政管理，也非人们通常所理解的企业管理。一般人认为，行政管理就是公共行政管理，它是指国家行政组织或公共行政组织在宪法和有关法律的规定范围之内对国家和社会公共事务进行的管理活动。但企业行政管理不同于公共行政管理，它是指为保障企业经营管理目标的实现，由企业行政组织及人员按照既定的行政渠道，采取一定的行政手段，实施的事务处理、统筹协调、服务保障管理等保证企业经营活动正常开展的带有内部公共性的企业管理活动。两者在管理主体、管理依据和管理内容上都不同，但有共通的管理特性，如指令性、公益性、服务性、保障性等。

企业的行政管理体系是企业的中枢神经系统。它是以总经理为最高领导，由行政副总分工负责，由专门行政部门组织实施、操作，其触角深入到企业的各个部门和分支机构的方方面面的一个完整的系统、网络。行政管理体系所担负的企业的管理工作，是企业中除生产经营业务之外的管理工作。行政管理体系推动和保证着企业的技术（设计）、生产（施工）、资金（财务）、经营（销售）、发展（开发）几大块生产经营业务的顺利、有效进行和相互之间的协调。

行政管理工作在其广度、深度、重要性及敏感性等方面都不同于企业其他方面，也不同于政府机关的行政管理，具有一定的特殊性。在一个企业中，行政管理工作的水平直接影响着企业的生产经营，决定着企业未来的发展前景。企业行政管理工作的广度涉及一个企业的全部运作过程，其深度又涉及许多局外人难以想象的细枝末节。可以说，企业行政管理是企业的中枢神经，是企业内外上下沟通协调的桥梁和纽带。建立高效的企业行政管理体系，提升企业的核心竞争力，是现代企业最为关注的问题之一，也是中国企业管理向高层次、高水平发展的瓶颈问题。因此，在现代企业中，行政部门是企业重要的管理部门。做好行政管理工作是企业有效运转的重要前提，也是经营者提高企业管理水平的一个切入点。正因为如此，企业行政管理工作越来越成为政府、企业、学界、社会等主体关注的热点问题。

在国外，企业（商业）行政管理早已为社会各界所重视，专业学历教育和职业教育已形成完整的体系。20 世纪 60 年代，西方发达国家和多数发展中国家开始重视教育培训的投入，但随着新技术的突飞猛进、产业结构的急剧变化，以及经济竞争的大大加剧，在教育与经济的关系上，世界各国都面临着一个共同的问题：如何促进教育培训与生产相结合、与产业相结合，为企业服务、为社会经济发展的需要服务。于是，英国政府提出了“为了成功的未来而开发技能”的国家教育培训目标，NVQ(national vocation qualification)国家职业资格标准体系随之产生并开始在所有英联邦国家推行，这是20世纪英国教育培训与鉴定考试制度最重大的一次革命，并对世界范围内的教育培训模式产生了巨大影响。

NVQ体系已是全球100多个国家共同认可的国际标准。参加NVQ国家级企业行政管理职业资格认证成为现代企业行政管理人员追求的目标。获得行政管理资格认证的人员，成了当今企业竞相争夺的稀缺人才资源。

早在1997年，为了适应中国加入WTO后企业对高级行政管理人才的需求，满足国际职业对高级行政管理人才的需求，培养与国际职业标准相接轨的专业人才，国家劳动部（现为人力资源和社会保障部）职业技能鉴定中心(OSTA)参照英国国家职业资格NVQ证书体系，推出了中英合作的NVQ企业行政管理职业资格证书。并先后在北京、天津、广东等地设立了16家考证中心，每年进行4次考试。主要知识内容有：设备、材料、服务和供应，工作环境的创建和管理，程序、信息和交流，组织效率和个人效率，商务会议、商务活动和商务旅行等。2001年7月，我国第一批考生通过考试拿到了NVQ证书。该证书由执行单位——国家劳动和社会保障部（现为人力资源和社会保障部）职业技能鉴定中心和英国伦敦工商会考试局(LCCIEB)联合签发，是在全国范围内通用的国家级职业资格证书，其国际职业标准为三资企业所青睐，是总裁助理、行政总监、办公室主任、行政经理等行政管理人士专业能力提升的最佳选择，也是体现求职者能力的“就业通行证”。

20世纪80年代初，跨国企业集团进入中国这块神秘的土地。为了站住脚，他们花了上千万美元，请咨询公司和中国人一起搞了一套适合中国国情的管理模式，即A管理模式。这是企业内部的行政管理模式（包括预算计划系统、组织系统、企业文化系统、垂直指挥系统、横向联络系统、检查反馈系统、招聘任用系统、培训系统、激励系统等九大系统），源于跨国集团与国际接轨，诞生在中国大地，具有显著的中国特色。1997年10月25日，中国企业管理协会召开论证会，与会的国家经贸委、体改委的官员和部分专家学者对A管理模式给予了充分肯定。A管理模式构建了一个企业行政管理平台，简称“经理ABC”：企业必须建立在利益分配系统和权力分配系统两大基础上，这是根本制度——企业的行政管理模式(administration)。A管理模式阐述的就是企业行政管理模式和经理人应具备的企业行政工作能力，也就是掌权的能力，这是经理的第一专业。掌权是为了什么？不是为了个人，而是用手中的权力经营(business)企业，使企业赢利；控制(control)企业，让企业安全。这就是“经理ABC”。为什么有的老板尽管很敬业，但企业仍然混乱不堪？为什么有的企业生意兴隆，合同一单又一单，但见不着利润？为什么有的老板不断给员工涨工资、发奖金，但还留不住人才？原因在于企业的根本制度不科学、不公正，企业的经理只懂业务，不擅行政。A管理模式认为，企业发展必须伴随制度建设，建立自己的管理模式。有了科学的模式，就有了优秀的遗传基因。有了一批善于“掌管行政权”的经理，就有了“传教士”。依托配套的电脑和网络，企业就有了执行能力和控制能力；依托统一的教材——“圣经”，企业就有了繁殖能力，就可能成为一代企业帝国。A管理模式为我们描绘了一个企业行政管理工作的蓝图，虽然不一定能被大家完全接受，但它是建立有中国特色的企业行政管理模式的富有成效的一次探索，也提出了一个重要而紧迫的课题，期待专家、学者去破解。

在企业管理实践中，由于行政管理工作涉及面广、综合性强，行政管理人员要有较宽的知识面和较高的理论水平、政策水平、专业水平、专业技能。因此，企业行政管理人才培养与工商管理专业人才培养并驾齐驱，需要有从大专、本科到研究生各层次的人才培养学历教育体系作为支撑。目前，国内在学历教育方面，已有不少本专科院校开设了企业行政管理专业或企业行政管理方向，一些高校如清华大学、北京大学还开设了行政管理专业（企业行政管理方向）研究生课程进修班，为企业培养高层经理人。不过开设的课程，受到工商管理和行政管理专业的影响，没有很好地进行课程模块设计，本专科教育基本上是工商管理专业课程，研究生教育又主要是行政管理专业课程，没有体现企业行政管理专业的特性和教育需求。

企业行政管理专业需要一定的行政管理和工商管理专业知识作支撑，但不能替代企业行政管理专业核心知识的功能。因此，需要考虑国外已有教育经验和中国国情，研究开发出有中国特色企业行政管理专业教育项目，特别是构建有中国特色的企业行政管理知识体系和学历教育专业课程体系。国内较早关注企业行政管理专业高等教育的黄安心教授积极推动该项建设工作，做了大量的前期准备。在华中科技大学出版社和有关专家的指导下，我们组织一批有相关学科、专业长期教学与实践经验的专家编写了这套“全国高等学校应用型人才培养系列规划教材”，包括《企业行政管理概论》、《现代企业组织管理》、《企业公关与策划》、《企业文书与档案管理》、《企业法律实务》、《企业品牌与文化》、《企业员工管理》、《企业管理信息化》、《企业后勤管理实务》、《企业经济信息与运用》等十本专业核心课程教材，以满足广大师生对相关教材的迫切需要。

随着我国社会发展和政治经济体制改革的深化，对公务员队伍素质的要求越来越高，行政管理专业本科毕业生在政府部门的就业机会有减少的趋向。行政管理专业专科毕业生由于公务员入门本科“门槛”的要求，基本上只有选择读专升本继续深造或选择非公务员职业。很显然，我们的行政管理专业教育只盯住公务员职业或只选择公共行政管理教育方向多少是有点不合时宜的。如果继续原有的以培养公务员为目标的行政管理专业教育模式，不但脱离实际，而且人为地造成大量行政管理专业学生就业困难。而另一方面，现代企业需要大量的受过专业教育的企业行政管理人才却得不到满足。事实上，从一般意义上讲，只有从事专业对口的工作，才更有可能找到职业感觉和实现职业发展目标，实现人生价值。企业行政管理专业又何尝不是如此呢？可以说编写这套教材是适应现代企业发展、企业行政管理实践和企业行政管理人才培养需要的创举。

考虑到应用型人才的培养需要，本套教材在编写体例上尽可能考虑职业素质和职业技能的人才培养目标需要和人才规格要求。在课程知识和内容组织上，强调以知识学习的项目管理为范式，以岗位工作任务为中心，以流程（过程）和方法为逻辑线索，以环境变化为权变因子，以恰当的知识呈现和教学方式方法，实现教学目标。

这套教材的突出特点如下。

第一，基础性。主要考虑国内目前此类教材稀少，成套性和基础性成为本套教材的重要编写方针，以使其成为企业行政管理系列教材的母版，起到抛砖引玉的作用，为此类教材建设做好基础性工作。

第二，创新性。本教材的科目设计及知识体系选择，既考虑国外的经验，又考虑中国国情，突出了中国企业行政管理体制、企业行政模式与企业文化特色的要求，引进、继承和发展并重，力求形成有中国特色的企业行政管理知识体系和专业教育特性。

第三，应用性。教材以解决现代企业行政管理人才培养的重点、难点问题为己任，突出对企业行政管理实践问题的回应，强调专业素养和专业技能的培养，实现知识体系模块化以及项目管理化、任务化。设计有案例引导、案例分析、技能训练、实践活动等栏目。

第四，现代性。教材吸收一些长期从事远程教育、成人教育的专家参与，不但更好地结合企业实际开展教学，而且能够运用现代远程教育技术、信息技术、网络技术，开发网络课程，实现在线支持服务，为本地求学者解决工学矛盾，实现终身学习、持续发展的人生目标。

丛书编委会
2020 年修订

第三版前言

本书自第二版修订以来，涉及企业法律实务的民商事和经济法领域的相关法律修订频繁，加之第二版印刷库存也告罄，故有必要启动一次全面的修订。本次修订不仅针对法律修改对全书内容进行了修改，而且还对案例、习题等进行了更新，以反映最新法律实践。

本版各章修订及撰稿的作者分别是：

第一章、第二章、第八章第二节、第十章，谈萧（法学博士、经济学博士后，广东外语外贸大学广州绿色发展法治研究中心、法学院教授，执业律师）；

第三章，周汉德（法学硕士，广州大学松田学院副教授，执业律师）；

第四章，李华武（法学博士，广州航海学院海商法研究中心副教授，执业律师），该章全部重新撰稿；

第五章，廖原菲（法学硕士，广州大学松田学院讲师，执业律师）；

第六章，邱冬梅（法学硕士，广州大学松田学院讲师，执业律师）；

第七章，余彦（法学博士、博士后，广东外语外贸大学广州绿色发展法治研究中心、法学院副教授）；

第八章第一节、第三节，张海龙（法学博士，广东海洋大学法政学院讲师）；

第九章，方元（法学硕士，广州大学松田学院讲师，华南师范大学法学院兼职硕士生导师，执业律师）。

全书修订由谈萧负责确定修订体例，并负责修订后全书内容的重新审定。

限于学识，书中难免尚有错漏之处，恳请读者诸君指正。

作者
2020 年 11 月 16 日于广州

目录

Contents

第一章　企业法律实务概述

学习目标

了解企业的法律概念和法律特征，了解企业的法律形态，理解法律对于企业的重要性，了解与企业密切相关的法律，理解企业法律风险的特征、成因、表现形式，了解企业法律风险防范与控制的原则与体系，了解企业法律事务的基本特点、基本内容，理解企业法律事务的基本功能，了解企业法律事务的工作模式，能够正确区分各种类型的企业及其法律特征，能够根据企业法律风险提出相应的防范与控制措施，能够根据企业经营状况设计企业法务工作模式和管理制度。

第一节　企业的法律界定

案例引导 1-1

企业法律形态选择不妥的巨大风险

H集团公司是一家专门生产农用机械等产品的知名企业，年销售额达20亿元，是中国民营企业五百强、农机行业十强企业，且连续多年保持大幅度增长，在行业内赫赫有名。但就是这样一家实力雄厚、发展迅速的企业却曾由于与他人在合作中选择企业法律形态不妥，导致官司缠身！

2006年，H集团公司为开拓北方市场，与河南洛阳T公司进行了多次洽谈，确立了由双方共同合作，在洛阳设立生产、销售基地的意向。在该基地的设立形态上，有人提出了借用H集团公司在业内的知名度，设立“H集团公司洛阳分公司”（以下简称洛阳分公司）的主张，H集团公司觉得有利于市场开拓，予以同意。

2006年7月，双方签订了关于设立洛阳分公司的协议书，约定由H集团公司提供生产设备、图纸并委派生产专业技术人员，同时提供配件，T公司则提供厂房与流动资金，共同生产农用机械。协议书中，还确定T公司全权负责洛阳分公司的经营并承担全部盈亏。协议书签订后，H集团公司按约定拉去了生产设备、委派了技术人员、提供了图纸与配件，T公司也负责生产出了部分产品并销售，T公司法定代表人还掌握了洛阳分公司印章等全部相关资料。

但是双方的合作并不顺利。T公司在掌管洛阳分公司期间，由于资金不足，经常拖欠技术人员工资，导致技术人员不愿去洛阳而纷纷返回。同时，由于H集团公司注重质量，对不符合要求的产品严格把关，不发放合格证明，使得T公司不满。而T公司拖欠应付给H集团公司的配件款、绕开H集团公司私下销售产品回收销售款、违规开具发票等行为，更使得双方矛盾升级。

2007年，T公司法定代表人因拖欠与H集团公司有关联的他人巨额债务被起诉，多处财产被查封。10月，T公司突然在洛阳起诉H集团公司，要求H集团公司赔偿其在洛阳分公司的投入等160余万元；不久，又另案再次起诉H集团公司，要求支付洛阳分公司经营期间应付给其的货款160余万元。更为蹊跷的是，T公司法定代表人名下的另外一家Y公司，还突然拿着一张与洛阳分公司签订的供货合同，要求H集团公司与洛阳分公司支付货款近100万元。连续起诉的三案均通过法院进行了诉讼保全，H集团公司账上400多万元现金被查封，多个银行账号被冻结。T公司甚至还以支付劳动报酬为由，申请法院先予执行了H集团公司40余万元。一时间，H集团公司上下风声鹤唳。

H集团公司发现，所有案件中，都有洛阳分公司加盖公章或合同章的文件，被T公司或Y公司用作关键证据。尤其是Y公司一案中，H集团公司对所谓的洛阳分公司与Y公司签订的供货合同一无所知，而合同约定的货物价格却远远高于市场价。进一步调查发现，该份盖有分公司合同章的供货合同，很可能是诉讼之前才新鲜出炉的！也就是说，由于T公司法定代表人掌管了洛阳分公司的印章，像Y公司这样的诉讼，几乎随时可能冒出来，而依据法律，H集团公司却不得不无止境地承担洛阳分公司的债务！

H集团公司向律师求助，在律师的建议下，立即向警方报案。同时，律师还建议H集团公司对T公司提出反诉以及另行提起民事诉讼。然而，由于双方协议共同设立洛阳分公司并由T公司负责经营的事实，很多证据无法取得。而且，基于T公司的现状，即使最终胜诉，损失可能也难以挽回。最后，在各方压力以及律师的沟通协调下，T公司终于主动要求和解，H集团公司为避免更大经济损失和讼累，在同意给予T公司90余万元补偿的基础上，与T公司达成了和解协议，终止了洛阳分公司的经营。

本案中，最关键的是合作双方如何选择合作经营的实体形态。任何经济上的合作都可能产生矛盾，而H集团公司之所以在矛盾爆发后陷入被动，根源不在于矛盾的本身，而在于合作的方式或者说企业法律形态的选择。企业法律形态的选择，是牵涉到经营、管理与风险控制的综合考虑。如果选择不当，就会对企业的经营管理和发展不利，甚至如本案一样，给企业投资者带来巨大风险和损失。

一、企业的法律概念

在经济意义上，企业通常是指把人的要素和物的要素结合起来的，自主地从事经济活动的营利性组织。企业是生产、流通、服务等经济活动的重要参与者。企业同时也是一个社会组织，构成一个社会单元，为其成员和员工提供一种社会活动的空间。

在法律意义上，企业这一概念也有明确的界定。从法律角度看，企业是指依法成立并具有一定的组织形式，以营利为目的，专门从事商业生产经营活动和商业服务的经济组织。在现实社会中，企业总是作为法律关系的主体或客体，存在于一定的法律框架之中，受到法律的调整。

二、企业的法律特征

企业的法律特征体现在以下三个方面。

（一）组织性

企业由一定的人和物的要素联合而成。企业的组织性在法律上主要体现为法律通常会视其为一个法律主体，要求其有自己独立的名称、组织章程、组织机构。企业的组织性还意味着企业具有独立或相对独立的法律人格，可以自己的名义签订合同，对外进行经营活动，以自己的名义起诉和应诉，在财产和责任的承担上也表现出相对的独立性。

（二）营利性

企业是一种营利性组织，这包括营利性和营业性两个方面的含义。营利性是指企业是一种以营利为目的即将企业利润分配给其成员的社会组织；营业性是指企业是一种持续从事营利活动的社会组织。企业的存在和发展通常以实现投资者投资利益最大化为原则，并在其存续期间始终开展营业性活动。具有法人资格的企业，属于我国民法上规定的营利性法人，即不仅从事营利性事业，而且还向其成员分配利益。

（三）法定性

企业只有具备法律规定的设立条件，按照法律规定的程序合法设立，才能受到国家法律的认可和保护。企业的法定性还意味着企业必须依法选择其组织形式。企业只能在法律规定的范围内选择自己的组织形式，而不能超越法定范围自定组织形式。

三、企业的法律形态

（一）个人独资企业、合伙企业与公司

在法律上，企业有其法定类型。企业的法定类型具有法律的约束力和强制性。全世界企业标准的法律分类是按组织形式，将企业分为业主制企业（独资企业）、合伙企业和公司。我国已颁布《个人独资企业法》、《合伙企业法》和《公司法》。因此，目前我国企业法定类型也主要是个人独资企业、合伙企业和公司。

个人独资企业是指依照《个人独资企业法》在中国境内设立，由一个自然人投资，财产为投资人个人所有，投资人以其个人财产对企业债务承担无限责任的经营实体。

合伙企业是指依照《合伙企业法》在中国境内设立的由各合伙人订立合伙协议，共同出资、合伙经营、共享收益、共担风险，并对合伙企业债务承担无限连带责任（有限合伙企业的有限合伙人除外）的营利性组织。

公司是指依照《公司法》在中国境内设立的有限责任公司和股份有限公司。有限责任公司是指每个股东以其所认缴的出资额对公司承担有限责任，公司以其全部资产对其债

务承担责任的企业法人。股份有限公司是指公司资本为股份所组成的公司，股东以其认购的股份为限对公司承担责任的企业法人。

根据控制与被控制关系，公司可分为母公司与子公司。母公司是指通过持有其他公司一定比例的股票或资产，从而对其拥有实际控制权的公司，所以亦称为控股公司。受母公司控制、支配的公司叫子公司。母公司与子公司都具有独立的法律地位。

根据管辖与被管辖关系，公司可分为总公司与分公司。如果在一个公司内部采取设立分支机构的管理方式，其分支机构就是分公司，而负责并掌管整个企业经营、资金调度、人事安排等重大经营管理活动的总机构是总公司。分公司作为总公司所管辖的分支机构，在法律上没有独立性：分公司一般没有独立的公司名称和章程；分公司不具有独立的资本，不是独立核算的纳税主体；分公司对外不独立承担民事责任。

（二）法人企业与非法人企业

为了便于法律适用，按企业是否具有法人资格为标准，还可以将企业划分为法人企业和非法人企业两大类。

具有法人资格的企业为法人企业。法人企业具有独立于投资者的法律人格，投资者只以其出资或持有的股份为限对外承担债务责任，典型的如有限责任公司、股份有限公司。

不具有法人资格的企业为非法人企业。非法人企业没有独立于投资者的法律人格，投资者对企业债务要承担无限连带责任，典型的如个人独资企业、普通合伙企业。

（三）国有企业、集体企业与私营企业

在改革开放之前，我国曾长期按所有制形式进行企业立法、划分企业类型。我国目前的企业立法中仍然存在按所有制形式的企业立法。按照所有制形式的不同来划分，企业的法律形态有国有企业、集体企业和私营企业。

国有企业即全民所有制企业，是指所有权为国家所有，依法登记注册，自主经营、自负盈亏、独立核算的生产经营组织。国有企业具有法人资格，以国家授予其经营管理的财产承担民事责任。国有企业财产属于国家所有，对国家负责，经营目标是确保国有资产保值增值。

集体企业即集体所有制企业，是指所有权属于人民群众集体所有，依法登记注册的生产经营性组织。

私营企业是指生产资料属于私人所有，依法登记注册的生产经营性组织。由于私营企业的所有权属于私人企业主，其资金规模一般不大。

（四）外商投资企业与内资企业

这是根据企业资本来源进行的企业形态的划分。外商投资企业是指企业资本来源于境外的企业，内资企业则是指企业资本来源于境内的企业。我国在改革开放初期，为了吸引外资，对境外资本设立的外商投资企业进行了法律划分，按照这一划分，外商投资企业包括中外合资经营企业、外商独资企业、中外合作经营企业，亦即通常所说的“三资企业”。调整“三资企业”的主要法律分别是《中外合资经营企业法》、《外资企业法》、《中外合作经营企业法》。为了推动形成全面开放的新格局，这三部法律已被 2019 年 3 月 15 日十三届

全国人大二次会议表决通过、自2020年1月1日起施行的《外商投资法》废止。根据《外商投资法》，外商投资企业是指全部或者部分由外国投资者投资，依照中国法律在中国境内经登记注册设立的企业。

尽管《中外合资经营企业法》、《外资企业法》、《中外合作经营企业法》已被废止，但《外商投资法》同时规定：本法施行前依照《中外合资经营企业法》、《外资企业法》、《中外合作经营企业法》设立的外商投资企业，在本法施行后5年内可以继续保留原企业组织形式等。具体实施办法由国务院规定。2019年12月12日国务院颁布、自2020年1月1日施行的《外商投资法实施条例》规定：《外商投资法》施行前依照《中外合资经营企业法》、《外资企业法》、《中外合作经营企业法》设立的外商投资企业，在《外商投资法》施行后5年内，可以依照《公司法》、《合伙企业法》等法律的规定调整其组织形式、组织机构等，并依法办理变更登记，也可以继续保留原企业组织形式、组织机构等。自2025年1月1日起，对未依法调整组织形式、组织机构等并办理变更登记的现有外商投资企业，市场监督管理部门不予办理其申请的其他登记事项，并将相关情形予以公示。

因此，在一段时间内，我国仍然可能存在前述三资企业的法律形式。我们仍有必要了解中外合资经营企业、中外合作经营企业和外商独资经营企业这三种外商投资企业法律形态。

中外合资经营企业是由外国投资者和中方投资者，依照中国的法律和行政法规，经中国政府批准，设在中国境内，由双方共同投资，共同经营，按照各自的出资比例共担风险、共负盈亏的企业。中外合资经营企业一般采取股权式方式组成，其组织形式多为有限责任公司。

外商独资经营企业亦称外资企业。它是指外国的企业、其他经济组织或者个人，依照中国的法律和行政法规，经中国政府批准，设在中国境内，全部资本由外国投资者投资的企业。

中外合作经营企业是指契约式的中外合营企业，它是由外国企业、其他经济组织或者个人同中国的企业和其他经济组织，依照中国的法律和行政法规，设在中国境内，双方依据契约确定各自的权利和义务的企业。中外合作经营企业可以依法取得中国的法人资格，也可以不具备法人资格。具备法人资格的合作企业，一般采取有限责任公司形式，投资者以其投资或者提供的合作条件为限对企业承担责任；不具备法人资格的合作企业，合作双方依照中国法律的有关规定承担民事责任。

案例分析 1-1

同为企业，为何营业执照有区别？

大学生李红在实践调查时留意到，甲有限责任公司和乙个人独资企业的营业执照有所区别。甲公司营业执照为《企业法人营业执照》，乙企业营业执照为《企业营业执照》。她感到很不解，都是企业，为什么拿的营业执照不同呢？

为了理解和把握企业的特质与属性，可以从不同角度对社会上为数众多的企业进行划分。例如，按企业财产所有制划分有全民所有制企业、集体所有制企业、私营企业，按出资者的不同可划分为内资企业、外商投资企业等。世界上有代表性的国家对企业类型的法律划分主要是个人独资企业、合伙企业和公司，并把这三种企业类型视为企业的基本法律形态。我国按照财产的组织形式，将企业分类为个人独资企业、合伙企业和公司。

从这三种企业的法律身份上看，有限责任公司、股份有限公司是企业法人，具有法人资格，有独立的组织和财产，能独立承担民事责任。个人独资企业、合伙企业是非企业法人，不具有法人资格，不能独立承担民事责任，不能独立支配和处分所经营管理的财产。因此，上述案例中，甲有限责任公司是法人，领取的是企业法人营业执照，乙个人独资企业不是法人，所领取的是企业营业执照。

第二节　企业与法律

案例引导 1-2

纠结在友情与法律之间的创业

李先生和张先生是大学室友，也是铁哥们。毕业后，两人一致决定创业，并在双方父母的资助下，成立了一家经营轮胎汽配的有限责任公司。刚开始的几年，凭借着精准的眼光，他们的公司成长迅速。

然而，在经历了2008年的金融风暴后，公司业绩开始直线下滑。面对这一切，两个年轻人几乎愁白了头。他们多方求教，并最终决定通过融资一途，挽救公司堪危的命运。可这样一家资历不深，又危机重重的公司能得到什么投资？到最后，只吸收了一些散碎的小股东。这时候，身为公司财务总监的张先生挺不住了。他的女儿刚刚出生，庞大的后续费用让他再也顾不上兄弟义气。他看准了风头正健的娱乐市场，在当地开设了一家夜总会。为了维持夜总会的正常运营，他几次增资，可资金还是不够。考虑再三，他决定从原公司退出，撤回自己先前投入的资金。

朋友的决定，让李先生觉得很难过，虽然他也知道张先生的撤资要求不合法，但公司的境遇不佳，他又怎能要求好友和自己一起继续赔本呢？无奈之下，他默许了对方的行为。但他提出，为了不造成股东间的恐慌，张先生撤资一事，必须悄悄进行。

然而，世间没有不透风的墙，事情很快就传开了。这些小股东知情后找到李先生，希望他能加以阻止。谁知李先生不但没阻止，反而口出恶言，怒斥这些人多管闲事。他指着其中最激奋的股东，骂道："你们喊什么啊，你们所有人加起来，不过占公司总股份的50%。我这个占了40%的都不说话，你们又为什么狗拿耗子？"

听到这里，原本叽叽喳喳的一群人你瞅瞅我，我瞅瞅你，悻悻然地离开了他的办公室。可事情没有就此结束，虽然他们也觉得公司是李先生的，但并不代表着他们会坐视张先生撤资，而默认钱打水漂的事实。他们三三两两聚到一起，向李先生提出撤资的要求，并接二连三地辞去公司的职务。

面对半个月之间空了一大半的办公室，李先生傻眼了。而更致命的打击接踵而至，看到股东们撤资，员工也陷入恐慌之中，纷纷跳槽。这让本就危机重重的公司陷入无法运营的局面。

这样的僵局让李先生感到无力极了，他要怎么做才能挽回劣势呢？

一、现代企业离不开法律

市场经济是建立在各市场主体相互平等的基础上的，各平等市场主体之间关系的调整主要依靠国家的法律法规，所以说市场经济就是法治经济。

随着我国市场经济体系和各项法律法规的日益完备，在企业的经营管理活动中涉及法律的事务越来越多，企业与法律的关系也日益密切。一些有远见的企业和企业家对企业的法律事务工作也格外重视。他们不仅聘请专业律师担任企业的法律顾问，甚至还成立专门的法律事务部门，聘用专业法律人员处理企业的法律事务，维护企业的合法权益。大量事实证明，企业的法律事务工作做得越好，企业经营、管理人员和员工的法律意识越高，企业越有可能正常、健康地发展，越可以避免法律纠纷和经济损失；企业越忽视法律事务工作，企业管理人员的法律意识越低下，企业的法律纠纷就越多，经济损失就越大。

二、企业法与企业法律实务

所谓企业法，是指调整企业在设立、存续、变更和终止过程中所发生的权利义务关系的法律规范的总称。企业法在企业法律实务中占据着非常重要的地位，企业的成立、变更、终止以及存续期间治理结构的运行情况，都与企业法有着密切的联系。然而，企业是一个开放的系统，企业的生存和发展需要与这个开放的系统相匹配的法律系统的支持。这就决定企业法律实务也是一个开放系统，它要求综合运用各种法律知识处理企业生产经营过程中面临的法律问题。

企业法主要调整企业组织关系，兼顾企业行为，大量的企业行为还需要民法、商法、经济法等法律规范来调整。因此，不能简单地将与企业有关的法律理解为企业法。在学习和从事企业法律实务时，不能也不会仅涉及企业法。

三、与企业直接相关的法律

如前所述，企业的日常生产经营活动很多方面都会涉及法律，几乎每一个法律部门都会与企业有关。但是，与企业生产经营活动密切相关的法律主要集中在民商法和经济法方面。

与企业生产经营活动直接相关的法律有：

（1）企业法类，包括公司法、合伙企业法、个人独资企业法、外商投资企业法、企业破产法等；

（2）交易法类，包括合同法、担保法、拍卖法、招投标法、电子商务法等；

（3）金融法类，包括商业银行法、证券法、保险法、票据法等；

（4）竞争法类，包括反不正当竞争法、反垄断法、价格法、广告法等；

（5）知识产权法类，包括著作权法、专利法、商标法等；

（6）劳动法类，包括劳动法、劳动合同法、社会保险法等；

（7）消费者法类，包括消费者权益保护法、产品质量法等；

（8）财税法类，包括企业所得税法、会计法等。

除了上述与企业密切相关的法律外，刑法、行政法、诉讼法等法律都会在企业生产经营中发挥着法律规范作用。

案例分析 1-2

企业电子商务会涉及哪些法律问题？

某企业拟通过电子商务来从事销售活动，该企业电子商务过程中会涉及哪些法律问题？

该企业在进行电子商务活动时，至少会涉及以下法律问题。

（1）合同法律问题。双方通过电子形式（E-mail、传真、电话或者网络电子表格等）签订了合同。双方发出要约、承诺后（一般还有讨价还价的过程，视为新要约），合同是否成立，是否生效，何时成立，何时生效。注意要保存好双方来往信件，如有严重纠纷还可申请公证，保全电子证据。违约行为要约定清楚，如果发生违约行为，如何处理，是支付违约金还是其他形式的赔偿。

（2）资信核实问题。一般电子商务双方不在同一地点，所以在签订合同前要确定对方的资信以及实力，保证对方是有交易资格的。一般通过查看对方营业执照、法定代表人身份证明等文件资料以确定对方真实客观存在并有资质。

（3）管辖法院问题。在签合同的时候一定要约定将来如果发生纠纷的处理方式以及管辖法院。如果是涉外电子商务，最好约定采用中国法律，由中国法院处理；如果是国内的，应约定由本企业所在地的法院管辖。

（4）知识产权问题。电子商务不可避免地涉及知识产权问题。电子商务活动中涉及域名、计算机软件、版权、商标等诸多问题，这些问题单纯地依靠加密等技术手段是无法得到充分有效的保护的，必须从法律的角度加以全面考虑。

（5）隐私权保护问题。电子商务既要保证信息公开、自由流动，又要防止滥用个人信息。所以企业要对收集、加工、储存和使用个人信息进行保护，防止因隐私权纠纷而阻碍企业电子商务的开展。

第三节 企业法律风险

案例引导1-3

水土不服的TCL并购

2004年1月,TCL多媒体(TMT)与法国汤姆逊达成协议,并购其彩电业务。7月,双方合资成立TCL汤姆逊公司(TTE)。通过此次并购,TCL集团想借汤姆逊的品牌、技术和欧美渠道,规避反倾销和专利费的困扰。但其当初"18个月扭亏"的口号并没有实现,反而连续两年报亏。2006年10月底,除OEM(代工生产)外,TCL不得不将其欧洲彩电业务砍掉。同一年,TCL集团又闪电般地并购了法国阿尔卡特的移动电话业务。结果,合资仅一年就以失败告终。

TCL两次并购案的失败,显示了并购筹划和并购整合的双重法律风险。当然,在收购汤姆逊、阿尔卡特的过程中,不能排除"国际化"的冲动因素,从而造成对市场趋势的误判。

因此,在并购筹划中应避免并购动机盲目、并购计划不合理、并购决策程序缺失的风险,保持并购决策的理性化。

此外,在并购之后,TCL集团出现亏损,很大原因是欧洲的员工、产品等各项运营成本较高,而各项整合又出现难以预料的障碍。因此,企业在并购时应提前对财务、技术、管理、品牌、文化、销售渠道、人力资源等进行有效整合,防止因"水土不服"而引发上述各项整合不利的法律风险。

一、企业法律风险的概念、特征与成因

(一)企业法律风险的概念

企业法律风险是指企业经营中疏于法律审查、逃避法律监管所造成的法律纠纷和涉诉给企业带来的潜在或已发生的经济损失。

纵观企业风险,无外乎商业风险和法律风险,而商业风险往往在一定程度上就是法律风险,或最终以法律风险的形式表现出来。法律风险已经成为企业最为常见、爆发率最高的风险之一,它给企业带来损害,有时令企业难以承受。面临法律风险已经成为企业走向失败的重要原因之一。

世界著名公司通用电气(GE)前首席执行官杰克·韦尔奇曾说:"GE业务我并不担心,我担心的是有人做了法律上愚蠢的事给公司声誉带来污点,甚至使公司毁于一旦。"从某种意义上讲,企业竞争力的一个重要方面,就是企业防范法律风险的能力。

(二)企业法律风险的特征

对于法律风险特征的把握,有助于我们准确认识法律风险。企业法律风险具有以下

特征。

1. 发生原因的法定性

企业违反法律规定或合同约定、侵权、怠于行使法律赋予的权利等，是导致企业法律风险发生的直接原因，这些原因都具有法定性。此处法定性的“法”是指广义上的法，不仅包括国内法和国际法，也包括作为当事人之间的“法律”的合同，还包括企业依法制定的内部规章制度。企业内部依据国家法律法规制定的规章制度，也是企业全体员工必须遵守的行为规范，如果企业员工不遵守企业内部规章制度，也将导致企业法律风险的发生。从企业外部看，国际范围内国与国或地区与地区之间引起的法律冲突，国内法律法规在立法上的不一致，以及执法环节上的不协调等，也都可能诱发和引起企业的法律风险。

2. 发生结果的强制性

如果企业的经营活动违反法律法规、合同约定或企业内部规章制度，或者侵害其他企业、单位或个人的合法权益，企业势必承担相应的民事责任、行政责任甚至刑事责任。而法律责任具有强制性，法律风险一旦发生，企业必然处于被动承受其结果的窘迫境地。企业发生法律风险的后果有时会十分严重，甚至可能是颠覆性的。一个官司打垮一个企业，多年的经营积累可能毁于一个法律风险，类似案例不胜枚举。

3. 发生领域的广泛性

企业的所有经营活动都离不开法律法规、合同约定或企业内部规章制度的调整，企业实施任何行为都需要遵守这些规定，它们是贯穿企业经营活动始终的基本依据。企业与政府、企业与企业、企业与消费者以及企业内部的关系，都要通过它们来调整和规范。因此，企业法律风险存在于企业生产经营各个环节和各项业务活动之中，存在于企业从设立到终止的全过程。

4. 发生形式的关联性

在企业风险体系中，许多风险并不是截然分开的，往往可能互相转化，存在交叉和重叠。法律风险与其他各种风险的联系最为密切，关联度最高。如企业发生财务风险、销售风险，往往也包含法律风险：2004 年底至 2005 年初的中航油期货投资风险，最后就转化为法律风险。法律风险是依据法定原因产生的，而遵守法律法规是企业在生产经营中最基本的要求，因此法律风险是企业风险体系中最需要防范的基本风险。

5. 发生后果的可预见性

法律风险是基于法定原因产生的后果，因此事前是可以预见的，可以通过各种有效手段加以防范和控制。从事企业法律实务在很大程度上就是对法律风险的防范与控制，而企业法律风险之所以可防可控，正是由于其具有可预见性的特征。

（三）企业法律风险的成因

企业法律风险的产生通常是由于企业外部的法律环境发生变化，或者由于包括企业自身在内的主体未按照法律法规、合同约定或企业内部规章制度有效行使权利、履行义务，而对企业造成负面的法律后果。

具体来看，企业法律风险产生的原因有很多，根据引发法律风险的因素来源，可以分为企业外部法律风险和企业内部法律风险。所谓企业外部法律风险，是指企业以外的社会环境、法律环境、政策环境等外在因素引发的法律风险。包括立法不完备、法律变迁、执法不公正、竞争对手或合同相对人的人为因素及不可抗力等。由于引发因素不是企业所能够控制的，因而企业不能从根本上杜绝外部环境法律风险的发生。所谓企业内部法律风险，是指企业内部管理、经营行为、经营决策等因素引发的法律风险。表现为企业自身法律意识淡薄、对法律环境认知不够、经营决策不考虑法律因素，甚至违法经营等。

企业法律风险的产生原因分析见表 1-1。

表 1-1 企业法律风险产生的原因

风险类别	产生原因	风险示例
违规风险	违反法律法规导致的风险	招投标违规 宣传违规
违约风险	合同当事人违反合同约定、不履行或不适当履行义务导致的风险	设备采购违约 技术服务违约
侵权风险	侵犯他人合法权益导致的风险	广告内容侵权
怠于行使权利风险	未及时或未适当行使法定权利或约定权利导致的风险	商标管理工作中怠于行使权利
行为不当风险	不属于上述四种情况，但基于法律原因，其行为可能给企业带来负面后果导致的风险	商业秘密保护不当 民事诉讼不当

二、企业法律风险的表现形式

企业法律风险的表现形式多种多样，主要分为以下几种。

（一）企业设立法律风险

企业设立是企业产生的起始，在此过程中会涉及一系列的法律问题，如果没有对涉及的法律问题予以及时解决，那么它必会在企业设立之后长期存在并影响企业，成为潜在的法律风险。设立阶段常见的法律风险有企业形态选择的法律风险、出资的法律风险、股东资格的法律风险、行为限制的法律风险等。其中最大的风险就是企业设立不成功，究其主要原因在于企业设立登记及设立必备条件上的生疏或疏忽。

（二）企业治理结构法律风险

“治理结构”一词是由美国经济理论界提出的。关于治理结构，我国《公司法》规定，公司经营活动的决策、执行和监督机构为公司最高领导机构。公司通过股东会、董事会、监事会三会之间的权力分立与权力制衡平衡公司内部不同利益主体之间的利益，并在组织制度上最大限度地保证公司的行为理性，避免和减少独断专行的决策给公司带来的损失，实现经济利益的最大化。公司章程是规范公司治理结构的纲领性文件。但是很多中国企业的章程都是照搬工商行政管理机关的范本，条款简单，公司决策、执行及监督的职责划分不明，缺乏可操作性，根本不能满足规范公司治理结构的需要，导致公司治理结构存在巨大的法律风险。

（三）企业经营法律风险

1. 企业债权债务法律风险

债权债务是指企业在生产经营过程中因发生购销产品、提供或接受劳务等业务而形成的应收应付。对债权债务的控制，实质关系到公司与客户、供应商合作关系的维护与利益调整。如果企业未对债权债务的管理给予足够的重视，势必造成企业死账、呆账的大量增加，从而制约企业的经营与发展。在对债权债务法律风险的防控中，企业应做好确切的记录，保证应收账款及时收回，尽可能缩短债权期限，合理确定债务规模，减轻债务负担，保证资金的正常周转。

2. 企业合同法律风险

合同法律风险是指在合同订立、生效、履行、变更和转让、终止及违约责任的确定过程中，合同当事人一方或双方利益损害或损失的可能性。合同作为一种实现合同当事人利益的手段或者工具，具有动态性，双方当事人通过合同确定的权利义务的履行，最终需要确定某种财产关系或者与财产关系相关的状态的变化，得到一种静态财产归属或类似的归属关系。而在实现最终的静态归属过程中，可能有各种因素影响最终归属关系的实现。当合同利益的取得或者实现出现障碍时，一种根源于合同利益的损失风险就展现出来。

3. 企业人力资源法律风险

在企业人力资源管理的各个环节中，从面试、录用、签订劳动合同直至离职，都有相关的劳动法律法规的约束。尤其是 2008 年 1 月 1 日实施的《劳动合同法》，对劳动合同的签订和履行作出了较大的调整。企业任何不遵守劳动法律法规的行为都会造成法律风险。人力资源管理的法律风险产生于劳动者与用人单位享有的权利和承担的义务之间的冲突，主要表现在劳动合同的履行、劳动关系的解除以及工资报酬、福利待遇、劳动保护等方面发生的纠纷。

4. 企业知识产权法律风险

随着国家对知识产权保护力度的加大，社会各界对知识产权保护意识的提高，知识产权纠纷案件日益增多。这类案件涉及的赔偿金额较高，往往给企业造成较大的经济损失。尤其是中国加入世贸组织以后，国内的知识产权立法与执法均必须达到《与贸易有关的知识产权协定》规定的最低标准，因此在越来越多的企业经营领域中，侵犯知识产权的风险可能决定着企业的存亡。

5. 企业财务会计及税收法律风险

财务会计制度是企业健康发展的必然要求。财务会计制度全面地揭示了企业资金运动的基本情况等经济信息，对组织企业资金运动、处理企业与各方面的财务关系起着重要作用，由其发生的法律风险影响重大。税收法律风险则指企业涉税行为引起的法律风险，包括偷税、漏税、避税等。企业财务会计及税收是整个法律风险防控中最薄弱的环节。

6. 企业诉讼法律风险

诉讼风险也是企业法律风险当中比较常见的风险。可以说，在法制越来越健全、人们法律意识越来越强的今天，企业的法律风险最终都有可能表现为诉讼风险。企业诉讼的结果将对企业的利益造成直接或间接的影响。企业诉讼涉及诉讼时效确定、调查取证、参加庭审、协调关系、申请执行等复杂过程，任何一个环节处理不妥，对案件的结果都将产生影响，从而导致对企业不利的后果。

三、企业法律风险防控原则与体系

（一）企业法律风险防控原则

企业法律风险的防范与控制应坚持全面原则、规范原则和动态原则。

1. 全面原则

企业法律风险产生于企业经营的各个环节，风险防范管理也要从其源头开始，在风险产生最初加以控制。法律风险防范机制要贯穿到经营管理的全过程和各个管理环节，嵌入适当、足量的风险控制点，实现全程监控、全程管理、整体把握。企业法律风险防范只有全员参与，才能筑起一道全方位的法律风险防火墙。

2. 规范原则

规范原则要求企业建立和优化企业法律风险控制的制度和规范，将风险管理纳入各项管理流程，形成系统化的制度体系，为风险防范与控制提供有利的内部制度环境。如搭建各项管理制度、重大决策法律论证制度、合同管理制度、招投标管理制度、知识产权管理制度、案件纠纷管理制度、授权委托制度等。

3. 动态原则

企业法律风险本身是一个动态的系统，随着法律环境的不断变化，新的风险种类、性质和表现形式不断出现。随着时间的推移，法律风险的影响范围和发生可能性也在产生变化，从而影响法律风险的排序。因此，企业法律风险控制应是不断动态更新的，应建立定期评估、调整更新的动态防控机制。

（二）企业法律风险防控体系

企业法律风险防控体系包括三个环节，即事前防范、事中控制和事后补救。

1. 事前防范

事前防范是基础。事前防范与事后补救相比，事后补救的成本高、效果差。事后补救不如事中控制，事中控制不如事前防范。事前防范就是企业自身的免疫系统，能够使企业法律风险防患于未然。因此，以企业的领导层、决策层的重视和支持为前提，要切实增强防范风险的意识。

2. 事中控制

如前所述，由于企业的运营是动态的，所以法律风险的存在也是动态的，对法律风险进行的防范与管理也应该是动态的。这就要在具体工作过程中进行有效的控制。比如，法律风险的过程控制是企业法律风险防范与管理工作的关键因素，它对有效控制法律风险、健全企业法律风险防范体系具有重要意义。

3. 事后补救

事后补救要主动。企业要主动开展司法救济和维权工作，控制和化解风险。在企业发生法律纠纷或企业合法权益受到侵害时，通过协商、调解、仲裁、诉讼等活动，依法维护企业的合法权益，可以最大限度地避免或挽回企业的经济损失。

案例分析 1-3

大数据行业的法律风险

2014年开始，在全国中小企业股份转让系统上市的一家大数据行业公司通过竞标的方式，先后与全国多家运营商签订正式的服务合同，为其提供精准广告投放系统的开发、维护。在提供软件服务的过程中，该公司相关人员获得了运营商服务器的远程登录权限，并于2015年开始，在明知不合法的情况下，将自主编写的恶意程序放在运营商内部的服务器上，偷偷“劫取”流量。当用户的流量经过运营商的服务器时，该程序就自动工作，从中清洗、采集出用户cookie、访问记录等关键数据，再通过恶意程序将所有数据导出，存放在该公司境内外的多个服务器上。该公司最终非法窃取用户个人信息30亿条，用于操控用户账号进行微博、微信、QQ、抖音等社交平台的强制加粉、加群、刷量等服务从而非法获利。

2018年7月24日，该公司发布公告称，公司法定代表人、董事周某某及监事黄某、梁某某及2名公司员工因涉嫌非法获取计算机信息系统数据罪，已于7月4日被绍兴市公安局越城分局刑拘。2018年8月14日，该公司再次发布公告称，上述人员已于2018年8月9日被绍兴市越城区人民检察院正式批捕。2018年8月30日，该公司发布公告称，公司拟于股东大会审议通过后10个转让日内向全国中小企业股份转让系统提交终止挂牌申请。警方表示，该公司犯罪嫌疑人未经公民同意而非法收集个人信息并进行精准营销的行为，不仅对用户构成民事侵权，还涉嫌构成侵犯公民个人信息罪。

第四节　企业法律事务

案例引导 1-4

美国制裁中兴事件

2016年3月，美国商务部对总部在深圳的中兴通讯股份有限公司实施出口限制措施，导致公司暂时停牌交易。禁运事件爆发后，在双方政府协调下，美国商务部给中兴颁布了临时许可证，从而保证中兴通讯可以正常采购美国元器件和软件。

2017年3月，中兴通讯因被控违反美国的制裁，同意接受处罚，支付11.9亿美元的罚款。2018年3月7日，中兴通讯主动向美国政府相关部门和监察官报告相关情况。3月8日，中兴通讯对相关在职员工发出惩戒信，并对扣减2016年奖金作出安排，将从2017年度的奖金中扣减。同日，中兴通讯主动向得克萨斯州北区美国地方法院报告相关情况。此后，在首席出口管制合规官和第二家律师事务所的建议下，3月12日，公司又聘请了另一家律师事务所开展并行调查。3月14日，中兴通讯对离职员工寄发惩戒信，表示将在中国法律允许的情况下进行应扣奖金的追索。3月16日，中兴通讯向美国商务部工业与安全局(BIS)就相关情况作了详细陈述并附呈公司已采取措施的证明文件。公司向BIS报告已安排启动了内部调查程序的情况，请求给予外部律师事务所45日以完成相关调查。

2018年4月15日，美国国家网络安全中心发出新建议，警告电信行业不要使用中兴的设备和服务。4月16日，BIS以中兴通讯对涉及历史出口管制违规行为的某些员工未及时扣减奖金和发出惩戒信，并在2016年11月30日和2017年7月20日提交给美国政府的两份函件中对此作了虚假陈述为由，作出了激活对中兴通讯和中兴通讯公司拒绝令的决定。美国商务部下令拒绝中国电信设备制造商中兴通讯的出口特权，禁止美国公司向中兴通讯出口电讯零部件产品。期限为7年。此外，BIS还对中兴通讯处以3亿美元罚款。这部分罚款可暂缓支付，主要视中兴在未来7年执行协议的情况而定。5月1日，中兴通讯发布公告称，公司收到BIS的指引，内容有关美国商务部接受并审议本公司提交的补充资料的程序。公司预计将按照上述程序向BIS提供资料。同时，公司将在必要的情况下考虑采取相关美国法律下可采取的行政或法律措施。公司股票将继续停牌。

2018年5月13日，美国总统特朗普发布推特："我和习主席正携手合作，为中国的通信巨头中兴通讯提供一条快速重返经营正轨的道路。(中兴受制裁)使得太多的工作岗位在中国流失了。我已经指示美国商务部尽快完成手续。"5月15日，美国商务部长威尔伯·罗斯表示，愿意尽快改变对中国手机制造商中兴通讯的销售禁令，此前一天特朗普表示，要求美国商务部帮助中兴通讯恢复运营。5月25日，美国商务部就解除对中兴公司的销售禁令通报美国国会：美国商务部拟有条件解除限制美国公司向中兴公司出售配件和软件产品的禁令。

2018年6月7日，美国商务部长罗斯接受采访时表示，美国政府与中兴通讯已经达成协议，只要后者再次缴纳10亿美元罚金，并改组董事会，即可解除相关禁令。

2018年6月19日，美国参议院以85∶10的投票结果通过恢复中兴通讯销售禁令法案。他们指责特朗普总统允许一家违反美国规定的公司继续营业，认为这将使国家安全面临风险。

2018年7月2日，美国商务部发布公告，暂时、部分解除对中兴通讯公司的出口禁售令。公告称：从公告发布之日起至8月1日，在有限条件下解除对中兴通讯公司的出口禁令。美国商务部公共事务总监丽贝卡·格洛弗表示，对中兴通讯的7年禁售令并未正式取消。这份公告的授权对象是已经与中兴通讯开展业务的公司，期限是1个月。这些公司销售给中兴通讯的产品必须用于以下方面。第一是支持现有网络和设备的持续运行，第二是支持现有的手机，第三是用于网络安全研究和漏洞披露，另外还有一个条件是交易资金必须在美国商务部授权的机构间转移。

2018年7月12日，美国商务部表示，美国已经与中兴公司签署协议，取消近三个月来禁止美国供应商与中兴进行商业往来的禁令，中兴公司将能够恢复运营，禁令将在中兴向美国支付4亿美元保证金之后解除。

2018年7月14日早间，中兴通讯在社交媒体上称：满怀信心再出发。与此同时，中兴总部的LED广告牌上也挂出了“解禁了！痛定思痛！再踏征程！”的标语。

就中兴被美国制裁事件，中国政府多次出面与美国交涉、斡旋。2018年4月17日，商务部新闻发言人指出，中方一贯要求中国企业在海外经营过程中，遵守东道国的法律政策，合法合规开展经营。中兴公司与数百家美国企业开展了广泛的贸易投资合作，为美国贡献了数以万计的就业岗位。希望美方依法依规，妥善处理，并为企业创造公正、公平、稳定的法律和政策环境。商务部将密切关注事态进展，随时准备采取必要措施，维护中国企业的合法权益。4月19日，针对中兴被美国“封杀”的问题，商务部新闻发言人表示，中方密切关注进展，随时准备采取必要措施，维护中国企业合法权益。5月4日，商务部新闻发言人应询答记者问时表示，在3日至4日举行的中美经贸磋商中，中方就中兴公司案与美方进行了严正交涉。美方表示，重视中方交涉，将向美国总统报告中方立场。

中兴事件尘埃落定后，中央广电总台国际在线发布评论称，中兴事件只是一起企业违规的个案，但中国政府出于以民为本的考虑，投入大量资源与美方严正交涉，终于换回了中兴一条活路。中兴犯错源于2010年，因为受到商业利益驱使，不惜涉险破坏与美方合作的基本规则，违反美国的法规，受到了商业交易规则与法律法规的惩罚。不过，中兴作为中国最大的通信设备上市公司，其生死存亡，关乎该企业8万职工、2万家庭的生计，也关乎产业链上下游上千家企业、数十万职工的前途命运，可以说关系重大。中国政府工作的出发点和落脚点都是为了人民，一家公司决策的错误不能累及广大无辜的员工和家庭，正是基于这点，中国政府投入了大量资源，从北京到华盛顿再到北京，与美方进行了多轮严正交涉，终于把中兴给救了回来。但这并不意味着：中国企业以后出了事都找政府来扛。国际市场做生意，讲究的是契约精神与规则法律，而不是政府的行政介入。中国企业这几年走出国门的越来越多，但出门在外，关键要靠自己把国际规则法律吃透弄明白，给自己撑起一把坚实的保护伞。国际企业就要有国际范儿，走出去就不能当“巨婴”。

一、企业法律事务的概念与特征

（一）企业法律事务的概念

企业法律事务是指企业在生产经营活动中与法律相关的事务，也就是需要法律知识处理的企业事务。

（二）企业法律事务的特征

企业法律事务具有如下特征。

1. 专业性

企业法律事务工作主要是基于法律、行政法规和法律原理开展的法律工作，具有很强的专业性。企业法律事务不仅包括管理合同，还涉及企业对内管理和对外经营行为的方方面面。企业的重要投资决策、重要经营活动、招投标、营销方案、广告宣传、人力资源管理等内容，都涉及法律事务。企业法律事务工作者必须具有足够的专业知识，从法律的角度为企业行为提供充分的法律可行性论证，防范和控制法律风险。

2. 管理性

企业法律事务工作不单纯是解决企业法律纠纷的行为，还是通过法律信息获取、决策、组织、控制和创新等系列行为来实现企业管理目标，并最终为企业营利目标服务。企业法律事务工作实际上是企业法律事务的管理行为，其重心在管理，而非法律。

3. 服务性

企业法律事务工作要能够为企业经营管理决策提供基于法律的专业意见，这就要求企业法律事务工作者必须具有强烈的为企业决策服务的意识。同时，企业法律事务工作者代表企业同企业客户、国家司法和行政执法部门接触，应该最大限度地维护企业利益。

二、企业法律事务的功能与内容

（一）企业法律事务的功能

1. 预防功能

企业法律事务工作主要以预防为主，以避免发生纠纷为目标，其次才是依法解决纠纷。预防功能决定了企业法律事务工作要以事前防范为主、事后补救为辅。

2. 挽救功能

在企业发生法律纠纷或合法权益受到侵害时，代理企业进行协商、调解、仲裁、诉讼等活动，依法维护企业的合法权益，避免或挽回企业的经济损失。

3. 教育功能

在处理企业法律事务时，通过向企业员工普及法律知识，增强其法律意识，使其能够自觉地遵守法律和企业规章制度，并结合实际工作运用法律维护企业合法权益。

（二）企业法律事务的内容

1. 管理视角的企业法律事务

1）企业领导重大决策过程中的法律事务

如企业的设立，投资项目的选择、谈判，重大经济合同的签订，企业的改制、上市，企业重大问题、突发问题的处理等。

2）企业经营管理过程中的法律事务

如企业规章制度的制定、劳动人事的管理、经济合同的管理、金融税收的处理等，均不同程度地涉及相关的法律问题。

2. 法律视角的企业法律事务

1）非诉讼法律事务

企业非诉讼法律事务主要包括为企业起草章程、合同、规章制度等法律文件，审查企业对外签订、出具的各种法律性文件，为企业其他部门提供法律咨询解答，为企业领导决策提供法律意见，参与企业与客户的谈判等。此外，还包括企业法制文化建设、普法教育等。

2）诉讼法律事务

企业诉讼法律事务主要包括作为企业代理人起诉他人、被他人起诉、成为案件的第三人、参与破产债权的申报等。值得注意的是，很多企业诉讼事务是非诉讼事务不完善的结果，企业诉讼事务与非诉讼事务关系密切。例如，公司股东之间发生纠纷而导致诉讼，就需要知道公司是如何组建的，特别是股东之间的权利义务是如何设定的，这些往往属于非诉讼法律事务的范围。非诉讼法律事务的很多操作方式对诉讼双方的权利义务有直接的影响。

三、企业法律事务的工作模式

（一）企业法律顾问模式

企业法律顾问模式，是指在企业内部设置法律顾问机构或者配备专职法律工作人员，以处理本企业法律事务的工作模式。我国企业从20世纪70年代末开始尝试建立企业法律顾问制度。这一尝试对实现我国企业管理的法治化经营作出了重大的贡献，但也一直存在一些问题，例如：企业法律顾问执业资格在社会上的认可度低，国家法律职业资格考试有取代企业法律顾问执业资格考试的倾向；主管部门不明确并且缺乏行业组织；执业人员缺乏向其他法律职业转型的制度设计，从业领域单一；专业技能距离专职律师有一定差距。

2014年，《国务院关于取消和调整一批行政审批项目等事项的决定》（国发〔2014〕27号）公布取消企业法律顾问准入类职业资格。原企业法律顾问职业资格证书不再实行注册管理。原有证书继续作为具有相应专业技术能力和水平的凭证，原有资格可继续作为聘任经济系列相应专业技术职务的依据。这意味着，企业法律顾问资格考试已被取消，担任企业法律顾问不再实行资格准入。企业法律顾问向社会律师和公司律师转型已是必然。

（二）社会律师模式

伴随中国律师制度改革的不断深入，绝大部分律师走向了市场。基于律师开拓业务的需要和企业自身发展的新形势，社会律师兼职担任企业法律顾问逐渐成为企业法律事务工作的一个模式。

社会律师兼任企业法律顾问，有其自身的优势。首先，社会律师以处理法律事务为其主要工作内容，无论是诉讼事务还是非诉讼事务，运用法律思维是工作的常态，法律技能整体上来说较为专业化。其次，律师事务所作为律师执业的单位，聚集了大量的优秀人才，有的律师事务所人数过百，法律资源丰富，能集思广益解决疑难复杂的法律问题。再次，由于工作的特点，律师长期与国家行政、司法机关打交道，积累了大量的社会资源，律师作为兼职法律顾问能有效整合各种资源，成为企业与国家之间的桥梁和纽带，为企业提供更加便捷优质的法律服务，这也是企业最为看重的地方。

但是律师与当事人之间基于委托合同关系，没有硬性约束机制，其工作质量很大程度上取决于律师自身的职业道德操守，其缺陷也是显而易见的。首先，外聘律师不可能全程深入参与企业经营管理活动，对各个环节的经营风险难以事前防范，因此常常充当"救火队"，企业也因此陷于被动，无法完全避免"法律陷阱"或争取更多权益。其次，律师受聘担任企业法律顾问的目的是扩大业务，如果遇到职业道德差的外聘律师，反而增加了企业的法律风险。个别律师损害企业利益的情况偶有发生，给企业发展造成了不良影响。同时，有的外聘律师由于不懂企业所经营的具体业务，提供的法律意见不一定完全适合企业需求。

（三）公司律师模式

公司律师模式是指执业律师以员工身份进入企业，组成专门的法律事务部门，全面处理企业各个环节的法务工作。2002 年 10 月，司法部印发《关于开展公司律师试点工作的意见》，该意见对公司律师的任职条件、职责、权利义务、管理机关等作出了规定。这标志着公司律师制度在我国的诞生。2018 年 12 月，司法部印发《公司律师管理办法》，规定公司律师是指"与国有企业订立劳动合同，依法取得司法行政机关颁发的公司律师证书，在本企业从事法律事务工作的员工"，并对公司律师的任职条件和程序、主要职责、监督和管理等作了详细规定；同时还规定探索开展民营企业公司律师试点的，参照适用该办法有关规定。这标志着公司律师制度在我国走向成熟。

公司律师模式相对于前两种模式，具有明显的优势。首先，在法律事务部门人员组成上，从主要负责人到骨干人员大多持有律师执照，全面专业的法律知识结构、丰富灵活的法律实践经验，是公司律师制度发挥作用的强大保证。相对于企业法律顾问，公司律师这方面的优势较为明显。其次，法律事务部门工作人员是企业的内部员工，对企业有深入的了解，给出的法律意见更加有效和实用；而且其工作不仅限于解决特定法律事务纠纷，更能参与企业生产经营管理全过程，并为企业提供全方位法律服务和法律风险防范指导。这种工作模式可以避免社会律师因是兼职而给企业法务工作带来的弊端。同时，相对于个别社会律师只重服务过程、不重结果的情况，公司律师对过程和结果都有较高的要求和更高的工作目标。

公司律师模式有其自身的特点和优势，但不是说任何企业都需要专职的公司律师，设立法务部门。大型企业的法律事务比较多，可设立公司律师和法务中心或法务部全面处理企业法律事务。中小型企业的法律事务比较少或者比较简单，可以在企业总裁办、总经理办或行政部下设法律事务室，主要办理一般企业日常法律事务工作和一些比较简单的法律事务工作，重大法律事务则宜委托律师兼职法律顾问办理。规模更小的企业，可以不设法律事务部门，而专门聘请律师作为兼职法律顾问，统一处理法律事务。对于一些风险较大的事项，比如土地交易、股权并购、上市融资等，可以考虑聘请社会专业律师，与之合作，优势互补，更好、更快、更全面地服务于企业。

案例分析 1-4

如何从企业法务上监督经理人

A公司为一家外商独资企业，其外资股东任命了中国人甲担任该独资公司的法定代表人及总经理，甲独立负责就公司的运营情况向外资股东汇报。公司一直处于发展相对稳定的状态。但是一个偶然的机会，外资股东发现公司的运作似乎正在出现一些问题，但又无法了解到详情。外资股东为查明事实，聘请了资信调查公司及律师事务所对A公司的实际运营情况进行相关调查，结果查明，甲某利用职务之便，不仅自己另行设立了与该外资股东经营同样业务的公司，还设立了其他性质的公司与A公司之间进行不平等交易，通过各种途径利用A公司的业务为自己营利。而在此过程当中，财务等工作人员都完全服从甲的指挥，外资股东几乎丧失了实际控制权。

很多企业投资者设立企业后，由于自身知识的局限性、精力的有限性、地域控制的难度等，往往需要从社会招聘经理人。然而投资者对经理人控制力较弱，在掌握、理解和处理信息方面处于劣势，不能对经理人实施有效监控，往往被该经理人牵着鼻子走。在英美公司法务实践中，有着大量的律师担任公司独立董事以监督经理人的范例。中国企业也可以考虑聘请律师担任独立董事，对公司的运营进行监控。

律师担任独立董事与担任法律顾问并非同一业务。律师担任法律顾问时仅为公司提供法律服务，而担任独立董事时却影响着公司的全盘发展。股东由于对市场环境及法律环境不了解，往往会存在一些决策上的错误。律师介入其中，以完全中立的角色来介入决策、监督，为公司的运营提出独立的观点。作为公司的外部人员，加之其职业本身的独立性与客观性的要求，律师可以站在专业的角度上，以不同于公司管理人员的思维方式来思考及解决问题，这至少为公司的常规经营提供了新的视角。而且，律师作为独立董事，在决策时将更中立、更客观，跳出公司内部人员因自身利益倾向而作决策的范畴，作出独立客观的判断。律师的行为必须遵守《律师法》、《律师执业行为规范》、律师事务所内部执业规定的要求，律师违反执业操守的行为，必然会受到相应的处罚，这就决定了律师担任公司独立董事的可信赖程度和其他人员所不具备的职业道德优势。

本章小结

本章是学习企业法律实务课程的入门章节，主要介绍企业法律实务的一些基础知识。包括企业概念在法律上如何理解，有何法律特征，如何从法律上对企业进行分类，企业与法律有何关系，与企业密切相关的法律有哪些，企业法律风险的性质及防控，企业法律事务的基本特点、基本内容、基本功能和工作模式。这些都是学生进一步学习具体的企业法律实务知识的前提。通过本章的学习，学生应能够正确区分各种类型的企业及其法律特征，能够根据企业法律风险初步提出相应防范与控制措施，能够根据企业法律事务内容初步设计企业法务管理制度。

技能训练

正确认识不同的企业形态

【目的】

使学生在实践中积累法律知识。通过观察和分析，将抽象的法律概念融入直观的法律现象、法律事务之中并进行探讨，深化对法律概念的理解。

【要求一】

通过报纸、杂志、网络等方式搜集资料，列举出10家比较知名的企业，并分析其法律形态。

【要求二】

调查并了解身边存在的10家企业，依据不同的划分标准，将其正确归类。

实践活动

调查企业法律事务的工作内容

【目的】

使学生了解企业法律事务工作涉及的主要内容。

【内容】

通过报纸、杂志、网络或企业调查等方式搜集10家企业的法律事务管理规定和开展工作的情况，分析企业法律事务工作涉及的主要内容。

【要求】

通过实例调查，对企业法律事务工作有初步的了解。

本章练习

一、不定项选择题

1. 企业的法律特征包括（　　）。

A. 组织性　　B. 营利性　　C. 规范性　　D. 法定性

2. 按照投资者承担责任的不同，企业可以分为（　　）。

A. 个人独资企业、合伙企业、公司

B. 国有企业、集体企业、私营企业

C. 有限责任公司、股份有限公司

D. 中外合资经营企业、中外合作经营企业、外商独资企业

3. 在以下企业中，具有法人资格的企业有（　　）。

A. 有限责任公司　　B. 股份有限公司

C. 合伙企业　　D. 一人有限公司

4. 国有独资公司属于（　　）。

A. 有限责任公司　　B. 股份有限公司

C. 个人独资企业　　D. 合伙企业

5. 有关企业与法律的关系说法正确的是（　　）。

A. 市场经济就是法治经济，作为市场主体的企业时刻都会面临法律问题

B. 企业法涵盖了所有与企业有关的法律关系

C. 企业法律事务对于企业来讲只会增加成本，不会带来利润

D. 企业法律事务工作做得越好，其发展就越正常、健康

6. 以下法律中与企业生产经营密切相关的有（　　）。

A. 合同法　　B. 会计法

C. 刑法　　D. 票据法

7. 企业法律风险的主要特征包括（　　）。

A. 发生原因的法定性　　B. 发生结果的强制性

C. 发生领域的广泛性　　D. 发生后果的不可预见性

8. 企业法律风险防控的全面原则主要体现在（　　）。

A. 企业法律风险防控贯穿企业经营管理的各个环节和全过程

B. 企业的全体员工要共同参与企业法律风险的防控体系

C. 企业的法律风险完全由企业法律顾问进行防控

D. 要综合运用多种法律风险防控手段

9. 有关企业法律事务的说法正确的是（　　）。

A. 企业法律事务可以分为诉讼法律事务和非诉讼法律事务

B. 企业诉讼法律事务与非诉讼法律事务没有任何联系

C. 企业法律事务工作具有专业性、管理性和服务性的特点

D. 企业法律事务工作具有预防功能、挽救功能和教育功能

10. 有关企业法律事务工作模式的说法正确的是（　　）。

A. 企业法律顾问制度是企业法律事务工作的唯一模式

B. 聘请社会律师兼任企业法律顾问是企业法律事务工作的最好模式

C. 公司律师具有企业法律顾问和社会律师不可比拟的优势，因此任何企业都应该设立公司律师

D. 企业法律事务工作模式主要有企业法律顾问模式、社会律师模式和公司律师模式

二、案例分析题

一位律师自从独立执业以来，因为业务关系，结识了一些白手起家开公司的老总朋友，他们都有通过合法的手段保护自己的权利、产业的愿景。因此，有些时候，他们会向这位律师咨询一些企业经营过程中遇到的法律问题，与此同时，他们也会提及“什么样的公司需要聘请法律顾问”这个问题。

如果你是这位律师，你该如何回答这个问题？

第二章　企业设立法律实务

学习目标

掌握各种类型企业的设立条件，掌握各种类型企业的设立流程，了解企业设立事务管理，能够起草企业设立的相关文件，能够运用企业法的原理设立企业，能够处理企业设立过程中的法律问题。

第一节　个人独资企业的设立

案例引导 2-1

张某的房屋应否作为其个人独资企业的偿债财产？

张某设立了一家个人独资企业，在设立登记时明确以其个人财产 10 万元作为出资，不包括家庭财产在内。后经营不善负债 20 万元，因企业资不抵债，张某个人也无钱偿债，债权人王某提出变卖张某的房屋的主张，但张某认为房屋是自己婚后购买的，产权人是妻子，与企业债务无关。本案中，张某的房屋应否作为其个人独资企业的偿债财产呢？

一、个人独资企业与《个人独资企业法》

（一）个人独资企业的概念与特征

个人独资企业是指依法在中国境内设立，由一个自然人投资，财产归投资人个人所有，投资人以其个人财产对企业债务承担无限责任的经营实体。

根据《个人独资企业法》的规定，个人独资企业具有以下法律特征。

（1）个人独资企业由一个自然人投资设立。

（2）投资人对企业的财产依法享有所有权。

（3）投资人对企业债务承担无限责任；个人独资企业财产不足以清偿债务的，投资人应当以其个人的其他财产予以清偿。投资人在申请设立登记时明确以其家庭共有财产作为个人出资的，应当依法以家庭共有财产对企业债务承担无限责任。

(4) 个人独资企业是非法人企业，不具有法人资格。

(二) 个人独资企业的权利与义务

根据《个人独资企业法》的规定，个人独资企业享有以下权利：①依法申请贷款；②依法取得土地使用权；③拒绝摊派权；④法律、行政法规规定的其他权利。

个人独资企业的义务主要包括：①遵守法律、行政法规，诚实信用，不得损害社会公共利益；②依法履行纳税义务；③依法设立会计账簿，进行会计核算；④依法保障职工权益。

(三) 个人独资企业法

个人独资企业法是指调整经济运行过程中发生的关于个人独资企业的各种经济关系的法律规范的总称。第九届全国人民代表大会常务委员会第十一次会议于 1999 年 8 月 30 日通过了《个人独资企业法》，自 2000 年 1 月 1 日起施行，共 6 章 48 条。

《个人独资企业法》只适用于个人独资企业，不适用于国有独资公司、一人公司以及外商独资企业。

案例分析 2-1

甲同学的表述正确与否？

在一次法律咨询中，甲同学对个人独资企业作了如下表述：个人独资企业与公司一样有自己的名称，能够独立承担责任。

甲同学的表述是不正确的。个人独资企业虽有自己的名称，但它本身没有独立财产所有权，也不能独立承担责任，企业财产所有权归投资人所有，投资人以其个人财产对企业债务承担无限责任。因此，个人独资企业仅是经营实体，而非企业法人。

二、个人独资企业的设立

(一) 个人独资企业的设立条件

设立个人独资企业应当具备以下条件。

(1) 投资人为一个具有民事行为能力的自然人，且只能是中国公民。

(2) 有合法的企业名称。企业名称与其责任形式及从事的营业相符合，可以叫厂、店、部、中心、工作室等，但不得使用“有限”、“有限责任”或者“公司”字样。

(3) 有申报的出资。投资人可以个人财产出资，也可以家庭共有财产作为个人出资，出资数额没有限制。出资方式可以是货币出资，也可以用实物、土地使用权、知识产权或者其他财产权利出资，但不得以劳务出资。采取实物、土地使用权、知识产权或者其他财产权利出资的，应将其折算成货币数额。

(4) 有固定的生产经营场所和必要的生产经营条件。

(5) 企业必须依法招用员工。

案例分析 2-2

申办企业为何遭拒?

王明想开办一个酒楼，在做好前期准备后，到当地工商部门申请设立登记，登记注册的酒楼名称为“海天餐饮公司(个人独资)”，并递交了相关材料。但申报材料被工商部门退回，并被告知不符合设立条件，不予注册。王明感到很困惑。

本案中，登记注册的酒楼名为“海天餐饮公司(个人独资)”，名称不合法，根据《个人独资企业法》的规定，个人独资企业名称中不得使用“公司”字样。因此，工商部门不予注册的做法是正确的。

（二）个人独资企业的设立流程

(1) 前期准备工作：①选定合法的企业名称；②选定企业办公、经营场所。

(2) 提出申请。申请设立个人独资企业，应当由投资人或者其委托的代理人向个人独资企业所在地的登记机关提交设立申请书、投资人身份证明、生产经营场所使用证明等文件。委托代理人申请设立登记时，应当出具投资人的委托书和代理人的合法证明。个人独资企业设立申请书应当载明下列事项：①企业的名称和住所；②投资人的姓名和居所；③投资人的出资额和出资方式；④经营范围。

(3) 工商登记。登记机关应当在收到设立申请文件之日起 15 日内，对符合《个人独资企业法》规定条件的，予以登记，发给营业执照；对不符合《个人独资企业法》规定条件的，不予登记，并发给企业登记驳回通知书。个人独资企业营业执照的签发日期，为个人独资企业成立日期。在领取个人独资企业营业执照前，投资人不得以个人独资企业名义从事经营活动。

(4) 办理税务登记。个人独资企业应在领取了营业执照之日起 30 日内，到企业住所地的税务机关办理税务登记。

(5) 开立银行结算账户。

三、个人独资企业的投资人及事务管理

（一）个人独资企业的投资人

根据《个人独资企业法》的规定，个人独资企业的投资人为具有中国国籍的自然人，但法律、行政法规禁止从事营利性活动的人，不得作为投资人申请设立个人独资企业。根据我国有关法律、行政法规的规定，国家公务员、党政机关领导干部、法官、检察官、商业银行工作人员等，不得作为投资人申请设立个人独资企业。

根据《个人独资企业法》的规定，个人独资企业投资人对本企业的财产依法享有所有权，其有关权利可以依法进行转让或继承。

（二）个人独资企业的事务管理

投资人可以自行管理企业事务，也可以委托或者聘用其他具有民事行为能力的人负责企业的事务管理。

投资人委托或者聘用他人管理个人独资企业事务的，应当与受托人或者被聘用的人签订书面合同。合同应明确委托的具体内容，授予的权利范围，委托人或者被聘用的人应履行的义务、报酬和责任等。受托人或者被聘用的人员应当履行诚信、勤勉义务，按照与投资人签订的合同负责个人独资企业的事务管理。

根据《个人独资企业法》的规定，投资人委托或者聘用的管理个人独资企业事务的人员不得有下列行为：①利用职务上的便利索取或者收受贿赂；②利用职务或者工作上的便利侵占企业财产；③挪用企业的资金归个人使用或者借贷给他人；④擅自将企业资金以个人名义或者以他人名义开立账户存储；⑤擅自以企业财产提供担保；⑥未经投资人同意，从事与本企业相竞争的业务；⑦未经投资人同意，同本企业订立合同或者进行交易；⑧未经投资人同意，擅自将企业商标或者其他知识产权转让给他人使用；⑨泄露本企业的商业秘密；⑩法律、行政法规禁止的其他行为。

投资人对受托人或者被聘用的人员职权的限制，不得对抗善意第三人。所谓第三人，是指受托人或者被聘用的人员以外与企业发生经济业务关系的人，而善意第三人是指在有关经济业务交往中，没有与受托人或者被聘用的人员串通，故意损害投资人利益行为的人。

案例分析 2-3

乙的行为是否有效？

甲出资 5 万元设立 A 个人独资企业。甲聘请乙管理企业事务，同时规定，凡乙对外签订标的额超过 1 万元以上的合同，须经甲同意。2 月 10 日，乙未经甲同意，以 A 企业名义向不知情的丙购入价值 2 万元的货物。乙的行为是否有效？

根据《个人独资企业法》的规定，投资人对被聘用的人员职权的限制，不得对抗善意第三人。尽管乙向丙购买货物的行为超越职权，但丙对甲、乙之间的约定并不知情，为善意第三人。因此，甲对乙职权的限制，不能对抗丙，应依合同约定提供相应货款给丙。

四、个人独资企业的解散

个人独资企业有下列情形之一时，应当解散：①投资人决定解散；②投资人死亡或者被宣告死亡，无继承人或者继承人决定放弃继承；③被依法吊销营业执照；④法律、行政法规规定的其他情形。

五、个人独资企业的清算

个人独资企业解散，由投资人自行清算或者由债权人申请人民法院指定的清算人进行清算。投资人自行清算的，应当在清算前15日内书面通知债权人，无法通知的，应当予以公告。债权人应当在接到通知之日起30日内，未接到通知的应当在通知公告之日起60日内，向投资人申报其债权。

个人独资企业解散后，原投资人对个人独资企业存续期间的债务仍应承担偿还责任，但债权人在5年内未向债务人提出偿债请求的，该责任消灭。

个人独资企业解散的，财产应当按照下列顺序清偿：①所欠员工工资和社会保险费用；②所欠税款；③其他债务。个人独资企业财产不足以清偿债务的，投资人应当以其个人的其他财产予以清偿。清算期间，个人独资企业不得开展与清算目的无关的经营活动。在按前述财产清偿顺序清偿债务前，投资人不得转移、隐匿财产。

个人独资企业清算结束后，投资人或者人民法院指定的清算人应当编制清算报告，并于15日内到登记机关办理注销登记。

案例分析 2-4

投资人死后该如何确定企业清算人？

甲以个人财产设立个人独资企业，后甲病故，其妻和其子女（均已满18岁）都明确表示不愿继承该企业，该企业只得解散。该企业解散时，应由谁进行清算？

个人独资企业解散的，应当进行清算，由投资人自行清算或者由债权人申请法院指定清算人进行清算。案例中因为其妻和其子女（均已满18岁）对该企业都明确表示放弃继承权，因此应由债权人申请法院指定清算人进行清算。

第二节　合伙企业的设立

案例引导 2-2

是挂靠采矿还是合伙经营？

大林弯采矿厂原系苏某某的个人独资企业，于2003年7月31日办理采矿许可证、营业执照。2003年12月20日，黄某某与苏某某签订合伙协议，约定苏某某提供采矿许可证、营业执照等开采手续，由黄某某自行投资在现有采区内对4号井开采，自负盈亏、自行承担矿洞安全责任。嗣后，大林弯采矿厂性质虽由个人独资企业变更为合伙企业，合伙人亦多次发生变更，但黄某某一直以大林弯采矿厂的采矿许可证、营业执照从事4号井的开采活动，并交纳办证费、资料费、治安费等共计108120元。2008年8月1日，大林弯采矿厂因违法转让采矿权被国土资源主管部门处罚。2009年6月8日，大林弯采矿厂因无安全生产许可证被安全生产监督管理部门责令停止开采、限期整改。大林弯采矿厂未对4号井进行技改，致黄某某不能继续开采。黄某某提起诉讼，请求判令大林弯采矿厂赔偿损失220万元。

法院一审判决驳回黄某某的诉讼请求，黄某某不服上诉。二审法院认为，黄某某与苏某某签订合伙协议，在大林弯采矿厂采矿许可开采区域内独立从事采矿活动，未到相关行政主管部门进行审批和变更登记，违反国家关于矿产资源开发利用和保护的审批规定，损害国家关于矿产资源的管理秩序。大林弯采矿厂变更登记为合伙企业后，也未将黄某某登记为合伙人。上述行为实为挂靠采矿，合伙协议应为无效，大林弯采矿厂对此具有较大过错。二审法院判决大林弯采矿厂赔偿黄某某损失136620元。

一、合伙企业法概述

（一）合伙企业的概念与特征

合伙企业是指自然人、法人和其他组织依法在中国境内设立的，由两个或两个以上合伙人订立合伙协议，为经营共同事业，共同出资、共同经营、共享收益、共担风险的营利性组织。

《合伙企业法》规定了两种合伙企业类型，即普通合伙企业和有限合伙企业。

合伙企业具有以下特征。

(1) 由各合伙人组成。合伙企业不是单个人的行为，而是多个人的联合。

(2) 以合伙协议为法律基础。合伙协议是确定合伙人各自的权利义务，使合伙企业得以设立的前提，也是合伙企业的基础。如果没有合伙协议，合伙人之间未形成合伙关系，合伙企业便不能成立。

(3) 企业内部关系属于合伙关系。即共同出资、共同经营、共享收益、共担风险的关系。尽管不同合伙企业订立的合伙协议有很大差别，但是必须遵循上述基本原则。

（二）合伙企业法

合伙企业法是调整关于合伙经济关系的法律规范的总称。《合伙企业法》于1997年2月23日经第八届全国人民代表大会常务委员会第二十四次会议审议通过，自1997年8月1日起施行。该法于2006年8月27日经第十届全国人民代表大会常务委员会第二十三次会议修订通过，自2007年6月1日起施行。

二、普通合伙企业的设立

（一）普通合伙企业的概念与债务承担

普通合伙企业可以分为一般普通合伙企业和特殊普通合伙企业。

一般普通合伙企业是指由普通合伙人组成，各合伙人对合伙企业债务承担无限连带责任的一种合伙企业。

特殊普通合伙企业是以专业知识和专门技能为客户提供有偿服务的专业服务机构。比如律师事务所、审计师事务所、医生的诊所等。根据《合伙企业法》，一个合伙人或者数个合伙人在执业活动中因故意或者重大过失造成合伙企业债务的，应当承担无限责任或者无限连带责任，其他合伙人以其在合伙企业中的财产份额为限承担责任。另外，合伙人在执业活动中非因故意或者重大过失造成的合伙企业债务以及合伙企业的其他债务，由全体合伙人承担无限连带责任。特殊普通合伙企业应当建立执业风险基金，办理职业保险，其中执业风险基金用于偿付合伙人执业活动造成的债务。

案例分析 2-5

甲的说法是否正确？

注册会计师甲、乙、丙共同投资设立A会计师事务所，为特殊普通合伙企业，提供审计鉴证业务和验资业务。在2008年的审计业务中，甲在对B上市公司的年度会计报告进行审计的过程中，因重大过失遗漏了一笔销售收入，对此甲认为该损失并非故意造成，该赔偿责任应该由全体合伙人共同承担连带责任。

本案中，甲因重大过失造成B公司损失，应由其承担无限责任，其他合伙人承担有限责任。因此，甲的说法不正确。

（二）普通合伙企业设立条件

1. 两个或两个以上合伙人

合伙人可以是自然人，也可以是法人或者其他组织。

合伙人是自然人的，应当具备完全民事行为能力。国有独资公司、国有企业、上市公司以及公益性的事业单位、社会团体不得成为普通合伙人。

2. 有书面合伙协议

合伙协议是指由各合伙人通过协商，共同决定相互间的权利义务，达成的具有法律约束力的协议。合伙协议应当依法由全体合伙人协商一致，以书面形式订立。

合伙协议应当载明的事项有：①合伙企业的名称和主要经营场所的地点；②合伙目的和合伙经营范围；③合伙人的姓名或者名称、住所；④合伙人的出资方式、数额和缴付期限；⑤利润分配、亏损分担方式；⑥合伙事务的执行；⑦入伙与退伙；⑧争议解决办法；⑨合伙企业的解散与清算；⑩违约责任。

合伙协议经全体合伙人签名、盖章后生效。修改或者补充合伙协议，应当经全体合伙人一致同意；但是，合伙协议另有约定的除外。合伙协议未约定或者约定不明确的事项，由合伙人协商决定；协商不成的，依照《合伙企业法》和其他有关法律、行政法规的规定处理。根据《合伙企业法》的规定，合伙人违反合伙协议的，应当依法承担违约责任。

3. 有合伙人认缴或者实际缴付的出资

合伙人法定的出资方式有：①货币；②实物；③知识产权；④依法取得的土地使用权；

⑤其他财产权利，如商业秘密权、土地承包权；⑥劳务。

合伙人以实物、知识产权、土地使用权或者其他财产权利出资，需要评估作价的，可以由全体合伙人协商确定，也可以由全体合伙人委托法定评估机构评估。合伙人以劳务出资的，其评估办法由全体合伙人协商确定，并在合伙协议中载明。合伙人出资的财产必须是本人合法占有的财产。合伙人应当按照合伙协议约定的出资方式、数额和缴付期限，履行出资义务。如不履行，应依法承担相应的违约责任。以非货币财产出资的，应依法办理产权转移手续。

4. 有合法的企业名称与生产经营场所

一般普通合伙企业应当在其名称中标明“普通合伙”字样。特殊普通合伙企业名称中应当注明“特殊普通合伙”字样。

经企业登记机关登记的合伙企业主要经营场所只能有一个。

5. 法律、行政法规规定的其他条件

法律、行政法规另有规定的，从其规定。

案例分析 2-6

赵某应否承担企业合同责任？

张某、赵某和李某三人成立了一普通合伙企业，李某以劳务出资，由张某执行合伙企业事务。张某对外与丁签订了 30 万元的合同，由于丁未履行合同，致使合伙企业损失了 30 万元，对此赵某拒绝承担该合同责任。

在合伙企业中，合伙人的出资方式可以是货币、实物、土地使用权、知识使用权或其他财产权利，经全体合伙人一致同意，也可以用劳务出资。经授权执行合伙企业事务的合伙人对外代表企业。事务执行人执行合伙事务产生的收益归全体合伙人，产生的亏损或民事责任也由全体合伙人共同承担，所以本案中赵某应当与张某、李某一起承担合同责任。

（三）普通合伙企业设立程序

（1）前期准备工作：①选定合伙人；②确定合法的企业名称；③确定办公地点。

（2）订立合伙协议。

（3）合伙人缴纳出资。

（4）申请设立登记。如果符合条件，登记文件提交之日起 30 日内，登记机关予以登记，发给《合伙企业营业执照》；不符合条件的，不予登记，并给予书面答复，说明理由。

（5）办理税务登记。合伙企业在领取了营业执照之日起 30 日内，应当到企业住所地的税务机关办理税务登记，如实填写税务登记表。登记所需的文件和个人独资企业基本相同。

（6）开立银行结算账户。开立过程及所提交的文件，和个人独资企业银行结算账户的开立基本一致。

（四）合伙企业的财产

1. 合伙企业财产的范围

合伙企业财产由出资和收益两部分组成，即合伙企业成立后以合伙企业名义取得的收益（营业性收入等）和依法取得的其他财产（如接受赠予的财产）。合伙企业财产由全体合伙人共同管理和使用。合伙人在合伙企业清算前私自转移或者处分合伙企业财产的，合伙企业不得以此对抗善意第三人。

2. 合伙企业财产的转让

合伙企业财产的转让是指合伙人向他人转让其在合伙企业中的全部或部分财产的行为，包括外部转让和内部转让两种情形。

合伙人向合伙人以外的人转让其在合伙企业中的全部或者部分财产份额时，须经其他合伙人一致同意，但合伙协议另有约定的除外（协议优先）。合伙人向合伙人以外的人转让其在合伙企业中的财产份额的，在同等条件下，其他合伙人有优先购买权，但合伙协议另有约定的除外。合伙人以外的人依法受让合伙人在合伙企业中的财产份额的，须经修改合伙协议才能成为合伙企业的合伙人。

合伙人之间转让在合伙企业中的全部或者部分财产份额时，应当通知其他合伙人。

3. 合伙企业财产的质押

合伙人以其在合伙企业中的财产份额出质的，须经其他合伙人一致同意。未经其他合伙人一致同意的，其行为无效，由此给善意第三人造成损失的，由行为人依法承担赔偿责任。

案例分析 2-7

合伙企业与第三人的关系如何处理？

张某向陈某借款 50 万元作为出资，与李某、王某成立一家普通合伙企业。两年后借款到期，张某无力还款。陈某提出，若李某和王某同意，可将张某的财产份额作价转让给陈某，以抵销部分债务；或者陈某直接要求法院强制执行张某在合伙企业中的财产以实现自己的债权。其提议合法否？

本案中，陈某的提议合法。《合伙企业法》规定，除合伙协议另有约定外，合伙人向合伙人以外的人转让其在合伙企业中的全部或者部分财产份额时，须经其他合伙人一致同意。“经李某和王某同意”意味着其他合伙人一致同意，因此张某可将自己的财产份额作价转让给陈某。《合伙企业法》规定，合伙人的自有财产不足以清偿其与合伙企业无关的债务的，该合伙人可以将其从合伙企业中分取的收益用于清偿；债权人也可以依法请求人民法院强制执行该合伙人在合伙企业中的财产份额用于清偿。

（五）合伙事务的执行

合伙人执行合伙企业事务，包括由全体合伙人共同执行合伙企业事务和委托一名或数名合伙人执行合伙企业事务两种形式。

全体合伙人共同执行合伙企业事务是合伙企业事务执行的基本形式，也是在合伙企业中经常使用的一种形式。在采取这种形式的合伙企业中，按照合伙协议的约定，各个合伙人都直接参与经营，处理合伙企业的事务，对外代表合伙企业。

委托一名或数名合伙人执行合伙企业事务，即由合伙协议约定或者全体合伙人决定委托一名或者数名合伙人执行合伙企业事务，对外代表合伙企业。未接受委托执行合伙企业事务的其他合伙人，不再执行合伙企业的事务。

（六）合伙人在执行合伙事务中的权利与义务

1. 合伙人在执行合伙事务中的权利

根据《合伙企业法》的规定，合伙人在执行合伙事务中的权利主要包括以下内容：①合伙人平等享有合伙事务执行权；②执行合伙事务的合伙人对外代表合伙企业；③不参加执行事务的合伙人有权监督执行事务的合伙人，检查其执行合伙企业事务的情况；④各合伙人有权查阅合伙企业的账簿和其他有关文件；⑤合伙人有提出异议权和撤销委托执行事务权。

在合伙人分别执行合伙事务的情况下，由于执行合伙事务的合伙人的行为所产生的亏损和责任要由全体合伙人承担，因此《合伙企业法》规定，经合伙协议约定或者经全体合伙人决定，合伙人分别执行合伙企业事务时，合伙人可以对其他合伙人执行的事务提出异议。提出异议时，应暂停该项事务的执行。如果发生争议，可由全体合伙人共同决定。被委托执行合伙事务的合伙人不按照合伙协议或者全体合伙人的决定执行事务的，其他合伙人可以决定撤销该委托。

2. 合伙人在执行合伙事务中的义务

根据《合伙企业法》的规定，合伙人在执行合伙事务中的义务主要包括以下内容：①由一名或者数名合伙人执行合伙企业事务的，应当依照约定向其他不参加执行事务的合伙人报告事务执行情况以及合伙企业的经营状况和财务状况；②合伙人不得自营或者同他人合作经营与本合伙企业相竞争的业务；③除合伙协议另有约定或者经全体合伙人同意外，合伙人不得同本合伙企业进行交易；④合伙人不得从事损害本合伙企业利益的活动。

3. 合伙人决议

合伙人对合伙企业有关事项所作的决议，按照合伙协议约定的表决办法办理。合伙协议未约定或者约定不明确的，实行合伙人一人一票并经全体合伙人过半数通过的表决办法。合伙企业的下列事项应当经全体合伙人一致同意：①改变合伙企业的名称；②改变合伙企业的经营范围、主要经营场所的地点；③处分合伙企业的不动产；④转让或者处分合伙企业的知识产权和其他财产权利；⑤以合伙企业名义为他人提供担保；⑥聘任合伙人以外的人担任合伙企业的经营管理人员。

（七）非合伙人参与经营管理

经全体合伙人同意，合伙企业可以聘任合伙人以外的人担任合伙企业的经营管理人员。被聘任的合伙企业的经营管理人员应当在合伙企业授权范围内履行职责，超越合伙企业授权范围从事经营活动，或者因故意或重大过失，给合伙企业造成损失的，依法承担赔偿责任。

（八）利润、亏损的处理

合伙企业的利润分配、亏损分担，按照合伙协议的约定办理；合伙协议未约定或者约定不明确的，由合伙人协商决定；协商不成的，由合伙人按照实际出资比例分配、分担；无法确定出资比例的，由合伙人平均分担。合伙协议不得约定将全部利润分配给部分合伙人或者由部分合伙人承担全部亏损。

（九）合伙企业债务的清偿

普通合伙企业对其债务，应先以企业的财产清偿。在企业财产不足以清偿到期债务的情况下，各合伙人应当承担无限连带责任。合伙人承担连带责任超过其所应承担的份额时，有权向其他合伙人追偿。

（十）入伙与退伙

1. 入伙

新合伙人入伙，除合伙协议另有约定外，应当经全体合伙人一致同意，并依法订立书面入伙协议。新合伙人对入伙前合伙企业的债务承担无限连带责任。

2. 退伙

退伙可分为自愿退伙和法定退伙两种情形。

自愿退伙是指合伙人基于自愿表示退伙，可分为协议退伙和通知退伙。

合伙协议约定合伙期限的，在合伙企业存续期间，有下列情形之一的，合伙人可以退伙：①合伙协议约定的退伙事由出现；②经全体合伙人一致同意；③发生合伙人难以继续参加合伙的事由；④其他合伙人严重违反合伙协议约定的义务。合伙人违反上述规定退伙的，应当赔偿由此给合伙企业造成的损失。

通知退伙是指合伙协议未约定合伙期限的，合伙人在不给合伙企业事务执行造成不利影响的情况下，可以退伙，但应当提前30日通知其他合伙人。合伙人违反上述规定退伙的，应当赔偿由此给合伙企业造成的损失。

法定退伙是指合伙人出现法律规定的事由而退伙，可分为当然退伙和除名退伙。

合伙人有下列情形之一的，当然退伙：①作为合伙人的自然人死亡或者被依法宣告死亡；②个人丧失偿债能力；③作为合伙人的法人或者其他组织依法被吊销营业执照、责令关闭、撤销，或者被宣告破产；④法律规定或者合伙协议约定合伙人必须具有相关资格而丧失该资格；⑤合伙人在合伙企业中的全部财产份额被人民法院强制执行。当然退伙以退伙事由实际发生之日为退伙生效日。

合伙人被依法认定为无民事行为能力人或者限制民事行为能力人的，经其他合伙人一致同意，可以依法转为有限合伙人，普通合伙企业依法转为有限合伙企业。其他合伙人未能一致同意的，该无民事行为能力或者限制民事行为能力的合伙人退伙。

合伙人有下列情形之一的，经其他合伙人一致同意，可以决议将其除名退伙：①未履行出资义务；②因故意或者重大过失给合伙企业造成损失；③执行合伙事务时有不正当行为；④发生合伙协议约定的事由。对合伙人的除名决议应当书面通知被除名人。被除名人接到除名通知之日，除名生效，被除名人退伙。被除名人对除名决议有异议的，可以自接到除名通知之日起 30 日内，向人民法院起诉。

（十一）合伙人财产份额的继承

合伙人死亡或者被依法宣告死亡的，继承人按照合伙协议的约定或者经全体合伙人一致同意，从继承开始之日起，取得该合伙企业的合伙人资格。

有下列情形之一的，合伙企业应当向继承人退还被继承合伙人的财产份额：①继承人不愿意成为合伙人；②法律规定或者合伙协议约定合伙人必须具有相关资格，而该继承人未取得该资格；③合伙协议约定不能成为合伙人的其他情形。

合伙人的继承人为无民事行为能力人或者限制民事行为能力人的，经全体合伙人一致同意，可以依法成为有限合伙人，普通合伙企业依法转为有限合伙企业。全体合伙人未能一致同意的，合伙企业应当将被继承合伙人的财产份额退还该继承人。

合伙人退伙的，其他合伙人应当与该退伙人按照退伙时的合伙企业财产状况进行结算。退伙人对基于其退伙前的原因发生的合伙企业债务，承担无限连带责任。

三、有限合伙企业的设立

（一）有限合伙企业的概念

有限合伙企业是指由普通合伙人和有限合伙人组成，普通合伙人对合伙企业债务承担无限连带责任，有限合伙人以其认缴的出资额为限对合伙企业债务承担责任的一种合伙企业。

（二）有限合伙企业设立的特殊规定

1. 有限合伙企业合伙人人数

《合伙企业法》规定，有限合伙企业由 2 个以上 50 个以下合伙人设立，但法律另有规定的除外。有限合伙企业至少应当有 1 个普通合伙人。按照规定，自然人、法人和其他组织可以依照法律规定设立有限合伙企业，但国有独资公司、国有企业、上市公司以及公益性的事业单位、社会团体不得成为有限合伙企业的普通合伙人。

2. 订立合伙协议

有限合伙企业的合伙协议除了具备设立普通合伙企业的合伙协议应当载明的事项外，还应当载明下列事项：①普通合伙人和有限合伙人的姓名或者名称、住所；②执行事务合伙人应具备的条件和选择程序；③执行事务合伙人权限与违约处理办法；④执行事务合伙人的除名条件和更换程序；⑤有限合伙人入伙、退伙的条件、程序以及相关责任；⑥有限合伙人和普通合伙人相互转变的程序。

3. 有出资

《合伙企业法》规定，有限合伙人可以用货币、实物、知识产权、土地使用权或者其他财产权利作价出资。有限合伙人不得以劳务出资。《合伙企业法》规定，有限合伙人应当按照合伙协议的约定按期足额缴纳出资；未按期足额缴纳的，应当承担补缴义务，并对其他合伙人承担违约责任。

4. 企业名称合法

有限合伙企业应当在其名称中标明“有限合伙”字样。

（三）有限合伙企业的设立程序

有限合伙企业的设立程序，和普通合伙企业相同。

（四）有限合伙企业事务执行的特殊规定

1. 禁止有限合伙人执行合伙事务

有限合伙人不执行合伙事务，不得对外代表有限合伙企业。有限合伙人的下列行为，不视为执行合伙事务：①参与决定普通合伙人入伙、退伙；②对企业的经营管理提出建议；③参与选择承办有限合伙企业审计业务的会计师事务所；④获取经审计的有限合伙企业财务会计报告；⑤对涉及自身利益的情况，查阅有限合伙企业财务会计账簿等财务资料；⑥在有限合伙企业中的利益受到侵害时，向有责任的合伙人主张权利或者提起诉讼；⑦执行事务合伙人怠于行使权利时，督促其行使权利或者为了本企业的利益以自己的名义提起诉讼；⑧依法为本企业提供担保。

第三人有理由相信有限合伙人为普通合伙人并与其交易的，该有限合伙人对该笔交易承担与普通合伙人同样的责任。有限合伙人未经授权以有限合伙企业名义与他人进行交易，给有限合伙企业或者其他合伙人造成损失的，该有限合伙人应当承担赔偿责任。

2. 有限合伙企业利润分配

有限合伙企业不得将全部利润分配给部分合伙人，合伙协议另有约定的除外。

3. 有限合伙人的权利

有限合伙人可以同本有限合伙企业进行交易，合伙协议另有约定的除外。如果普通合伙人禁止有限合伙人同本有限合伙企业进行交易，应当在合伙协议中作出约定。

有限合伙人可以自营或者同他人合作经营与本有限合伙企业相竞争的业务，合伙协议另有约定的除外。与普通合伙人不同，有限合伙人一般不承担竞业禁止义务。普通合伙人如果禁止有限合伙人自营或者同他人合作经营与本有限合伙企业相竞争的业务，应当在合伙协议中作出约定。

案例分析 2-8

有限合伙人可否同本企业进行交易？

甲、乙、丙三人出资设立A有限合伙企业，其中甲、乙为普通合伙人，丙为有限合伙人。在经营中，丙与A合伙企业进行了120万元的交易。合伙人甲认为，由于合伙协议对此没有约定，丙不得同本合伙企业进行交易，其行为违法。

本案中甲的观点不正确。因为除合伙协议另有约定外，有限合伙人可以同本合伙企业进行交易。

（五）有限合伙企业财产出质与转让的特殊规定

有限合伙人可以将其在有限合伙企业中的财产份额出质，合伙协议另有约定的除外。有限合伙人可以按照合伙协议的约定向合伙人以外的人转让其在有限合伙企业中的财产份额，但应当提前 30 日通知其他合伙人。在同等条件下，有限合伙企业的其他合伙人有优先购买权。

（六）有限合伙人的债务清偿

有限合伙人的自有财产不足清偿其与合伙企业无关的债务的，该合伙人可以以其从有限合伙企业中分取的收益用于清偿，债权人也可以依法请求人民法院强制执行该合伙人在有限合伙企业中的财产份额用于清偿。人民法院强制执行有限合伙人的财产份额时，应当通知全体合伙人。在同等条件下，其他合伙人有优先购买权。

（七）有限合伙企业的入伙与退伙

新入伙的有限合伙人对入伙前有限合伙企业的债务，以其认缴的出资额为限承担责任。有限合伙人退伙后，对基于其退伙前的原因发生的有限合伙企业债务，以其退伙时从有限合伙企业中取回的财产承担责任。

（八）合伙人性质转变的特殊规定

除合伙协议另有约定外，普通合伙人转变为有限合伙人，或者有限合伙人转变为普通合伙人，应当经全体合伙人一致同意。有限合伙人转变为普通合伙人的，对其作为有限合伙人期间有限合伙企业发生的债务承担无限连带责任。普通合伙人转变为有限合伙人的，对其作为普通合伙人期间合伙企业发生的债务承担无限连带责任。

四、合伙企业的解散与清算

（一）合伙企业的解散

合伙企业在发生下列情况之一时应当解散：①合伙协议约定的经营期限届满，合伙人不愿意继续经营的；②合伙协议约定的解散事由出现；③全体合伙人决定解散；④合伙人已不具备法定人数；⑤合伙协议约定的合伙目的已经实现或者无法实现；⑥被依法吊销营业执照；⑦法律、行政法规规定的其他原因。

（二）合伙企业的清算

1. 确定清算人

合伙企业解散，清算人由全体合伙人担任；不能由全体合伙人担任的，经全体合伙人过半数同意，可以自合伙企业解散后 15 日内指定一名或数名合伙人，或者委托第三人担任清算人。15 日内未确定清算人的，合伙人或者其他利害关系人可以申请人民法院指定清算人。

2. 清算人的职责

清算人在清算期间执行下列事务：①清理合伙企业财产，分别编制资产负债表和财产清单；②处理与清算有关的合伙企业未了结的事务；③缴清合伙企业所欠税款；④清理债权、债务；⑤处理合伙企业清偿债务后的剩余财产；⑥代表合伙企业参与民事诉讼活动。清算人在清算中具有法律禁止的行为的，应当依法予以法律制裁。

3. 债权申报

清算人自被确定之日起10日内将合伙企业解散事项通知债权人，并于60日内在报纸上公告。债权人应当自接到通知书之日起30日内，未接到通知书的自公告之日起45日内，向清算人申报债权。

4. 财产清偿

合伙企业财产按下列顺序分配：①清算费用；②合伙企业所欠的员工工资、社会保险和法定补偿金；③合伙企业所欠税款；④合伙企业的债务。合伙企业财产按上述顺序清偿后仍有剩余的，由各合伙人按照合伙协议规定的比例分配；合伙协议未规定比例的，由各合伙人平均分配。

5. 合伙企业注销登记

合伙企业清算结束后，清算人应当编制清算报告，经全体合伙人签字、盖章后，在15日内报送给企业登记机关，办理合伙企业的注销登记。合伙企业注销后，原普通合伙人对合伙企业存续期间的债务仍应承担无限连带责任。

（三）合伙企业的破产清算

合伙企业不能清偿到期债务的，债权人可以依法向人民法院提出破产清算申请，也可以要求普通合伙人清偿。合伙企业依法被宣告破产的，普通合伙人对合伙企业债务仍应承担无限连带责任。

第三节 公司的设立

案例引导 2-3

设立中公司名义所负债务由谁承担？

郑某与张某于2018年5月10日设立甲有限公司（以下简称甲公司），甲公司注册资本100万元，郑某认缴出资51万元，张某认缴出资49万元，郑某系甲公司的法定代表人。在甲公司成立以前，郑某就将自己的微信昵称、头像、照片均显示成甲公司的字样，并以甲公司的名义，向乙有限公司（以下简称乙公司）咨询所需商品的图片及报价。因甲公司尚未成立，郑某以个人名义于2018年4月25日与乙公司签订货物买卖合同，并向乙公司预付了一半货款15万元，合同约定另一半货款15万元由甲公司向乙公司支付。2018年5月25日，乙公司依据合同约定向甲公司交付了货物，但甲公司却拒绝支付另一半货款。

2018 年 6 月 10 日，乙公司向法院起诉要求甲公司支付货款 15 万元，甲公司答辩称该货物买卖合同非其所签，货物非其所需，其愿意退货，但不愿支付货款，请法院驳回乙公司的诉讼请求。

甲公司理由是否成立？该笔货款应该由谁支付？

一、公司与公司法概述

（一）公司与公司法

公司是依法设立的以营利为目的的企业法人。《公司法》规定，公司是指在中国境内设立的有限责任公司和股份有限公司。

我国《公司法》于 1993 年 12 月 29 日第八届全国人民代表大会常务委员会第五次会议通过，先后经全国人大常委会于 1999 年 12 月 25 日第一次修正、2004 年 8 月 28 日第二次修正、2005 年 10 月 27 日修订、2013 年 12 月 28 日第三次修正、2018 年 10 月 26 日第四次修正。

（二）公司的分类

1. 以股东的责任形式划分

（1）无限公司，指全体股东对公司债务承担无限连带责任的公司。

（2）有限公司，指股东以其出资额为限对公司承担责任，公司以其全部资产对公司的债务承担责任的企业法人。

（3）两合公司，指由一人以上的无限责任股东与一人以上的有限责任股东组成的公司，其中无限责任股东对公司债务负连带无限清偿责任，有限责任股东则以其出资额为限对公司债务负有限清偿责任。

（4）股份两合公司，是两合公司的一种特殊形式，指一个或一个以上的无限责任股东，与一个或一个以上有限责任股东组成的，资本分为股份的公司。

（5）股份有限公司，指全部资本分为等额股份，股东以其所持股份为限对公司承担责任，公司以其全部资产对公司的债务承担责任的企业法人。

2. 以公司的管辖系统划分

（1）总公司，又称本公司，指在组织上统辖和管理若干分公司的公司。

（2）分公司，指在业务、资金、人事等方面受本公司管辖的分支机构，一般不具有法人资格。

3. 以公司的控制关系划分

（1）母公司，指持有另一公司一定比例的股份并直接掌握其经营的公司。

（2）子公司，指由母公司投资并受其控制的公司，但在法律上是独立的法人组织。

4. 以公司的国籍划分

（1）本国公司，指依据本国法律，在本国批准登记设立的公司。

（2）外国公司，指依外国法律设立的公司。对其本国总公司而言，外国公司是一种特殊的分公司。

二、有限责任公司的设立

（一）有限责任公司的概念与特征

有限责任公司又称有限公司，是指由50个以下股东出资设立，每个股东以其所认缴的出资额为限对公司承担责任，公司以其全部财产对公司债务承担责任的企业法人。

有限责任公司具有如下特征：①股东人数、股东责任的有限性；②公司资本的封闭性；③资合性兼人合性。

我国现行法律还规定了两种特殊的有限责任公司：一人有限责任公司和国有独资公司。

（二）有限责任公司的设立条件

1. 股东符合法定人数

有限责任公司由50个以下股东共同出资设立。

2. 有符合公司章程规定的全体股东认缴的出资额

有限责任公司的注册资本为在公司登记机关登记的全体股东认缴的出资额。法律、行政法规以及国务院决定对有限责任公司注册资本实缴、注册资本最低限额另有规定的，从其规定。

3. 股东共同制定公司章程

公司章程是公司的“宪法”，是关于公司组织及活动的基本规章，是公司内部管理的基本准则。有限责任公司的章程由股东共同制定，公司章程应当载明的事项有：①公司名称和住所；②公司经营范围；③公司注册资本；④股东的姓名或名称；⑤股东的出资方式、出资额、出资时间；⑥公司机构及其产生办法、职权、议事规则；⑦公司法定代表人；⑧股东会会议认为需要规定的其他事项。所有股东应当在公司章程上签名、盖章。

4. 有公司名称

公司的名称必须标有“有限责任公司”或“有限公司”字样。

5. 建立符合要求的组织机构

有限责任公司组织机构由股东会、董事会或执行董事、监事会或监事构成。

6. 有公司住所

公司住所即公司主要办事机构所在地，通常是公司发出指令的业务中枢机构所在地。

案例分析 2-9

该有限责任公司能否成立？

A、B、C三人经协商，准备成立一家有限责任公司甲，主要从事家具的生产。其中：A为公司提供厂房和设备，经评估作价25万元；B从银行借款20万元现金作为出资；C原为一家具私营企业的厂长，具有丰富的管理经验，提出以管理能力出资，作价15万元。A、B、C签订协议后，向工商局申请注册。

本案中，A的出资为实物出资；B虽是从银行借的资金，但并不影响其出资能力，故属货币出资，符合《公司法》的规定；C的出资是无形资产，但《公司法》对以管理能力作为出资没有规定。虽然C的出资不符合《公司法》要求，但是A、B出资形式合法，股东人数也符合规定，因此甲公司可以成立。

（三）有限责任公司股东出资义务的履行

有限责任公司的法定资本又称注册资本，是指公司在公司登记机关登记的全体股东认缴的出资额之和。股东应当按照在公司章程中规定的各自所认缴的出资额足额缴纳出资。

股东可以货币出资，也可以实物、工业产权、非专利技术、土地使用权等方式出资。股东以货币出资的，应当将货币存入有限责任公司在银行开设的账户；以非货币财产出资的，由各自的评估机构进行评估作价；以非货币财产出资的，应当依法办理其财产权的转移手续。

股东不按规定缴纳所认缴的出资的，应当对已足额缴纳出资的股东承担违约责任。有限责任公司成立后，发现作为出资的实物、工业产权、非专利技术、土地使用权的实际价额显著低于公司章程所定价额的，应当由交付该出资的股东补交其差额。公司设立时的其他股东对其承担连带责任，可以要求设立时的其他股东先补交差额，再向未缴足的股东追索。股东在公司登记后，不得抽回出资。

（四）有限责任公司的设立流程

1. 达成发起设立意向

有限责任公司采用的是发起设立方式，即公司由全体发起人协商后共同投资设立。

2. 订立公司章程

全体股东共同制定章程，并签名、盖章。

3. 认缴出资

股东应按期足额缴纳章程中规定的各自所认缴的出资额。

4. 审批

按照《公司法》的规定，并不是所有的有限责任公司设立都必须经过审批，只有欲进入须经国家特定许可行业的公司或者公司经营范围属于法律、行政法规限制的项目，才需要在公司登记前向政府授权部门办理审批手续。

5. 办理设立登记

（1）公司名称预先核准。只有经过公司名称的预先核准后，才能进行公司的报批或正式的设立登记申请。

（2）申请设立登记。由股东代表或共同委托的代理人向工商行政管理机关申请设立登记。符合法律、法规规定条件的，予以登记，颁发《企业法人营业执照》；不符合规定条件的，不能登记。《企业法人营业执照》签发之日，即为有限责任公司成立日期。

（3）签发出资证明书。出资证明书由公司在登记注册后签发。出资证明书应当载明下列事项：①公司名称；②公司登记日期；③公司注册资本；④股东的姓名或名称、缴纳的出资额和出资日期；⑤出资证明书的编号和核发日期。

6. 办理税务登记

有限责任公司在领取了营业执照之日起30日内，应当到企业住所地的税务机关办理税务登记，按照规定提交登记所需文件，如实填写税务登记表。

7. 开立银行结算账户

有限责任公司以公司名称开立公司银行结算账户，以基本存款账户为主。

（五）有限责任公司股东的权利与义务

在公司中，股东享有下列权利：①参加股东会并按照出资比例行使表决权；②选举和被选举为董事会成员或执行董事、监事会成员或监事；③查阅股东会会议记录和公司财务会计报告，以便监督公司的运营；④按照出资比例分取红利，即股东享有收益权；⑤依法转让出资；⑥优先购买其他股东转让的出资；⑦优先认购公司新增的资本；⑧公司终止后，依法分得公司剩余财产；⑨公司章程规定的其他职权。

股东同时承担以下义务：①缴纳所认缴的出资；②以其出资额为限对公司承担责任；③公司设立登记后，不得抽回出资；④公司章程规定的其他义务，即应当遵守公司章程，履行公司章程规定的义务。

（六）有限责任公司股权的转让

有限责任公司的股东之间可以相互转让其全部或者部分股权。

股东向股东以外的人转让股权，应当经其他股东过半数同意。股东应就其股权转让事项书面通知其他股东征求同意，其他股东自接到书面通知之日起满30日未答复的，视为同意转让。其他股东半数以上不同意转让的，不同意的股东应当购买该转让的股权，不购买的，视为同意转让。

经股东同意转让的股权，在同等条件下，其他股东有优先购买权。两个以上股东主张行使优先购买权的，协商确定各自的购买比例；协商不成的，按照转让时各自的出资比例行使优先购买权。

案例分析 2-10

非货币财产出资不实责任该如何承担？

甲、乙、丙三人共同组建一有限责任公司。公司成立后，甲将其20%股权中的5%转让给第三人丁，丁通过受让股权成为公司股东。甲、乙均按期足额缴纳了出资，但发现由丙出资的机器设备的实际价值明显低于公司章程所确定的数额。

本案中，出资不实的股东是丙，公司设立时的其他股东为甲和乙，因此应当由丙补交其差额，甲、乙对其承担连带责任。丁只是后来加入公司的股东，无须承担连带责任。

（七）有限责任公司的组织机构

根据《公司法》的规定，有限责任公司的组织机构主要包括股东会、董事会或者执行董事、监事会或者监事。

1. 股东会

在我国，除国家有某些限制的特别规定外，有权代表国家投资的机构或者政府部门、企业法人、具有法人资格的事业单位和社会团体、自然人均可以依法成为有限责任公司的股东。

股东会由全体股东组成，是公司的权力机构，是公司的最高决策机关，只对公司的重大问题进行决策。

1）股东会的召集与主持

首次股东会会议由出资最多的股东召集和主持，依法行使职权。以后的股东会会议，公司设立董事会的，由董事会召集，董事长主持；董事长不能或者不履行职务的，由副董事长主持；副董事长不能或者不履行职务的，由半数以上董事共同推举 1 名董事主持。公司不设董事会的，股东会会议由执行董事召集和主持。董事会或者执行董事不能或者不履行召集股东会会议职责的，由监事会或者不设监事会的公司的监事召集和主持；监事会或者监事不召集和主持的，代表 1/10 以上表决权的股东可以自行召集和主持。

有限责任公司股东会会议分为定期会议和临时会议。定期会议应当按照公司章程的规定按时召开。代表 1/10 以上表决权的股东、1/3 以上的董事、监事会或者不设监事会的公司的监事提议召开临时会议的，应当召开临时会议。

2）股东会的职权

根据《公司法》的规定，有限责任公司股东会行使下列职权：①决定公司的经营方针和投资计划；②选举和更换由非职工代表担任的董事、监事，决定有关董事、监事的报酬事项；③审议批准董事会的报告；④审议批准监事会或者监事的报告；⑤审议批准公司的年度财务预算方案、决算方案；⑥审议批准公司的利润分配方案和弥补亏损的方案；⑦对公司增加或者减少注册资本作出决议；⑧对公司合并、分立、解散或者变更公司形式作出决议；⑨修改公司章程；⑩公司章程规定的其他职权。

3）股东会的决议

召开股东会会议，应当于会议召开 15 日前通知全体股东。股东会应当对所议事项的决定作成会议记录，出席会议的股东应当在会议记录上签名。

股东会对公司的重大问题作出决议，须由股东进行表决。根据《公司法》的规定，股东会会议由股东按照出资比例行使表决权。对某些涉及股东重大利益事项的表决，即股东会对公司增加或者减少注册资本、分立、合并、解散、变更公司形式或者修改公司章程作出决议，必须经代表2/3以上表决权的股东通过。

案例分析 2-11

该股东会决议是否有效?

甲、乙、丙、丁、戊五人共同组建一有限公司。出资协议约定，甲以现金10万元出资，甲已缴纳6万元出资，尚有4万元未缴纳。某次公司股东会上，甲请求免除其4万元的出资义务。乙、丁、戊表示同意，并作出相关决议。投反对票的股东丙向法院起诉，请求确认该股东会决议无效。

根据《公司法》的有关规定，股东应当按期足额缴纳公司章程中规定的各自所认缴的出资额。股东不按照前款规定缴纳出资的，除应当向公司足额缴纳外，还应当向已按期足额缴纳出资的股东承担违约责任。另外，公司股东会、董事会的决议内容违反法律、行政法规的，该决议无效。据此可知，甲应向公司足额缴纳认缴的出资，还应当向已按期足额缴纳出资的股东承担违约责任，而股东会对于免除甲4万元出资义务的决议违反法律规定，应为无效决议。

2. 董事会与经理

1）董事会的设立

有限责任公司的董事会是公司股东会的执行机构，向股东会负责。董事会由3～13人组成。两个以上的国有企业或者其他两个以上的国有投资主体投资设立的有限责任公司，其董事会成员中应当有公司职工代表。董事会中的职工代表由公司职工民主选举产生。

董事任期由公司章程规定，但每届任期不得超过3年。董事任期届满，连选可以连任。董事在任期届满前，股东会不得无故解除其职务。董事任期届满未及时改选，或者董事在任期内辞职导致董事会成员低于法定人数的，在改选出的董事就任前，原董事仍应当依照法律、行政法规和公司章程的规定，履行董事职务。

董事会设董事长1人，可以设副董事长1～2人。董事长、副董事长的产生办法由公司章程规定。董事长为公司的法定代表人。

股东人数较少、规模较小的有限责任公司，可以不设董事会，而设1名执行董事。执行董事可以兼任公司经理，执行董事为公司的法定代表人。

2）董事会的职权

根据《公司法》的规定，董事会行使下列职权：①负责召集股东会，并向股东会报告工作；②执行股东会的决议；③决定公司的经营计划和投资方案；④制定公司的年度财务预算方案、决算方案；⑤制定公司的利润分配方案和弥补亏损方案；⑥制定公司增加或者减少注册资本的方案；⑦制定公司合并、分立、变更公司形式、解散的方案；⑧决定公司内部管理机构的设置；⑨聘任或者解聘公司经理（总经理，以下简称经理），根据经理的提名，聘任或者解聘公司副经理、财务负责人，决定其报酬事项；⑩制定公司的基本管理制度；⑪公司章程规定的其他职权。

董事会会议由董事长召集和主持。董事长因特殊原因不能履行职务时，由董事长指定的副董事长或者其他董事召集和主持。1/3 以上董事可以提议召开董事会会议。

召开董事会会议，应当于会议召开 10 日前通知全体董事。董事会应当对所议事项的决定作成会议记录，出席会议的董事应当在会议记录上签名。

董事会的议事方式和表决程序，除《公司法》有规定的外，由公司章程规定。

3）经理

经理是指在董事会领导下负责公司日常经营管理的执行机关，是董事会的执行机构。

有限责任公司设经理，由董事会聘任或者解聘。经理负责公司日常经营管理工作，对董事会负责。

经理行使下列职权：①主持公司的生产经营管理工作，组织实施董事会决议；②组织实施公司年度经营计划和投资方案；③拟订公司内部管理机构设置方案；④拟订公司的基本管理制度；⑤制定公司的具体规章；⑥提请聘任或者解聘公司副经理、财务负责人；⑦聘任或者解聘除应由董事会聘任或者解聘以外的负责管理人员；⑧公司章程和董事会授予的其他职权。

3. 监事会或者监事

有限责任公司监事会是公司的内部监督机构。《公司法》规定，经营规模较大的有限责任公司设立监事会，监事会成员不得少于 3 人；股东人数较少和规模较小的有限责任公司可以只设 1～2 名监事。监事会应在其组成人员中推选 1 名召集人。监事会由股东代表和适当比例的公司职工代表组成，其中职工代表的比例不得低于1/3，具体比例由公司章程规定。监事会中的职工代表由公司职工民主选举产生。监事会设主席 1 人，由全体监事过半数选举产生。

监事的任期每届为 3 年。监事任期届满，连选可以连任。

依据《公司法》的规定，监事会或者监事行使下列职权：①检查公司财务；②对董事、经理执行公司职务时违反法律、法规或者公司章程的行为进行监督；③当董事和经理的行为损害公司的利益时，要求董事和经理予以纠正；④提议召开临时股东会；⑤向股东会会议提出议案；⑥依法对董事、高级管理人员提起诉讼；⑦公司章程规定的其他职权。

三、一人有限责任公司及国有独资公司的特别规定

（一）一人有限责任公司

一人有限责任公司是指只有一个自然人股东或者一个法人股东的有限责任公司。

1. 设立的限制

一个自然人只能投资设立一个一人有限责任公司。该一人有限责任公司不能投资设立新的一人有限责任公司。

2. 登记中的特别规定

一人有限责任公司应当在公司登记中注明自然人独资或者法人独资，并在公司营业

执照中注明。

3. 组织机构的特别规定

一人有限责任公司的章程由股东制定。一人有限责任公司不设股东会。股东作出有关有限责任公司股东会法定职权所列决定时，应当采用书面形式，并由股东签字备案于公司。

4. 承担责任的形式

一人有限责任公司的股东不能证明公司财产独立于股东自己财产的，应当对公司债务承担连带责任。

（二）国有独资公司

国有独资公司是指国家单独出资，由国务院或者地方人民政府授权本级人民政府国有资产监督管理机构履行出资人职责的有限责任公司。

1. 股东职权的行使

国有独资公司不设股东会，由国有资产监督管理机构行使股东会职权。国有资产监督管理机构可以授权公司董事行使股东会的部分职权，决定公司重大事项。但公司的合并、分立、增减注册资本和发行公司债券必须由国有资产监督管理机构决定。其中，重要的国有独资公司合并、分立、解散、申请破产的，由国有资产监督管理机构审核后，报本级人民政府批准。

2. 董事会

国有独资公司设立董事会，董事每届任期不得超过 3 年。董事会成员中应当有公司职工代表。董事长、副董事长由国有资产监督管理机构从董事会成员中指定。

国有独资公司的董事长、副董事长、董事、高级管理人员，未经国有资产监督管理机构同意，不得在其他有限责任公司、股份有限公司或者经济组织兼职。

3. 监事会

国有独资公司监事会成员不得少于 5 人。监事会主席由国有资产监督管理机构从监事会成员中指定。

四、股份有限公司的设立

（一）股份有限公司的概念与特征

股份有限公司，又称股份公司，是指注册资本由等额股份构成并通过发行股票筹集资本，股东以其所认购的股份为限对公司承担责任，公司以其全部财产对公司债务承担责任的企业法人。

股份有限公司具有以下特征：①股东责任的有限性；②资本募集的公开性；③股东出资的股份性；④公司股票的流通性；⑤公司经营状况的公开性。

（二）股份有限公司的设立条件

1. 发起人符合法定人数

设立股份有限公司，应当有 2 人以上 200 人以下为发起人，其中须半数以上的发起人在中国境内有住所。发起人在中国境内有住所，就中国公民而言，是指公民以其户籍所在地为居住地或者其经常居住地在中国境内；就外国公民而言，是指其经常居住地在中国境内；就法人而言，是指其主要办事机构所在地在中国境内。

2. 有符合公司章程规定的全体发起人认购的股本总额或者募集的实收股本总额

股份有限公司采取发起设立方式设立的，注册资本为在公司登记机关登记的全体发起人认购的股本总额。在发起人认购的股份缴足前，不得向他人募集股份。采取发起设立方式设立的股份有限公司的注册资本，与有限责任公司注册资本的规定基本相似。即以发起设立方式设立股份有限公司的，发起人应当书面认足公司章程规定其认购的股份，并按照公司章程规定缴纳出资。以非货币财产出资的，应当依法办理其财产权的转移手续。发起人不依照公司章程规定缴纳出资的，应当按照发起人协议承担违约责任。

股份有限公司采取募集方式设立的，注册资本为在公司登记机关登记的实收股本总额。即公司的注册资本为公司实际收到作为公司股本的财产总额，已由股东认购但实际并未缴纳的部分，不得计入公司的注册资本额中。

发起人可以用货币出资，也可以用实物、知识产权、土地使用权等可依法转让的非货币财产作价出资；但是，法律、行政法规规定不得作为出资的财产除外。对作为出资的非货币财产应当评估作价，核实财产，不得高估或者低估作价。法律、行政法规对评估作价有规定的，从其规定。

法律、行政法规以及国务院决定对股份有限公司注册资本实缴、注册资本最低限额另有规定的，从其规定。

3. 股份发行、筹办事项符合法律规定

股份有限公司的股份发行、筹办事项复杂，《公司法》及相关法律对此有明确规定，发起人应严格依照法律规定。

4. 发起人制定公司章程，采用募集方式设立的经创立大会通过

股份有限公司的章程是指记载有关公司组织和行动基本规则的文件。公司章程对公司、股东、董事、监事、高级管理人员具有约束力。设立公司必须依法制定章程。对于以发起设立方式设立的股份有限公司，由全体发起人共同制定公司章程；对于以募集设立方式设立的股份有限公司，发起人制定的公司章程，还应当经出席创立大会的认股人所持表决权的半数以上通过，方为有效。

5. 有公司名称，建立符合股份有限公司要求的组织机构

公司的名称必须标有“股份有限公司”或“股份公司”字样。股份有限公司组织机构由股东会、董事会、监事会构成。

6. 有公司住所

公司住所即公司主要办事机构所在地，通常是公司发出指令的业务中枢机构所在地。

案例分析 2-12

谁的看法正确？

关于股份有限公司的设立，甲、乙各有看法。甲认为，发起人之间的关系属于合伙关系，发起人之间如发生纠纷，该纠纷的解决应当同时适用《民法典》（原《合同法》）和《公司法》。乙认为，采取募集方式设立时，发起人不能分期缴纳出资。

根据《公司法》的规定，股份有限公司的发起人在公司不能成立时，对设立行为所产生的债务和费用负连带责任。发起人签订的设立公司协议从性质上讲属于民事合伙合同，因而发起人之间的关系也就是合伙关系，每个成员都是发起人合伙中的一个成员。当公司不能依法成立时，对于设立公司行为所造成的后果，发起人要承担无限连带责任，所以甲的看法正确。乙的看法不正确，因为《公司法》并没有禁止募集设立股份有限公司时发起人分期缴纳出资。

（三）股份有限公司的设立流程

股份有限公司设立有两种方式：发起设立和募集设立。发起设立是指设立公司时，公司首次发行的股份由发起人全部认足，而不再向社会公众公开募集。募集设立是指公司设立时，发起人不认足公司首次发行的股份总数，只认购其中的一部分，其余部分公开向社会公众募集。

1. 以发起设立方式设立股份有限公司的程序

（1）发起人书面认足公司章程规定其认购的股份。

（2）缴纳出资。发起人以书面认足公司章程规定其认购的股份后，对于公司章程规定一次缴纳的，应即缴纳全部出资；对于公司章程规定分期缴纳的，应即缴纳首期出资。如果发起人不是以货币出资，而是以实物、知识产权、土地使用权等非货币财产出资，则应当依法进行评估作价，核实财产，并在此基础上依法办理其财产权的转移手续。发起人不按照规定缴纳出资的，应当按照发起人协议的约定承担违约责任。

（3）选举董事会和监事会。发起人首次缴纳出资后，应当选举董事会和监事会，建立公司的组织机构。

（4）申请设立登记。在发起人选举董事会和监事会后，董事会应当向公司登记机关报送公司章程，由依法设立的验资机构出具的验资证明以及法律、行政法规规定的其他文件，申请设立登记。一旦公司登记机关依法予以登记，发给公司营业执照，公司即告成立。

2. 以募集设立方式设立股份有限公司的程序

（1）发起人认购股份。发起人认购的股份不得少于公司股份总数的35%；但是，法律、行政法规另有规定的，从其规定。

（2）向社会公开募集股份。发起人向社会公开募集股份，必须公告招股说明书，并制作认股书。发起人向社会公开募集股份，应当由依法设立的证券公司承销，签订承销协议。发起人向社会公开募集股份，应当同银行签订代收股款协议。代收股款的银行应当按照协议代收和保存股款，向缴纳股款的认股人出具收款单据，并负有向有关部门出具收款证明的义务。

（3）召开创立大会。发行股份的股款缴足后，必须经依法设立的验资机构验资并出具证明。发起人应当在股款缴足之日起 30 日内主持召开公司创立大会，创立大会由发起人、认股人组成。发行的股份超过招股说明书规定的截止期限尚未募足的，或者发行股份的股款缴足后，发起人在 30 日内未召开创立大会的，认股人可以按照所缴股款并加算银行同期存款利息，要求发起人返还。发起人应当在创立大会召开 15 日前将会议日期通知各认股人或者予以公告。创立大会应有代表股份总数过半数的发起人、认股人出席，方可举行。创立大会行使下列职权：①审议发起人关于公司筹办情况的报告；②通过公司章程；③选举董事会成员；④选举监事会成员；⑤对公司的设立费用进行审核；⑥对发起人用于抵作股款的财产的作价进行审核；⑦发生不可抗力或者经营条件发生重大变化直接影响公司设立的，可以作出不设立公司的决议。创立大会对上述所列事项作出决议，必须经出席会议的认股人所持表决权过半数通过。发起人、认股人缴纳股款或者交付抵作股款的出资后，除未按期募足股份、发起人未按期召开创立大会或者创立大会决议不设立公司的情形外，不得抽回其股本。

（4）申请设立登记。董事会应于创立大会结束后 30 日内，向公司登记机关申请设立登记，并报送有关文件。公司登记机关依法核准登记后，应当发给公司营业执照。自公司营业执照签发之日起，公司即告成立。

（四）股份有限公司发起人承担的责任

根据《公司法》的规定，股份有限公司的发起人应当承担下列责任：①公司不能成立时，对设立行为所产生的债务和费用负连带责任；②公司不能成立时，对认股人已缴纳的股款，负返还股款并加算银行同期存款利息的连带责任；③在公司设立过程中，由于发起人的过失致使公司利益受到损害的，应当对公司承担赔偿责任。

（五）股份有限公司的组织机构

股份有限公司的组织机构由股东大会、董事会、监事会等组成。

1. 股东大会

股份有限公司的股东大会是公司的权力机构，依法行使职权。

1）股东大会的职权

股份有限公司股东大会的职权适用《公司法》对有限责任公司股东会的有关规定。

2）股东大会的形式

股份有限公司的股东大会分为定期会议和临时会议两种。定期会议是指依照法律和公司章程的规定每年按时召开的股东大会。《公司法》规定，股东大会应当每年召开一次股东会会议。临时股东大会是指股份有限公司在出现召开临时股东大会的法定事由时，应当在法定期限 2 个月内召开的股东大会。《公司法》规定，有下列情形之一的，应当在 2 个月内召开临时股东大会：①董事人数不足《公司法》规定人数或者公司章程所定人数的 2/3 时；②公司未弥补的亏损达实收股本总额 1/3 时；③单独或者合计持有公司 10%以上股份的股东请求时；④董事会认为必要时；⑤监事会提议召开时；⑥公司章程规定的其他情形。

3）股东大会的召开

股东大会会议由董事会召集，董事长主持；董事长不能履行职务或者不履行职务的，由副董事长主持；副董事长不能履行职务或者不履行职务的，由半数以上董事共同推举 1 名董事主持。董事会不能履行或者不履行召集股东大会会议职责的，监事会应当及时召集和主持；监事会不召集和主持的，连续 90 日以上单独或者合计持有公司 10％以上股份的股东可以自行召集和主持。

4）股东大会的决议

股东出席股东大会会议，所持每一股份有一表决权。股东可以委托代理人出席股东大会会议，代理人应当向公司提交股东授权委托书，并在授权范围内行使表决权。公司持有的本公司股份没有表决权。股东大会作出决议，必须经出席会议的股东所持表决权过半数通过。但是，股东大会作出修改公司章程、增加或者减少注册资本的决议，以及公司合并、分立、解散或者变更公司形式的决议，必须经出席会议的股东所持表决权的 2/3 以上通过。

2. 董事会与经理

1）董事会的性质

董事会是指依法由股东大会选举产生，向股东大会负责，代表公司并行使经营决策权的公司常设机关，也是公司的执行机关。

2）董事会的设立

股份有限公司设董事会，其成员为 5～19 人。董事会成员中可以有公司职工代表。董事会中的职工代表由公司职工通过职工代表大会、职工大会或者其他形式民主选举产生。董事任期由公司章程规定，但每届任期不得超过 3 年。董事任期届满，连选可以连任。董事在任期届满前，股东会不得无故解除其职务。董事任期届满未及时改选，或者董事在任期内辞职导致董事会成员低于法定人数的，在改选出的董事就任前，原董事仍应当依照法律、行政法规和公司章程的规定，履行董事职务。

董事会设董事长 1 人，可以设副董事长 1～2 人。董事长、副董事长的产生办法由公司章程规定。董事长为公司的法定代表人。

3）董事会的召开

股份有限公司每年至少召开两次董事会会议。当公司经营中遇到需要董事会及时决策的事项时，董事会可以召开临时会议。代表 1/10 以上表决权的股东、1/3 以上董事或者监事会，可以提议召开董事会临时会议。董事长应当自接到提议后 10 日内，召集和主持董事会临时会议。

4）董事会的决议

《公司法》规定，董事会会议应有过半数的董事出席方可举行；董事会作出决议，必须经全体董事的过半数通过。

董事会会议，应由董事本人出席；董事因故不能出席的，可以书面委托其他董事代为出席,委托书中应载明授权范围。董事会应当对会议所议事项的决定作成会议记录,出席会议的董事应当在会议记录上签名。

董事应当对董事会的决议承担责任。董事会的决议违反法律、行政法规或者公司章程、股东大会决议,致使公司遭受严重损失的,参与决议的董事对公司负赔偿责任。但经证明在表决时曾表明异议并记载于会议记录的,该董事可以免除责任。

5)经理

股份有限公司设经理,由董事会决定聘任或者解聘。股份有限公司经理的职权与有限责任公司经理的职权基本相同。

3. 监事会

监事会是公司的监督机关。它代表全体股东对公司经营管理进行监督。

股份有限公司设监事会,其成员不得少于3人。监事会应当包括股东代表和适当比例的公司职工代表,其中职工代表的比例不得低于1/3,具体比例由公司章程规定。监事会中的职工代表由公司职工通过职工代表大会、职工大会或者其他形式民主选举产生。

董事、高级管理人员不得兼任监事。监事的任期每届为3年。监事任期届满,连选可以连任。监事任期届满未及时改选,或者监事在任期内辞职导致监事会成员低于法定人数的,在改选出的监事就任前,原监事仍应当依照法律、行政法规和公司章程的规定,履行监事职务。

五、公司董事、监事、高级管理人员的资格、义务与责任

(一)公司董事、监事、高级管理人员的资格

有下列情形之一的,不能担任公司董事、监事及经理:①无民事行为能力或者限制民事行为能力;②因贪污、贿赂、侵占财产、挪用财产或者破坏社会主义市场经济秩序,被判处刑罚,执行期满未逾5年,或者因犯罪被剥夺政治权利,执行期满未逾5年;③担任破产清算的公司、企业的董事或者厂长、经理,对该公司、企业的破产负有个人责任的,自该公司、企业破产清算完结之日起未逾3年;④担任因违法被吊销营业执照、责令关闭的公司、企业的法定代表人,并负有个人责任的,自该公司、企业被吊销营业执照之日起未逾3年;⑤个人所负数额较大的债务到期未清偿。

公司违反上述规定选任、委派的,该选任、委派无效。

(二)公司董事、监事、高级管理人员的义务与责任

《公司法》规定,公司董事、监事、高级管理人员应当遵守法律、行政法规和公司章程,对公司负有忠实义务和勤勉义务。

公司董事、高级管理人员不得有下列行为:①挪用公司资金;②将公司资金以其个人名义或者以其他个人名义开立账户存储;③违反公司章程的规定,未经股东会、股东大会或者董事会同意,将公司资金借贷给他人或者以公司财产为他人提供担保;④违反公司章程的规定或者未经股东会、股东大会同意,与本公司订立合同或者进行交易;⑤未经股东会或者股东大会同意,利用职务便利为自己或者他人谋取属于公司的商业机会,自营或者为他人经营与所任职公司同类的业务;⑥接受他人与公司交易的佣金

归为己有；⑦擅自披露公司秘密；⑧违反对公司忠实义务的其他行为。

公司董事、高级管理人员违反上述规定所得的收入应当归公司所有。

公司董事、监事、高级管理人员执行公司职务时违反法律、行政法规或者公司章程的规定，给公司造成损失的，应当承担赔偿责任。

六、公司的合并与分立

（一）公司的合并

1. 公司合并的概念

公司合并是指由两个或者两个以上的公司合并成为一家公司，原来公司的债权债务关系由合并后的公司全面承受。

公司合并可以采取吸收合并和新设合并两种形式。一个公司吸收其他公司为吸收合并，被吸收的公司解散。两个或者两个以上的公司合并设立一个新的公司为新设合并，合并各方解散。采用何种形式合并主要根据合并公司的财政实力和将来市场运作的需要而定。

2. 公司合并的程序

（1）签订合并协议，编制资产负债表及财产清单。

（2）股东会作出合并协议。

（3）行政部门批准。股份有限公司合并，必须报国务院授权部门或省级政府批准。有限责任公司，除法律和法规有特殊规定外，可以由股东会决定。此时，公司的合并决议和协议才生效。

（4）通知或公告债权人（公司债权人保护程序）。公司应当自作出合并决议之日起 10 日内通知债权人，并于 30 日内在报纸上公告。债权人自接到通知书 30 日内，未接到通知书的自公告之日起 45 日内，有权要求公司清偿债务或提供担保。否则，公司不得合并。

（5）实施合并。股份有限公司将资产划分为等额股份，有限责任公司要进行资产评估，确定资本比例。然后召集股东会，报告合并情况，通过公司章程。

（6）办理公司合并登记。包括变更登记、注销登记、设立登记等。

（二）公司的分立

1. 公司分立的概念

一个公司根据股东（大）会或者法律的规定分立成两个或者数个公司，原来公司的财产、债权和债务经公司股东（大）会决定由分立后的公司按照资产和负债的比例继承。公司分立本是公司股东（大）会的权利，但是公司在分立之前必须对公司的债务作出清偿或者提供相应的担保，以保障债权人的利益。否则，分立后的公司对原来公司的债务承担连带责任。

2. 公司分立的程序

（1）股东会作出分立决议。

（2）行政部门批准。股份有限公司分立，必须报国务院授权部门或省级政府批准。有限责任公司，除法律和法规有特殊规定外，可以由股东（大）会决定。此时，公司的分立决议和协议才生效。

（3）编制资产负债表及财产清单，履行债权人保护程序。公司应当自作出分立决议之日起10日内通知债权人，并于30日内在报纸上公告。债权人自接到通知书30日内，未接到通知书的自公告之日起45日内，有权要求公司清偿债务或提供担保。否则，公司不得分立。

（4）订立分立协议。

（5）实施分立。

（6）办理公司分立登记。包括变更登记、注销登记、设立登记等。

（三）公司合并、分立的法律后果

（1）合并各方的债权债务由合并后的公司继承，债权人在时效内的债权可以向合并之后的公司主张，合并后的公司不得以任何理由不履行自己的清偿义务。

（2）公司分立前的债务按所达成的协议由分立后的公司承担。债权人在时效内的债权可以向分立之后的公司主张。公司在合并、分立、减少注册资本或者进行清算时，不依照《公司法》规定通知债权人或者公告的，由公司登记机关责令改正，对公司处以1万元以上10万元以下的罚款。

案例分析 2-13

甲公司的分立合法否？

甲有限责任公司因经营不善负债累累。其股东会一致通过以下决议：将甲公司分立为A、B两个公司，由A公司承担甲的所有债务，由B公司利用甲公司的净资产。之后，签订了分立协议书，分立各方办理了相应的登记注销手续。不久，甲公司的债权人发现A公司资不抵债，要求B公司承担连带债务，B公司拿出分立协议书，拒不偿还A公司的债务。甲公司的分立程序合法吗？如何看待本案中分立协议书的效力？

《公司法》规定，公司分立，其财产作相应的分割。公司分立时，应当编制资产负债表及财产清单，公司应当自作出分立决议之日起10日内通知债权人，并于30日内在报纸上公告。债权人自接到通知书之日起30日内，未接到通知书的自公告之日起45日内，有权要求公司清偿债务或提供相应的担保，不清偿债务或不提供相应担保的，公司不得分立。甲公司在分立过程中，既没有编制资产负债表及财产清单，也没有履行债权人保护程序，因此该分立行为无效。甲公司分立为A公司与B公司的目的是逃避债务，而且该分立行为程序违法，分立无效，所以该分立协议书也无效。

七、公司的解散与清算

（一）公司的解散

公司因下列原因解散：①公司章程规定的营业期限届满或者公司章程规定的其他解

散事由出现；②股东会或者股东大会决议解散；③因公司合并或者分立需要解散；④依法被吊销营业执照、责令关闭或者被撤销；⑤人民法院依照《公司法》第 182 条的规定予以解散。前三种情形称为自愿解散，后两种情形视为强制解散。

（二）公司的清算

1. 清算组的成立

公司除因分立或者合并需要结算外，应当在解散事由出现之日起 15 日内成立清算组，开始清算。有限责任公司的清算组由股东组成，股份有限公司的清算组由董事或者股东大会确定的人员组成。逾期不成立清算组进行清算的，债权人可以申请人民法院指定有关人员组成清算组进行清算。人民法院应当受理该申请，并及时组织清算组进行清算。

2. 清算组的职权

根据《公司法》的规定，清算组在清算期间行使下列职权：①清理公司财产，分别编制资产负债表和财产清单；②通知、公告债权人；③处理与清算有关的公司未了结的业务；④清缴所欠税款以及清算过程中产生的税款；⑤清理债权、债务；⑥处理公司清偿债务后的剩余财产；⑦代表公司参与民事诉讼活动。

清算组应当自成立之日起 10 日内通知债权人，并于 60 日内在报纸上公告。债权人应当自接到通知书之日起 30 日内，未接到通知书的自公告之日起 45 日内，向清算组申报其债权。债权人申报债权，应当说明债权的有关事项，并提供证明材料。清算组应当对债权进行登记。在申报债权期间，清算组不得对债权人进行清偿。

3. 清算财产的分配

清算组在清理公司财产、编制资产负债表和财产清单后，应当制定清算方案，并报股东会、股东大会或者人民法院确认。

公司财产在分别支付清算费用，职工的工资、社会保险费用和法定补偿金，缴纳所欠税款，清偿公司债务后的剩余财产，有限责任公司按照股东的出资比例分配，股份有限公司按照股东持有的股份比例分配。清算期间，公司存续，但不得开展与清算无关的经营活动。公司财产在未依照前款规定清偿前，不得分配给股东。

本章小结

设立企业是企业活动的前提和起点。对于从事或将要从事企业管理工作的人员来说，掌握企业设立实务的相关知识是一项基本要求。本章主要介绍了我国各类型企业设立中的实务性问题，包括个人独资企业、合伙企业、公司的设立条件和设立程序，出资人的权利和义务，组织机构的产生、设置与职权等。另外，对我国企业与其组织活动相关的一些重要行为的准则也分别作了重点阐述。本章强调理论联系实际，学生在学习时要多结合实际案例进行思考，在应用中学习，在学习中提高，运用所学法律知识分析并解决企业设立中的各种问题。

技能训练

起草合伙协议

【目的】

熟练掌握合伙企业基本法律规定，起草合伙协议，正确表达合伙意图，明确合伙协议构成要件。培养学生书面表达能力、法律意识和协作能力。

【内容】

某高校有5位大四学生共同商定毕业后自主创业，办一家经营快餐业务的合伙企业。其中，A同学提出可以出现金6万元，B同学说可以将家中两间门面房用来开店，C同学和D同学承诺各出5000元，E同学说："我没有钱，但是学过烹饪技术，有三级厨师证，我用技术出资。"请你为他们起草一份合伙协议。

【步骤和要求】

(1) 学生分组，自由选择合伙项目。

(2) 按照合伙协议的格式和主要记载事项起草该协议。

(3) 教师给出范本，学生查漏补缺，掌握书写要领。

(4) 教师总结，学生写出实训心得。

实践活动

模拟公司设立流程

【目的】

培养学生熟练应用《公司法》的知识，正确处理设立有限责任公司的事务的能力，进而增强其解决各项问题的实践能力，加强与企业管理等课程的衔接。

【内容】

设立一个有限责任公司。

【步骤】

(1) 5～10人作为股东，设立一个有限责任公司。

(2) 模拟公司名称的预先核准、委托授权。

(3) 每组同学可根据自己的实际情况进行出资模拟。

(4) 建立符合《公司法》规定的有限责任公司的组织机构，画出公司组织结构图。

(5) 根据设立的有限责任公司，制定公司章程。

【要求】

掌握有限责任公司设立的条件，了解有限责任公司设立的程序。能够运用所学法律知识，认识到正确设立公司对保证公司生产经营顺利实施的重要性。

本章练习

一、不定项选择题

1. 个人独资企业若在企业设立登记时明确以其家庭共有财产作为出资的，应当以(   )对企业债务承担无限责任。

A. 个人财产　　B. 家庭财产

C. 家庭公共财产　　D. 家庭共有财产

2. 普通合伙企业的新合伙人对其入伙前合伙企业的债务(   )。

A. 不承担任何责任　　B. 承担有限责任

C. 承担无限连带责任　　D. 按其出资份额承担责任

3. 设立有限责任公司时，若股东不按规定缴足所认缴的出资，应向已足额缴纳出资的股东承担(   )。

A. 违约责任　　B. 填补责任　　C. 赔偿责任　　D. 连带责任

4. 根据《合伙企业法》的规定，除合伙协议另有约定外，普通合伙企业的下列事项中，必须经全体合伙人一致同意的有(   )。

A. 以合伙企业的名义为他人提供担保

B. 合伙人之间转让在合伙企业中的部分财产份额

C. 聘任合伙企业以外的人担任合伙企业的经营管理人员

D. 改变合伙企业的名称

5. 某股份有限公司的董事会由11人组成，其中董事长1人，副董事长2人。该董事会某次会议发生的下列行为中，不符合《公司法》规定的有(   )。

A. 因董事长不能出席会议，董事长指定副董事长王某主持该次会议

B. 通过了增加公司注册资本的决议

C. 通过了解聘公司现任经理，由副董事长王某兼任经理的决议

D. 会议所有议决事项均载入会议记录，由主持会议的副董事长王某和记录员签名存档

6. 甲、乙、丙共同出资设立了一家有限责任公司。一年后，甲欲将其在公司的全部出资转让给丁，乙、丙不同意。下列解决方案中，符合《公司法》规定的有(   )。

A. 由乙或丙购买甲欲转让给丁的出资

B. 由乙和丙共同购买甲欲转让给丁的出资

C. 乙和丙均不愿意购买，甲无权将出资转让给丁

D. 乙和丙均不愿意购买，甲有权将出资转让给丁

7. 根据公司登记管理法律制度的规定，下列各项中，需要办理变更登记的有(   )。

A. 公司经理发生变化　　B. 公司住所发生变化

C. 公司股东发生变化　　D. 公司名称发生变化

8. 合伙企业注销后，原普通合伙人对合伙企业存续期间的债务仍应承担(   )。

A. 有限责任　　B. 无限责任

C. 有限连带责任　　D. 无限连带责任

二、案例分析题

1. 王某为大学毕业生，经济上独立于家庭。2005 年 6 月，王某在工商行政管理机关注册成立了一家个人独资企业，出资额为 2000 元。开业后生意兴隆，王某先后雇佣工作人员 10 名，但未给员工办理社会保险。后因经营不善，负债 10 万元。王某决定于 2006 年 6 月将企业自行解散。王某设立的个人独资企业的负债，是以王某父母的财产清偿还是王某自己清偿？王某的出资是否合法？王某自行决定解散企业合法吗？

2. 甲、乙、丙、丁等 20 人拟共同出资设立一个有限责任公司，股东共同制定了公司章程。在公司章程中，对董事任期、监事会组成、股权转让规则等事项作了如下规定：①公司董事任期为 4 年；②公司设立监事会，监事会成员为 7 人，其中包括 2 名职工代表；③股东向股东以外的人转让股权，必须经其他股东 2/3 以上同意。

问：

(1) 公司章程中关于董事任期的规定是否合法？并说明理由。

(2) 公司章程中关于监事会职工代表人数的规定是否合法？并说明理由。

(3) 公司章程中关于股权转让的规定是否合法？并说明理由。

第三章　企业合同法律实务

学习目标

了解企业合同的订立程序、企业合同的履行原则、企业合同违约责任的承担方式以及免责事由，理解企业合同订立程序中要约的构成要件以及要约生效的条件，理解合同履行过程中的抗辩权制度，掌握企业合同的订立、合同履行过程中的风险控制，能够运用企业合同订立的法律知识拟订企业合同，能够处理企业合同履行过程中的法律纠纷。

第一节　合同的订立

一、合同订立的程序

我国《民法典》第464条规定："合同是民事主体之间设立、变更、终止民事法律关系的协议。婚姻、收养、监护等有关身份关系的协议，适用有关该身份关系的法律规定；没有规定的，可以根据其性质参照适用本编规定。"企业正常开展生产经营活动离不开合同，合同是实现企业目标与价值的必要手段。社会主义市场经济条件下社会生产的分工日益细化，企业的生产经营更多地体现为社会化的生产合作。比如，企业要组织生产，往往需要从其他企业购置原材料、机器设备、能源等；为实现产品价值，便需与其他企业进行交换，这种企业间的联系在法律上可以抽象为合同关系。那么企业合同的订立程序是怎样的呢？根据《合同法》的规定，合同订立必须经过要约与承诺两个阶段。

（一）要约

要约是订约人希望和他人订立合同的意思表示。该意思表示应当符合《民法典》的规定。要在事实上成立一项要约，需要同时符合以下四个条件。

(1)要约的内容具体确定。"具体"的判断标准是合同成立所需的必要条款。在实际判断当中，需要明确的是这里所说的合同成立所需的必要条款可以通过《民法典》提供的方式予以补缺。"确定"的判断标准是意思表示的内容明确。

(2)表明经受要约人承诺，要约人即受该意思表示的约束。这是《民法典》第472条规定的。诚实信用原则是《民法典》的基本原则，要约人在作出要约的意思表示时应当接受该原则的约束。相对人也可以根据《民法典》的此标准判断意思表示是否成立要约，据此保护自身的信赖利益免受损害。

(3)要约是特定人作出。要约人可以是自然人、法人或其他组织,但是必须是能够特定的。特定人的判断是基于法律层面上的,以法律上能够特定化为准。要约人可以通过代理人或者其他方式发出意思表示,例如通过电子商务平台等,这并不妨碍其主体的特定化。

(4)要约向相对人发出。合同具有相对性,所以合同的当事人都应当是特定的人。但是在合同的订立阶段,相对人可以是特定的也可以是不特定的,例如在符合要约的商业广告中,相对人就是不特定的。

案例分析 3-1

要约成立的条件

甲有一幅字画,系清代宫廷画师张某某所作。某日,其友乙造访,对挂于堂中之画颇感兴趣。甲见状便曰:"该字画如今市场价为 2 万元,你若喜欢,我可考虑以低于该市场价格卖给你。"乙感激不已,二话不说便掏出 3000 元,同时取画便走。甲急忙挡住,双方遂发生争执。甲是否向乙发出了要约?

从要约构成要件来看,甲所说的意思并不能视为一项要约。因为甲仅称"可考虑以低于该市场价格卖",他的表述并未表明经受要约人的承诺即受该意思表示的约束。有人认为,不能成立要约的理由是甲的表述内容不具体明确,因为缺乏对价款的确定。其实这一理由是不成立的,因为根据《民法典》第 511 条的规定,价款的不明确是可以通过推定来确定的,也就是说明确的价款并非构成要约的必备内容。

要约作出之后,符合一定条件即可发生法律效力,要约人即负有不得随意撤销要约,不得对要约内容加以限制、变更或者扩张的法律义务。

要约生效的时间,视要约的不同形式而不同。根据《民法典》第 474 条的规定,要约到达受要约人时生效。采取数据电文形式订立合同,收件人指定特定系统接收数据电文的,该数据电文进入该特定系统的时间,视为到达时间;未指定特定系统的,该数据电文进入收件人的任何系统的首次时间,视为到达时间。这是采取所谓"到达主义"的规定,它针对的是非对话方式作出的要约。对话方式作出的要约,它的生效采取受要约人"了解主义",即要约作出之后为受要约人所了解便产生法律效力。

要约生效后,如果符合《民法典》第 478 条规定的情形则丧失法律效力。这些情况如下。

(1)要约被拒绝。要约生效后,受要约人并没有法律上的义务对此要约作出积极或消极的反应。但是如果受要约人明确表示或者以行为表明其拒绝要约的,则要约失效。

(2)要约被撤销。要约生效后,要约人可以在法律规定的有限情形下予以撤销。撤销行为生效则要约当然失效。

(3)承诺期满,受要约人未承诺。这里所说的承诺期包括要约明确给定的承诺期限,也包括在没有明确给定期限的情况下的合理期限。

(4)受要约人对要约内容作了实质性变更。《民法典》对实质性变更的界定较为宽泛，有关合同标的、数量、质量、价款或报酬、履行期限、履行地点和方式、违约责任和争议解决方式等条款的变更都属于实质性变更。这在事实上对合同成立的促成构筑了法律障碍，不利于实现《民法典》鼓励交易的立法目的。但是在司法实践中，往往会结合其他因素判断受要约人是否对要约内容作了实质性变更。对要约内容作了实质性变更的视为一项新要约或者反要约。交易达成的过程在法律层面上看就是要约和反要约交替出现的过程。

案例分析 3-2

该要约何时生效?

某年1月2日，某建筑工程企业收发室工作人员张某签收了一封来自新疆某水泥公司的函件，收件人为某建筑工程企业之法定代表人李经理。但是李经理已到外地出差，张某便将信件置于收发室。同年2月2日，李经理出差归来收悉函件。该函件称："自本要约生效之日起5天之内，你方可按照上述优惠价格购买水泥5000吨。"李经理认为该价格非常优惠，但是又不能确定该要约何时生效，便咨询了本企业的法律顾问。法律顾问认为，该要约已经在张某签收信件的当天发生法律效力，因为按照法律规定，信件到达受要约人处便生效，收发室签收便意味着要约进入了受要约人可控制的范围，并可能被受要约人所收悉。

（二）承诺

承诺是受要约人同意要约的意思表示。承诺的内容应当与要约的内容相一致。承诺的方式可以明示也可以默示。明示的承诺是指受要约人以通知的方式作出承诺。原则上承诺应以通知方式作出，但是根据交易习惯或者要约表明可以通过行为作出承诺的除外。

承诺通知到达要约人时生效，承诺不需要通知的，根据交易习惯或者要约的要求作出承诺的行为时生效。根据《民法典》的规定，受要约人超过承诺期限发出承诺的，除要约人及时通知受要约人该承诺有效的以外，为新的要约。受要约人在承诺期限内发出承诺，按照通常情形可以在期限内到达要约人，但因不可归责于受要约人的因素未能按期到达的，除了要约人及时通知受要约人因承诺超过期限不接受承诺的以外，该承诺有效。生效的承诺不得撤销，但是撤回的通知在承诺通知到达要约人之前或者同时到达要约人的，可撤回承诺。

企业注重效率，一般而言，要约都会规定一个承诺期。承诺应当在要约确定的期限内到达要约人。要约以信件或者电报作出的，承诺期限自信件载明的日期或者电报交发之日开始计算;信件没有载明日期的，自投寄该信件的邮戳日期开始计算。要约以电话、传真等快速通信方式作出的，承诺期限自要约到达受要约人时开始计算。如果要约中没有规定承诺期限，那么承诺应当按照下列规定到达：①要约以对话方式作出的，应当即时作出承诺，但当事人另有约定的除外;②要约以非对话方式作出的，承诺应当在合理期限内到达。

二、合同的成立

承诺生效时合同成立。企业签订的合同大多为书面合同，书面合同自双方当事人签名、盖章或者按手印时成立。但是在一方已经履行主要义务的情况下，即使双方约定以书面形式订立合同，而没有采用书面形式，如果对方接受履行，则合同依法成立。如果企业采用信件、数据电文等形式订立合同并在合同成立之前要求签订确认书，那么合同自确认书签订之时成立。合同的成立表明合同的产生，它是合同履行的前提，因此确定合同的成立时间非常重要。《民法典》第502条规定，依法成立的合同，自成立时生效，但是法律另有规定或者当事人另有约定的除外。

案例分析 3-3

该合同什么时候成立？

某年1月1日，甲企业与乙企业就购买一型号电机展开协商。作为供应方的甲企业在基本条款与乙企业达成一致的情况下坚持以书面的形式订立合同，乙企业同意了该方案。同年2月1日，按照双方协商一致的条款拟订好书面的合同并加盖企业公章，企业法定代表人签名之后，甲企业将合同书寄出给乙企业。2月4日，乙企业法定代表人签名并盖企业公章之后，寄回给甲企业。该书面合同于2月7日到达甲企业。甲企业的领导对该合同的成立时间产生争议，那么该合同在什么时候成立呢？

根据《民法典》的规定，书面合同自双方当事人签名、盖章或者按手印时成立，也就是说只有一方的签名、盖章或者按手印是不能成立合同的，本案合同在2月4日已经为双方所签名盖章，因此应以最后签名盖章的时间为合同成立时间。

三、合同的条款

合同的整体内容是由各合同条款组成的。依据《民法典》的规定，合同分为一般条款和其他条款。一般条款如下。

1. 当事人的姓名或名称与住所条款

当事人是合同权利的享有者，也是合同义务的承担者，合同关系归根结底是一种社会关系，没有当事人的合同是不可能存在的，当事人条款是必要条款。企业的主要办事机构所在地即为企业的住所。在合同中明确住所具有重要意义，因为它关系到合同履行地的确定以及合同纠纷的司法管辖。

2. 合同标的条款

标的是合同权利义务指向的对象。没有合同标的则权利义务便无法确定，因此合同标的条款是合同必要条款。合同标的一般包括货物、服务、智力成果等。标的必须是可以依法流通的，如果属于法律禁止流通的标的，则不能成为合同标的，例如我国的土地所有权。标的可以是法律限制流通的，但是该类标的仅能够在有限的范围内成为合同标的。

3. 数量条款

数量是针对合同标的而言的，它可以表现为大小、多少、轻重等形式。如果标的数量不明确，则难以确定合同的权利义务，而且相关合同法律也没有提供确定数量的方式，因此数量条款是必要条款。

4. 质量，价款或报酬，履行期限、地点与方式条款

质量一般以成分、纯度、精度、性能等来表示。并不是所有的合同都需要质量条款，比如企业贷款合同便不需要。质量与价款的确定有较为密切的联系。企业合同一般为有偿合同，获得利益须支付相应的对价，这种对价往往反映为价款或报酬。为了及时实现合同目的，履行期限的确定非常重要，期限反映了合同的履行效率。履行地点是当事人行使合同权利和履行合同义务的地方，具有重要意义，它往往是确定标的物是否转移、合同纠纷的诉讼管辖等的依据。合同履行方式一般包括交货方式、付款方式、结算方式等。

5. 违约责任条款

《民法典》不仅对违约责任的构成有明确规定，而且对违约责任的承担方式也作了详细的规定。当事人可以在合同当中拟订更为详细的违约情形，选择更为明确的违约责任承担方式，确定违约金的数额等。

6. 争议解决条款

争议的解决方式可以分为私力救济与公力救济，具体包括当事人自行协商、第三人调解、仲裁和诉讼等。当事人可以在合同的争议解决条款中约定诉讼管辖的人民法院，确定是否通过仲裁的途径解决合同纠纷。根据相关法律的规定，如果当事人没有明确约定适用仲裁的话，是不能通过仲裁解决纠纷的；反之，当事人在选择了以仲裁方式解决纠纷之后，便不能绕开仲裁而通过诉讼方式解决。

四、有效的合同

合同的成立是事实判断问题，而合同的有效则是价值判断问题。合同成立是判断合同是否有效的前提，但是一份成立的合同却不当然有效。合同有效必须满足以下条件。

1. 合同当事人具有相应的民事行为能力

根据《民法典》等相关法律的规定，判断自然人民事行为能力的标准包括年龄、辨认能力及精神健康状况等。不满八周岁的未成年人为无民事行为能力人，由其法定代理人实施民事法律行为。八周岁以上的未成年人为限制民事行为能力人，实施民事法律行为由其法定代理人代理或者经其法定代理人同意、追认，但是可以独立实施纯获利益的民事法律行为或者与其年龄、智力相适应的民事法律行为。十八周岁以上的自然人为成年人，为完全民事行为能力人，可以独立实施民事法律行为。十六周岁以上的未成年人，以自己的劳动收入为主要生活来源的，视为完全民事行为能力人。

法人和非法人组织的民事行为能力一般由其营业范围确定。《民法典》第504条规定，法人的法定代表人或者非法人组织的负责人超越权限订立的合同，除非相对人知道或者应当知道其超越权限的外，该代表行为有效。此外，法人和非法人组织的民事行为能力受到其营业范围的限制，但是超越该营业范围订立的合同并不当然无效，除非其违反了国家限制经营、特许经营以及法律、行政法规禁止经营的规定，这是最高人民法院的明确规定。

2. 意思表示真实

意思表示真实是民法意思自治原则的应有之义，也是自愿有偿的市场经济原则的基本要求。一般而言，重大误解、欺诈、胁迫或乘人之危等都会导致意思表示不真实的合同产生。其中，重大误解可以是双方的误解，双方都享有同等的救济权利。

3. 不违反法律、行政法规的强制性规定，不违反社会公共利益或善良风俗

当事人订立合同应当遵守法律、行政法规，尊重社会公德，不得扰乱社会经济秩序、损害社会公共利益。这里的法律和行政法规是指它们的强制性规定。

五、无效和效力有瑕疵的合同

1. 无效合同

原《合同法》第52条规定以下情形合同无效：一方以欺诈、胁迫的手段订立合同，损害国家利益的；恶意串通，损害国家、集体或者第三人利益的；以合法形式掩盖非法目的的；损害社会公共利益的；违反法律、行政法规的强制性规定。《民法典》中的合同编针对合同效力的规定较少。结合《民法典》总则编，合同无效主要有以下几种情形：无民事行为能力人签订的合同；合同双方以虚假的意思签订的合同；违反法律、法规强制性规定的合同；违背公序良俗的合同；恶意串通，损害他人合法权益的合同等。

2. 可变更、可撤销合同

根据《民法典》的规定，以下情形中的合同属于可变更、可撤销合同：因重大误解订立的合同；显失公平的合同；一方以欺诈的手段订立的，不损害国家利益的合同；一方以胁迫的手段订立的，不损害国家利益的合同。

3. 效力待定合同

根据《民法典》规定，以下情形中的合同属于效力待定合同：限制民事行为能力人订立的合同；无权代理人订立的合同；无处分权人订立的合同。

第二节　合同的履行

案例引导3-1

该公司的行为是否违反合同履行的原则？

某年3月，被告广州某旅游公司在宣传单上推广“海南五天游”，称5天可参观至少10个海南景点。原告张某等10多人参加了该履行项目，于同月15日乘坐飞机抵达海南。到海南之后，导游将团里10多人男女混合安排在同一间客房休息。在整个旅游过程中，总共参观了4个旅游景点，最后旅游团成员并未得到导游的带领，不得不自行回广州。原告张某等认为旅游公司违反了合同，造成了他们的损失，遂要求公司承担违约责任。遭到拒绝之后，原告张某等向法院提起了诉讼。

一、合同履行的基本原则

（一）全面履行原则

《民法典》第509条规定，当事人应当按照约定全面履行自己的义务。此规定即为合同的全面履行原则。全面履行原则的内涵非常丰富，它是指当事人按照合同规定的内容，在履行标的、履行主体、履行方式等方面完成合同义务的原则。它强调的是合同条款的实现。

（二）诚信履行原则

诚信原则是我国民商法律的基本原则。《民法典》第7条规定，民事主体从事民事活动，应当遵循诚信原则，秉持诚实，恪守承诺。《民法典》第509条也规定，当事人应当遵循诚信原则，根据合同的性质、目的和交易习惯履行通知、协助、保密等义务。诚信原则主要引申出合同附随义务。附随义务包括当事人的通知、协助、保密等义务。通知义务主要是指当事人在履行合同约定的义务时，对于发生的妨碍合同正常履行的情况，应当及时告知对方当事人，以便于对方采取措施，防止或减少损失。协助义务要求债权人在债务人履行债务时，尽可能提供方便，以便于债务人全面履行债务。保密义务要求当事人不得泄露或者不正当使用在合同订立、履行过程中获得的对方当事人相关的信息（主要是商业秘密信息）。根据诚信履行原则，当事人还负有其他一些义务，包括：在合同订立之后，尚未履行以前，当事人双方都应当认真做好履约的准备；在合同履行过程中，对一方当事人不适当的履行行为，对方当事人可以依法行使合同履行的抗辩权；合同纠纷应当根据诚信原则妥善解决。

（三）情势变更原则

商事合同在订立之后，因当事人无法预见和防止的客观原因导致合同赖以存在的经济基础发生动摇，这种情形下合同如何处理才能够兼具公平和意思自治？最高人民法院认为，合同成立以后客观情况发生了当事人在订立合同时无法预见的、非不可抗力造成的、不属于商业风险的重大变化，继续履行合同对于一方当事人明显不公平或者不能实现合同目的，当事人请求法院变更或者解除合同的，人民法院应当根据公平原则，并结合案件的实际情况确定是否解除。

二、合同履行的具体规则

（一）条款补充或确定规则

合同的条款如果存在缺漏或者约定不明，可按照《民法典》第510条以及第511条的规定予以补充和确定。根据《民法典》的规定，质量、价款或报酬、履行期限、地点与方式等内容在当事人没有明确约定,事后不能达成补充协议,根据合同相关条款以及交易习惯等也不能确定时,可以依据下列方式确定。①质量要求不明确的,按照国家标准、行业标准履行;没有国家标准、行业标准的,按照通常标准或者符合合同目的的特定标准履行。②价款或者报酬不明确的,按照订立合同时履行地的市场价格履行;依法应当执行政府定价或者政府指导价的,按照规定履行。③履行地点不明确,给付货币的,在接受货币一方所在地履行;交付不动产的,在不动产所在地履行;其他标的,在履行义务一方所在地履行。④履行期限不明确的,债务人可以随时履行,债权人也可以随时要求履行,但应当给对方必要的准备时间。⑤履行方式不明确的,按照有利于实现合同目的的方式履行。⑥履行费用负担不明确的,由履行义务一方负担。由此也可看出,质量,价款或报酬,履行期限、地点和方式等条款不是合同的必要条款。

(二)政府定价或指导价条款履行规则

社会主义市场经济条件下,政府对经济的控制从以往过多的行政干预转变到依法调控。政府定价或政府指导价在某些经济领域的实施起到了调节市场的积极作用。企业合同中的政府定价或指导价条款在定价或指导价发生变化之后应当如何履行?根据《民法典》第 513 条的规定,在合同约定的交付期限内政府价格发生变动的,按照交付时的政府定价或指导价执行。逾期交付标的物的,遇价格上涨时,按照原价格执行;价格下降时,按照新价格执行。逾期提取标的物或者逾期付款的,遇价格上涨时,按照新价格执行;价格下降时,按照原价格执行。

(三)涉他合同履行规则

所谓涉他合同是指合同内容涉及第三人的合同,主要有两大类:一是双方当事人约定由第三人向另一方当事人为给付,即由第三人履行的合同;二是双方当事人约定,由一方当事人向第三人为给付,即为第三人利益的合同。因为第三人不是合同的当事人,并不能当然享有合同权利,也不当然承担合同义务,所以《民法典》第 522 条、第 523 条和第 524 条对涉他合同的履行作了如下规定:当事人约定由债务人向第三人履行债务,债务人未向第三人履行债务或者履行债务不符合约定的,应当向债权人承担违约责任。法律规定或者当事人约定第三人可以直接请求债务人向其履行债务,第三人未在合理期限内明确拒绝,债务人未向第三人履行债务或者履行债务不符合约定的,第三人可以请求债务人承担违约责任;债务人对债权人的抗辩,可以向第三人主张。当事人约定由第三人向债权人履行债务,第三人不履行债务或者履行债务不符合约定的,债务人应当向债权人承担违约责任。债务人不履行债务,第三人对履行该债务具有合法利益的,第三人有权向债权人代为履行;但是,根据债务性质、按照当事人约定或者依照法律规定只能由债务人履行的除外。债权人接受第三人履行后,其对债务人的债权转让给第三人,但是债务人和第三人另有约定的除外。

三、合同履行抗辩权

合同履行中的抗辩权是指在双务合同中,一方当事人据以对抗对方合同履行请求权或否认对方的权利和主张的权利。抗辩权的功能在于使对方当事人的履行请求权暂时中止法律效力，它并不能产生消灭合同履行请求权的法律后果，属于延缓性抗辩权。它包括三种类型。

（一）同时履行抗辩权

同时履行抗辩权是指在没有先后履行顺序的双务合同中，一方当事人在对方当事人没有履行义务之前，有权拒绝其履行请求。合同的义务根据其重要程度可以分为主合同义务和附随合同义务，前者又称为主给付义务。同时履行抗辩权针对的对方义务为主给付义务，也就是说如果对方当事人已经履行了主给付义务而未履行附随义务，那么另一方当事人不可行使同时履行抗辩权。行使同时履行抗辩权必须满足以下条件：①在同一合同中互负债务，且合同的履行无先后之分；②双方所负债务均届履行期；③对方当事人未履行债务；④对方的对待给付并无法律或事实上的障碍。

（二）后履行抗辩权

后履行抗辩权是指依照合同约定或法律规定，负先履行义务的一方当事人届期未履行义务或义务的履行存在重大瑕疵或存在预期违约时，后履行一方可以拒绝其履行请求的权利。《民法典》第526条规定了该抗辩权。行使后履行抗辩权必须满足以下条件：①在同一合同中互负债务，且合同的履行有先后之分；②负先履行义务一方届期未履行债务或债务的履行存在重大瑕疵或存在预期违约；③负先履行义务一方有履行能力。

（三）不安抗辩权

不安抗辩权是指双务合同一方当事人依据合同规定负有先为履行的义务，但对方当事人存在难为对待给付的情形时，可拒绝先履行的权利。设立不安抗辩权的目的在于预防因情况发生变化致一方遭受损失。《民法典》第527条规定了该抗辩权。行使不安抗辩权必须满足以下条件：①在同一合同中互负债务，且合同的履行有先后之分；②先履行义务已届履行期；③负后履行义务当事人履行能力明显降低，有不能为对待给付的现实危险（如经营状况严重恶化、转移财产、抽逃资金以逃避债务、丧失商业信誉等）；④负后履行义务一方未提供相应履行担保。

四、合同的解除

合同生效后，在履行完毕之前，当事人基于《民法典》的规定和双方合同约定，在某些情形下可以合法解除合同关系。根据当事人解除合同的依据，可以将合同解除区分以下类型。

1. 法定解除

（1）因不可抗力致使合同目的不能实现，合同双方当事人有权依法解除合同。

（2）在履行期限届满之前，当事人一方明确表示或者通过行为表明不履行主要债务的，另一方当事人有权解除合同。《民法典》赋予合同当事人在对方实际违约之前解除合同的权利，有利于促使诚信履约，营造遵信守诺的营商环境。

（3）当事人一方迟延履行主要债务，经催告后在合理期限内仍未履行。

（4）当事人一方迟延履行债务或者有其他违约行为致使合同目的不能实现的，另一方当事人有权解除合同。

（5）法律规定的其他情形。

2. 约定解除

约定解除，是基于当事人双方的约定而终止合同关系。该约定可以是约定在某种情形下赋予合同一方或双方当事人解除合同的权利。

第三节　违约责任

案例引导 3-2

甲公司的行为是否构成违约？

甲公司为扩大生产向本地乙城市银行贷款 3000 万元，约定了 1 年的贷款期限。合同签订后，甲公司如约开展了相关的业务项目，但是由于受金融风暴的影响，业务效益未达到预期。还贷期限即将来临，甲公司无法偿还所借贷款。乙城市银行多次询问业务开展情况，均未得到正面回复。在此情况下，甲公司的行为是否构成违约？

一、违约行为的类型

（一）预期违约

预期违约是指在履行期限届满之前，合同一方当事人明确表示在履行期限到来后将不履行合同，或者以其行为表明在履行期限到来后将不履行合同。预期违约包括明示违约和默示违约。

（二）实际违约

1. 拒绝履行

拒绝履行是指合同当事人在履行期限到来之后，无正当理由拒绝履行其合同义务。

2. 迟延履行

迟延履行是指当事人的履行超过了合同约定的履行期限。根据延迟原因的不同，可以分为债权人的迟延受领和债务人的迟延交付。

3. 不适当履行

不适当履行是指当事人义务的履行不符合合同的约定，履行行为具有瑕疵。具体表现为履约在数量上多于或者少于合同规定的量，标的物的质量、品种、型号与合同约定的不相符，履行方式与合同要求不一致（如交货地点不一致）等。

二、违约责任的承担方式

（一）强制履行

强制履行只是要求债务人继续履行合同的义务，并没有增加其合同之外的负担。从经济利益上看，强制履行并不能构成对违约方的制裁，但是它具备国家强制力的特点，作为对违约方的一种强制方式，显示出法律对违约行为作出了某种否定性的评价，并带有对违约者惩戒的性质，因此强制履行也被立法者视为一种违约责任的承担方式。

但是并非任何情形之下均可以适用强制履行，《民法典》对不适宜强制实际履行的情形作了规定：①在法律或者事实上不能履行；②债务的标的不适于强制履行或者履行费用过高，前者如具有人身性质的委托合同、技术开发合同等；③债权人在合理期限内未要求履行。

（二）赔偿损失

赔偿损失是受损的合同当事人可能得到的最重要的法律救济方式。在现实的经济生活中，支付违约金往往以赔偿金的形式出现，但两者是不同的。损失赔偿具有任意性，当事人可以在合同中约定损失的计算方式等方面的内容，但是赔偿的数额是以实际造成的损失为限的。确定损失赔偿的数额受可预见性规则的约束，根据《民法典》第 584 条规定，当事人一方不履行合同义务或者履行合同义务不符合约定，造成对方损失的，损失赔偿额应当相当于因违约所造成的损失，包括合同履行后可以获得的利益；但是，不得超过违约一方订立合同时预见到或者应当预见到的因违约可能造成的损失。

（三）支付违约金

违约金是当事人约定在违约行为发生时向守约方支付的一定数额的货币。违约金的表现形式可以是具体的数额，也可以是计算赔偿额的方法。当违约金数额不足以弥补当事人的损失时，违约方还应当承当损害赔偿的责任，补足违约金不足的部分。违约金是实践当中运用较多的违约责任承担方式。

（四）定金罚则

定金是当事人为了确保合同的履行，依照法律或者合同约定，由负有支付款项义务的一方，在应当支付的额度内先行向对方支付一定比例的货币。《民法典》第 586 条对此作了详细规定："当事人可以约定一方向对方给付定金作为债权的担保。"定金具有对违约行为的制裁性，定金的数额可以由当事人自行协商确定，但是不得超过主合同标的额的20%，超过部分不产生定金的效力。实际交付的定金数额多于或者少于约定数额的，视为变更约定的定金数额。《民法典》第 587 条规定，债务人履行债务的，定金应当抵作价款或者收回。给付定金的一方不履行债务或者履行债务不符合约定，致使不能实现合同目的的，无权请求返还定金；收受定金的一方不履行债务或者履行债务不符合约定，致使不能实现合同目的的，应当双倍返还定金。

三、免责事由

案例引导 3-3

违约责任的免除

甲企业订购了乙公司生产的电气设备 100 台，约定于 2008 年 5 月 2 日之前交货。4 月 20 日，乙公司通知甲企业 5 月 1 日到乙公司的仓库提货。但 4 月 28 日该地发生 7 级地震，地震不仅使仓库中的所有成品损坏，而且使得乙公司全面停产，无法按照约定交货。乙公司是否需要承担违约责任呢？

违约责任的承担以无过错责任为一般原则，一般而言，只要存在违约行为，就应当承当违约责任，除非存在免责事由。免责事由可以分为如下三类。

（一）不可抗力

不可抗力是指不能预见、不能避免、不能克服的客观情况，它是法定的免责事由。不可抗力主要包括三种情形：自然灾害、政府行为以及社会异常事件。其中，政府行为是否为不可抗力在理论上存在一定的争议。一般认为，政府行为中的抽象行政导致合同不能履行的，当事人不承担违约责任。社会异常事件包括工人罢工等一些偶发的使得合同不能履行的事件。

虽然不可抗力是法定的免责事由，但是当事人可以在合同当中列举不可抗力的范围，约定只有在此范围内的不可抗力才能免责。

（二）免责条款

免责条款是指当事人在合同中约定的用于免除未来合同责任的条款。基于意思自治原则，当事人可以自主约定免责条款。但是《民法典》第 506 条规定，合同中的下列免责条款无效：①造成对方人身损害的；②因故意或者重大过失造成对方财产损失的。另外，免责条款也需要满足合同有效的其他要件。

（三）法律规定

法律规定主要是基于债权人在违约情事当中的过错而个别作出的免责规定。例如《民法典》第 591 条规定，当事人一方违约后，对方应当采取适当措施防止损失的扩大；没有采取适当措施致使损失扩大的，不得就扩大的损失请求赔偿。《民法典》第 592 条规定，当事人都违反合同的，应当各自承担相应的责任。当事人一方违约造成对方损失，对方对损失的发生有过错的，可以减少相应的损失赔偿额。

第四节　常用企业合同

一、贷款合同

（一）贷款合同的概念与种类

贷款合同亦称借贷合同或者借款合同，是指借款人向贷款人借款，到期返还所借款项并支付利息的合同。在贷款合同中，提供款项的当事人为贷款人，另一方当事人为借款人，合同的标的物则是货币。贷款是企业债权融资的重要方式，适度的负债经营是企业提高资本效益的有效方式，也是当今企业经营的常态。

根据贷款合同主体的不同，企业贷款可以分为两大类：一是经金融监管部门批准设立的从事贷款业务的金融机构及其分支机构发放的贷款；二是民间借贷。为防控金融风险，我国对金融活动的管制较为严格，企业贷款主要以银行贷款为主，但是因为中小企业本身融资需求难以从金融机构得到完全满足，所以民间借贷在国内仍较为活跃。

对民间借贷的司法认识和规制也经历了曲折的过程。最高人民法院在1990年《关于审理联营合同纠纷案件若干问题的解答》中将非金融企业之间的拆借关系认定为无效。实际上，1986年1月7日，国务院发布的《银行管理暂行条例》(已失效)就明确禁止非金融机构经营金融业务。至于如何理解"经营金融业务"，1999年最高人民法院出台的《关于如何确认公民与企业之间借贷行为效力问题的批复》给我们提供了司法认定的依据。该批复将企业以借贷名义向社会公众发放贷款的行为认定为无效。迄今为止，对民间借贷规定最为全面和权威司法文件是2015年8月6日出台的《最高人民法院关于审理民间借贷案件适用法律若干问题的规定》，并于2020年8月18日修改，自2020年8月20日起施行。根据该规定，民间借贷是指自然人、法人和非法人组织之间进行资金融通的行为。

案例分析 3-4

企业与个人之间的贷款合同是否有效?

某啤酒厂因为经营发生困难，急需周转资金，遂向李某等18名自然人借款，并保证需要时随时归还。李某等18名自然人多方筹措资金，于2008年至2009年期间，共向某啤酒厂借出款项100万元。某啤酒厂分别出具了贷款收据并约定了利率。但款项借出后，某啤酒厂不守信用，经过李某等人多次追要，均不归还本金，也不按照约定支付利息。无奈之下，李某等人向法院提起诉讼。

1996年9月23日，最高人民法院《关于对企业借贷合同借款方逾期不归还借款的应如何处理问题的批复》明确企业借贷合同违反有关金融法规，属无效合同。但是对于非金融性质企业与个人之间的正常借贷并未禁止。因此，本案中，某啤酒厂应当按照双方约定，返还本金并支付李某等18名自然人利息。

该案件如置于当前背景之下讨论法律适用则更为简单、直接。因为2018年8月修改的《最高人民法院关于审理民间借贷案件适用法律若干问题的规定》第11条明确规定："法人之间、非法人组织之间以及它们相互之间为生产、经营需要订立的民间借贷合同，除存在《中华人民共和国合同法》第五十二条以及本规定第十四条规定的情形外，当事人主张民间借贷合同有效的，人民法院应予支持。"该规定第14条规定："具有下列情形之一的，人民法院应当认定民间借贷合同无效：(一)套取金融机构贷款转贷的；(二)以向其他营利法人借贷、向本单位职工集资，或者以向公众非法吸收存款等方式取得的资金转贷的；(三)未依法取得放贷资格的出借人，以营利为目的向社会不特定对象提供借款的；(四)出借人事先知道或者应当知道借款人借款用于违法犯罪活动仍然提供借款的；(五)违反法律、行政法规强制性规定的；(六)违背公序良俗的。"

(二) 贷款合同与相近合同的区别

1. 与融资租赁合同的区别

融资租赁发源于20世纪50年代的美国，我国原《合同法》将融资租赁合同作为独立的新型合同专章加以规定，现在的《民法典》也有专门规定。融资租赁合同将买卖合同、租赁合同以及借款合同等功能合为一体，与企业贷款合同同为融资行为的表现形式，因此在实践当中人们往往无法清晰区分。

融资租赁合同是指出租人根据承租人对出卖人、租赁物的选择，向出卖人购买租赁物，提供给承租人使用，承租人支付租金的合同。虽然企业贷款合同与融资租赁合同同为融资性质的合同，但是企业贷款合同在合同的性质、当事人的数目等方面与融资租赁合同存在很大区别。在性质方面，企业贷款合同属于转移财产所有权的合同，而融资租赁合同则是使用财产的合同。企业贷款合同是普通的双方合同，而融资租赁合同则是三方当事人的合同。

2. 与有保底条款的联营合同的区别

联营是两个或两个以上的企业之间、企业与事业单位之间，基于追求共同经济目的的需要而进行联合的法律形式。《民法通则》最早分别规定了法人型联营、合伙型联营以及合同型联营三种联营的形式。

关于保底条款的联营合同问题，1990年11月12日最高人民法院《关于审理联营合同纠纷案件若干问题的解答》有非常明确的规定。解答的第四点界定了联营合同中的保底条款，即"通常是指联营一方虽向联营体投资，并参与共同经营，分享联营的盈利，但不承担联营的亏损责任，在联营体亏损时，仍要收回其出资和收取固定利润的条款"。对此类约定，解答认为其"违背了联营活动中应当遵循的共负盈亏、共担风险的原则，损害了其他联营方和联营体的债权人的合法权益，因此，应当确认无效"。解答还规定，"企业法人、事业法人作为联营一方向联营体投资，但不参加共同经营，也不承担联营的风险责任，不论盈亏均按期收回本息，或者按期收取固定利润的，是明为联营，实为借贷，违反了有关金融法规，应当确认合同无效。除本金可以返还外，对出资方已经取得或者约定取得的利息应予收缴，对另一方则应处以相当于银行利息的罚款"。由此可见，有保底条款的联营合同本质上是法律效力有瑕疵的合同。

(三) 贷款合同的担保

贷款合同的担保是促使借款人履行贷款合同，保障贷款人的权利实现的法律手段。贷款合同的担保形式主要有保证、抵押、质押等。贷款合同担保的法律关系如下。

1. 主体

贷款合同担保中，获得担保的一方当事人是恒定的，贷款人为接受担保的一方当事人。但提供担保的当事人一方则有不同，除了保证担保中只能为第三人之外，抵押和质押中提供担保的当事人可以为借款人本人，也可以为第三人，只要该第三人符合相应的条件限制：①保证人须是具有代为清偿能力的法人、其他组织或者公民，且不在法律禁止提供担保的行列（比如《民法典》规定，学校等以公益为目的的非营利法人、非法人组织，未经企业法人授权的分支机构、职能部门不得为保证人）；②抵押人必须是可以设立抵押的所有权人、处分权人；③出质人必须是所有权人、财产权利的享有人或处分权人。

2. 客体

在保证担保中，担保的客体是行为；抵押的客体主要为不动产类的有形财产；质押的客体可以为动产类的有形财产，也可以是无形财产。

3. 内容

具体的担保内容根据不同的担保形式有所不同，但本质上都是对债务合法、依约履行的保障。

二、购销合同

（一）购销合同的概念

购销合同是指一方当事人将产品所有权或其他财产的权利转移给另一方当事人，另一方支付价款的合同。它是企业常见的合同类型，在企业的生产经营中起着重要的作用。在实践中，购销合同可以表现为产品供应合同、物资采购合同、供销协作合同等。

（二）购销合同的特征

（1）购销合同是转移产品所有权或其他财产权的合同。

（2）购销合同是有偿合同。购买方要从销售方取得物质利益，必须向销售方支付相应的对价。购销合同的有偿性是其区别于其他转移财产权合同的重要特征，比如赠与合同便为无偿合同。

（3）购销合同是诺成合同。合同双方当事人的意思表示达成一致即可以成立合同关系，并不需要标的物的交付或权利的转移。

（4）购销合同是双务合同。销售方负有转移财产权利给购买方的义务，购买方则负有按约定支付价款的义务。

案例分析 3-5

该“购销合同”应当如何定性？

某纺织公司与某服装贸易公司签订了一份购销合同，约定某纺织公司向某服装贸易公司供应布匹。该合同第 5 条约定，以某服装贸易公司确认的样品布匹为准，而且产品要达到国家A类的GB18401—2003标准。在实际的履行过程中，某服装贸易公司向某纺织公司提供了样品布匹，同时，某纺织公司选择了生产出来的样品交给某服装贸易公司确认，经过确认之后，方组织生产。

本案中的购销合同实为承揽合同。根据《民法典》的规定，承揽合同是承揽人按照定作人的要求完成工作，交付工作成果，定作人给付报酬的合同。购销合同与承揽合同在转移财产权利这一点上具有相同之处，但是它们的区别也是明显的。在实践当中，区分合同的类型非常重要。在本案中，某服装贸易公司后来以某纺织公司迟延交货为由请求赔偿，但某纺织公司的代理人在认真分析案件事实的基础上，对合同的性质作出了正确的判断，交货日期的迟延是某服装贸易公司不及时确认布匹质量所导致，某纺织公司不承担违约责任。根据《民法典》的规定，承揽工作需要定作人协助的，定作人有协助的义务，定作人不履行协助义务导致承揽工作不能完成的，承揽人可以催告定作人在合理期限内履行义务，并可以顺延履行期限。

（三）购销合同中的权利义务关系

1. 销售方的义务

（1）按时交付成品、财产权利凭证并转移所有权、其他财产权利的义务。根据相关法律的规定，交付可以分为现实交付、简易交付、指示交付以及占有改定。现实交付是指销售方将标的物置于购买方的实际控制之下，它是最为常用的交付方式。简易交付是指标的物在订立购销合同时已经为购买方所占有，那么自合同生效时即视为完成交付。指示交付是指标的物由第三人占有，销售方将其对该第三人所享有的返还请求权转让给购买方，以代替标的物的实际交付。占有改定是指购销合同生效之后，销售方需继续占有标的物时，双方当事人协商一致由销售方取得间接占有的交付方式。

案例分析 3-6

转移标的物所有权是销售方的义务

2006年3月4日，某汽车供应公司与李某签订了一份汽车购销协议，约定李某支付购车款60万元，某汽车供应公司交付发动机号为AB2343、车架号为BY67543的某品牌越野车给李某。汽车交付给李某之后，因为该市公安机关停止办理该类汽车过户登记而未能按时过户。随后，李某向法院提交了诉状，请求某汽车供应公司承担违约责任。

在本案中，某汽车供应公司负有向李某转移该汽车所有权的义务，但是在其交付汽车之后一直未能办理过户登记手续，该行为已经构成违约，因此应承担违约责任。

（2）瑕疵担保义务。销售方在购销合同的标的物存在权利或者质量瑕疵时，应当按照法律规定或者约定向买受人承担责任。瑕疵担保责任包含物的瑕疵担保责任和权利的瑕疵担保责任。瑕疵担保责任是无过错责任，只要客观上标的物存在质量或权利的瑕疵，销售方即应承担责任。物的瑕疵主要是指质量方面的瑕疵，权利瑕疵则是指标的物上所负担的第三人的合法权利，该权利妨碍了购买方权利的取得或者行使。

物的瑕疵担保责任的构成要件为：①标的物的瑕疵于标的物风险负担转移之时已存在；②购买方不知亦不应知物有瑕疵；③购买方已在规定或约定的期间内将标的物存在瑕疵的情况通知销售方。

权利瑕疵担保责任的构成要件为：①权利瑕疵在购销合同签订之时已存在；②购买方不知亦不应知该权利瑕疵的存在；③权利的瑕疵在合同进入履行阶段时仍未消除；④当事人之间没有免除瑕疵责任的约定。

（3）附随义务。根据《民法典》第 509 条的规定，销售方应当遵循诚信原则，根据合同的性质、目的、交易习惯履行通知、协助、保密等附随义务。

案例分析 3-7

甲公司是否应承担瑕疵担保责任？

某年，甲公司从某国进口了一批空调机。随后，甲公司将该批空调出售给了乙百货公司。进口空调一上市即受到顾客的追捧。但是该批空调销售一部分之后，消费者普遍反映该空调的质量非常低劣，纷纷要求退货。乙百货公司及时地向甲公司提出了质量异议，并委托质检部门进行质量鉴定。经过鉴定，该批空调确系质量存在瑕疵。乙百货公司遂要求甲公司退款，甲公司拒绝了此项请求。

在诉讼过程中，甲公司提出，双方是凭样品买卖，既然其交付给乙百货公司的货品跟样品一致，那么就不应承担相应的担保责任。法院认为，根据法律的规定，凭样品买卖的买受人不知道样品有隐蔽瑕疵的，即使交付的标的物与样品相同，出卖人交付的标的物的质量也应当保证符合同种类物的通常标准，因此甲公司应当承担瑕疵担保责任。

2. 购买方的义务

（1）支付价款的义务。《民法典》规定，买受人应当按照约定的数额支付价款。买受人支付价款是购买方最重要的义务。该义务涉及价款的金额、支付方式、支付时间、支付地点等问题，如果当事人在购销合同中没有明确的约定，则可以根据《民法典》的相关规定进行推定。比如，对价款约定不明的，则按照订立合同时履行地的市场价格进行确定。

（2）接受交付的义务。接受交付在法律上既是购买方的权利，也是其义务，该义务的设置主要是基于诚信原则而来。

（3）检验义务。《民法典》第 620 条规定，买受人收到标的物时应当在约定的检验期限内检验，没有约定检验期限的，应当及时检验。

本章小结

本章较全面地阐述了企业合同订立的程序，它包括要约与承诺两个阶段。在企业法律实务中，法律纠纷的产生往往是因为当事人没有有效的合同风险防范与控制制度，因此本章着重介绍了合同履行的基本原则、履行的基本规则以及违约责任的承担方式等知识。

技能训练

起草购销合同

【目的】

熟练掌握企业合同相关法规，根据企业自身的需要起草合同，能够运用合同订立所涉及的法规，培养学生书面表达能力，养成相应的法律技能。

【内容】

可以自拟合同当事人名称，合同标的为某品牌进口家具，购买方系国内代理店。该代理店知悉家具样品情况之后决定根据样品采购，进口手续由销售方办理，相关费用由销售方承担，并由其负责送货上门。

【步骤和要求】

(1) 明确合同所涉法规。

(2) 按照企业购销合同的格式和主要事项起草。

(3) 教师就该合同拟订中涉及的关键问题进行个别提问。

(4) 学生总结，教师点评。

实践活动

企业合同风险防范与控制

【目的】

掌握企业合同的风险防范与控制措施。

【内容】

教师布置3～4个案例。学生分组进行课堂分析和讨论，学生自由发言。

【要求】

训练学生的口头表达能力，培养学生的法律思维，掌握合同履行抗辩权等合同风险防范与控制措施。

本章练习

一、不定项选择题

1. 在下列(　　)情形中，当事人之间产生合同法律关系。

A. 甲拾得乙遗失的一块手表

B. 甲邀请乙看球赛，乙因为有事没有前去赴约

C. 甲因放暑假，将一台电脑放入乙家

D. 甲鱼塘之鱼跳入乙鱼塘

2. 下面情形中合同已经成立的有(　　)

A. 甲对乙说："我的那本佟柔教授主编的《中国民法》8 元钱卖给你，要不要?"乙说："好，一言为定。"

B. 联想计算机公司与某销售公司签订了销售 500 台联想"商博士 2000"电脑的合同，双方就合同的全部条款都已经协商完毕，打印好后各执一份，但没有签字盖章。不久，联想公司便将 500 台电脑运送到了该销售公司。

C. 某超级市场发传真给某食品厂，上面写着："请速运 20 箱统一牛肉味方便面来我市场。"该食品厂立即派车送去了 30 箱统一牛肉味方便面。

D. 郭某打电话给马某说："昨天你想买的那枚珍珠我决定卖给你了，8000 元钱。"马某说："我要和我老婆商量一下，明天给你答复。"第二天，马某发电子邮件给郭某说："决定 8000 元买你的珍珠，请速送来。"

3. 下列情形中属于效力待定合同的有(　　)。

A. 10 周岁的少年出售劳力士金表给 40 岁的李某

B. 5 周岁的儿童因发明创造而接受奖金

C. 成年人甲误将本为复制品的油画当成真品购买

D. 出租车司机借抢救重病人急需租车之机将车价提高 10 倍

4. 下面合同无效的有(　　)。

A. A 和 B 订立了一辆赛车的买卖合同，但当时该车已经被盗

B. 9 岁的甲将遥控玩具车以 100 元卖给 8 岁的乙

C. 中学生刘某与万某在为争夺自己喜爱的女孩子而决斗之前约定，如有死伤，后果自负

D. 钱某因赌博输给葛某 6 万元，因当时无钱而写下欠条

5. 甲、乙双方互负债务，没有先后履行顺序，一方在对方履行之前有权拒绝其履行要求，一方在对方履行债务不符合约定时有权拒绝其相应的履行要求。这在我国合同法上称作(　　)。

A. 先履行抗辩权　　　　B. 先诉抗辩权

C. 同时履行抗辩权　　　　D. 不安抗辩权

6. 甲公司与乙公司签订买卖合同。合同约定，甲公司先交货。交货前夕，甲公司派人调查乙公司的偿债能力，有确切材料证明乙公司负债累累，根本不能按时支付货款。甲

公司遂暂时不向乙公司交货。甲公司的行为是(　　)。

A. 违约行为　　B. 行使同时履行抗辩权

C. 行使先诉抗辩权　　D. 行使不安抗辩权

7. 债务人欲将合同的义务全部或者部分转移给第三人,则(　　)。

A. 应当通知债权人　　B. 应当经债权人同意

C. 不必经债权人同意　　D. 不必通知债权人

8. A市的甲与B市的乙订立买卖合同,约定出卖人甲出售500箱景德镇高档瓷器给乙,由甲负责运输,运送车队应于7月10日从A市开出。7月12日甲才电话通知乙车队刚出发,正将瓷器运往B市乙处。乙称,由于甲违约,要解除合同,瓷器不需要运过来了。正在此时,C市的丁告诉甲急需400箱景德镇高档瓷器,于是甲通过手机与车队队长联系,即刻将装有400箱瓷器的5辆车开往C市,剩下的2辆车开回A市。车队在开往C市的途中恰遇山洪暴发,400箱瓷器全部被毁。开回A市的2辆车在途中被车匪路霸拦截抢走60箱瓷器。此案中400箱瓷器毁损的风险由(　　)承担。

A. 甲　　B. 乙　　C. 丁　　D. 车队

9. 合同终止以后当事人应当遵循保密和忠实等义务,此种义务在学术上称为后契约义务。此种义务的依据是(　　)。

A. 自愿原则　　B. 合法原则

C. 诚信原则　　D. 协商原则

10. 赠与人在赠与财产的权利转移前可以撤销赠与的情形有(　　)。

A. 甲赠送乙外国友人一幅中国山水画

B. 葛某向中国青少年发展基金会捐赠500台电子计算机

C. 1998年抗洪期间,某公司捐赠1000个活动帐篷给灾民

D. 甲答应在乙结婚那天赠送一辆奔驰跑车给乙

二、案例分析题

甲、乙两人互发E-mail协商洽谈合同。4月30日,甲称:“我有笔记本电脑一台,配置为……九成新,8000元欲出手。”5月1日,乙回复称:“东西不错,7800元可要。”甲于5月2日回复:“可以,5月7日到我这来取。”乙于5月4日回复:“同意。”甲于当天上午收到回复。上述E-mail为甲、乙两人分别在A地、B地所发,甲的经常居住地为C地,乙的经常居住地为D地。5月7日,乙到甲的住处取电脑,发现甲的电脑运行速度明显比正常的慢,比约定的标准差得多,自己无法使用,便拒绝接受。甲遂降低价格,以3000元出手,乙同意便取走电脑。此时,丙正急需一台笔记本电脑而无处购买,乙遂将电脑卖给丙,并约定由丙向甲付款。甲的电脑上本来有病毒,但甲不知情,乙问有无病毒是否需要杀毒时,甲说使用多年从未染病毒。结果丙在使用时病毒发作,硬盘被锁死,整台电脑报废,对此丙要求乙赔偿他的经济损失4000元。

问:

(1) 在甲、乙互发的4月30日、5月1日、5月2日、5月4日的电子邮件中哪几个构成要约?

(2) 甲、乙互发的邮件中,哪个构成承诺?

(3) 甲、乙的合同成立于何时？

(4) 甲、乙之间的合同成立于何地？

(5) 设乙发现甲的电脑比约定的差很多后，拒绝购买，甲也不同意降价，双方遂解除合同。则乙往返于C地和D地的费用如何处理？

(6) 若丙届时未付款，他是否应当向甲承担违约责任？

(7) 甲是否应当承担电脑报废而给丙造成的损失？

第四章　企业竞争法律实务

学习目标

掌握我国《反不正当竞争法》规定的不正当竞争行为的类型和法律规制，掌握我国《反垄断法》规定的垄断行为类型和法律规制，能够运用竞争法律知识处理企业竞争法律纠纷。

第一节　反不正当竞争法概述

案例引导 4-1

暴风影音“极轻模式”被判不正当竞争 腾讯获判赔 50 万

2016 年，深圳市腾讯计算机系统有限公司（以下简称深圳腾讯公司）与被上诉人北京暴风科技股份有限公司（以下简称北京暴风公司）不正当竞争纠纷一案，北京知识产权法院经审理作出终审判决，撤销北京市石景山区人民法院（以下简称一审法院）判决，认定北京暴风公司的相关行为构成不正当竞争，对于深圳腾讯公司主张的 50 万损害赔偿数额予以全额支持。

深圳腾讯公司诉称，经公证证实，暴风网的视频播放功能中设有“极轻模式”，该模式具有深度链接腾讯网的功能，在具体呈现状态中去除了腾讯网的网址网页（包括网页上的广告）以及片头广告中出现的“跳过广告”功能按钮等信息。用户在使用该“极轻模式”时使得深圳腾讯公司不能就网站的网页广告获取直接收益，降低了用户对腾讯网的识别度，也使深圳腾讯公司丧失展示基本页面时可能获取的其他商业利益。基于上述事实，北京暴风公司通过“极轻模式”在未支付相应对价的情形下有效提高了网站的浏览量，使其商业价值也获得提升，损害了深圳腾讯公司的合法权益。

一审法院认为，北京暴风公司的行为不构成不正当竞争，判决驳回了深圳腾讯公司全部诉讼请求。深圳腾讯公司不服一审判决，向北京知识产权法院提起上诉，请求撤销一审判决，改判北京暴风公司赔偿深圳腾讯公司经济损失45万元及合理支出5万元。

北京知识产权法院认为，深圳腾讯公司为了在腾讯网上提供39部涉案影片的播放服务，需要为视频提供服务器予以存储，并为此承担相应法律责任，亦需要开展宣传推广等一系列经营活动，其通过必要投入、诚实经营所争取到的网络用户注意力和与此相关的交易机会，不应被他人不当利用或破坏。北京知识产权法院指出，作为互联网行业的经营者，北京暴风公司在本身并未承担涉案视频经营成本的前提下，仍对涉案视频予以利用，采用“极轻模式”播放涉案影片，使本应在腾讯网观看涉案视频的用户，成为在暴风网页面观看涉案视频的用户，该行为具有“不劳而获”的特点，具有明显的主观过错，导致深圳腾讯公司丧失了其本可吸引网络用户而可能获得的交易机会。北京知识产权法院判决撤销一审判决，判决北京暴风公司立即停止不正当竞争行为，并于该判决生效之日起立即停止采用“极轻模式”屏蔽深圳腾讯公司的网页内容及“跳过广告”功能按钮，播放来自深圳腾讯公司网站的涉案视频的行为，对于深圳腾讯公司主张的损害赔偿数额予以全额支持。

一、不正当竞争行为的概念与特征

（一）不正当竞争行为的概念

根据《反不正当竞争法》第2条规定，不正当竞争是指经营者在生产经营活动中，违反本法规定，扰乱市场竞争秩序，损害其他经营者或者消费者的合法权益的行为；经营者是指从事商品生产、经营或者提供服务（以下所称商品包括服务）的自然人、法人和非法人组织。

（二）不正当竞争行为的特征

经营者的行为构成不正当竞争的，必须具备以下特征。

(1) 违法性。即经营者的行为违反《反不正当竞争法》的规定。

(2) 侵权性。即不正当竞争行为侵害了或有可能侵害其他经营者的合法权益。

(3) 社会危害性。即不正当竞争行为不仅给特定的经营者造成损失，而且扰乱了公平自由竞争的社会经济秩序。

二、不正当竞争行为的表现形式

我国《反不正当竞争法》第二章共7个条文规定了不正当竞争行为的表现形式，包括市场混淆行为、商业贿赂行为、虚假宣传行为、侵犯商业秘密行为、不正当有奖销售行为、商业诋毁行为、网络新型不正当竞争行为等七类典型的不正当竞争行为。

以上七种典型的不正当竞争行为是2017年修订后的《反不正当竞争法》所规制的行为。与修订前的《反不正当竞争法》比较，2017年修订时删除了强制性交易行为、滥用行政权力限制竞争行为、搭售和附加其他不合理交易条件的行为、低价倾销行为和串通招投标行为等五种限制竞争行为或垄断性行为，并增加了网络新型不正当竞争行为，实现了与我国《反垄断法》的协调统一，以及对不正当竞争新形态的有效规制。

三、不正当竞争行为的监督检查

市场经济的本质就是竞争，竞争是推动市场经济发展的动力机制，同时也关系到所有参与竞争者的切身利益。一些竞争者以不正当手段，以损害竞争对手和消费者的合法权益为代价，谋取非法利益，破坏市场经济的公平竞争秩序。因此，国家行政机关从维护市场秩序正常运行的需要出发，必须依法加强对不正当竞争行为的监督检查。

（一）监督检查部门

《反不正当竞争法》第 3 条规定：“各级人民政府应当采取措施，制止不正当竞争行为，为公平竞争创造良好的环境和条件。国务院建立反不正当竞争工作协调机制，研究决定反不正当竞争重大政策，协调处理维护市场竞争秩序的重大问题。”第 4 条规定：“县级以上人民政府履行工商行政管理职责的部门对不正当竞争行为进行查处；法律、行政法规规定由其他部门查处的，依照其规定。”

在我国，2019 年修订前的《反不正当竞争法》规定，县级以上人民政府工商行政管理部门及法律、行政法规规定的其他部门是对不正当竞争行为进行监督检查的部门。为此，国家工商行政管理局 1994 年成立了公平交易局，并设立反不正当竞争处，专门负责反不正当竞争执法工作。根据 2008 年国务院批准的“三定”方案，国家行政管理总局成立了反垄断与反不正当竞争执法局。根据 2018 年《国务院机构改革方案》，我国反不正当竞争执法机构进行了重大调整，将国家工商行政管理总局的职责、国家质量监督检验检疫总局的职责、国家食品药品监督管理总局的职责、国家发展和改革委员会的价格监督检查与反垄断执法职责、商务部的经营者集中反垄断执法以及国务院反垄断委员会办公室等职责进行整合，组建了国家市场监督管理总局，形成了市场监督管理局对不正当竞争行为的统一执法局面。

综合上述规定，我国《反不正当竞争法》对规制不正当竞争行为的行政执法实施机制均作了明确规定，新法将“国务院建立反不正当竞争工作协调机制”这一内容引入立法条文，有利于进一步统筹推进反不正当竞争执法工作。

（二）监督检查部门的职权

根据《反不正当竞争法》的规定，监督检查部门调查涉嫌不正当竞争行为，可以进行监督检查，依法行使下列职权。

（1）检查权。有权进入涉嫌不正当竞争行为的经营场所进行检查。

（2）询问权。有权询问被调查的经营者、利害关系人及其他有关单位、个人，要求其说明有关情况或者提供与被调查行为有关的其他资料。

（3）查询取证权。有权查询、复制与涉嫌不正当竞争行为有关的协议、账簿、单据、文件、记录、业务函电和其他资料。有权查询涉嫌不正当竞争行为的经营者的银行账户。

（4）查封扣押权。有权查封、扣押与涉嫌不正当竞争行为有关的财物。

（5）处罚权。对确认的不正当竞争行为，有权责令停止违法行为、消除影响、没收违法所得、吊销营业执照、处以罚款等。

监督检查部门行使前四项职权，应当向监督检查部门主要负责人书面报告，并经批准。行使查封扣押权及查询涉嫌不正当竞争行为的经营者的银行账户的，应当向设区的市级以上人民政府监督检查部门主要负责人书面报告，并经批准。监督检查部门调查涉嫌不正当竞争行为，被调查的经营者、利害关系人及其他有关单位、个人应当如实提供有关资料或者情况。

监督检查部门调查涉嫌不正当竞争行为，应当遵守《行政强制法》和其他有关法律、行政法规的规定，并应当将查处结果及时向社会公开。监督检查部门及其工作人员对调查过程中知悉的商业秘密负有保密义务。

（三）经营者的权利救济

经营者对监督检查部门作出的决定不服的，可以依法申请行政复议或者提起行政诉讼。

四、我国反不正当竞争立法概况

反不正当竞争法，是指由国家制定的，制止经营者违反诚实信用原则或其他公认的商业道德的手段从事市场交易的各种不正当竞争行为，维护公平竞争秩序的法律规范的总称。

我国反不正当竞争法律制度是随着市场经济改革的不断深入而逐步建立和发展起来的。20 世纪 80 年代，我国已经在部分市场经营领域或针对部分经营者的不正当竞争行为进行了法律规制，如 1982 年的《广告管理暂行条例》禁止广告经营活动中的不正当竞争。同时，一些地方进行了专门的反不正当竞争地方立法。

1993 年 9 月 2 日，第八届全国人大常委会第三次会议通过《反不正当竞争法》，标志着我国反不正当竞争法律体系初步形成。该法是我国第一部全面规范市场竞争秩序的法律，共 5 章 33 条，自 1993 年 12 月 1 日起施行。随着反不正当竞争立法工作的不断推进，以《反不正当竞争法》为核心，包括相关法律、行政法规、部门行政规章和地方性法规等多种法律渊源在内的反不正当竞争法律体系基本形成（见图 4-1）。另外，为正确审理不正当竞争民事案件，依法保护经营者的合法权益，维护市场竞争秩序，最高人民法院于 2007 年 1 月 12 日发布了《关于审理不正当竞争民事案件应用法律若干问题的解释》，自 2007 年 2 月 1 日起施行。

2017 年 11 月 4 日，第十二届全国人大常委会第三十次会议对《反不正当竞争法》进行了首次重大修订，自 2018 年 1 月 1 日起施行。此次重大的立法修订工作，对于落实国家市场监管体系改革，建立统一开放和竞争有序的市场体系，促进社会主义市场经济的健康发展，具有十分重大的意义。2019 年 4 月 23 日，第十三届全国人大常委会第十次会议决定修改 2017 年修订的《反不正当竞争法》，此次修改全部集中于商业秘密相关条款，集中体现了扩展商业秘密的保护范围、提高商业秘密保护强度的立法目的。

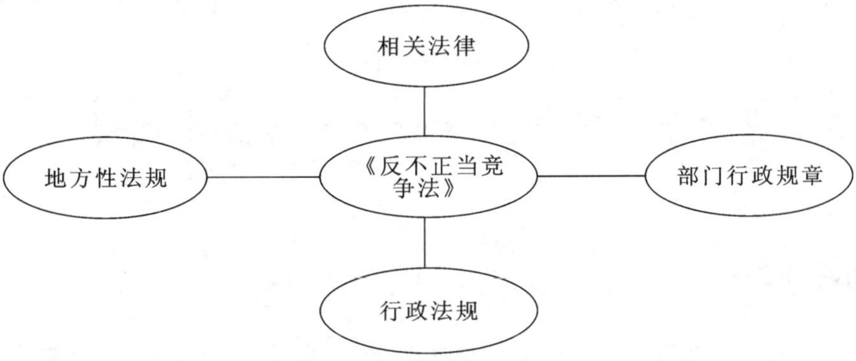

图 4-1　我国反不正当竞争法律体系

注：

相关法律如《产品质量法》、《消费者权益保护法》、《广告法》、《价格法》、《招标投标法》等。

行政法规如《认证认可条例》、《旅行社管理条例》等。

部门行政规章如《关于禁止有奖销售活动中的不正当竞争行为的若干规定》、《关于禁止仿冒知名商品特有的名称、包装、装潢的不正当竞争行为的若干规定》、《关于禁止侵犯商业秘密行为的若干规定》、《关于禁止商业贿赂行为的暂行规定》、《价格违法行为处罚规定》、《禁止价格欺诈行为的规定》等。

地方性法规如《四川省反不正当竞争条例》、《北京市反不正当竞争条例》、《上海市反不正当竞争条例》等。

扩展阅读 4-1

2017 年《反不正当竞争法》修订两周年　全国查案 2.35 万件

2019 年 11 月 6 日，据国家市场监管总局价格监督检查和反不正当竞争局消息，2017 年《反不正当竞争法》修订两年来，全国开展整治“保健”市场乱象百日行动，加大对重点领域不正当竞争行为的查处力度，共查处案件 2.35 万件，罚没款 13.29 亿元。

据介绍，全国市场监管部门加大对《反不正当竞争法》的普法宣传，依法加强行政监管执法，狠抓案件查处，通过开展反不正当竞争执法重点行动提升对新《反不正当竞争法》的实践运用。

2019 年 1 月，市场监管总局和 12 部门开展联合整治“保健”市场乱象百日行动并及时开展督导和“回头看”工作，公布 100 件典型案件。“百日行动”期间，全国共立案 28287 件，案值 137.03 亿元，罚没款 9.6 亿元，为消费者挽回经济损失 1.23 亿元。

2019 年 8 月，全国市场监管部门部署开展防范和制止借“不忘初心、牢记使命”主题教育搞不当营商活动、重点领域反不正当竞争执法行动等工作，查办了一批具有典型意义、严重影响竞争秩序、侵害经营者消费者合法权益的不正当竞争案件。截至 10 月底，全国共立案 2173 件，结案 1967 件，案值 1.01 亿元，罚没款 1.02 亿元。

除全面部署执法重点行动外，市场监管总局还加强对各地查处跨区域大要案件、疑难案件工作的部署、指导，建立新《反不正当竞争法》适用的反馈机制，指导建立区域执法协作机制，推动建立反不正当竞争工作联席会议机制。同时，总局积极推进新《反不正当竞争法》相关条款修改工作及有关侵犯商业秘密、不正当有奖销售行为部门规章的修订工作。

第二节 市场混淆行为及其法律规制

案例引导 4-2

“天津青旅”诉“天津国青旅”擅自使用他人企业名称纠纷案①

天津中国青年旅行社于 1986 年 11 月 1 日成立，是从事国内及出入境旅游业务的国有企业，直属于共青团天津市委员会。共青团天津市委员会出具证明称，“天津青旅”是天津中国青年旅行社的企业简称。2007 年，《今晚报》等媒体在报道天津中国青年旅行社承办的活动中已开始以“天津青旅”简称指代天津中国青年旅行社。天津青旅在报价单、旅游合同、与同行业经营者合作文件、发票等资料以及经营场所各门店招牌等日常经营活动中，都使用“天津青旅”作为企业的简称。天津国青国际旅行社有限公司（以下简称天津国青旅）于 2010 年 7 月 6 日成立，是从事国内旅游及入境旅游接待等业务的有限责任公司。

2010 年底，天津青旅发现通过 Google 搜索引擎分别搜索“天津中国青年旅行社”或“天津青旅”，在搜索结果的第一名并标注赞助商链接的位置，分别显示“天津中国青年旅行社网上营业厅 www.lechuyou.com 天津国青网上在线营业厅，是您理想选择，出行提供优质、贴心、舒心的服务”或“天津青旅网上营业厅 www.lechuyou.com 天津国青网上在线营业厅，是您理想选择，出行提供优质、贴心、舒心的服务”，点击链接后进入网页是标称天津国青国际旅行社乐出游网的网站，网页顶端出现“天津国青国际旅行社—青年旅行社青旅/天津国旅”等字样，网页内容为天津国青旅游业务信息及报价，标称网站版权所有：乐出游网—天津国青，并标明了天津国青的联系电话和经营地址。同时，天津青旅通过百度搜索引擎搜索“天津青旅”，在搜索结果的第一名并标注推广链接的位置，显示“欢迎光临天津青旅重合同守信誉单位，汇集国内出境经典旅游线路，100%出团，天津青旅 400—611—5253022.ctsgz.cn”，点击链接后进入网页仍然是上述标称天津国青乐出游网的网站。天津青旅认为，天津国青旅在其版权所有的网站页面、网站源代码以及搜索引擎中，非法使用原告企业名称全称及简称“天津青旅”，违反了反不正当竞争法的规定，遂诉至法院。

法院生效判决认为：《反不正当竞争法》第 5 条第 3 项规定，经营者不得采用擅自使用他人的企业名称，引人误认为是他人的商品等不正当手段从事市场交易，损害竞争对手。因此，经营者擅自将他人的企业名称或简称作为互联网竞价排名关

① 最高人民法院指导性案例第 29 号。

键词，使公众产生混淆误认，利用他人的知名度和商誉，达到宣传推广自己的目的的，属于不正当竞争行为，应当予以禁止。天津国青旅作为从事旅游服务的经营者，未经天津青旅许可，通过在相关搜索引擎中设置与天津青旅企业名称有关的关键词并在网站源代码中使用等手段，使相关公众在搜索“天津中国青年旅行社”和“天津青旅”关键词时，直接显示天津国青旅的网站链接，从而进入天津国青旅的网站联系旅游业务，达到利用网络用户的初始混淆争夺潜在客户的效果，主观上具有使相关公众在网络搜索、查询中产生误认的故意，客观上擅自使用“天津中国青年旅行社”及“天津青旅”，利用了天津青旅的企业信誉，损害了天津青旅的合法权益，其行为属于不正当竞争行为，应承担相应的法律责任。

一、市场混淆行为的概述

（一）市场混淆行为的概念与类型

市场混淆行为，是指经营者违反法律规定，采用假冒、模仿他人商业标识等不正当手段，引人误认为是他人商品或者与他人存在特定联系，损害其他经营者的合法权益，扰乱社会经济秩序的行为。

《反不正当竞争法》第 6 条规定，经营者不得实施下列混淆行为，引人误认为是他人商品或者与他人存在特定联系：①擅自使用与他人有一定影响的商品名称、包装、装潢等相同或者近似的标识；②擅自使用他人有一定影响的企业名称（包括简称、字号等）、社会组织名称（包括简称等）、姓名（包括笔名、艺名、译名等）；③擅自使用他人有一定影响的域名主体部分、网站名称、网页等；④其他足以引人误认为是他人商品或者与他人存在特定联系的混淆行为。

（二）市场混淆行为的构成要件

结合我国《反不正当竞争法》的相关规定，构成市场混淆行为应同时具备以下四个要件。

第一，实施市场混淆的行为人为经营者，即从事商品生产、经营或者提供服务的自然人、法人和非法人组织。

第二，行为人实施了混淆行为。《反不正当竞争法》对混淆行为的判断标准存在认识上的变化。1993 年《反不正当竞争法》将“知名商品”限定为混淆行为的认定条件，即构成市场混淆的行为限于对具有“知名度”的商业标识的混淆。2017 年《反不正当竞争法》则进一步明确了混淆行为的概念，将“引人误认”作为混淆的核心判断标准，删除了“知名商品”的相关规定，引入了“有一定影响”的概念。质言之，对于擅自使用他人的商业标识作了重新限定，要求该标识在相关领域“有一定影响”。那么，司法实践中如何认定“有一定影响”？对此，《最高人民法院关于审理商标授权确权行政案件若干问题的规定》第 23 条第 2 款规定：“在先使用人举证证明其在先商标有一定的持续使用时间、区域、销售量或者广告宣传的，人民法院可以认定为有一定影响。”基于此，对于 2017 年修订后的《反不正当竞争法》中“有一定影响”的商品名称、包装、装潢、企业名称、姓名、域名主体部分、网站名称、网页等商业标识的认定，可以参照该规定从持续使用时间、区域、销售量、广告宣传等四个方面进行综合判断。

2017年修订后的《反不正当竞争法》对市场混淆行为的范围界定更加准确，适用范围增加，条文内容涵盖了实践中常见的混淆商业标识的行为，并增加了兜底条款，防止挂一漏万。即凡是足以引人误认为是他人商品或者与他人存在特定联系的行为均属于反不正当竞争法规制的混淆行为。

第三，实施混淆行为的行为人存在主观过错。一般而言，行为人往往基于故意引人误认为是他人商品或者与他人存在特定联系。

第四，行为人实施的混淆行为造成了客观上的市场混淆后果，损害其他经营者和消费者的合法权益。一般来说，市场混淆行为中，经营者既可能实施了导致消费者误认的行为，也可能实施了导致消费者认为该商品与他人存在特定联系的行为。

案例分析 4-1

《人再囧途之泰囧》电影名称的使用是否造成相关公众的混淆？

在北京光线传媒股份有限公司、北京光线影业有限公司商业贿赂不正当竞争纠纷二审案中，最高人民法院认为，华旗公司《人在囧途》放映后，获得了良好的评价和商业声誉，已经着手筹拍《人在囧途2》，并获得拍摄许可。徐峥作为参加两部电影拍摄的主要演员，其在接受采访过程中表达参演不同电影的个人感受无可厚非。但作为《人再囧途之泰囧》影片的导演、出品人之一的真乐道公司的法定代表人，徐峥在明知华旗公司《人在囧途2》的大纲和筹备事宜，且已公开宣布退出《人在囧途2》，已与《人在囧途》续集毫无关系的情况下，单独拍摄《人再囧途之泰囧》先导预告片时，其仍以“曾经狭路相逢，注定续写悲摧，喜剧王牌组合徐峥、王宝强，人在囧途、人再囧途、人再囧途之泰囧”的宣传画面，刻意突出两个影片的联系点。“人再囧途之泰囧”原名称为“泰囧”，在《人再囧途之泰囧》制作、发行、宣传期间，电影的主创人员、发行方、出品人等多次提及是《人在囧途》的“升级版”。媒体的报道及网民的评论也已将《人再囧途之泰囧》认为是《人在囧途》的续集、第二部，升级版、系列片。一审证据也表明影院甚至在放映预告中将《人再囧途之泰囧》直接写为《人在囧途泰囧》，客观上造成了相关公众的混淆误认。

此外，《法制晚报》刊登的《泰囧下线收12.4亿 投资方称将打造系列电影》一文中王长田关于“光线传媒和徐峥的合作将会延续……《人在囧途》这个系列不在今年出，也会在明年出。《人在囧途3》已指日可待”的言论亦表明，即使在《人再囧途之泰囧》下线后，投资方仍将《人再囧途之泰囧》列入《人在囧途》系列，并表示继续投拍《人在囧途3》，利用了华旗公司《人在囧途》的在先商誉，损害了华旗公司的商业机会。综上，一审法院据此认定相关行为违反《反不正当竞争法》第5条第2项规定并无不当。

本案中，真乐道公司、徐峥等主体故意变更电影名称为《人再囧途之泰囧》，主观上具有通过使用相近似的电影名称攀附电影《人在囧途》已有商誉的意图，客观上造成了相关公众的混淆误认，损害了华旗公司的竞争利益，属于《反不正当竞争法》第5条第2项规定的仿冒知名商品特有名称的行为。

该案发生在2017年《反不正当竞争法》修订之前，最高人民法院裁判所引用的是该法第5条第2项规定，即仿冒知名商品特有名称的行为。2017年修订后，此种商业宣传行为客观上使公众误认为《人再囧途之泰囧》与《人在囧途》存在特定联系，损害了华旗公司的利益，可以径直引用2017年《反不正当竞争法》第6条进行依法审理，判处侵权人承担相应的民事赔偿责任。

二、市场混淆行为的法律规制

（一）《反不正当竞争法》对市场混淆行为的法律规制

《反不正当竞争法》第17条对于因不正当竞争行为遭受损失的经营者如何计算赔偿数额作了具体规定。其中第3款规定："因不正当竞争行为受到损害的经营者的赔偿数额，按照其因被侵权所受到的实际损失确定；实际损失难以计算的，按照侵权人因侵权所获得的利益确定。"第4款规定："经营者违反本法第六条、第九条规定，权利人因被侵权所受到的实际损失、侵权人因侵权所获得的利益难以确定的，由人民法院根据侵权行为的情节判决给予权利人五百万元以下的赔偿。"

《反不正当竞争法》第18条第1款规定："经营者违反本法第六条规定实施混淆行为的，由监督检查部门责令停止违法行为，没收违法商品。违法经营额五万元以上的，可以并处违法经营额五倍以下的罚款；没有违法经营额或者违法经营额不足五万元的，可以并处二十五万元以下的罚款。情节严重的，吊销营业执照。"第2款规定："经营者登记的企业名称违反本法第六条规定的，应当及时办理名称变更登记；名称变更前，由原企业登记机关以统一社会信用代码代替其名称。"与1993年《反不正当竞争法》相比，2017年修订时增加了监督检查部门没收违法商品的执法权，以"违法经营额为基准"取代原来的"违法所得为基准"来计算罚款数额，2017年、2019年两次较大幅度地修改了没收违法所得与罚款比例的相关规定。进一步增加了违法经营人的侵权成本，形成了更大的法律震慑。

（二）《商标法》对市场混淆行为的法律规制

2017年修订后的《反不正当竞争法》删除了原来第5条第1项"假冒他人的注册商标"和第4项"引人误解的虚假表示"，专注于规制注册商标以外的商业标识市场混淆行为，实现了《反不正当竞争法》与《商标法》分割而治的局面。即《反不正当竞争法》致力于对商品名称、包装、装潢以及未注册商标进行统一保护和规制，《商标法》则统一保护和规制针对注册商标实施的市场混淆行为。

1. 侵犯注册商标专用权的行政处罚

《商标法》第58条规定："将他人注册商标、未注册的驰名商标作为企业名称中的字号使用，误导公众，构成不正当竞争行为的，依照《中华人民共和国反不正当竞争法》处理。”

第60条第2款规定：“工商行政管理部门处理时，认定侵权行为成立的，责令立即停止侵权行为，没收、销毁侵权商品和主要用于制造侵权商品、伪造注册商标标识的工具，违法经营额五万元以上的，可以处违法经营额五倍以下的罚款，没有违法经营额或者违法经营额不足五万元的，可以处二十五万元以下的罚款。对五年内实施两次以上商标侵权行为或者有其他严重情节的，应当从重处罚。销售不知道是侵犯注册商标专用权的商品，能证明该商品是自己合法取得并说明提供者的，由工商行政管理部门责令停止销售。”

2. 侵犯注册商标专用权的刑事制裁

《商标法》第61条规定：“对侵犯注册商标专用权的行为，工商行政管理部门有权依法查处；涉嫌犯罪的，应当及时移送司法机关依法处理。”

第67条规定了侵犯注册商标专用权应承担的刑事责任，具体规定为：“未经商标注册人许可，在同一种商品上使用与其注册商标相同的商标，构成犯罪的，除赔偿被侵权人的损失外，依法追究刑事责任。伪造、擅自制造他人注册商标标识或者销售伪造、擅自制造的注册商标标识，构成犯罪的，除赔偿被侵权人的损失外，依法追究刑事责任。销售明知是假冒注册商标的商品，构成犯罪的，除赔偿被侵权人的损失外，依法追究刑事责任。”

（三）《刑法》对市场混淆行为的法律规制

针对假冒他人注册商标情节严重构成犯罪的，《刑法》第213条至第215条作了以下规定。

第213条规定(假冒注册商标罪)：“未经注册商标所有人许可，在同一种商品上使用与其注册商标相同的商标，情节严重的，处三年以下有期徒刑或者拘役，并处或者单处罚金；情节特别严重的，处三年以上七年以下有期徒刑，并处罚金。”

第214条规定(销售假冒注册商标的商品罪)：“销售明知是假冒注册商标的商品，销售金额数额较大的，处三年以下有期徒刑或者拘役，并处或者单处罚金；销售金额数额巨大的，处三年以上七年以下有期徒刑，并处罚金。”

第215条规定(非法制造、销售非法制造的注册商标标识罪)：“伪造、擅自制造他人注册商标标识或者销售伪造、擅自制造的注册商标标识，情节严重的，处三年以下有期徒刑、拘役或者管制，并处或者单处罚金；情节特别严重，处三年以上七年以下有期徒刑，并处罚金。”

第三节　商业贿赂行为及其法律规制

一、商业贿赂的概述

商业贿赂是指经营者以排斥竞争对手为目的，为使自己在销售或购买商品或者提供服务等业务活动中获得利益而采取的向交易相对人及其职员或其代理人等提供或者许诺提供某种利益，从而实现交易的不正当竞争行为。商业贿赂行为包括商业行贿和商业受贿两个方面。

根据《反不正当竞争法》的规定，构成商业贿赂应具备以下三个要件。

1. 商业贿赂行为的主体要件

商业贿赂的主体包括行贿者和受贿者。商业贿赂的行贿者是经营者，即从事商品生产、经营或者提供服务的自然人、法人和非法人组织。对经营者的认定不应局限于从事交易行为的经营者本人（单位或者个人），还应包括处于交易关系以外但对交易有直接影响的单位或者个人，即所谓的特定利益代表者，如经营者的职工、代理人，中介机构，与经营者具有隶属关系的单位等。《反不正当竞争法》第 7 条对此作了具体规定：经营者的工作人员进行贿赂的，应当认定为经营者的行为；但是，经营者有证据证明该工作人员的行为与为经营者谋取交易机会或者竞争优势无关的除外。

关于商业贿赂的受贿者，《反不正当竞争法》第 7 条第 1 款作了具体规定，经营者不得采用财物或者其他手段贿赂下列单位或者个人，以谋取交易机会或者竞争优势：①交易相对方的工作人员；②受交易相对方委托办理相关事务的单位或者个人；③利用职权或者影响力影响交易的单位或者个人。实践中，能够影响交易的人主要有交易相对方的职员、管理人、代理人、受托人、对交易相对人的决策有特殊影响力的单位或者个人等。

2. 商业贿赂行为的手段要件

商业贿赂行为的手段往往五花八门、多种多样，但一般表现为采用财物或者其他手段实施贿赂。此处的“财物”是指现金和实物，包括经营者为销售或者购买商品，假借促销费、宣传费、赞助费、科研费、劳务费、咨询费、佣金等名义，或者以报销各种费用等方式，给付对方单位或者个人的财物。“其他手段”是指提供国内外各种名义的旅游、考察等给付财物以外的其他利益的手段。

值得注意的是，《反不正当竞争法》以及《关于禁止商业贿赂行为的暂行规定》均未对构成商业贿赂行为的现金或者实物的价值标准作出明确规定，因此司法实践中还需要判断所称的财物或者其他手段是否足以影响交易对手选择商品或者服务。

3. 商业贿赂行为的目的要件

商业贿赂是出于市场竞争的目的，主要是为了扩大市场销售或者在某些原材料紧缺的情况下，购买自己所需要的原材料或者半成品。认定一个行为是否是在争取销售或购买商品或者提供服务的机会，取决于行为人的主观想法。当交易对手获取了一定好处后，行为人往往可以达到自己的不正当目的，即获得优于其竞争对手的竞争优势。获取交易机会或者竞争优势是商业贿赂与其他贿赂相区别的本质特征。商业贿赂的主观方面只能是故意，而且限于直接故意，不可能是过失。

随着市场经济的发展，市场竞争方式呈现多元复杂化，对商品的界定也应作广义的理解，不仅应当包括服务，还应该包括其他一些以不公平的方式损害竞争者利益的内容，如体育竞赛中的“黑哨”行为。

二、关于折扣、佣金、回扣问题的法律认定

《反不正当竞争法》第 7 条第 2 款对折扣与佣金问题作了规定：“经营者在交易活动

中,可以以明示方式向交易相对方支付折扣,或者向中间人支付佣金。经营者向交易相对方支付折扣、向中间人支付佣金的,应当如实入账。接受折扣、佣金的经营者也应当如实入账。”此处的折扣是指商品购销中的让利,即经营者在销售商品时,以明示并如实入账的方式给予对方的价格优惠,包括支付价款时价款总额按一定比例即时予以扣除和支付价款总额后再按一定比例予以退还两种方式,反映在会计制度上就是商业折扣和现金折扣。此处的佣金是市场交易活动中的一种劳务报酬,其不发生在交易的直接双方之间,而是由商业活动的中间人或经纪人收取。收受佣金必须明示并如实入账,否则将构成一般意义上的商业贿赂。因此,是否明示并如实入账是折扣、佣金与商业贿赂的最大区别。

《关于商业贿赂行为的暂行规定》对回扣有明确界定,即指经营者销售商品时在账外暗中以现金、实物或者其他方式退给对方单位或者个人的一定比例的商品价款。1993 年《反不正当竞争法》第 8 条规定:“经营者不得采用财物或者其他手段进行贿赂以销售或者购买商品。在账外暗中给予对方单位或者个人回扣的,以行贿论处;对方单位或者个人在账外暗中收受回扣的,以受贿论处。”虽然 2017 年修订后的《反不正当竞争法》没有保留原规定,但并不妨碍关于回扣属于商业贿赂的认定。总体来说,折扣与回扣在形式上具有相似性,但二者本质上有区别:折扣属于正常的商业促销行为,符合商业惯例,原则上是合法的,而回扣在性质上属于非法的商业贿赂行为。

三、商业贿赂行为的法律规制

(一)《反不正当竞争法》对商业贿赂的法律规制

商业贿赂行为是市场经济中一种多发性且危害性极大的不正当竞争行为,大多数国家都有通过立法予以禁止。

我国《反不正当竞争法》第 17 条、第 19 条以及第 31 条分别就商业贿赂行为规定了相应的民事责任、行政责任和刑事责任。其中,第 19 条规定:“经营者违反本法第七条规定贿赂他人的,由监督检查部门没收违法所得,处十万元以上三百万元以下的罚款。情节严重的,吊销营业执照。”其实 2017 年修订《反不正当竞争法》时,就已大幅提高了商业贿赂行为承担的行政责任,不仅将罚款额度从“一万元以上二十万元以下”增加为“十万元以上三百万元以下”,而且增加了吊销营业执照这一行政处罚措施。现行法律延续了这一规定。

(二)《刑法》对商业贿赂的法律规制

我国《刑法》第 163 条和第 164 条分别规定了非国家工作人员受贿罪和对非国家工作人员行贿罪,以加强惩治商业贿赂犯罪行为。

第 163 条规定(非国家工作人员受贿罪):“公司、企业或者其他单位的工作人员利用职务上的便利,索取他人财物或者非法收受他人财物,为他人谋取利益,数额较大的,处五年以下有期徒刑或者拘役;数额巨大的,处五年以上有期徒刑,可以并处没收财产。公司、企业或者其他单位的工作人员在经济往来中,利用职务上的便利,违反国家规定,收受各种名义的回扣、手续费,归个人所有的,依照前款的规定处罚。国有公司、企业或者其他国有单位中从事公务的人员和国有公司、企业或者其他国有单位委派到非国有公司、企业以及其他单位从事公务的人员有前两款行为的，依照本法第三百八十五条、第三百八十六条的规定定罪处罚。”

第 164 条规定（对非国家工作人员行贿罪）：“为谋取不正当利益，给予公司、企业或者其他单位的工作人员以财物，数额较大的，处三年以下有期徒刑或者拘役；数额巨大的，处三年以上十年以下有期徒刑，并处罚金。……单位犯前款罪的，对单位判处罚金，并对其直接负责的主管人员和其他直接责任人员，依照第一款的规定处罚。”

案例分析 4-2

上海普利司通（中国）投资有限公司商业贿赂案

2016 年 9 月 20 日，上海市工商行政管理局对上海普利司通（中国）投资有限公司（以下简称普利司通）作出行政处罚决定书，认定普利司通以“销售奖励”等名义在正常商品交易之外给予零售商购物卡或者旅游卡等财务的行为，排挤了其他竞争对手获取交易的机会。这种排挤不是通过产品质量的提高、配套服务的提升、更为合理的产品定价等正常的市场竞争手段实施，而是在正常的商品货款之外，给付财物收买对方单位，且金额较大，足以对正常的市场竞争秩序产生实质影响，损害其他没有额外利益输送经营主体的利益。

经查，普利司通有两项商业贿赂行为。其一，2013 年 9 月至 2014 年 4 月，普利司通在通过经销商向零售商销售“普利司通”品牌乘用车轮胎过程中，以“ECOPIA 销售奖励”名义，向零售商给付财物，以促使零售商购买其“ECOPIA”系列产品。普利司通设定零售商 2013 年第四季度（10 月 1 日至 12 月 31 日）轮胎进货数量，并以零售商在此期间内通过经销商购进其产品达到或超出上述进货目标 110%为奖励条件，根据零售商所购产品中“ECOPIA”系列轮胎的数量和规格，按照每条 15～20 元不等的金额给予零售商奖励。嗣后，普利司通从北京京东世纪信息技术有限公司购进 3865620 元的等值京东商城电子购物卡用于给付上述奖励。其二，2013 年 7 月至 2014 年 4 月，普利司通为促进冬季胎销售提高市场份额，以“冬季胎旅游奖励”名义，向零售商给付财物。普利司通通过举办冬季胎现场订货会与零售商约定，零售商在 2013 年 12 月 31 日之前通过经销商购进其冬季胎产品，每 500 条即给予一张价值 5999 元旅游卡的奖励。嗣后，普利司通从芮沃企业管理咨询（上海）有限公司购进 460 张旅游卡用于给付上述奖励，购卡金额合计 2277000 元（含相关服务费用）。

基于以上事实，上海市工商行政管理局根据当时的《反不正当竞争法》第 8 条第 1 款之规定，认定普利司通的上述行为构成采用财务进行贿赂以销售商品的商业贿赂行为。普利司通因此不正当竞争行为被处以罚款人民币 15 万元，并被没收违法所得约人民币 1740 万元。

第四节　侵犯商业秘密及其法律规制

案例引导 4-3

新修订《反不正当竞争法》施行后 首件侵犯商业秘密案办结开出 50 万罚单

北京东灵通知识产权服务有限公司南京分公司（以下简称东灵通公司）成立于2009年，经营一直比较顺利，每年利润有近500万元。但2018年初，公司遇到了一件离奇的事：原来分公司全部员工（40名左右）突然集体辞职，导致分公司瞬间"消失"。他们调查后发现，这些辞职的员工竟然都跳槽到南京小树苗知识产权服务有限公司（以下简称小树苗公司）去了，而且还窃用了东灵通公司原来的客户资料。2018年6月，东灵通公司向市市场监管局举报，要求查处小树苗公司非法行为。

因案情复杂，南京市市场监管局执法人员进行了连续数月的深入调查取证。调查显示，小树苗公司是2017年12月1日刚成立的，法定代表人葛某原是某房产中介公司职员，并不实际参与公司的日常经营。小树苗公司的日常经营主要在邵某、朱某、张某等人的管理下进行。该公司40名左右的员工，几乎全为原东灵通公司的成员，包括邵某、张某等人。东灵通公司与邵某、张某等人的原劳动协议中，均含有保密内容的条款，与张某、朱某等人还另外签有保密协议。公司本身也制定了完善的保密规定和措施，包括离职时文件、资料交接等。但执法人员在小树苗公司的多台员工电脑及工作QQ群中，发现了《南京客户档案客服》文件，内容显示是经过整理的客户资料，包括合同号、客户联系人、联系方式、东灵通公司对接员工名单等内容。

另查明，小树苗公司从成立至2019年1月7日，在国家市场监管总局商标局网站上显示的商标注册信息有1506条。其中，有456条商标注册信息涉及的118个客户是东灵通公司的原有客户。小树苗公司辩称，客户资料不属于商业秘密，可通过公共软件在公共渠道获取。但执法人员调查后指出，东灵通公司的《南京客户档案客服》文件是服务签约客户后记载的客户的详细信息，具有确定性、真实性和集中性，其他公司和个人无法从公开渠道获得上述整体信息。东灵通公司的《南京客户档案客服》文件中的客户信息存在秘密性。

最终，南京市市场监管局认定，小树苗公司的行为违反了2017年《反不正当竞争法》第9条第2款规定："第三人明知或者应知商业秘密权利人的员工、前员工或者其他单位、个人实施前款所列违法行为，仍获取、披露、使用或者允许他人使用该商业秘密的，视为侵犯商业秘密。"该局依法责令小树苗公司停止违法行为，并罚款50万元。

一、侵犯商业秘密的概述

商业秘密作为一项特殊的无形财产，能给权利人带来实际或潜在的经济利益和竞争优势，是现代市场竞争的重要手段和工具，一旦被他人不正当获取，将造成不可估量的损失。侵犯商业秘密是指经营者采取不正当手段或者违反约定或保密要求，获取、使用、披露权利人的商业秘密的行为。商业秘密指不为公众所知悉、具有商业价值并经权利人采取相应保密措施的技术信息、经营信息等商业信息。

2019 年 4 月，第十三届全国人大常委会第十次会议专门针对《反不正当竞争法》中的商业秘密相关条款进行了修订，集中体现了扩展商业秘密的保护范围、提高商业秘密的保护强度的意图。其中，第 9 条增加了不正当获取商业秘密的手段及法定保密义务的规定，扩展了潜在的侵权主体范围，新增了教唆、引诱、帮助侵权的规定，将经营者以外的其他自然人、法人和非法人组织实施侵权纳入侵权主体。第 17 条、第 21 条增设惩罚性损害赔偿并大幅提高法定赔偿和行政罚款的最高数额，明显加大了对商业秘密的保护力度。第 32 条增设了专门适用于商业秘密案件的举证责任分配和转移条款，明显降低了权利人的举证责任，更有利于商业秘密权利人维权。

二、侵犯商业秘密的表现形式

（一）以不正当手段获取商业秘密的行为

以不正当手段获取商业秘密的行为主体可以是企业内部人员，也可以是外部人员。非法获取商业秘密的行为人不论是否将商业秘密公开或者利用，均构成侵权。这种侵权行为的一个显著的特点是其手段的不正当性。具体手段可以分为：

（1）以盗窃手段获取商业秘密的行为。此处的盗窃是指以非法占有为目的，秘密地将他人商业秘密据为己有的行为。

（2）以贿赂手段获取商业秘密的行为。此处的贿赂是指以非法占有为目的，以行贿、许以要职等给予利益或者许诺给予利益为手段，从有关人员手中得到商业秘密的行为。

（3）以欺诈手段获取商业秘密的行为。此处的欺诈是指以使权利人发生错误认识或者以其他手段欺骗权利人，非法获取商业秘密的行为。如开展欺骗性技术贸易合作，获取他人技术机密。

（4）以胁迫手段获取商业秘密的行为。此处的胁迫是指用威胁或要挟等方法欺诈有关人员透露其掌握的商业秘密的行为。

（5）以电子侵入手段获取商业秘密的行为。随着互联网的日益普及，越来越多的商业秘密在载体层面表现为存储于计算机系统中的电子数据，窃取商业秘密的方式也随之五花八门，包括通过黑客手段非法进入他人计算机系统、植入计算机病毒等。入侵一般是指未获授权或者超出入侵者授权权限。侵入的对象一般包括所有存储有他人商业秘密信息的电子载体，具体表现为数字化办公系统、服务器、邮箱、云盘、应用账户等。基于此，修订后的《反不正当竞争法》可以直接适用该法规制的以电子侵入方式获取商业秘密的行为。

（6）以其他不正当手段获取商业秘密的行为。其他不正当手段是指诱导他人泄密或者用其他方法进行侦查以获取他人商业秘密的行为。

（二）不正当披露、使用或者允许他人使用商业秘密的行为

1. 不正当披露商业秘密的行为

该行为是指侵权人将权利人的商业秘密向他人公开，包括三种情况：一是告知特定的人，这种告知使商业秘密为该特定人非法占有，无论该人是否又向其他人公开，都不影响侵权的构成；二是向少部分人公开，侵权人在某种私下场合谈论其用不正当手段获得的商业秘密，或在公共场所公开谈论，这时的听众虽然是少数人，但属于公众的一部分，已经构成商业秘密为社会公众所知的事实；三是向社会公开，侵权人通过信息媒体如报纸、杂志、广播、电视等向社会传播，将商业秘密公之于众。这类行为公开地、彻底地破坏了商业秘密的新颖性，使其进入公知领域，失去竞争优势，损害权利人的经济利益。

2. 不正当使用商业秘密的行为

该行为是指行为人以不正当手段获得商业秘密并供自己使用的行为。使用包括两种方式，直接使用和间接使用。例如，运用所获得的商业秘密制作产品销售计划、开展业务咨询等属于直接使用；侵权人将以不正当手段获取的商业秘密用于科研活动中，表面上看不存在使用，实际上可以减少其科研经费、人员的投入，并能以更快的速度创造更大的成果，这就属于一种间接使用行为。

3. 不正当允许使用商业秘密的行为

该行为是指以不正当手段获取权利人的商业秘密提供给他人使用的行为。这种允许可以是有偿的，也可以是无偿的，但不管有偿还是无偿，只要是以不正当手段获取的商业秘密，再允许别人使用，就再次构成侵权行为。

（三）违反保密义务或者违反权利人有关保守商业秘密的要求，披露、使用或者允许他人使用商业秘密的行为

2017 年《反不正当竞争法》第 9 条规定，违反约定或者违反权利人有关保守商业秘密的要求，披露、使用或允许他人使用其所掌握的商业秘密，属于侵犯商业秘密的行为。通过修改，特别增加了法定保密义务的内容，将“违反约定”改为“违反保密义务”，扩大了企业员工、合作伙伴等可能获得商业秘密人员的保密责任的范围，解决了在违反法定保密义务时的责任追究问题。

该行为主要是指行为人通过合法手段掌握商业秘密，但没有遵守保密义务，造成商业秘密的泄露。行为人分为三类。

一是与权利人有业务关系的单位和个人违反合同约定或者违反权利人有关保守商业秘密的要求，披露、使用或者允许他人使用其所掌握的权利人的商业秘密。此处的商业秘密业务既包括与权利人生产经营活动有直接关系的业务，也包括与权利人的生产经营活动有间接关系的业务。具体而言，与权利人有业务关系的单位和个人包括权利人的业务伙伴（如贷款银行、供货商、代理商、加工商等）、支付使用费取得使用权的受让方、为权利人提供某种服务的外部人员（如高级顾问、律师、注册会计师等）、权利人以其商业秘密作为投资的合作伙伴等。

二是权利人的员工违反合同约定或者违反权利人保守商业秘密的要求，披露、使用或者允许他人使用其掌握的权利人的商业秘密。为保护商业秘密，我国劳动法规定了合理的竞业禁止制度，企业与员工之间通过签订劳动合同或者保密合同，禁止本单位的员工在其任职期间或离职以后利用本单位的商业秘密从事与本单位相同的业务或其他与本单位竞争的行为，从而有效地保护企业在市场竞争中不因其商业秘密泄漏而遭受损失。

三是其他违反保密义务的单位或者个人。

此外，经营者以外的其他自然人、法人和非法人组织实施上述所列违法行为的，视为侵犯商业秘密。换言之，侵犯商业秘密的主体并不限定为经营者，并不强调侵权人的“经营目的”。

（四）教唆、引诱、帮助他人违反保密义务或者违反权利人有关保守商业秘密的要求，获取、披露、使用或者允许他人使用权利人的商业秘密

《反不正当竞争法》第 9 条将教唆、引诱、帮助他人违反保密义务或者违反权利人有关保守商业秘密的要求，获取、披露、使用或者允许他人使用权利人的商业秘密规定为侵犯商业秘密的行为，明确将教唆、引诱、帮助等间接侵权行为纳入规制范围。这意味着审判机关裁判商业秘密间接侵权行为有了明确的法律依据，有利于规制仅从事了教唆、帮助、引诱行为的间接侵权人，商业秘密权利人无须通过主张共同侵权来追究其责任，大大减轻了权利人的举证负担。

（五）第三人恶意获取、使用或者披露商业秘密的行为

权利人以外的第三人，明知侵权人的行为违法，如明知或应知某商业秘密是侵权人违反约定或者权利人的保密要求而披露的，该第三人仍然从侵权人处获得、使用或者披露该商业秘密的，同样构成侵犯商业秘密。此处第三人的范围包括商业秘密权利人的员工、前员工或者其他单位、个人。但是第三人在不知他人行为违法而获取、使用或披露权利人的商业秘密的，属于善意的行为，不构成侵权。

三、侵犯商业秘密行为的法律规制

为了有效地对商业秘密行为进行规制，我国《反不正当竞争法》和《刑法》对侵犯商业秘密行为人规定了民事责任、行政责任和刑事责任。

（一）民事责任

《反不正当竞争法》第 17 条规定：“经营者违反本法规定，给他人造成损害的，应当依法承担民事责任。经营者的合法权益受到不正当竞争行为损害的，可以向人民法院提起诉讼。因不正当竞争行为受到损害的经营者的赔偿数额，按照其因被侵权所受到的实际损失确定；实际损失难以计算的，按照侵权人因侵权所获得的利益确定。经营者恶意实施侵犯商业秘密行为，情节严重的，可以在按照上述方法确定数额的一倍以上五倍以下确定赔偿数额。赔偿数额还应当包括经营者为制止侵权行为所支付的合理开支。经营者违反本法第六条、第九条规定，权利人因被侵权所受到的实际损失、侵权人因侵权所获得的利益难以确定的，由人民法院根据侵权行为的情节判决给予权利人五百万元以下的赔偿。”

修订后的《反不正当竞争法》特别新增了商业秘密案件中的举证责任分配和转移规则。该法第32条规定："在侵犯商业秘密的民事审判程序中，商业秘密权利人提供初步证据，证明其已经对所主张的商业秘密采取保密措施，且合理表明商业秘密被侵犯，涉嫌侵权人应当证明权利人所主张的商业秘密不属于本法规定的商业秘密。商业秘密权利人提供初步证据合理表明商业秘密被侵犯，且提供以下证据之一的，涉嫌侵权人应当证明其不存在侵犯商业秘密的行为：（一）有证据表明涉嫌侵权人有渠道或者机会获取商业秘密，且其使用的信息与该商业秘密实质上相同；（二）有证据表明商业秘密已经被涉嫌侵权人披露、使用或者有被披露、使用的风险；（三）有其他证据表明商业秘密被涉嫌侵权人侵犯。"

（二）行政责任

《反不正当竞争法》第21条规定："经营者以及其他自然人、法人和非法人组织违反本法第九条规定侵犯商业秘密的，由监督检查部门责令停止违法行为，没收违法所得，处十万元以上一百万元以下的罚款；情节严重的，处五十万元以上五百万元以下的罚款。"

（三）刑事责任

《刑法》第219条针对侵犯商业秘密行为造成重大损失的行为，规定了侵犯商业秘密罪："有下列侵犯商业秘密行为之一，给商业秘密的权利人造成重大损失的，处三年以下有期徒刑或者拘役，并处或者单处罚金；造成特别严重后果的，处三年以上七年以下有期徒刑，并处罚金：（一）以盗窃、利诱、胁迫或者其他不正当手段获取权利人的商业秘密的；（二）披露、使用或者允许他人使用以前项手段获取的权利人的商业秘密的；（三）违反约定或者违反权利人有关保守商业秘密的要求，披露、使用或者允许他人使用其所掌握的商业秘密的。明知或者应知前款所列行为，获取、使用或者披露他人的商业秘密的，以侵犯商业秘密论。"

第五节　其他不正当竞争行为及其法律规制

一、虚假或者引人误解的商业宣传行为

案例引导 4-4

四川泸州查处适用《反不正当竞争法》虚假宣传案

2018年1月2日，四川省泸州市江阳区工商局接到群众举报，反映当事人泸州信宝网络科技有限公司在其经营场所内宣传其为国资委在泸州的实验基地，涉嫌虚假宣传。该局于当日对当事人的住所进行检查，发现举报情况属实，涉嫌违反2017年修订后的《反不正当竞争法》第8条之规定，对当事人立案调查。

经查，当事人成立于2017年11月30日，主要从事某实业发展有限公司在泸州地区市场业务和商品的营销拓展经营活动。2018年1月1日，当事人为了提高

其信誉度，吸引客户，在没有获取任何有效许可手续的情况下，自行虚构国资委商业发展中心大数据研究与应用中心电商支付系统大数据研究所泸州实验基地的名称，并委托他人制作含有“国资委商业发展中心大数据研究与应用中心电商支付系统大数据研究所泸州实验基地”字样的牌匾悬挂于其经营场所。同时，当事人在对客户宣传时，将其自身宣传为国资委商业发展中心大数据研究与应用中心电商支付系统大数据研究所泸州实验基地，借以提高知名度，吸引客户。

泸州市江阳区工商局认为，当事人的上述行为违反了《反不正当竞争法》第 8 条的规定，构成虚假宣传行为。鉴于当事人积极配合调查，主动减轻违法行为危害后果，其情形符合《行政处罚法》第 27 条减轻处罚的规定，该局根据《反不正当竞争法》第 20 条之规定，对当事人的虚假宣传行为作减轻处罚。

（一）虚假或者引人误解的商业宣传行为概述

虚假或者引人误解的商业宣传行为是指在市场交易中，经营者利用广告、商品或者其他方法，对其商品或者服务作与实际情况不符的公开宣传，导致或者足以导致购买者产生误解的行为。

《反不正当竞争法》第 8 条规定：“经营者不得对其商品的性能、功能、质量、销售状况、用户评价、曾获荣誉等作虚假或者引人误解的商业宣传，欺骗、误导消费者。经营者不得通过组织虚假交易等方式，帮助其他经营者进行虚假或者引人误解的商业宣传。”该规定明确作了指引，不仅经营者对自己的产品虚假宣传受到规制外，帮助他人进行刷单、炒信、删除差评、虚构交易、虚假荣誉等行为，也将受到严厉查处。

根据规定，构成虚假或者引人误解的商业宣传行为具备以下四个要件。

1. 行为人是生产或服务经营者或者其他经营者

经营者是出于营利目的从事生产经营活动的自然人或者法人，也可以是不具有法人资格的经济团体，如自由职业人士。通常来说，虚假或者引人误解的商业宣传行为人是对其商品或者服务作虚假或者引人误解的商业宣传的经营者。修订后的《反不正当竞争法》删除了广告经营者涉及虚假宣传行为的内容，目的是与《广告法》更好地衔接，规定处罚发布虚假广告的行为优先适用《广告法》。

2. 行为人以市场竞争为目的

认定虚假或者引人误解的商业宣传行为要注意区分以市场竞争为目的的商业行为和不以销售商品或者服务为目的的公益行为。前者以虚假或者引人误解的方式来达到市场竞争的目的，获取不当利益，构成不正当竞争。后者如政府发布的公益广告，即便含有引人误解的内容，也不构成不正当竞争。

3. 行为方式是在商品上或者服务上作虚假或者引人误解的商业宣传行为

虚假或者引人误解的商业宣传指在商业活动中经营者利用广告或其他方法对商品或者服务作出与实际内容不相符的虚假宣传，或者商业宣传虽然真实，但足以导致客户或消费者误解的行为。这种行为违反诚实信用原则，违反公认的商业准则，是一种严重的不正当竞争行为。

4. 虚假或者引人误解的商业宣传欺骗、误导消费者，具有社会危害性

首先，虚假或者引人误解的商业宣传行为足以使消费者产生误解，受到欺骗，侵犯了消费者的知情权，影响消费者的市场选择。

其次，虚假或者引人误解的商业宣传严重损害了其他合法经营者的利益。因消费者充分相信虚假或者引入误解的商业广告内容并按照广告实施购买行为，就会严重损害其他经营者的利益。实践中，比较广告或贬低广告可能被利用进行虚假宣传。比如，以自己商品或服务的长处与竞争对手商品或者服务的相关短处相比，不说明比较内容只表现结果，违背事实，片面扩大，无根据引用最高级形容词，发布含有以上内容的广告，损害了竞争对手的合法权益，是典型的不正当竞争行为。

（二）虚假或者引人误解的商业宣传行为的法律规制

为了制止不正当竞争行为，保护经营者和消费者的合法权益，我国采取了综合调整的方式对虚假宣传行为进行规范，不仅《反不正当竞争法》对虚假或者引人误解的商业宣传行为进行规制，而且《产品质量法》、《消费者权益保护法》、《广告法》、《刑法》等分别从不同角度禁止虚假宣传行为。

1. 民事责任

《消费者权益保护法》第 55 条规定："经营者提供商品或者服务有欺诈行为的，应当按照消费者的要求增加赔偿其受到的损失，增加赔偿的金额为消费者购买商品的价款或者接受服务的费用的三倍；增加赔偿的金额不足五百元的，为五百元。法律另有规定的，依照其规定。"换言之，因为虚假宣传受到欺诈的消费者有权得到三倍的损害赔偿。

《广告法》第 56 条规定："违反本法规定，发布虚假广告，欺骗、误导消费者，使购买商品或者接受服务的消费者的合法权益受到损害的，由广告主依法承担民事责任。广告经营者、广告发布者不能提供广告主的真实名称、地址和有效联系方式的，消费者可以要求广告经营者、广告发布者先行赔偿。关系消费者生命健康的商品或者服务的虚假广告，造成消费者损害的，其广告经营者、广告发布者、广告代言人应当与广告主承担连带责任。前款规定以外的商品或者服务的虚假广告，造成消费者损害的，其广告经营者、广告发布者、广告代言人，明知或者应知广告虚假仍设计、制作、代理、发布或者作推荐、证明的，应当与广告主承担连带责任。"

《反不正当竞争法》第 17 条规定："经营者违反本法规定，给他人造成损害的，应当依法承担民事责任。经营者的合法权益受到不正当竞争行为损害的，可以向人民法院提起诉讼。因不正当竞争行为受到损害的经营者的赔偿数额，按照其因被侵权所受到的实际损失确定；实际损失难以计算的，按照侵权人因侵权所获得的利益确定。经营者恶意实施侵犯商业秘密行为，情节严重的，可以在按照上述方法确定数额的一倍以上五倍以下确定赔偿数额。赔偿数额还应当包括经营者为制止侵权行为所支付的合理开支。"

2. 行政责任

《产品质量法》第 5 条规定："禁止伪造或者冒用认证标志等质量标志；禁止伪造产品的产地，伪造或者冒用他人的厂名、厂址；禁止在生产、销售的产品中掺杂、掺假，以假充真，以次充好。"第 53 条规定："伪造产品产地的，伪造或者冒用他人厂名、厂址的，伪造或者冒用认证标志等质量标志的，责令改正，没收违法生产、销售的产品，并处违法生产、销售产品货值金额等值以下的罚款；有违法所得的，并处没收违法所得；情节严重的，吊销营业执照。”

《广告法》第55条规定：“违反本法规定，发布虚假广告的，由市场监督管理部门责令停止发布广告，责令广告主在相应范围内消除影响，处广告费用三倍以上五倍以下的罚款，广告费用无法计算或者明显偏低的，处二十万元以上一百万元以下的罚款；两年内有三次以上违法行为或者有其他严重情节的，处广告费用五倍以上十倍以下的罚款，广告费用无法计算或者明显偏低的，处一百万元以上二百万元以下的罚款，可以吊销营业执照，并由广告审查机关撤销广告审查批准文件、一年内不受理其广告审查申请。医疗机构有前款规定违法行为，情节严重的，除由市场监督管理部门依照本法处罚外，卫生行政部门可以吊销诊疗科目或者吊销医疗机构执业许可证。”

《反不正当竞争法》第20条规定：“经营者违反本法第八条规定对其商品作虚假或者引人误解的商业宣传，或者通过组织虚假交易等方式帮助其他经营者进行虚假或者引人误解的商业宣传的，由监督检查部门责令停止违法行为，处二十万元以上一百万元以下的罚款；情节严重的，处一百万元以上二百万元以下的罚款，可以吊销营业执照。经营者违反本法第八条规定，属于发布虚假广告的，依照《中华人民共和国广告法》的规定处罚。”

3. 刑事责任

《刑法》第222条规定：“广告主、广告经营者、广告发布者违反国家规定，利用广告对商品或者服务作虚假宣传，情节严重的，处二年以下有期徒刑或者拘役，并处或者单处罚金。”一般而言，刑法主要制裁散布范围较大，广告主存在欺诈消费者的主观故意，且在社会上造成了十分恶劣后果的虚假宣传行为。

二、不正当有奖销售

案例引导4-5

滴滴打车不正当有奖销售案

2014年4月，北京市海淀工商分局发现，在滴滴打车和北京良物珍品电子商务有限公司旗下经营的珍品网联合举办的抽奖活动期间，用户使用滴滴打车并付费后，会弹出一个类似轮盘的摇奖界面，用户可以抽奖，奖品包括由珍品网赞助提供的奥迪轿车，以及爱马仕、香奈儿、LV等多款奢侈品牌商品。据悉，某位用户刘先生参与滴滴打车抽奖活动，并幸运抽中一辆奥迪A6L轿车。对此，海淀工商分局经检科对滴滴打车所属的北京小桔科技有限公司立案调查，最终以此次抽奖式有奖销售活动违反《反不正当竞争法》的相关规定，作出了罚款3万元的行政处罚决定。海淀工商分局经检科相关负责人表示，小桔公司由于是新成立不久，没有专门的法务部门，导致了这个问题。综合考虑该公司的违法行为，最终罚款3万元。滴滴打车方面已经交纳了罚款。

滴滴打车和珍品网联合举办的抽奖活动，其根本目的是利用消费者的投机心理来诱导消费者的市场选择，其行为违反了当时《反不正当竞争法》第 13 条第 3 项之规定，即抽奖式的有奖销售，最高奖的金额不得超过 5000 元，因而构成了不正当竞争行为。

（一）不正当有奖销售概述

不正当有奖销售是指经营者违反诚实信用原则和公平竞争原则，利用物质、金钱或其他经济利益引诱购买者与之交易，排挤竞争对手的不正当竞争行为。所谓有奖销售是指经营者销售商品或者提供服务，附带性地向购买者提供物品、金钱或者其他经济上的利益的行为，包括奖励所有购买者的附赠式有奖销售和奖励部分购买者的抽奖式有奖销售。

作为一种市场促销手段，有奖销售能够刺激消费并促进消费增长，对推动市场经济的发展具有一定的积极作用。但是，有奖销售行为本质上属于利诱性质的市场竞争行为，经营者可能因为追求高额利润，而对有奖销售手段加以不正当使用，损害消费者合法利益和破坏市场公平竞争秩序。因此，世界上很多国家和地区都在竞争法中对有奖销售行为加以必要的法律规制。

我国 1993 年《反不正当竞争法》第 13 条规定，经营者不得从事下列有奖销售：①采用谎称有奖或者故意让内定人员中奖的欺骗方式进行有奖销售；②利用有奖销售的手段推销质次价高的商品；③抽奖式的有奖销售，最高奖的金额超过 5000 元。换言之，我国那时对于经营者采取有奖销售的促销方式一般不予以禁止，立法上仅明令禁止上述三种不正当有奖销售情形。但是，随着经济的快速发展，相关的法律规定已经明显存在滞后性，对新时期市场经济中的不当有奖销售行为无法起到很好的规制效果。基于此，2017 年修订后的《反不正当竞争法》对此作了补充和完善，其第 10 条规定："经营者进行有奖销售不得存在下列情形：(一)所设奖的种类、兑奖条件、奖金金额或者奖品等有奖销售信息不明确，影响兑奖；(二)采用谎称有奖或者故意让内定人员中奖的欺骗方式进行有奖销售；(三)抽奖式的有奖销售，最高奖的金额超过五万元。"可见 2017 年修订细化了有关欺骗性有奖销售的规定，删除了"利用有奖销售的手段推销质次价高的商品"的相关内容，大幅提高了抽奖式有奖销售的金额。

（二）不正当有奖销售的主要类型

根据《反不正当竞争法》的规定，法律主要禁止以下不正当有奖销售。

1. 对有奖销售信息作虚假不实的表示

1993 年国家工商行政管理局《关于禁止有奖销售活动中不正当竞争行为的若干规定》第 6 条规定："经营者举办有奖销售，应当向购买者明示其所设奖的种类、中奖概率、奖金金额或者奖品种类、兑奖时间、方式等事项。属于非现场即时开奖的抽奖式有奖销售，告知事项还应当包括开奖的时间、地点、方式和通知中奖者的时间、方式。经营者对已经向公众明示的前款事项不得变更。在销售现场即时开奖的有奖销售活动，对超过五百元以上奖的兑奖情况，经营者应当随时向购买者明示。"因此，只要经营者对所设奖的种类、中奖概率、最高奖金额、总奖金或奖品种类、数量、质量、提供方法等作虚假不实的表示，本质上也属于欺骗性有奖销售，可以认定其违反了《反不正当竞争法》及相关法律法规的规定。

2. 欺骗性有奖销售行为

即采用谎称有奖或者故意让内定人员中奖的欺骗方式进行有奖销售。欺骗性有奖销售具体又分为四类：①谎称有奖销售或者对所设奖的种类、中奖概率、最高奖金额、总奖金或奖品种类、数量、质量、提供方法等作虚假不实的表示；②采取不正当手段故意让内定人员中奖，如故意让家人、亲戚、朋友、内部员工等内定人员中奖，其他人根本没有中奖的机会，其结果就是对消费者的欺骗；③故意将设有中奖标志的商品、奖券不投放市场；④其他欺骗性有奖销售行为。

3. 巨奖销售行为

抽奖式有奖销售，作为一种促销手段，可以提高相关商品的市场占有率，促进商品流通，并给经营者带来一定的经济利益。但如果运用不当，则会造成对竞争秩序的破坏，损害消费者的利益。巨奖销售行为主要是针对抽奖式有奖销售行为进行规定的，最高奖的金额超过5万元的抽奖销售行为就构成巨奖销售。由于巨奖销售会严重影响其他经营者正常的经营活动，破坏公平竞争秩序，因而属于不正当竞争行为。

（三）不正当有奖销售行为的法律规制

为了制止有奖销售活动中的不正当竞争行为，保护市场公平竞争的秩序，维护广大消费者的合法权益，我国《反不正当竞争法》、《产品质量法》、《禁止有奖销售规定》等法律法规分别设置了不同的法律制度加以规制。

1. 民事责任

《反不正当竞争法》第17条规定了不正当有奖销售行为的民事责任："经营者违反本法规定，给他人造成损害的，应当依法承担民事责任。经营者的合法权益受到不正当竞争行为损害的，可以向人民法院提起诉讼。因不正当竞争行为受到损害的经营者的赔偿数额，按照其因被侵权所受到的实际损失确定。经营者恶意实施侵犯商业秘密行为，情节严重的，可以在按照上述方法确定数额的一倍以上五倍以下确定赔偿数额。赔偿数额还应当包括经营者为制止侵权行为所支付的合理开支。"

2. 行政责任

《反不正当竞争法》第22条规定了不正当有奖销售行为的行政责任："经营者违反本法第十条规定进行有奖销售的，由监督检查部门责令停止违法行为，处五万元以上五十万元以下的罚款。"

对于利用有奖销售行为来推销质次价高的商品的行为，尽管已不纳入《反不正当竞争法》的规制范围，但在《产品质量法》中仍有相关内容的规定。其第50条规定："在产品中掺杂、掺假，以假充真，以次充好，或者以不合格产品冒充合格产品的，责令停止生产、销售，没收违法生产、销售的产品，并处违法生产、销售产品货值金额百分之五十以上三倍以下的罚款；有违法所得的，并处没收违法所得；情节严重的，吊销营业执照；构成犯罪的，依法追究刑事责任。"

3. 刑事责任

欺骗性的有奖销售行为，如果情节严重，还可能构成诈骗罪，追究相关经营者的刑事责任。《刑法》第266条规定："诈骗公私财物，数额较大的，处三年以下有期徒刑、拘役或者管制，并处或者单处罚金；数额巨大或者有其他严重情节的，处三年以上十年以下有期徒刑，并处罚金；数额特别巨大或者有其他特别严重情节的，处十年以上有期徒刑或者无期徒刑，并处罚金或者没收财产。本法另有规定的，依照规定。"

三、商业诋毁行为

（一）商业诋毁概述

商业诋毁是指经营者编造、传播虚假信息或者误导性信息，损害竞争对手的商业信誉、商品声誉的行为。商业诋毁行为的对象是他人的商誉，商誉主要包括商业信誉和商品声誉。这里的商业信誉是指经营者通过公平竞争和诚实经营所取得的良好的社会评价。商业信誉是企业拥有强大市场竞争优势的根本保证。商品声誉是指经营者通过诚实劳动，提高质量、降低成本、增加效应，为经营客户提供的商品具有高质量、价格合理、性能齐全、用户信赖等特征。商品声誉的好坏决定着企业的商业信誉。在市场经营中，某些经营者为了取得优势地位和经济利益而编造、传播虚假信息或者误导性信息，一方面会损害竞争对手的商业信誉和商品声誉，导致处于竞争地位的经营者主体或者其商品的形象受损，造成竞争对手失去市场竞争优势地位，乃至出现产品滞销、销售利润滑坡甚至企业破产等后果，严重影响了其正常生产经营活动。另一方面，商业诋毁行为往往利用欺骗手段误导消费者作出错误的消费选择，严重损害了消费者合法权益和市场公平竞争秩序。因此，针对商业诋毁行为，《反不正当竞争法》对其予以明确的法律规制。

构成商业诋毁行为应具备以下四个要件。

1. 行为主体必须是处于竞争关系的经营者

行为人具有经营者的身份是认定商业诋毁行为的重要条件之一。即只有从事商品经营或者营利性服务的法人、其他经济组织和个人所实施的损害竞争对手商业信誉、商业声誉的行为才构成该类不正当竞争行为。而非经营者或者非处于竞争关系的经营者实施的侮辱、诽谤、诋毁的行为则以一般名誉侵权论。例如新闻单位或者消费者因为对经营者的产品质量或者服务质量进行批评、评论失当，甚至借机诽谤、诋毁、损害经营者的，应当认定为侵害名誉权的行为，不构成商业诋毁。

2. 实施了编造、传播虚假信息或者误导性信息等诋毁行为

商业诋毁行为的客观方面表现为编造、传播虚假信息或者误导性信息或者对真实的事件采用不正当的说法，对竞争对手的商誉进行诋毁、贬低，给其造成或可能造成一定的损害后果。例如，在比较广告和产品促销活动中，对同类产品、服务的评价使用贬损性质的言辞；或在未有科学定论的情况下，片面宣传某些产品、服务的副作用或者消极因素。

3. 以市场竞争为目的

该行为人实施商业诋毁行为，是以削弱竞争对手的市场竞争能力，谋求自己的市场竞争优势为目的，通过编造、传播虚假信息或者误导性信息等不正当手段，对竞争对手的商业信誉、商品信誉进行恶意的诋毁、贬低。

4. 损害了竞争者的商业信誉和商业声誉

商业诋毁行为中既然存在损害竞争对手的愿望，主观方面主要是故意，诋毁的对象主要是损害竞争对手的商业信誉和商业声誉。

（二）商业诋毁行为的表现形式

（1）产品附属资料中的商业诋毁。例如，经营者利用产品说明书等资料编造、传播有损竞争对手商业信誉、商品声誉的虚假信息或者误导性信息。

（2）产品交易中的商业诋毁。经营者在对外产品交易中，向商业客户及消费者编造、传播有损竞争对手商业信誉、商品声誉的虚假信息或者误导性信息。

（3）新闻、广告中的商业诋毁。经营者利用召开新闻发布会、刊登产品对比广告、发放公开信等方式，编造、传播有损竞争对手商业信誉、商品声誉的虚假信息或者误导性信息。

（4）组织、唆使、利用他人进行商业诋毁。

（5）其他商业诋毁行为。

（三）商业诋毁行为的法律规制

鉴于商业诋毁行为严重损害竞争者的商业信誉和商品声誉，破坏了自由公平竞争的市场秩序，我国《反不正当竞争法》、《广告法》、《民法典》、《刑法》等法律分别从不同角度对商业诋毁行为进行了规制。《反不正当竞争法》第 11 条规定："经营者不得编造、传播虚假信息或者误导性信息，损害竞争对手的商业信誉、商品声誉。"此外，《广告法》第 13 条针对通过广告形式实施商业诋毁行为进行了规制，规定为："广告不得贬低其他生产经营者的商品或者服务。"

1. 民事责任

《反不正当竞争法》第 17 条规定了商业诋毁行为侵权人的民事责任。考虑到商业诋毁行为是对经营者商业信誉的侵害，被侵害的经营者还可以依据《民法典》的规定要求侵权人停止侵害、恢复名誉、消除影响和赔礼道歉。

2. 行政责任

《反不正当竞争法》第 23 条规定："经营者违反本法第十一条规定损害竞争对手商业信誉、商品声誉的，由监督检查部门责令停止违法行为、消除影响，处十万元以上五十万元以下的罚款；情节严重的，处五十万元以上三百万元以下的罚款。"

《反不正当竞争法》之前并未专门规定商业诋毁行为的行政责任，司法实践中一般只在商业诋毁行为和虚假宣传行为发生竞合之时，按照虚假宣传行为的行政责任予以处理。鉴于商业诋毁行为不仅侵害了经营者的商业信誉和商品声誉，还损害了广大消费者的合法权益，严重破坏了市场公平竞争秩序。因此，立法上填补了行政制裁手段，完善了行政责任规定，有利于更有效地规制和打击商业诋毁行为。

3. 刑事责任

《刑法》第 221 条、第 231 条规定了商业诋毁行为的刑事责任："捏造并散布虚伪事实，损害他人的商业信誉、商品声誉，给他人造成重大损失或者有其他严重情节的，处二年以下有期徒刑或者拘役，并处或者单处罚金。”“单位犯本节第二百二十一条至第二百三十条规定之罪的，对单位判处罚金，并对其直接负责的主管人员和其他直接责任人员，依照本节各该条的规定处罚。”

四、网络新型不正当竞争行为

（一）网络新型不正当竞争行为的概述

网络新型不正当竞争行为是指经营者利用技术手段，通过影响用户选择或者其他方式，妨碍、破坏其他经营者合法提供的网络产品或者服务正常运行的行为。网络新型不正当竞争行为以互联网等网络为背景，是网络产业发展的产物。

基于互联网经营者的技术手段和服务模式的不断更新特性，我国新型互联网不正当竞争行为主要有如下特点：其一，网络销售市场中参与竞争的企业主体众多，网络竞争企业主体的竞争规范意识不强，实施网络不正当竞争行为时有发生。其二，网络不正当竞争行为具有较强的技术性和隐蔽性。如借助互联网开放平台，通过修改隐藏着的计算机代码来实现限制网络用户正常使用其他经营者的软件，或者通过网络技术的更新升级达到自己的软件产品不兼容效果，损害其他经营者和消费者的合法权益。其三，网络不正当竞争行为的实施可能造成的负面影响更大。网络经营无时空限制，商品及服务的种类众多，服务范围遍及全国乃至全球，打破了传统销售区域的认定。因此，该种不正当行为一旦实施，会造成网络市场中的众多经营者和消费者利益受损。

针对网络新型不正当竞争行为的危害性，2017 年修订后的《反不正当竞争法》设置了专门的规制条款，加大对此种不正当竞争行为的打击力度。第 12 条规定：“经营者利用网络从事生产经营活动，应当遵守本法的各项规定。经营者不得利用技术手段，通过影响用户选择或者其他方式，实施下列妨碍、破坏其他经营者合法提供的网络产品或者服务正常运行的行为：（一）未经其他经营者同意，在其合法提供的网络产品或者服务中，插入链接、强制进行目标跳转；（二）误导、欺骗、强迫用户修改、关闭、卸载其他经营者合法提供的网络产品或者服务；（三）恶意对其他经营者合法提供的网络产品或者服务实施不兼容；（四）其他妨碍、破坏其他经营者合法提供的网络产品或者服务正常运行的行为。”

（二）网络新型不正当竞争行为的表现形式

1. 网络链接中的不正当竞争行为

此种不正当行为是指未经其他经营者同意，在其合法提供的网络产品或者服务中，插入链接、强制进行目标跳转的行为。网络链接中的不正当竞争行为主要有以下几种形式：①行为人通过文字链接实现“劫持流量”，导致不当获取其他经营者网络产品或者服务流量的可能。②利用纵深链接的不正当行为。纵深链接指的是对被链接网址的次级页面设置链接，网络用户通过点击链接即可直接进入到次级页面，而无需通过被链接网站的首页。纵深链接尽管可以比普通链接帮助网络用户更加快捷、准确地找到所需资源，提高搜索效率，但与此同时，也可能变相剥夺了被链接网站主页的用户访问量。③利用加框链接的不正当竞争行为。加框链接是指设链网站以视框的形式将页面分成不同的独立板块，每个板块都可以同时呈现出来自不同网站的资源和作品。网络用户在访问设链网站时可能根本不知道视框里呈现的是来自另一个网站的资料，因为地址栏当中显示的是设链网页的网址，而非被链接网页的网址。该行为将导致分散用户对被链接网站的点击量，行为人甚至利用视框链接技术，投放广告以获取额外收入，损害被链接网站的合法利益。④利用图像链接的不正当竞争行为。图像链接是指网页制作者利用超文本置标语言制作图像指令，将他人网页上的图像(含文字、音频、视频等)链接到自己的网页上，使被链接的内容能作为自己网页整体的一部分显示在用户计算机屏幕上。该项技术的应用可能对被显示资源的原始发布网站造成损失，从而构成不正当竞争。

2. 违背用户意愿的网络不正当竞争行为

此种不正当竞争行为一般通过误导、欺骗、强迫的方式，违背用户意愿，妨碍、破坏他人合法提供的网络产品或者服务的正常运行。在网络商品和服务市场交易中，由于互联网技术具有复杂性和专业性特点，网络用户极易受到误导、欺骗或者在信息不对称的情况下被迫作出违背自己真实意愿的选择，如导致用户修改、关闭、卸载他人合法提供的网络产品或者服务。此类不正当竞争行为，既侵害了消费者的合法权益，又损害了其他网络产品或者服务的经营者的合法权益。

3. 恶意不兼容的不正当竞争行为

对此种不正当行为的认定应注意：其一，考量行为人是否具有实施不兼容的恶意，避免将善良的行为人难以避免的导致不兼容的行为或者无意的行为错误认定为不正当竞争，要认真听取行为人的合理抗辩意见。其二，考察实施恶意不兼容的行为本身，行为人是否有导致不兼容现象产生的实质操作内容。如在网络产品设计环节，故意设置不兼容程序，或者网络产品运行中针对其他网络产品实施技术攻击等。

4. 其他妨碍、破坏其他经营者合法提供的网络产品或者服务正常运行的行为

这是一条兜底性条款，规范经营者实施的其他妨碍、破坏他方合法网络产品或服务的行为。

案例分析 4-3

北京搜狐互联网信息服务有限公司与上海视畅信息科技有限公司、飞狐信息技术(天津)有限公司播放器遭劫持并替换案

飞狐信息技术(天津)有限公司(以下简称飞狐公司)、北京搜狐互联网信息服务有限公司(以下简称搜狐公司)系国内最主要视频网站之一搜狐视频(网址为 tv.sohu.com)的共同经营者，享有包括《永不磨灭的番号》等 24 部电视剧的独家信息网络转播权以及大量影视作品的非独家信息网络转播权，通过搜狐视频及搜狐视频客户端软件向互联网浏览公众提供各类影视剧节目的在线网络视频点播服务，并于提供服务期间刊载、发布各类商业广告，形成了“免费视频内容＋商业广告”的最终用户体验模式。

上海视畅信息科技有限公司(以下简称视畅公司)未经飞狐公司和搜狐公司的授权许可,在其运营所有的 www.kanketv.com 网站(以下简称涉案网站),发布"看客影视"移动客户端软件(包括 Android 和 IOS 系统移动客户端软件)及"看客影视"Android 系统电视端软件,向公众提供来源于搜狐视频的影视剧节目点播服务。在播放过程中,飞狐公司、搜狐公司的播放器遭到劫持并替换,原有的网页页面及视频片头商业广告、内容推荐及评论等内容均被拦截和屏蔽,取而代之的是视畅公司自己的产品推荐。飞狐公司、搜狐公司虽多次催告视畅公司,要求其停止不正当竞争行为,但始终无果。飞狐公司、搜狐公司认为视畅公司的上述行为,一方面侵害两公司就相关影视作品享有的信息网络转播权;另一方面,亦将本属于两公司的用户访问量转为己有,提升自己产品市场知名度及吸引力的同时,严重损害了两公司预期广告收益和合法的竞争利益,构成不正当竞争。

法院审理认为,视畅公司的行为已实质性地破坏了搜狐视频原有的运营模式,扰乱了正常的交易秩序,在分流网络用户群体的同时,挤占了飞狐公司与搜狐公司的交易机会,并损害其竞争权益。视畅公司的行为有悖于诚实信用、自愿公平的商业伦理,不利于互联网视频产业的良性发展,故认定视畅公司的行为已构成不正当竞争,应承担相应的法律责任。

（三）网络新型不正当竞争行为的法律规制

网络新型不正当竞争行为是我国 2017 年修订《反不正当竞争法》后第二章新增的唯一一类不正当竞争行为。通过立法,对网络新型不正当竞争予以明确规定并加以规制,有利于保障我国互联网产业市场竞争的健康、有序发展。

1. 民事责任

修订前的《反不正当竞争法》并没有专门针对网络新型不正当竞争行为的规范条款,更没有设置专门的法律责任条款,互联网领域发生的不正当竞争纠纷主要通过民事诉讼,依据《反不正当竞争法》第 2 条来综合认定,若确认构成不正当竞争行为的,则依据当时的《反不正当竞争法》第 20 条确定行为人的相关民事责任。修订后的《反不正当竞争法》第 12 条对网络新型不正当竞争行为作了针对性的规定,因实施网络新型不正当竞争行为引起的民事责任则主要依据第 17 条予以综合确定。

2. 行政责任

《反不正当竞争法》第 24 条规定了网络新型不正当竞争行为的行政责任,法定的行政措施包括责令停止违法行为和罚款:"经营者违反本法第十二条规定妨碍、破坏其他经营者合法提供的网络产品或者服务正常运行的,由监督检查部门责令停止违法行为,处十万元以上五十万元以下的罚款;情节严重的,处五十万元以上三百万元以下的罚款。"

第六节　反垄断法律实务

一、垄断和垄断行为的概念

垄断有合法与非法之分，各国立法禁止的仅仅是非法垄断。本书提到的垄断是具有非法属性的，即企业或其他组织在经济活动中单独或者联合起来采取经济的或者非经济的手段，所从事或形成的受法律禁止的限制和排斥竞争的状态或行为。

垄断行为是指形成垄断状态或谋求垄断状态的各种行为，以及凭借垄断状态所实施的各种限制竞争的行为，一般分为经济性垄断行为和行政性垄断行为。《反垄断法》第3条规定的经济性垄断行为包括：①经营者达成垄断协议；②经营者滥用市场支配地位；③具有或者可能具有排除、限制竞争效果的经营者集中。同时，《反垄断法》第五章专门规定了"滥用行政权力排除、限制竞争行为"，即行政性垄断行为。

二、反垄断立法概况

反垄断法是调整反对限制市场竞争的状态或行为、维护自由公平竞争和经济活动的法律规范的总称。

在我国，最早提出反垄断任务的规范性文件是1980年国务院颁布的《关于开展和保护社会主义竞争的暂行规定》。此后，国务院及其部委出台了一些规范反垄断行为的行政法规和部门规章。1993年制定的《反不正当竞争法》也着力就反对限制竞争行为作出了规定，包括强制性交易行为、滥用行政权力限制竞争行为、搭售和附加其他不合理交易条件的行为、低价倾销行为、串通招投标行为等五类限制竞争行为或垄断行为。

2007年8月30日，第十届全国人民代表大会常务委员会第二十九次会议通过了《反垄断法》，该法共8章57条，自2008年8月1日开始施行。《反垄断法》规制的范围包括垄断协议、滥用市场支配地位、经济力量过度集中以及行政性垄断四大块。《反垄断法》作为竞争法的核心，被誉为维护市场经济竞争秩序的"经济宪法"，是经济法体系中的支柱性法律制度。

为配合《反垄断法》执法工作的落实，我国于2008年完成了《反垄断法》执法机构的设置，形成了在国务院设立反垄断委员会负责领导、组织、协调反垄断工作，由国务院规定具体的反垄断执法机构负责反垄断执法工作的体制。至此，由商务部、国家工商总局、国家发改委三部门"三足鼎立"的执法格局应运而生，商务部（反垄断局）、国家工商总局（反垄断与不正当竞争执法局）、国家发改委（价格监督检查司）分工执掌反垄断执法权。其中，商务部反垄断局负责对经营者集中的执法，国家工商总局负责对垄断协议、滥用市场支配地位、行政垄断的执法（价格垄断行为除外），国家发改委负责价格垄断行为的执法。尽管前述反垄断执法机构的设立为我国破除市场垄断行为、维护市场公平竞争、完善市场经济建设提供了相应的执法保障，但该"三足鼎立"的执法格局必然会造成反垄断执法工作无法集中统一开展，不利于执法机构之间的衔接协调，执法机构改革势在必行。

在我国《反垄断法》实施十周年之际，反垄断执法体制的重大改革终于得以落地实施。

根据2018年3月十三届全国人大一次会议通过的《国务院机构改革方案》，将国家工商行政管理总局的职责，国家质量监督检验检疫总局的职责，国家食品药品监督管理总局的职责，国家发展和改革委员会的价格监督检查与反垄断执法职责，商务部的经营者集中反垄断执法以及国务院反垄断委员会办公室等职责整合，组建国家市场监督管理总局，作为国务院直属机构。同时，明确规定国务院反垄断委员会的具体工作由国家市场监督管理总局承担。毋庸置疑，反垄断执法机构由"三足鼎立"执法格局整合为"三合一"统一执法配置，对于我国全面推进竞争政策的实施、精准有效地规制各类垄断行为具有重大的实践意义。

【相关链接】 反垄断立法12年艰难历程

1994年，由商务部负责起草和调研工作，被列入第八届全国人大常委会立法规划。

1998年，再次被列入第九届全国人大常委会立法规划。

2003年12月，全国人大常委会又将该法列入十届全国人大立法规划。

2004年，国务院将该法列入立法计划。

2005年2月，《反垄断法》又一次被全国人大常委会列入立法计划。

2005年12月，商务部称《反垄断法》修改审查已获较大进展。

2006年6月7日，国务院总理温家宝主持召开国务院常务会议，讨论并原则通过《反垄断法(草案)》。

2007年8月30日，第十届全国人大代表会常务委员会第二十九次会议表决通过了《反垄断法》。

扩展阅读4-2

国家市场监督管理总局"三定"方案公布

2018年9月10—11日，中央机构编制委员会办公室公布了多个部门的职能配置、内设机构和人员编制规定，其中《国家市场监督管理总局职能配置、内设机构和人员编制规定》(以下简称"三定"方案)在列。该方案明确，国家市场监督管理总局是国务院直属机构，为正部级；履行宏观质量管理、产品质量安全监督管理等17项主要职责；内设27个机构及机关党委和离退休干部办公室；设局长1名，副局长4名；行政事业编制805名。"三定"方案指出，国家市场监督管理总局贯彻落实党中央关于市场监督管理工作的方针政策和决策部署，在履行职责过程中坚持和加强党对市场监督管理工作的集中统一领导。

《深化党和国家机构改革方案》中规定国家市场监督管理总局的主要职责包括：负责市场综合监督管理，统一登记市场主体并建立信息公示和共享机制，组织市场监管综合执法工作，承担反垄断统一执法，规范和维护市场秩序，组织实施质量强国战略，负责工业产品质量安全、食品安全、特种设备安全监管，统一管理计量标准、检验检测、认证认可工作等。其中，关于反垄断统一执法的职责包括：统筹推进竞争政策实施，指导实施公平竞争审查制度；依法对经营者集中行为进行反垄断审查，负责垄断协议、滥用市场支配地位和滥用行政权力排除、限制竞争等反垄断执法工作；指导企业在国外的反垄断应诉工作；承担国务院反垄断委员会日常工作。

扩展阅读 4-3

反垄断法大修，让互联网市场竞争更规范

2020 年 1 月 2 日，国家市场监督管理总局官网公布《〈反垄断法〉修订草案（公开征求意见稿）》（以下简称意见稿），施行 11 年的《反垄断法》迎来首次大修。意见稿不仅首次将互联网新业态列入，明确认定互联网领域经营者具有市场支配地位时还应当考虑"网络效应、规模经济、锁定效应、掌握和处理相关数据的能力等因素"，而且大幅提升处罚标准，罚款上限提至 5000 万元，是之前的 100 倍。

《反垄断法》进入修订的快车道，从立法节奏来说，是国家立法主动顺应社会经济快速发展的表现，特别是与旧法相比，此番意见稿最显著的一个变化，即增加了"互联网经营者市场支配地位认定依据"，引入了更多有针对性的因素。

三、反垄断法规制的垄断行为

案例引导 4-6

上海韩泰轮胎实施价格垄断被罚款 217.52 万

2016 年 4 月，在国家发展改革委指导下，上海市物价局对上海韩泰轮胎销售有限公司（以下简称上海韩泰公司）达成并实施价格垄断协议案依法作出行政处罚，罚款 217.52 万元。

经查，2012 年至 2013 年，上海韩泰公司在销售卡客车轮胎及乘用车轮胎过程中，与上海地区经销商签订了含有限定最低转售价格条款的《特约经销合同书》及《市场稳定化管理合同》，以终止合同或扣除市场规范保证金作为违反最低转售价格条款的处罚措施。在实际经营中，为确保经销商执行合同规定的最低转售价格，上海韩泰公司向部分经销商收取了市场规范保证金，制定了包含最低批发价的指导价格表以及市场规范公函，要求经销商不得低于指导价格销售产品。

上海韩泰公司与相关经销商达成并实施"限定向第三人转售商品的最低价格"的垄断协议，违反了《反垄断法》第 14 条的规定，排除、限制了市场价格竞争，扰乱了正常的市场竞争秩序，损害了其他经营者和消费者的合法权益。考虑到上海韩泰公司在调查前已主动停止部分违法行为，在调查过程中能够积极配合调查，主动提供了反垄断执法机构未掌握的部分证据，并及时退还已收取的市场规范保证金，主动减轻违法后果等情节，上海市物价局依据《反垄断法》第 46 条第 1 款的规定，依法责令上海韩泰公司立即停止违法行为，并处上一年度相关市场销售额 1% 的罚款，共计 217.52 万元。

（一）垄断协议行为

1. 垄断协议行为的概念

垄断协议行为又称为联合限制竞争行为，是指经营者之间或者经营者与交易相对人之间采取协议、决定或者其他协同行为，从而排除、限制竞争。其中，“协议”是指两个或者两个以上的经营者通过书面协议或者口头协议的形式，就排除、限制竞争的行为达成一致意见；“决议”是指企业集团或者其他形式的企业联合体以决议的形式，要求其成员企业共同实施的排除、限制竞争的行为；“其他协同行为”是指企业之间虽然没有达成书面或者口头协议、决议，但相互进行了沟通，心照不宣地实施了协调的、共同的排除、限制竞争行为。

2. 垄断协议行为的表现形式

《反垄断法》对横向垄断协议行为、纵向垄断协议行为的具体表现形式作出了规定。

（1）横向垄断协议行为。

《反垄断法》第13条第1款列举了禁止的横向垄断协议行为：①固定或者变更商品价格；②限制商品的生产数量或者销售数量；③分割销售市场或者原材料采购市场；④限制购买新技术、新设备或者限制开发新技术、新产品；⑤联合抵制交易；⑥国务院反垄断执法机构认定的其他垄断协议。

（2）纵向垄断协议行为。

《反垄断法》第14条列举了禁止纵向垄断协议行为：①固定向第三人转售商品的价格；②限定向第三人转售商品的最低价格；③国务院反垄断执法机构认定的其他垄断协议。

3. 垄断协议行为的法律规制

《反垄断法》规定经营者实施垄断行为，给他人造成损失的，依法承担民事责任。同时，《反垄断法》第46条对垄断协议行为规定了行政处罚措施：“经营者违反本法规定，达成并实施垄断协议的，由反垄断执法机构责令停止违法行为，没收违法所得，并处上一年度销售额百分之一以上百分之十以下的罚款；尚未实施所达成的垄断协议的，可以处五十万元以下的罚款。经营者主动向反垄断执法机构报告达成垄断协议的有关情况并提供重要证据的，反垄断执法机构可以酌情减轻或者免除对该经营者的处罚。行业协会违反本法规定，组织本行业的经营者达成垄断协议的，反垄断执法机构可以处五十万元以下的罚款；情节严重的，社会团体登记管理机关可以依法撤销登记。”

此外，对于一些有利于国民经济发展或符合社会公共利益的垄断协议，往往实行垄断协议适用豁免制度。

（二）企业滥用市场支配地位

1. 企业滥用市场支配地位的概念

滥用市场支配地位是指具有市场支配地位的企业不合理利用其市场支配地位，在一定的交易领域实质性地限制竞争，违背社会公共利益，损害消费者利益和自由公平的市场竞争秩序的行为。

2. 市场支配地位的法律认定

市场支配地位，是指经营者在相关市场内具有能够控制商品价格、数量或者其他交易条件，或者能够阻碍、影响其他经营者进入相关市场能力的市场地位。市场支配地位是一种经济现象。一般而言，一个企业如果有能力独立地进行经济决策，即决策时不必考虑竞争者、买方和供货方的情况，就可以认为这个企业处于市场支配地位。

3. 滥用市场支配地位行为的种类

（1）不正当的价格行为。

这是指占有支配地位的经营者不正当地确定、维持、变更商品价格的行为。占有支配地位的企业以获得超额垄断利润或排挤竞争对手为目的，确定、维持和变更商品价格，以高于或低于在正常状态下可能实行的价格来销售其产品。该行为严重损害了消费者的权益，使得消费者应当享有的部分福利转移给垄断厂商，同时也妨碍了其他竞争者进入市场，对竞争构成实质性的限制，属于典型的滥用市场支配地位行为。

（2）差别对待行为。

这是指处于市场支配地位的企业没有正当理由，对条件相同的交易对象，就其所提供的商品或者服务的价格或其他交易条件给予明显区别对待，从而导致这些交易对象处于不平等的竞争地位的行为。最常见的形式是价格歧视。

（3）强制交易行为。

这是指处于市场支配地位的企业采取利诱、胁迫或其他不正当的方法，迫使其他企业违背其真实意愿与之交易或促使其他企业从事限制竞争的行为。包括强迫他人与自己进行交易、强迫他人不与自己的竞争对手进行交易、迫使竞争对手放弃或回避与自己竞争等。

（4）搭售和附加不合理交易条件。

这是指在商品交易过程中，拥有经济优势的一方利用自己的优势地位，违背对方交易人的意愿，在提供商品或服务时强行搭配销售购买方不需要的另一种商品或服务，或附加其他不合理条件的行为。判断一个搭售行为是否合理应当考虑以下三个因素：其一，搭售是否是出于该商品的交易习惯；其二，被搭售的商品若分开销售，是否有损于商品的性能和使用价值；其三，搭售企业的市场地位。《反垄断法》第 17 条第 1 款第 5 项规定，没有正当理由搭售商品，或者在交易时附加其他不合理的交易条件属于滥用市场支配地位行为。

（5）掠夺性定价。

这种行为是指处于市场支配地位的企业以排挤竞争对手为目的，以低于成本的价格销售商品的行为，从而消除或者限制竞争的行为。但有下列情形之一的，不属于不正当竞争行为：①销售鲜活商品；②处理有效期限即将到期的商品或者其他积压的商品；③季节性降价；④因清偿债务、转产、歇业降价销售商品。

（6）独家交易行为。

该行为又称排他性交易行为，是指处于市场支配地位的企业在提供相同商品或者服务时，无正当理由地要求交易对方只能与其进行交易，而不能与其竞争对手进行交易的行为。实施独家交易行为会阻止其他制造同类产品的制造商进入市场，也会限制经销商的营业自由而损害效率。同时，由于销售者产生垄断地位，还会损害消费者的利益。

4. 滥用市场支配地位行为的法律规制

《反垄断法》规定经营者实施垄断行为，给他人造成损失的，依法承担民事责任。同时，《反垄断法》第47条对经营者滥用市场支配地位的行为规定了行政处罚措施，即“经营者违反本法规定，滥用市场支配地位的，由反垄断执法机构责令停止违法行为，没收违法所得，并处上一年度销售额百分之一以上百分之十以下的罚款。”

案例分析 4-4

工商总局依法对利乐滥用市场支配地位案作出行政处罚

国家工商行政管理总局对利乐集团（以下简称利乐）有关企业滥用市场支配地位案件依法作出行政处罚，并于2016年11月16日在总局网站公布了处罚决定书。

利乐发源于瑞典，成立于1951年，是一个在全球范围内提供液体食品包装设备、技术服务、包装材料，以及为液体食品生产企业提供生产线设计方案的大型跨国集团。该案当事人包括利乐6家企业，其中利乐国际股份有限公司在瑞士注册登记，是利乐集团的经营总部，负责管理集团全球业务运作；利乐中国有限公司在中国香港注册登记，是利乐集团大中华区经营总部，负责全面管理集团在华业务；利乐包装（昆山）有限公司、利乐包装（北京）有限公司、利乐包装（佛山）有限公司、利乐包装（呼和浩特）有限公司在中国大陆注册登记，主要从事中国大陆市场液体食品纸基无菌包装设备及技术服务、包装材料生产销售相关业务。

工商总局根据举报，于2012年1月对利乐涉嫌垄断行为进行立案，并开展了持续4年多的全面深入调查。其间，工商总局通过现场检查、市场问卷调查、询问调查等调查措施，调取了当事人及相关企业的书证和电子数据资料，就案件涉及的专业技术、经济学、法律等问题进行了深入的研究论证和专家咨询，并多次与当事人当面沟通，当事人也进行了充分的陈述说明。

根据调查，工商总局认为，在2009—2013年期间，利乐在中国大陆液体食品纸基无菌包装设备（以下简称设备）、纸基无菌包装设备的技术服务（以下简称技术服务）、纸基无菌包装材料（以下简称包材）三个市场，均具有市场支配地位。2009—2013年期间，利乐凭借其在设备市场、技术服务市场的支配地位，在提供设备和技术服务过程中搭售包材；凭借其在包材市场的支配地位，通过限制原料纸供应商与其竞争对手合作、限制原料纸供应商使用有关技术信息，妨碍原料纸供应商向其竞争对手提供原料纸；凭借其在包材市场的支配地位实施追溯性累计销量折扣和个性化采购量目标折扣等排除、限制竞争的忠诚折扣，妨碍包材市场的公平竞争。

工商总局认定，利乐的上述行为违反了《反垄断法》的有关规定，构成没有正当理由搭售、没有正当理由限定交易和其他滥用市场支配地位行为。依据《反垄断法》，工商总局责令利乐停止违法行为，包括不得在提供设备和技术服务时无正当理由搭售包材，不得无正当理由限制包材原纸供应商向第三方供应牛底涂布液包白卡纸，不得制定和实施排除、限制包材市场竞争的忠诚折扣；处罚款计667724176.88元。

（三）实施经营者集中

1. 经营者集中的概念

经营者集中是指两个或两个以上的经营者进行合并，或者一个或多个经营者通过收购、合同等方式取得对其他经营者的控制权或者能够对其他经营者施加决定性影响的行为。

2. 经营者集中行为的具体表现形式

经营者集中的表现形式主要有：①经营者合并；②经营者通过取得股权或者资产的方式取得对其他经营者的控制权；③经营者通过合同等方式取得对其他经营者的控制权或者能够对其他经营者施加决定性影响。

3. 经营者集中行为的法律规制

（1）事先申报制度。

我国《反垄断法》对经营者的集中行为进行了控制，但并非一概禁止。主要规定了对可能形成垄断或限制竞争的集中行为实行事先申报制度，只有经反垄断执法机构审查批准方可进行，否则实施的集中行为属非法。《反垄断法》第 21 条规定，经营者集中达到国务院规定的申报标准的，经营者应当事先向国务院反垄断执法机构申报，未申报的不得实施集中。

关于如何界定经营者的具体申报标准，国务院于 2008 年 8 月 3 日颁布的《关于经营者集中申报标准的规定》进行了明确，经营者集中达到下列标准之一的，经营者应当事先向国务院商务主管部门申报，未申报的不得实施集中：①参与集中的所有经营者上一会计年度在全球范围内的营业额合计超过 100 亿元人民币，并且其中至少两个经营者上一会计年度在中国境内的营业额均超过 4 亿元人民币；②参与集中的所有经营者上一会计年度在中国境内的营业额合计超过 20 亿元人民币，并且其中至少两个经营者上一会计年度在中国境内的营业额均超过 4 亿元人民币。营业额的计算，应当考虑银行、保险、证券、期货等特殊行业、领域的实际情况，具体办法由国务院商务主管部门（2018 年修正为国务院反垄断执法机构）会同国务院有关部门制定。第 4 条规定：经营者集中未达到本规定第三条规定的申报标准，但按照规定程序收集的事实和证据表明该经营者集中具有或者可能具有排除、限制竞争效果的，国务院商务主管部门应当依法进行调查。

（2）法律责任。

我国《反垄断法》规定经营者实施垄断行为，给他人造成损失的，依法承担民事责任。

第 48 条规定了经营者集中的行政处罚措施："经营者违反本法规定实施集中的，由国务院反垄断执法机构责令停止实施集中、限期处分股份或者资产、限期转让营业以及采取其他必要措施恢复到集中前的状态，可以处五十万元以下的罚款。"

案例分析 4-5

垄断之辩——可口可乐收购汇源案

商务部 2009 年 3 月 18 日正式宣布，根据中国《反垄断法》禁止可口可乐收购汇源。据悉，这是《反垄断法》自 2008 年 8 月 1 日实施以来首个未获通过的案例。

商务部宣布可口可乐并购汇源未通过反垄断调查，因为收购会影响或限制竞争，不利于中国果汁行业的健康发展。对此，商务部也进行了阐述，比如，如果收购成功，可口可乐有能力把其在碳酸软饮料行业的支配地位传导到果汁行业，并且会对果汁市场的控制力会明显增强，使其他企业没有能力再进入这个市场，最终挤压国内中小企业的生存空间，抑制国内其他企业参与果汁市场的竞争。

商务部作为反垄断机构在对企业合并进行控制时，其主要任务是根据一定的标准判断该企业合并是否会在相关交易领域内实质性地限制竞争，或者权衡它给竞争带来的消极影响是否会超过它给社会带来的积极影响。本案中，鉴于参与集中的经营者没有提供充足的证据证明集中对竞争产生的有利影响明显大于不利影响或者符合社会公共利益，且在规定的时间内，可口可乐公司也没有提出可行的减少不利影响的解决方案，因而商务部根据《反垄断法》的相关规定，认定可口可乐公司收购汇源具有排除、限制竞争效果，决定禁止此项经营者集中。

（四）行政性垄断行为

1. 行政性垄断行为概述

行政性垄断行为又称为滥用行政权力排除、限制竞争行为，是指政府及其他法律、法规授权的组织滥用行政权力，排除、限制竞争或者阻碍商品自由流通的行为。行政性垄断的具体表现是多种多样的，根据行政性垄断的表现形式和形成原因，可以将其分为地区垄断、部门垄断和其他利用行政权力实施的垄断。

2. 行政性垄断行为的具体表现形式

《反垄断法》明确规定行政机关和法律、法规授权的具有管理公共事务职能的组织不得滥用行政权力，实施以下行为：①限定或变相限定单位或者个人经营、购买、使用其指定的经营者提供的商品；②妨碍商品在地区之间的自由流通；③以设定歧视性资质要求、评审标准或者不依法发布信息等方式，排斥或者限制外地经营者参加本地的招标投标活动；④采取与本地经营者不平等待遇等方式，排斥或者限制外地经营者在本地投资或者设立分支机构；⑤强制经营者从事本法规定的垄断行为；⑥行政机关不得滥用行政权力，制定含有排除、限制竞争内容的规定。

3. 行政性垄断行为的法律规制

改革开放以来，我国不断加强反行政性垄断行为的立法工作，国务院先后出台了《关于开展和保护社会主义竞争的暂行规定》、《关于打破地区间市场封锁进一步搞活商品流通的通知》、《国务院关于禁止在市场经济活动中实行地区封锁的规定》等法规。特别是全国人大常委会分别于 1993 年和 2007 年通过了《反不正当竞争法》、《反垄断法》，以设立专条和专章的形式加强了行政性垄断行为的法律规制。但《反不正当竞争法》经 2017 年修订后，删除了关于行政性垄断的规定，因此，《反垄断法》成为行政性垄断行为法律规制的主要依据。

《反垄断法》第 51 条规定："行政机关和法律、法规授权的具有管理公共事务职能的组织滥用行政权力，实施排除、限制竞争行为的，由上级机关责令改正；对直接负责的主管人员和其他直接责任人员依法给予处分。反垄断执法机构可以向有关上级机关提出依法处理的建议。法律、行政法规对行政机关和法律、法规授权的具有管理公共事务职能的组织滥用行政权力实施排除、限制竞争行为的处理另有规定的，依照其规定。"

扩展阅读 4-4

陕西省物价局依法查处榆林市环境保护局行政垄断案

2016 年 10 月，陕西省物价局依法对榆林市环境保护局行政垄断案开展调查，对其滥用行政权力、排除限制竞争的违法行为进行了纠正。现查明，2016 年 3 月，榆林市环境保护局向所属各县区环保局、市环保局属单位、保险机构和相关企业下发《关于大力推进全市环境污染责任保险的工作方案》(榆政环发〔2016〕33 号)文件，指定长城保险经纪公司陕西省分公司为榆林市投保环境污染责任保险的企业提供保险经纪服务。该行政行为对榆林市行政区域内环境污染责任保险经纪服务的特定市场进行了限制，侵犯了企业自由选择交易对象的权利，违反了《反垄断法》第 37 条("行政机关不得滥用行政权力，制定含有排除、限制竞争内容的规定。")的规定。在掌握相关证据后，省物价局依法向国家发改委价格监督检查和反垄断局提请立案调查并获得批准。

陕西省物价局执法人员向榆林市各相关单位依法取证的同时，大力宣传《反垄断法》和《国务院关于在市场体系建设中建立公平竞争审查制度的意见》等竞争法规政策。通过反垄断调查和竞争政策宣讲，榆林市环境保护局充分认识到其行政行为的违法性，迅速下发榆政环发〔2016〕157 号文件，明确榆政环发〔2016〕33 号文件自榆政环发〔2016〕157 号文件发布之日起废止，对其违法行为进行了自行纠正，并表示今后工作中将加强竞争法规政策学习落实。对此，陕西省物价局表示，将按照《陕西省人民政府关于在市场体系建设中建立公平竞争审查制度的实施意见》(陕政发〔2016〕50 号)文件的要求，加大对行政垄断行为的查处力度，切实维护公平竞争的市场秩序，促进统一开放、竞争有序的市场体系建设。

本章小结

本章讲述了我国《反不正当竞争法》和《反垄断法》的基本内容。首先，详细讲解了不正当竞争行为的概念和构成。不正当竞争是指经营者在生产经营活动中，违反本法规定，扰乱市场竞争秩序，损害其他经营者或者消费者的合法权益的行为。经营者的行为构成不正当竞争，须具备违法性、侵权性、社会危害性等特征。不正当竞争主要包括市场混淆行为、商业贿赂行为、虚假宣传行为、侵犯商业秘密行为、不正当有奖销售行为、商业诋毁行为、网络新型不正当竞争行为等七类行为。其次，阐述了垄断及垄断行为的概念，重点讲解了垄断行为的主要规制内容，即经营者达成垄断协议、经营者滥用市场支配地位；具有或者可能具有排除、限制竞争效果的经营者集中。

技能训练

运用反垄断法知识界定生活中的垄断行为

【目的】

熟练掌握反垄断基本法律规定，培养学生法律意识和团队协助能力。

【要求】

学生针对宝洁是否构成垄断展开分组讨论，并写出分析报告。

【材料】

材料1：宝洁公司自1988年进入中国市场，宝洁通过渠道建设、品牌组合竞争、收购竞争对手等手段，已占据中国日化市场的重要地位。

材料2：日化市场资深人士杨某认为："宝洁垄断了很多卖场资源，重要卖场的资源都集中在宝洁手里，大超市里，显眼的陈列区、好的架位，都被宝洁占有。这样只会导致强者更强、弱者更弱。此外，宝洁控制价格的能力很强，宝洁涨价，大家跟着涨；宝洁降价，大家也跟着降。"

材料3：在新浪网一项调查中，13614名参与网友中有92.2%认为宝洁涉嫌垄断洗发水市场，83%的网民认为宝洁涉嫌滥用市场支配地位，还有73.7%的人认为应强制拆分宝洁，或限制其继续并购同行。

材料4：宝洁发言人张某认为，怀疑宝洁垄断，并不能只看其市场份额，还要看其是否利用这个市场支配地位，进行价格操纵、人为抬高市场进入壁垒等不正当行为。

实践活动

开展不当有奖销售行为的市场调研

【目的】

使学生掌握我国新修订的《反不正当竞争法》的主要规定，培养学生熟练应用竞争法知识的能力，提高学生处理企业竞争法律纠纷的实践水平。

【内容】

学生分组，参加不当有奖销售行为的市场调研。

【要求】

结合竞争法知识写出调研报告。

本章练习

一、不定项选择题

1. 根据我国《反不正当竞争法》和相关法律关于诋毁商誉行为的规定，下列正确的是（　　）。

A. 新闻单位被经营者唆使对其他经营者从事诋毁商誉行为的，可与经营者构成共同的不正当竞争行为

B. 经营者通过新闻发布会形式发布影响其他同业经营者商誉的信息，如该信息真实，不构成诋毁行为

C. 诋毁行为只能是针对市场上某一特定竞争对手实施的

D. 经营者对其他竞争者进行诋毁，其主观心态既可以是故意，也可以是过失

2. 甲欲买"全聚德"牌的快餐包装烤鸭，临上火车前误购了商标不同而外包装十分近似的显著标明名称为"仝聚德"的烤鸭，遂向"全聚德"公司投诉。"全聚德"公司发现，"仝聚德"烤鸭的价格仅为"全聚德"的1/3。如果"全聚德"起诉"仝聚德"，其纠纷的性质应当是下列哪种？（　　）

A. 诋毁商誉的侵权纠纷

B. 低价倾销的不正当竞争纠纷

C. 市场混淆的不正当竞争纠纷

D. 企业名称侵权纠纷

3. 甲公司为宣传其"股神"股票交易分析软件，高价聘请记者发表文章，称"股神"软件是"股民心中的神灵"，贬称过去的同类软件"让多少股民欲哭无泪"，并称乙公司的软件"简直是垃圾"。根据《反不正当竞争法》的规定，下列哪些选项是正确的？（　　）

A. 只有乙公司才能起诉甲公司的诋毁商誉行为

B. 甲公司的行为只有出于故意才能构成诋毁商誉行为

C. 只有证明记者拿了甲公司的钱财，才能认定其参与诋毁商誉行为

D. 只有证明甲公司捏造和散布了虚假事实，才能认定其构成不正当竞争

4. 下列哪些选项属于不正当竞争行为？（　　）

A. 甲灯具厂捏造乙灯具厂偷工减料的事实，私下告诉乙厂的几家重要客户

B. 甲公司发布高薪招聘广告，乙公司数名高管集体辞职前往应聘，甲公司予以聘用

C. 甲电器厂产品具有严重瑕疵，媒体误报道为乙电器厂产品，甲厂未主动澄清

D. 甲厂使用与乙厂知名商品近似的名称、包装和装潢，消费者经仔细辨别方可区

别二者差异

5. 某品牌白酒市场份额较大且知名度较高，因销量急剧下滑，生产商召集经销商开会，令其不得低于限价进行销售，对违反者将扣除保证金、减少销售配额直至取消销售资格。关于该行为的性质，下列判断正确的是（　　）。

A. 维护品牌形象的正当行为　　B. 滥用市场支配地位的行为

C. 价格同盟行为　　D. 纵向垄断协议行为

6. 红心地板公司在某市电视台投放广告，称“红心牌原装进口实木地板为你分忧”，并称“强化木地板甲醛高、不耐用”。此后，本地市场上的强化木地板销量锐减。经查明，该公司生产的实木地板是用进口木材在国内加工而成。关于该广告行为，下列选项正确的是（　　）。

A. 属于正当竞争行为

B. 仅属于诋毁商誉行为

C. 仅属于虚假宣传行为

D. 既属于诋毁商誉行为，又属于虚假宣传行为

7. 某蛋糕店开业之初，为扩大影响，增加销售，出钱雇人排队抢购。不久，该店门口便时常排起长队，销售盛况的照片也频频出现于网络等媒体，附近同类店家生意随之清淡。对此行为，下列说法正确的是（　　）。

A. 属于正当的营销行为　　B. 构成混淆行为

C. 构成虚假宣传行为　　D. 构成商业贿赂行为

8.《反不正当竞争法》所称的商业秘密的特征有（　　）。

A. 具有实用性　　B. 不为公众所知悉

C. 能为权利人带来经济利益　　D. 经权利人采取保密措施

9. 商业贿赂具有的特征包括（　　）。

A. 商业贿赂是违反不正当竞争法的违法或犯罪行为

B. 商业贿赂的对象是经营者交易的相对人和商业成交具有决定作用或重大影响的人

C. 商业贿赂是给付财物、回扣、佣金、折扣的行为

D. 商业贿赂的主体即经营者既可以是买方，可以是卖方

10. 根据《反垄断法》规定，下列哪些选项不构成垄断协议？（　　）

A. 某行业协会组织本行业的企业就防止进口原料时的恶性竞争达成保护性协议

B. 三家大型房地产公司的代表聚会，就商品房价格达成共识，随后一致采取涨价行动

C. 某品牌的奶粉含有毒物质的事实被公布后，数家大型零售公司联合声明拒绝销售该产品

D. 数家大型煤炭企业就采用一种新型矿山安全生产技术达成一致意见

二、案例分析题

某年6月，中国国际旅行社总社、中国旅行社总社等在京的9家特许经营出境旅行社

主要针对东南亚地区市场，制定了出境旅游路线的最低保护价，并于当年7月1日开始执行。最低保护价比过去一般价格高出不少，如泰国一地6晚7日的最低保护价为3900元，而过去最低曾达2800元。据9家旅行社介绍，制定最低保护价完全是为了有效地维护旅游者的利益。因为以往东南亚旅游，旅游者所交的团费远远低于成本价，甚至出现所谓"零团费"，所缺费用由东南亚地区的旅行社承担。这些旅行社为了把钱挣回来，往往强迫旅游者购物，增加自费项目等，使旅游者的权益受到了极大的损害。

请问：这9家旅行社的行为属于什么行为？应如何处理？

第五章　企业担保法律实务

学习目标

了解担保制度的概念和特点，掌握担保法律制度的基本原理，掌握有效担保的设立条件，理解担保无效的法律后果，能够运用担保法律知识防范企业担保法律风险，能够运用担保法律知识处理企业担保法律纠纷。

第一节　担保制度概述

案例引导 5-1

担保的作用

甲公司与乙公司签订买卖合同，约定甲公司作为卖方向乙公司出售价值10万元的货物，乙方收货后1个月内付款。甲公司担心交货后无法回收货款，因此要求乙方提供担保，乙方以归乙方所有的一栋房屋设定抵押，担保甲方债权。甲方交货后，乙方未按时付款，此时甲公司该如何维护自己的债权？

本案中，甲方的债权受到担保制度的保护，因此如乙方拒绝付款，甲方可以直接变卖抵押的房屋，并靠变卖所得来实现自己的债权。担保具有重要作用，即能保障债权的实现。在存在担保的情况下，债权人还可以通过行使担保权来实现债权，所以债权人不必担心因债务不履行而遭受风险。

一、担保概述

（一）担保的概念及担保关系

担保是一种财产法律制度，其基本内容是在涉及财产权利关系的经济活动中，债权人要求债务人提供一定的保证或者财物作为履行合同的信用帮助，如果债务人不能履行或不能完全履行合同，并给债权人造成损失，债权人能够使用债务人提供的信用帮助继续履行合同，或者利用金钱帮助弥补自己在合同中的损失。

在担保法律关系中，提供担保的一方称为担保人，是担保合同的债务人，既可以是主债权债务关系中的债务人，也可以是第三人；被担保人一般是主债权债务关系中的债务方或信用能力较弱一方；接受担保方称为担保债权人，是主合同中的债权人。

案例分析 5-1

担保人应承担担保责任

某食品厂欲与某大米厂签订大米采购合同，大米厂要求食品厂提供担保。食品厂找到某酒厂，某酒厂同意提供担保。后食品厂无力支付货款，大米厂要求酒厂负责清偿。

本案中，酒厂为担保人，食品厂为被担保人，米厂为担保债权人，在食品厂不能履行债务时，酒厂应承担担保责任，即代替食品厂向米厂清偿。

基于担保，当事人之间会形成担保关系，担保关系一般由主债权关系和担保关系两个法律关系构成。这两个关系都是由当事人协商建立的，在性质上都属于合同关系。担保关系从属于主债权关系，主债权关系无效，则担保关系无效。但要注意：①担保关系无效，主债权关系不一定无效，需具体分析；②担保无效时，并不意味着担保人不承担任何责任，如符合法律规定，担保人应承担其他民事责任，如赔偿责任。

（二）担保的法律规定

担保法是调整有关担保关系的法律规范的总称。《担保法》于 1995 年 6 月 30 日由第八届全国人民代表大会常务委员会第十四次会议通过，自 1995 年 10 月 1 日起施行，共 7 章 96 条。《担保法》规定了 5 种担保方式，即保证、抵押、质押、留置和定金。将具有担保作用的保证合同、担保物权及定金明确规定在一部专门法律中，这是立法体例的首创。2007 年 3 月 16 日，第十届全国人民代表大会第五次会议通过《物权法》，其中的担保物权编的内容，也是担保法律制度的重要内容，该法于 2007 年 10 月 1 日正式施行。《物权法》第 178 条规定，担保法与物权法的规定不一致的，适用物权法。2021 年 1 月 1 日《民法典》实施后，有关担保的法律主要适用《民法典》的相关规定。

二、担保法的一般规定

（一）担保的适用范围

《民法典》第 387 条规定，债权人在借贷、买卖等民事活动中，为保障实现其债权，需要担保的，可以依照《民法典》和其他法律的规定设定担保物权。实践中可以设定担保的民商事活动很丰富，除了《民法典》所列举的以外，还有租金给付担保、房屋分期付款担保、账户透支担保、信用证开证担保、票据承兑担保等。但应注意，担保一般只应针对合同债权设立。

案例分析 5-2

乙公司是否有留置设备的权利？

甲公司的工作人员操作失误，致施工设备失控，冲入乙公司院内，致乙公司财产受损，乙公司是否有留置设备的权利？

本案中，甲公司与乙公司之间的债权债务因侵权产生，所以不能适用担保制度，乙公司不能留置甲公司的设备。

（二）担保方式

依据《民法典》的规定，担保有 5 种方式，即保证、抵押、质押、留置、定金。需要注意以下两点。

（1）当事人在提供担保时，只能提供以上 5 种担保，而不能创设新的担保形式。

（2）这 5 种担保形式所产生的法律效果有以下区别。①保证产生的权利为债权，不具有优先受偿性。②定金产生的权利也是债权，同样不具有优先受偿性。③抵押、留置、质押取得的是担保物权，对担保物及其变现所得的价款具有优先受偿的权利。④保证、抵押、质押、定金属于意定担保，即这些担保基于当事人的协商建立，如无协商或协商不成，则不存在担保；留置属于法定担保，不以当事人的协商为基础，只要符合法律规定就可以建立，有无协商无须考虑。

（三）反担保

反担保是指第三人为债务人向债权人提供担保时，由债务人向第三人提供的确保第三人追偿权实现的担保。反担保与原始担保的履行顺序有严格的先后之分，反担保的兑现是原始担保兑现后，反担保才开始补偿原始担保的支出。因此，原始担保人不能在自己履行担保义务之前就要求反担保人履行反担保义务，也不得要求反担保人与自己同时履行担保义务。

反担保人可以是债务人，也可以是债务人之外的其他人。反担保方式可以是债务人提供的抵押或者质押，也可以是其他人提供的保证、抵押或者质押。留置和定金不适用于反担保。反担保在本质上也属于担保，因此适用《民法典》关于担保的规定。

案例分析 5-3

依靠反担保来防范担保风险

借款人甲公司是一家食品生产企业，因生产需要向银行申请流动资金贷款 600 万元，期限 1 年，由乙公司提供担保。乙公司为防备可能发生的风险，要求甲为自己提供担保，甲公司以自己的机器设备、厂房、土地等资产向乙公司抵押。

本案中，乙公司为甲提供担保，极有可能受到损害，为保证自己不受损害，乙要求甲再为自己提供的担保即为反担保。如乙最终对银行承担责任，则可依靠反担保来防范担保风险。

（四）担保合同无效及责任承担

根据法律的规定，担保合同出现下列情形时无效。

（1）国家机关和以公益为目的的事业单位、社会团体违反法律规定提供担保的，担保合同无效。因此给债权人造成损失的，应当根据其过错各自承担相应的民事责任。

（2）董事、经理违反公司章程的规定，未经股东会、股东大会或者董事会同意，以公司资产为本公司的股东或者其他个人债务提供担保的，担保合同无效。除债权人知道或者应当知道的外，债务人、担保人应当对债权人的损失承担连带赔偿责任。

（3）以法律、法规禁止流通的财产或者不可转让的财产设定担保的，担保合同无效。以法律、法规限制流通的财产设定担保的，在实现债权时，人民法院应按照有关法律、法规的规定对该财产进行处理。

（4）违反法律、法规规定的对外担保的无效。

（5）法人或者其他组织的法定代表人、负责人超越代理权限订立担保合同，相对人知道或者应当知道其超越权限的，该代表行为无效。

（6）担保合同是主合同的从合同，主合同无效，则担保合同无效。担保合同另有约定的，按照约定。这里的"按照约定"是指当事人可依其明示的意思表示排除从属性的适用。担保合同被确认无效后，债务人、担保人、债权人有过错的，应当根据其过错各自承担相应的民事责任。

案例分析 5-4

主合同无效，当事人约定的独立担保合同有效

2013 年 9 月上旬，甲公司向乙农信社提交借款 1500 万元的申请，甲公司法定代表人李某与丙公司协商担保事宜，丙公司联系丁公司共同为甲公司提供连带责任保证。2013 年 10 月 28 日，丙公司给乙农信社出具担保意向函，声称"借款人甲公司在贵行办理金额为壹仟伍佰万元的借款，期限为 2 年，由我公司提供连带责任保证。现在我公司已办理完反担保相关手续，请贵行给予办理贷款手续"。

2013 年 12 月 17 日，甲公司与乙农信社签订流动资金借款合同，约定甲公司向乙农信社借款 1500 万元，借款期限为 2 年，自 2013 年 12 月 17 日起至 2015 年 12 月 16 日止，借款用途为原材料储备资金。同日，丙公司与乙农信社签订保证合同，为上述流动资金借款合同提供担保，保证方式为连带责任保证，并在第六条"合同效力的独立性"中约定"本合同的效力独立于主合同，主合同未生效、无效、被撤销、被解除的，并不影响本合同的效力。丙公司对于债务人因返还财产和赔偿损失而形成的债务也承担质押担保责任"。并向乙农信社提交了公司股东会同意提供担保的股东会决议及委托办理担保手续人员的授权委托书。

2013年12月19日，甲公司向乙农信社出具委托书及伪造的水泥买卖合同书，委托乙农信社将信贷资金700万元转付给边某（系丙公司出纳），边某将该款交至丙公司。2013年12月30日、2014年1月7日，甲公司先后用伪造的购销合同，委托乙农信社将信贷资金100万元、500万元转付给李某春（系李某父亲），该款的实际用途是甲公司拿100万元向乙农信社入股，其余500万元偿还其他欠款。2015年12月16日，贷款期限届满，甲公司未偿还贷款本金及利息。

本案中，从保证合同的订立过程看，2013年9月上旬，甲公司法定代表人李某就开始与丙公司协商担保事宜。丙公司提供担保的目的是为了取得借款1500万元中的700万元归其使用。2013年10月28日，丙公司就已经给乙农信社出具担保意向函，遂在12月17日又与乙农信社签订保证合同，并在合同第六条中约定"本合同的效力独立于主合同，主合同未生效、无效、被撤销、被解除的，并不影响本合同的效力"。这表明丙公司与乙农信社所签保证合同是其真实意思表示，其保证行为独立于主合同。丙公司与乙农信社签订的保证合同虽系格式合同，但保证合同关于其承担连带责任保证的内容以及关于保证合同的效力独立于主合同的文义清断，并不存在加重保证人保证责任的意思。当时的《担保法》第5条规定："担保合同是主合同的从合同，主合同无效，担保合同无效。担保合同另有约定的，按照约定。"所以，根据丙公司在保证合同中的特别承诺，即便主合同无效，也不影响保证合同的效力。

（五）担保合同

《民法典》规定了保证、抵押、质押、留置、定金5种担保方式。其中，留置是法定担保方式，直接基于法律规定而产生，另外4种都是约定担保方式，当事人可以通过协商建立，合同形式应为书面形式。保证合同、抵押合同、质押合同、定金合同可以是单独订立的书面合同，包括当事人之间的具有担保性质的信函、传真等，也可以是主合同中的担保条款。

在担保法律关系中，各方当事人须按担保合同（条款）约定的条件行使权利和履行义务，否则就构成违约，应承担相应的财产责任。

第二节 保 证

案例引导5-2

什么是保证？

1999年5月20日，某银行与甲公司签订借款合同，约定贷款200万元给甲公司用于购买原材料，还款期限为1999年11月20日。同日，该银行与乙公司签订借款保证合同，约定乙公司作为保证人，为甲公司的还本付息义务承担保证责任。

5月20日，该银行如约向甲公司发放了200万元贷款。1999年11月20日，还款期限届满后，甲公司未按约履行还款义务。

本案中，某银行是具有从事金融业务资格的合法金融机构，其与甲公司、乙公司的借款合同、借款保证合同是各方真实意思的表示，均合法有效。甲公司借款到期后拒不还款，已构成违约，乙公司作为保证人应代替甲公司承担还款义务。

一、保证与保证人

（一）保证的概念

保证是指保证人和债权人约定，当债务人不履行债务时，保证人按照约定履行债务或者承担责任的行为。保证责任的形式包括代为履行和赔偿损失。代为履行是指保证人以与债务人同样的形式来履行约定；赔偿损失是指以赔偿的形式承担保证责任。

（二）保证人的资格与范围

具有代为清偿债务能力的法人、其他组织或者公民，可以作为保证人。如果保证人不具有代偿能力，保证便形同虚设，这将严重损害债权人的利益。为了防止没有代偿能力的人随意签订保证合同，相关司法解释规定：不具有完全代偿能力的法人、其他组织或者自然人，以保证人身份订立保证合同后，又以自己没有代偿能力要求免除保证责任的，人民法院不予支持。

这里的“其他组织”包括：依法登记领取营业执照的独资企业、合伙企业；依法登记领取营业执照的联营企业；依法登记领取营业执照的中外合作经营企业；经民政部门核准登记的社会团体和经核准登记领取营业执照的乡镇、街道、村办企业。

（三）不能成为保证人的主体

下列主体不能成为保证人。

(1) 国家机关不得为保证人，但经国务院批准为使用外国政府或者国际经济组织贷款进行转贷的除外。

(2) 学校、幼儿园、医院等以公益为目的的事业单位、社会团体不得为保证人。这些主体不能担任保证人，是因为它们设立的目的就是实现一定的公共利益，其支出来源于国家拨付的经费或社会的捐赠。为了这些资金的安全，法律规定这些主体不得从事具有风险的商业保证行为。

(3) 企业法人的分支机构不得为保证人。企业法人的分支机构有法人书面授权的，可以在授权范围内提供保证。分支机构是指企业法人所设立的，经登记主管机关核准，领取营业执照，在核准的经营范围内从事经营活动的组织，如分公司、商业银行设立的分支机构等。企业法人的分支机构不具备独立的法人资格，对其管理的财产没有独立的处分权，不能自负盈亏，不能独立承担民事责任。

企业法人的分支机构未经法人书面授权或者超出授权范围与债权人订立保证合同的，该合同无效或者超出授权范围内的部分无效，债权人和企业法人有过错的，应当根据其过错各自承担相应的民事责任；企业法人的分支机构经法人书面授权提供保证，但法人的书面授权范围不明的，法人的分支机构应当对保证合同约定的全部债务承担保证责任；

企业法人的分支机构提供的保证无效，应当承担赔偿责任的，由分支机构经营管理的财产承担，分支机构经营管理的财产不足以承担保证责任的，由企业法人承担民事责任。

（4）企业法人的职能部门不能成为保证人。职能部门是指法人内部执行某一职能的组织机构，如公司的股东大会、董事会、人事部门、财务部门等。企业法人的职能部门不具备独立的法人资格，也没有分支机构所具备的营业执照，不能担任保证人。

案例分析 5-5

保证人主体资格欠缺的过错责任

某联合铁厂与某铸造厂签订生铁购销协议，约定某铁厂向某铸造厂供应生铁。某铸造厂在收货后一直未向某铁厂付清全部货款，双方于 1997 年 11 月 14 日签订偿还欠款协议书，对欠款的金额及还款方式作了确定。某监狱以保证人的身份在该协议书上加盖了公章。事后双方又分别于 2002 年 9 月 5 日和 2006 年 4 月 5 日重新签订还款协议两份，再次明确欠款的本金为 1919483.01 元。2008 年 6 月 10 日，某铁厂将该笔债权转让给某物资公司，并将债权转让事项通知了某铸造厂。2008 年 6 月 20 日，某物资公司以某铸造厂未履行货款支付为由提起民事诉讼，请求法院依法判令被告某铸造厂支付尚欠的货款本金 1919483.01元及相应的利息，被告某监狱对上述债务不能清偿部分承担连带赔偿责任。

国家机关违反法律规定提供担保的合同无效。但是担保无效并不是说不需承担责任。在法律对担保人主体资格的限制是以法律明文规定的情形下，某监狱作为不具备为他人债务提供担保资格的国家机关，应该知道担保不可为，理应承担担保无效的法律后果。根据相关司法解释的规定，某监狱应对某铸造厂不能偿还部分的 1/2 向某物资有限公司承担赔偿责任。

二、保证合同与保证方式

（一）保证合同的形式与内容

保证人与债权人应当以书面形式订立保证合同。保证合同应当包括以下内容。①被保证的主债权种类、数额。保证人对债务人的全部债务承担保证责任的，为全额保证；保证人对债务人的部分债务承担保证责任的，为部分保证。②债务人履行债务的期限。③保证的方式。④保证担保的范围。⑤保证的期间。保证的期间是指保证人承担保证责任的起止时间，保证期间届满，即使债务人未履行债务，保证人也不再承担保证责任。⑥双方认为需要约定的其他事项。保证合同没有完全具备法律规定的条款的，不影响保证合同的效力。当事人可以在事后补充或根据法律的规定加以补正。

（二）保证的方式

保证的方式有一般保证和连带责任保证。

当事人在保证合同中约定，债务人不能履行债务时，由保证人承担保证责任的，为一般保证。一般保证是保证人仅对债务人不能履行债务负补充责任的保证。

当事人在保证合同中约定保证人与债务人对债务承担连带责任的，为连带责任保证。如果连带责任保证的债务人在主合同规定的债务履行期届满时没有履行债务，债权人可以要求债务人履行债务，也可以要求保证人在其保证范围内承担保证责任。在连带责任保证中，债权人在请求保证人承担保证责任时，只需证明有债务人履行期届满而不履行债务的事实即可。由于连带责任保证加重了保证人的责任，因此有利于保障债权人债权的实现。当事人对保证方式没有约定或者约定不明确的，按照连带责任保证承担保证责任。

案例分析 5-6

未约定保证方式的保证推定为连带责任保证

2008 年 3 月，甲公司与乙公司签订买卖合同，约定甲作为买方在收货后支付货款 3 万元，李某提供付款保证，但并未就担保方式作出明确约定。甲收货后，没有如约偿还，乙遂于 2009 年 8 月向法院提起诉讼，请求保证人李某代甲偿还借款的本金及利息。李某辩称，自己只有在甲无能力偿还该借款时，才为其偿还借款，甲现在仍有能力偿还借款，乙应起诉甲而非起诉他，因此请求法院驳回乙的诉讼要求。

法律规定，保证人的保证方式有一般保证和连带责任保证两种。保证人和债权人约定采用一般保证这种保证方式时，必须有明确的约定，否则会被推定为连带责任保证。在连带责任保证中，债务人和保证人的责任没有先后之别，只要债务人届期不履行债务，债权人就可以在保证期间内要求债务人或者保证人履行债务。本案中，当事人未约定保证方式，按法律规定应为连带责任保证，因此乙可直接要求李某承担责任。

（三）保证人的一般抗辩权与先诉抗辩权

一般保证和连带责任保证的保证人享有债务人对债权人的抗辩权。债务人放弃对债务的抗辩权的，保证人仍有权抗辩。抗辩权是指债权人行使债权时，债务人根据法定事由，对抗债权人行使请求的权利。

在主合同纠纷未经审判或者仲裁，并就债务人财产依法强制执行仍不能履行债务前，一般保证的保证人对债权人可以拒绝承担保证责任。这种权利称为先诉抗辩权。主债务履行期限届至而债务人未履行债务时，债权人只能先请求债务人履行，保证人处于第二次序，即享有顺序利益。

为了不使先诉抗辩权成为保证人逃避责任的工具，有下列情况之一的，保证人不得行使先诉抗辩权。①债务人住所变更，致使债权人要求其履行债务发生重大困难的。例如，债务人下落不明、移居境外，且无财产可供执行。②人民法院受理债务人破产案件，中止执行程序的。破产程序一旦开始，即意味着债务人已经资不抵债，债权人已不能从债务人的财产中获得完全清偿，且对其他民事执行程序的终止，也意味着此时债权人无法就债务人的财产为强制执行。③保证人以书面形式放弃先诉抗辩权的。但是，一般保证的保证人在主债权履行期间届满后，向债权人提供了债务人可供执行财产的真实情况，债权人放弃或者怠于行使权利致使该财产不能被执行的，保证人可以请求人民法院在其提供可供执行财产的实际价值范围内免除保证责任。而在连带责任保证中，保证人并不享有先诉抗辩权。

（四）共同保证

共同保证是指数人共同担保同一债务人的同一债务履行而设定的保证。共同保证的特点在于保证人不是一人，而是两人或两人以上。因此，在共同保证中会发生保证人之间如何承担保证责任的问题。

两个或两个以上的保证人对同一债务作保证的情况有两种，即按份保证和连带保证。

按份保证是指保证人在保证合同中约定，保证人仅按照合同约定的份额承担保证责任。按份保证的保证人按照保证合同约定的保证份额承担保证责任后，在其履行保证责任的范围内对债务人行使追偿权。

连带保证是指每一个保证人对全部债务承担全部保证责任。对于连带保证，债权人可以要求任何一个保证人承担全部保证责任，保证人都负有担保全部债权实现的义务。已经承担保证责任的保证人，有权向债务人追偿，或者要求承担连带责任的其他保证人清偿其应当承担的份额。连带保证的保证人承担保证责任后，向债务人不能追偿的部分，由各连带保证人按其内部约定的比例分担，没有约定的，平均分担。

在共同保证中，债权人、保证人、债务人可以通过自由协商确定到底是按份保证还是连带保证，没有约定或约定不清的，按连带保证处理。

（五）最高额保证

最高额保证是指保证人和债权人签订保证合同，在最高债权额限度内就一定期间连续发生的借款合同或者某项同类交易合同提供担保。保证人承担的保证责任以各方约定的最高债权额度为准。当实际发生额不及最高额时，以实际发生额为准；当实际发生额超过约定的最高额时，以最高额为准。无论该借款合同或交易合同的当事人的实际合同金额达到多少，也无论合同的交易次数达到多少，保证人承担的保证限额就是在连续保证合同中约定的最高债权限额。这种保证合同适用于交易中交易的标的种类不变或在当事人约定的种类范围内，以及债权人和债务人主体不变的长期合作经营活动，保证人为此长期交易一次提供保证。最高额保证在约定期间有效，不限交易数次，不限交易金额，被保证人无须征得保证人同意就可决定交易的金额及交易的条件，有利于加快经济活动的开展。

案例分析 5-7

最高额保证实例

某单位和银行签订借款协议，协议约定银行要向企业提供 1000 万元的贷款，但是企业可能不是一次性需要全部资金，而是分次使用，随时需要银行随时提供。同时，也可能企业使用不了这么多而实际借款少于1000万元，但只要企业在一年内使用的借款数额不超过1000万元，银行就必须满足。银行为了规避风险，也要求企业提供保证。这个保证就是最高额保证。只要企业的借款在1000万元的范围内，保证人就要承担保证责任。超过1000万元的范围，保证人就不承担责任。

最高额保证合同的不特定债权确定后，保证人应当对在最高债权额限度内一定期间连续发生的债权余额承担保证责任。

案例分析5-8

最高额保证中保证人的责任范围

某信用社与甲公司、乙公司、丙公司签订了最高额保证担保借款合同，该合同约定：信用社在最高限额贷款3.3万元内，对借款人甲公司发放贷款；乙公司、丙公司在该最高限额内对借款人的贷款承担保证责任，保证方式为连带责任保证，保证担保的范围包括贷款本金、利息和贷款人实现债权的费用。后信用社分多次向甲公司发放贷款共3.3万元。甲公司到期未归还以上贷款，以上贷款本金利息合计3.5万元。在信用社要求保证人承担责任，还款3.5万元时，双方产生纠纷。

本案的关键在于计算利息后，债权数额会超过3.3万元，依据相关司法解释，最高额保证合同的不特定债权确定后，保证人应当对在最高债权额限度内一定期间连续发生的债权余额承担保证责任。根据该条规定，在最高额保证中，保证人的责任范围就是“最高债权额限度内的债权余额”。本案中，债权人信用社与担保人约定，保证担保的范围包括贷款本金、利息、贷款人实现债权的费用，同时双方又约定了担保的最高限额为3.3万元，因此，乙公司、丙公司应在最高限额3.3万元之内对所发生的贷款本金、利息、贷款人实现债权的费用承担保证责任，而不应对超出该限额的部分承担责任。

三、保证责任

保证责任是指保证人和债务人约定，当债务人不履行债务时，保证人所应承担的责任。

（一）保证责任范围

保证担保的范围包括主债权及利息、违约金、损害赔偿金和实现债权的费用。保证合同另有约定的，按照约定。当事人对保证担保的范围没有约定或者约定不明确的，保证人应当对全部债务承担责任。

（二）债权转让、债务转让对保证责任的影响

保证期间，债权人依法将主债权转让给第三人的，保证人在原保证担保的范围内继续承担保证责任。保证合同另有约定的，按照约定。这与《民法典》关于从权利与主债权一同转让的规定是一致的。但是当事人可以在保证合同中约定，主债权人非经保证人同意而转让的，保证人不再承担保证责任。

保证期间，债权人许可债务人转让债务的，应当取得保证人书面同意，保证人对未经其同意转让的债务，不再承担保证责任。由于保证属于信用担保，保证人之所以愿意为债务人作出保证，是因为保证人对债务人的信任。如果未经保证人同意，债务人发生了变化，保证关系的基础便不复存在，保证人就可以不再承担保证责任。

（三）合同变更对保证责任的影响

债权人与债务人协议变更主合同的，应当取得保证人书面同意，未经保证人书面同意的，保证人不再承担保证责任。保证合同另有约定的，按照约定。债权人与债务人对主合同数量、价款、币种、利率等内容作了变动，未经保证人同意的，如果是减轻债务人的债务，保证人仍应当对变更后的合同承担保证责任，如果是加重债务人的债务，保证人对加重的部分不承担保证责任。债权人与债务人对主合同履行期限作了变动，未经保证人书面同意的，保证期间为原合同约定的或者法律规定的期间。债权人与债务人协议变动主合同内容，但并未实际履行的，保证人仍应当承担保证责任。

（四）保证期间

一般保证的保证人与债权人未约定保证期间的，保证期间为主债务履行期届满之日起 6 个月。在合同约定的保证期间和上述规定的保证期间内，债权人未对债务人提起诉讼或者申请仲裁的，保证人免除保证责任；当债权人对主债务人提起诉讼或申请仲裁时，从判决或者仲裁裁决生效之日起，开始计算保证合同的诉讼时效。

连带责任保证的保证人与债权人未约定保证期间的，债权人有权自主债务履行期届满之日起 6 个月内要求保证人承担保证责任。在合同约定的保证期间和上述规定的保证期间内，债权人未要求保证人承担保证责任的，保证人免除保证责任。

保证人作出最高额保证的，若未约定保证期间，保证人可以随时书面通知债权人终止保证合同，但保证人对于通知到达债权人前所发生的债权，承担保证责任。由于最高额保证担保的是在一定期间内连续发生的债权，若债务人资信恶化，还要求保证人对在一定期间内（如一般保证和连带责任保证中的 6 个月）发生的连续债务承担保证责任，将有失公平，因此在未约定保证期间的情形下，保证人可以随时书面通知债权人终止保证合同。

保证期间不因任何事由发生中断、中止、延长的法律后果。

案例分析 5-9

保证期间的法律效果

2006 年 1 月 3 日，甲公司经王某担保向某银行借款 2.5 万元，双方约定 2 个月内还清，即于 3 月 3 日之前还清欠款。王某作为保证人在借款合同上签了名。借款到期后，甲公司未还款，某银行于当年 12 月 3 日起诉到法院，要求甲公司还清欠款，王某作为保证人承担连带保证责任。

法院审理后认为，某银行与甲公司之间形成了借贷关系，甲公司应当清偿 2.5 万元债务。保证人王某没有约定担保方式，本应与被告甲公司承担连带清偿责任，但是借款于 3 月 3 日到期，保证期间为自债务履行期届满之日起 6 个月内，即截止到 9 月 3 日。而某银行直到 12 月 3 日才提起诉讼，并且在庭审中没有提供向担保人王某主张权利的证据，因此该担保已过保证期，对某银行要求王某承担连带责任的诉讼请求，不予支持。

（五）保证担保与物的担保并存时保证责任的承担

《民法典》第 392 条规定，被担保的债权既有物的担保又有人的担保的，债务人不履行到期债务或者发生当事人约定的实现担保物权的情形，债权人应当按照约定实现债权；没有约定或者约定不明确，债务人自己提供物的担保的，债权人应当先就该物的担保实现债权；第三人提供物的担保的，债权人可以就物的担保实现债权，也可以要求保证人承担保证责任。提供担保的第三人承担担保责任后，有权向债务人追偿。

（六）保证责任的免除

保证人不承担民事责任的情形包括：①主合同当事人双方串通，骗取保证人提供保证的；②主合同债权人采取欺诈、胁迫等手段，使保证人在违背真实意思的情况下提供保证的。

（七）保证人的追偿权

保证人承担保证责任后，有权向债务人追偿。此外，在保证期间内，人民法院受理债务人破产案件的，债权人既可以向人民法院申报债权，也可以向保证人主张权利。对债权人申报债权后在破产程序中未受清偿的部分，保证人仍应当承担保证责任。债权人要求保证人承担保证责任的，应当在破产程序终结后 6 个月内提出。人民法院受理债务人破产案件后，债权人未申报债权的，保证人可以参加破产财产分配，预先行使追偿权，以保障其正当权益。债权人知道或者应当知道债务人破产，既未申报债权也未通知保证人，致使保证人不能预先行使追偿权的，保证人在该债权的破产程序中可能受偿的范围内免除保证责任。

承担连带责任的保证人一人或者数人承担保证责任后，有权要求其他保证人清偿应当承担的份额，不受债权人是否在保证期间内向未承担保证责任的保证人主张过保证责任的影响。

第三节 抵　　押

案例引导 5-3

什么是抵押？

甲公司因业务原因欠乙20万元货款。甲因无力偿还，即与乙协商将该货款转为借款。双方签订合同，约定乙借给甲人民币20万元，借期1年，到期甲连本带息还给乙25万元，甲以其汽车一辆作抵押，到期如甲不能还款，汽车任由乙处理。合同签订后，双方到相关部门办理了登记手续。现借款到期，甲无力偿还。

本案中的担保即为抵押，也就是用财产来担保债权，如债务人到期不履行债务，债权人可靠变卖财产所得来实现自己的债权。因此，本案中乙可以通过变卖汽车来实现自己的债权。

一、抵押概述

（一）抵押的概念

为担保债务的履行，债务人或者第三人将该财产以不转移占有的方式抵押给债权人，用以担保债权人债权。债务人不履行到期债务或者发生当事人约定的实现抵押权的情形时，债权人有权就该财产优先受偿。其中，债务人或者第三人为抵押人，债权人为抵押权人，提供担保的财产为抵押物。

（二）抵押权的特征

1. 抵押权是不转移标的物占有的担保物权

抵押由抵押人占有抵押物，这样抵押人可以就抵押物继续加以利用，即使用、收益、处分抵押物，从而使抵押物的价值得以充分发挥，同时也免除了抵押权人保管抵押物的义务。

2. 抵押权具有从属性

(1) 存在上的从属性。抵押权的成立以主债权的存在为提前，主债权不成立或归于无效时，抵押权也就不成立或随之无效。但是最高额抵押例外。

(2) 处分上的从属性。抵押权不能与提供担保的债权相分离而单独转让或者供作其他债权担保，只能随同债权一同转让或者在债权转让时消灭。

3. 抵押权具有不可分性

不可分性是指抵押权的效力不可分，即抵押权担保主债权的全部并及于抵押财产的全部。不可分性主要体现在以下几方面。①抵押权设定后，原则上抵押人的权利义务不因抵押物价格的增减而受影响。②抵押财产的一部分经分割或者让与第三人时，抵押权不受影响，抵押权人仍得对全部抵押财产行使抵押权。③抵押物部分灭失时，未灭失的抵押物部分仍担保着全部债权，其担保的债权额并未因此而减少。同时，抵押权也仅存在于灭失的抵押物部分上，抵押人不负有补充担保物的义务。④主债权部分受偿时，抵押权人仍得就其未受偿的部分债权对抵押物的全部行使抵押权。⑤主债权经分割后部分转让时，抵押权也不受影响，各债权人仍将就其享有的债权份额行使全部抵押权。

4. 抵押权具有特定性

特定性是与抵押权人公示联系在一起的。因为抵押权的设定不转移抵押物的占有，抵押权必须以登记方式公示。其特定性表现在两个方面。①抵押物的特定。抵押物必须是现存的、特定的，而不能是未来的、不确定的财产。②抵押权担保的债权的特定。也就是在一般情况下（最高额抵押除外），抵押所担保的债权也必须是明确的、已发生的债权。

5. 抵押权具有物上代位性

抵押权的物上代位性表现在当抵押物毁损、灭失时，抵押权人可对抵押人因此而发生的保险金或赔偿金主张权利，要求用保险金或赔偿金清偿债权或提存继续担保债权。

案例分析 5-10

抵押权是否消灭？

1996 年 8 月某厨房设备制造厂，以本厂一辆价值 20 万元的轿车作抵押，向该市工商银行贷款 10 万元，贷款期限为 1 年。合同签订后，双方办理了抵押物登记手续。1997 年 2 月厨房设备制造厂用来作抵押的这辆轿车因意外火灾被毁，获保险公司赔偿 20 万元。工商银行听说后，要求用赔偿金提前清偿债权，但厨房设备制造厂答复说汽车已被烧毁，抵押权没了标的物，自然也就没了抵押权。

根据原《担保法》第 58 条规定："抵押权因抵押物灭失而消灭。因灭失所得的赔偿金应当作为抵押财产。"现《民法典》第 390 条规定："担保期间，担保财产毁损、灭失或者被征收等，担保物权人可以就获得的保险金、赔偿金或者补偿金等优先受偿。被担保债权的履行期限未届满的，也可以提存该保险金、赔偿金或者补偿金等。"可见，抵押物灭失后，如果有赔偿金，则抵押权仍未灭失，此时赔偿金就是抵押财产。因抵押物灭失导致抵押权消灭的情况，只存在于没有赔偿金的情况下。本案中，轿车被烧毁，获保险公司赔偿金 20 万元，因此抵押权没有消灭，工商银行可从这 20 万元中受偿。

（三）抵押财产的范围

能作为抵押的财产是有变卖价值的财产，所谓变卖价值也就是财产的市场变现。由于存在着法律规定禁止变卖和限制变卖财产的情况，所以并不是所有有变卖价值的财产都能充当抵押物。《民法典》第 395 条规定，债务人或者第三人有权处分的下列财产可以抵押：①建筑物和其他土附着物；②建设用地使用权；③海域使用权；④生产设备、原材料、半成品、产品；⑤正在建造的建筑物、船舶、航空器；⑥交通运输工具；⑦法律、行政法规未禁止抵押的其他财产。抵押人可以将前款所列财产一并抵押。

经当事人书面协议，企业、个体工商户、农业生产经营者可以将现有的以及将有的生产设备、原材料、半成品、产品抵押，债务人不履行到期债务或者发生当事人约定的实现抵押权的情形时，债权人有权就实现抵押权时的动产优先受偿。依法就动产设定抵押的，抵押财产自下列情形之一发生时确定：①债务履行期届满，债权未实现；②抵押人被宣告破产或者被撤销；③当事人约定的实现抵押权的情形；④严重影响债权实现的其他情形。

以建筑物抵押的，该建筑物占用范围内的建设用地使用权一并抵押。以建设用地使用权抵押的，该土地上的建筑物一并抵押。抵押人未一并抵押的，未抵押的财产视为一并抵押。

乡镇、村企业的建设用地使用权不得单独抵押。以乡镇、村企业的厂房等建筑物抵押的，其占用范围内的建设用地使用权一并抵押。

（四）不得设定抵押的财产

《民法典》第 399 条规定，下列财产不得抵押：①土地所有权；②宅基地、自留地、自留山等集体所有土地的使用权，但是法律规定可以抵押的除外；③学校、幼儿园、医院等以公益为目的的事业单位、社会团体的教育设施、医疗卫生设施和其他社会公益设施；④所有权、使用权不明或者有争议的财产；⑤依法被查封、扣押、监管的财产；⑥法律、行政法规规定不得抵押的其他财产。

二、抵押合同与抵押物登记

（一）抵押合同

抵押人和抵押权人应当以书面形式订立抵押合同。抵押合同一般包括下列条款。

(1) 被担保的主债权种类、数额。抵押合同对被担保的主债权种类、抵押财产没有约定或者约定不明，根据主合同和抵押合同不能补正或者无法推定的，抵押不成立。

(2) 债务人履行债务的期限。抵押合同中明确债务人履行债务的期限，其目的在于明确抵押权人实现其抵押权的时间。

(3) 抵押物的名称、数量、质量、状况、所在地、所有权权属或者使用权权属。

(4) 抵押担保的范围。抵押担保的范围包括主债权及利息、违约金、损害赔偿金和实现抵押权的费用（如保管、估价、拍卖、变卖所需的费用，诉讼的费用等）。抵押合同另有约定的，按照约定。

（二）流质条款的禁止

流质条款是指订立抵押合同时，抵押权人和抵押人在合同中约定在债务履行期届满抵押权人未受清偿时，抵押物的所有权转移为债权人所有的合同，但该项内容的无效不影响抵押合同其他部分内容的效力。禁止流质条款的目的是防止债权人胁迫或乘人之危，损害债务人利益，也防止债权人与债务人因利益失衡或恶意串通，损害其他债权人利益。

需要明确的是，既然法律和相关司法解释都明文规定流质条款无效，那么基于对现行法的遵守，在司法实务中认定流质条款无效是毫无争议的。但是，基于对流质条款的批判，能清晰地发现流质条款一厢情愿与矫枉过正的不足之处。因此，司法实践必须严格按照流质条款的构成要件进行认定，不能对流质条款进行扩张性适用。

案例分析 5-11

流质条款无效案

被告雷某以生意周转资金紧张为由，分别于 2012 年 12 月 26 日、2013 年 2 月 5 日、2013 年 3 月 1 日与原告签订借款合同三份，被告分三次向原告冯某借款 8 万元、2 万元、3 万元，借款期限均为 3 个月。其中，被告在 2012 年 12 月 26 日签订的借款合同中备注："本人自愿把某某村学校作为抵押，以抵押协议书为证，如到期还不上本金，房屋与地产所有一切归冯某所有。借款人：雷某，见证人张某某。"以上借款到期后，经原告冯某向被告雷某催要未果。本案中原、被告签订的三份借款合同形式要件完备，意思表示真实，足以证明原、被告之间存在合法的借贷关系。被告雷某应按照约定偿还原告冯某本金及利息。但当时的《物权法》第 186 条规定，抵押权人在债务履行期届满前，不得与抵押人约定债务人不履行到期债务时抵押财产归债权人所有。第 187 条规定，以建筑物和其他土地附属物、建设用地使用权抵押的，应当办理抵押登记，抵押权自登记时设立。因而原、被告约定"如到期还不上本金，房屋与地产所有一切归冯某所有"的条款无效，且没有办理抵押登记，故原告请求 8 万元借款本金及利息从实现抵押权（被告以某某村学校抵押）的价款优先受偿的请求不能得到法院的支持。①

（三）抵押合同的登记

以建筑物和其他土地附着物、土地使用权，以招标、拍卖、公开协商等方式取得的荒地等土地承建经营权以及正在建造的建筑物抵押的，应当办理抵押登记。抵押权自登记时设立。如当事人未办理抵押登记，当事人不享有抵押权，但抵押合同效力不受登记影响。

以生产设备、原材料、半成品、产品或者正在建造的船舶、航空器抵押的，抵押权自抵押合同生效时设立；未经登记，不得对抗善意第三人。

企业、个体工商户、农业生产经营者以现有的以及将有的生产设备、原材料、半成品、产品等动产抵押的，应当向抵押人住所地的工商行政管理部门办理登记。抵押权自抵押合同生效时设立；未经登记，不得对抗善意第三人。但是这种抵押，不得对抗正常经营活动中已支付合理价款并取得抵押财产的买受人。

---

① 《民法典》第 401 条规定："抵押权人在债务履行期限届满前，与抵押人约定债务人不履行到期债务时抵押财产归债权人所有的，只能依法就抵押财产优先受偿。"

案例分析 5-12

抵押合同未登记案

2012 年 12 月 24 日，侯某（甲方）与韩某（A 公司的法定代表人）、李某（乙方）签订借款协议，约定：乙方向甲方借款人民币 550 万元。乙方提供 A 公司位于商都县商张公路北侧（工业园区）80004 平方米的工业用地的国有土地使用证作为抵押。后侯某向韩某账户汇入 511.5 万元，共余 38.5 万元作为利息预先扣除。随后，韩某将商都县国用（土）第 2012-134 号《国有土地使用证》交付侯某持有，但双方未办理抵押登记。因韩某、李某未偿还借款本息，侯某起诉请求：韩某、李某偿还借款 550 万元及利息；A 公司在抵押财产范围内承担连带清偿责任，侯某对该对财产享有优先受偿权。

本案中，当事人之间签订的抵押合同已经成立并生效，依据当时的《物权法》规定，以土地使用权进行抵押的，应当办理抵押登记，抵押权自抵押登记时设立。因此，抵押合同成立，但抵押权并未设立，侯某可以主张 A 公司在土地使用权范围内对债务承担连带清偿责任，但不能就土地使用权主张优先受偿。

三、抵押的效力

（一）抵押对抵押物所生孳息的效力

债务人不履行到期债务或者发生当事人约定的实现抵押权的情形，致使抵押财产被人民法院依法扣押的，自扣押之日起抵押权人有权收取该抵押财产的天然孳息或者法定孳息，但抵押权人未通知应当清偿法定孳息的义务人的除外。孳息应当先充抵收取孳息的费用。

（二）抵押权对抵押物上已存在的租赁权的影响

抵押人将已出租的财产抵押的，应当书面告知承租人，原租赁合同继续有效。抵押权实现后，租赁合同在有效期内对抵押物的受让人继续有效。抵押人将已抵押的财产出租时，如果抵押人未书面告知承租人该财产已抵押的，抵押人对出租抵押物造成的承租人的损失承担赔偿责任；如果抵押人已书面告知承租人该财产已抵押的，抵押权实现造成的承租人的损失，由承租人自己承担。

（三）抵押权对于抵押物转让的影响

抵押期间，抵押人经抵押权人同意转让抵押财产的，应当将转让所得的价款向抵押权人提前清偿债务或者提存。转让的价款超过债权数额的部分归抵押人所有，不足部分由债务人清偿。抵押期间，抵押人未经抵押权人同意，不得转让抵押财产，但受让人代为清偿债务消灭抵押权的除外。抵押权不得与债权分离而单独转让或者作为其他债权的担保。债权转让的，担保该债权的抵押权一并转让，但法律另有规定或者当事人另有约定的除外。

（四）抵押权人在抵押权受侵害时的权利

抵押权人的抵押权受侵害的情形包括可归责于抵押人的抵押物价值减少的情形和不可归责于抵押人的抵押物价值减少的情形。抵押人的行为足以使抵押物价值减少的，抵押权人有权要求抵押人停止其行为。抵押物价值减少时，抵押权人有权要求抵押人恢复抵押物的价值，或者提供与减少的价值相当的担保。抵押人对抵押物价值减少无过错的，抵押权人只能在抵押人因损害而得到的赔偿范围内要求提供担保。抵押物价值未减少的部分，仍作为债权的担保。可见，存在损害赔偿金的情况下，抵押权的效力及于损害赔偿金。

四、抵押权的顺位与放弃

一个抵押物上存在数个不同债权人的抵押权时，各个抵押权之间存在先后顺序。依据法律的规定，同一财产上存在数个债权人的抵押权的，拍卖、变卖抵押财产所得的价款依照下列规定清偿。①抵押权已登记的，按照登记的先后顺序清偿；顺序相同的，按照债权比例清偿。②抵押权已登记的先于未登记的受偿。③抵押权未登记的，按照债权比例清偿。应当注意的是，抵押权均未登记的情况，《物权法》改变了《担保法》中按合同生效时间顺序清偿的做法，一律视为相同顺序，按债权比例清偿。

案例分析 5-13

已登记抵押权先于未登记抵押权受偿

2013 年 7 月 10 日，某机械公司为增加一条生产线，决定购买一些生产设备，预算资金约 60 万元。但机械公司仅有 40 万元可用资金，于是公司以原值 100 万元的机器设备作抵押，向本市一家银行借款 60 万元，并办理了抵押物登记手续。2013 年 9 月，机械公司资金周转出现困难，急需 20 万元给员工发放工资，于是找到朋友张某，向张某借款 20 万元，借款期限 3 个月，并将已作抵押的机器设备再次抵押给张某，双方签订合同，但没有办理抵押登记手续。

本案中，同一抵押物上存在两个抵押权，机械公司以机器设备抵押给银行，并办理了抵押物登记手续，是合法有效的。后又将机器设备抵押给张某，但没有办理登记手续，依法律规定，抵押权已登记的先于未登记的受偿。如果机械公司逾期还款，银行作为抵押权人对抵押物享有优先受偿权，可按照法律规定以抵押物的折价变卖款来抵偿债务。

抵押权人可以放弃抵押权或者改变抵押权的顺位。抵押权人与抵押人可以协议变更抵押权顺位以及被担保的债权数额等内容。但抵押权的变更，未经其他抵押权人书面同意，不得对其他抵押权人产生不利影响。

案例分析 5-14

抵押权顺位的改变

甲公司向乙公司订购一批价值 70 万元的货物，以价值 100 万元的厂房作为抵押担保。此后，甲公司又以该厂房为抵押向丙借款 10 万元，后又以该厂房为抵押向丁银行贷款 20 万元。当实现抵押权时，乙公司为了与丁银行搞好关系，自愿将实现抵押权的顺位处于丁银行之后。如果该厂房拍卖得到 80 万元，该 80 万元应如何在乙、丙、丁之间分配？

本案中，实际变现价值小于债权总额，原顺位为乙、丙、丁。因此，乙可优先清偿自己的全部债权 70 万元，清偿后剩余的 10 万元，用来清偿丙的债权，清偿丙的债权后，因已无剩余，故丁的债权实际得不到担保。现乙、丁改变顺位，变为丁、乙、丙，如丙同意这种改变，则改变后的后果由丙自负；如丙不同意，则乙、丁之间顺位的改变不能影响丙的抵押权。也就是说，无论乙、丁如何改变顺位，丙都可以按未变时的情况来实现自己的债权。

债务人以自己的财产设定抵押，抵押权人放弃该抵押权、改变抵押权顺位或者变更抵押权的，其他担保人在抵押权人丧失优先受偿权益的范围内免除担保责任，但其他担保人承诺仍然提供担保的除外。

案例分析 5-15

抵押权的放弃

甲公司向银行申请贷款，银行与其签订一份借款合同，借款金额 100 万元。借款合同签订后，甲与银行签订了一份抵押合同，约定由甲所有的房屋为该笔贷款提供抵押担保（假设该房屋价值 50 万元），同时乙作为甲的保证人与银行签订了保证合同，且为连带责任担保。现借款合同到期，但债务人未履行还款责任。银行考虑到甲的房屋年代久远，变现不易，因此放弃由甲提供的抵押担保，而要求乙承担责任。

依据原《物权法》194 条规定，“债务人以自己的财产设定抵押，抵押权人放弃该抵押权、抵押权顺位或者变更抵押权的，其他担保人在抵押权人丧失优先受偿权益的范围内免除担保责任”。[①] 即银行放弃甲的抵押权后，乙在银行放弃权利的范围内免除担保责任。该案例中借款金额为 100 万元，房屋价值为 50 万元，100 万元－50 万元＝50 万元，即乙只需在 50 万元范围内承担连带担保责任。

---

① 《民法典》第 409 条规定：“债务人以自己的财产设定抵押，抵押权人放弃该抵押权、抵押权顺位或者变更抵押权的，其他担保人在抵押权人丧失优先受偿权益的范围内免除担保责任，但是其他担保人承诺仍然提供担保的除外。”

五、抵押权的实现

债务人不履行到期债务或者发生当事人约定的实现抵押权的情形，抵押权人可以与抵押人协议以抵押财产折价或者以拍卖、变卖该抵押财产所得的价款优先受偿。协议损害其他债权人利益的，其他债权人可以在知道或者应当知道撤销事由之日起 1 年内请求人民法院撤销该协议。抵押权人与抵押人未就抵押权实现方式达成协议的，抵押权人可以请求人民法院拍卖、变卖抵押财产。抵押财产折价或者变卖的，应当参照市场价格。

抵押财产折价或者拍卖、变卖后，其价款超过债权数额的部分归抵押人所有，不足部分由债务人清偿。

建设用地使用权抵押后，该土地上新增的建筑物不属于抵押财产。该建设用地使用权实现抵押权时，应当将该土地上新增的建筑物与建设用地使用权一并处分，但对新增建筑物所得的价款，抵押权人无权优先受偿。

以土地承包经营权抵押的，或者以乡镇、村企业的厂房等建筑物占用范围内的建设用地使用权一并抵押的，实现抵押权后，未经法定程序，不得改变土地所有权的性质和土地用途。

抵押权人应当在主债权诉讼时效期间内行使抵押权；未行使的，人民法院不予保护。应注意，抵押权的行使期限是法定期限，当事人约定的或者登记部门要求登记的担保期间，对担保物权的存续不具有法律约束力。

六、最高额抵押权

债务人或者第三人对一定期间内将要连续发生的债权提供担保财产的，债务人不履行到期债务或者发生当事人约定的实现抵押权的情形，抵押权人有权在最高债权额限度内就该担保财产优先受偿。

最高额抵押权不得转让，但当事人另有约定的除外。最高额抵押担保的债权确定前，抵押权人与抵押人可以通过协议变更债权确定的期间、债权范围以及最高债权额，但变更的内容不得对其他抵押权人产生不利影响。

有下列情形之一的，抵押权人的债权确定：①约定的债权确定期间届满；②没有约定债权确定期间或者约定不明确的，抵押权人或者抵押人自最高额抵押权设立之日起满 2 年后请求确定债权；③新的债权不可能发生；④抵押财产被查封、扣押；⑤债务人、抵押人被宣告破产或者被撤销；⑥法律规定债权确定的其他情形。

第四节　质　　押

案例引导 5-4

什么是质押？

甲公司向银行借款 8 万元，并签订质押合同，约定将自己的一辆轿车质押给银行。合同签订后，银行交付给甲公司8万元贷款，但由于种种原因，甲公司一直没有将质押的轿车移交给银行。借款到期后，甲公司未归还贷款，此时银行是否享有变卖汽车的权利？

质押与抵押都是以财产来担保债权人的债权，但在质押中，如果质押的财产是动产，则质押人应将该质押财产交付债权人；如果质押的财产是权利，则应办理登记手续。在这一点上，质押与抵押不同。本案中，双方虽签订了质押合同，但未交付质押财产，因此银行不享有质权，不能变卖汽车。

一、质押概述

质押是指为担保债务的履行，债务人或者第三人将其动产或权利以转移占有的方式出质给债权人用于担保债权人债权，债务人不履行到期债务或者发生当事人约定的实现质权的情形，债权人有权就该动产优先受偿。《民法典》将质权分为动产质权和权利质权。

质押的设定，以转移质押物的占有为其成立要件；同时质权人占有质押物以间接强制债务人履行债务，因而又具有留置的作用。

二、动产质押

动产质权是指债务人或者第三人将其动产移交债权人占有，将该动产作为债权的担保。债权人不履行债务时，债权人有权依法以该动产折价或者以拍卖、变卖该动产的价款优先受偿。其中，债务人或者第三人为出质人，债权人为质权人，交付的动产为质押财产。法律、行政法规禁止转让的动产不得出质。在法律上，不动产是指土地以及房屋、林木等地上定着物，动产是指不动产以外的物。

（一）质权合同

设立质权时，当事人应当采取书面形式订立质权合同。质权合同一般包括下列条款。

1. 被担保债权的种类和数额

设立质权是为了担保主债权的实现，质权合同必须明确被担保债权的种类和数额。

2. 债务人履行债务的期限

质权合同规定债务人履行债务的期限，目的是明确质权人实现质权的时间。

3. 质押财产的名称、数量、质量、状况

质权合同中对质权的财产约定不明，或者约定的出质财产与实际移交的财产不一致的，以实际交付占有的财产为准。质物有隐蔽瑕疵造成质权人其他财产损害的，应由出质人承担赔偿责任。但是，质权人在质物移交时明知质物有瑕疵而予以接受的除外。

4. 担保的范围

质押担保的范围包括主债权及利息、违约金、损害赔偿金、质物保管费用和实现质权的费用。质押合同另有约定的，按照约定。

5. 质押财产交付的时间

动产质权以质权人占有质押财产为要件，质押财产的交付时间决定着质权的成立时

间，因此当事人应当在合同中明确质押财产的交付时间。还需注意，质权的占有，不得以占有改定的方式作出。占有改定是指在出让标的物时，出让人仍继续占有动产，此时双方可以通过协议，使受让人取得动产之间接占有，以取得所有权。

案例分析 5-16

质押合同的生效

2000 年 10 月 23 日，甲公司向银行借款 10 万元，并将自己的一辆轿车(价值 13 万元)质押给银行。合同签订后，银行按合同约定交付给甲公司 10 万元，但甲公司一直没有将质押的轿车移交给银行。借款到期后，甲公司无力还债，银行向法院起诉，要求拍卖轿车优先受偿。而此时，甲公司因另欠有胡某 2 万元不还，被胡某起诉，车已被法院依法查封。

本案涉及质押合同生效问题。《担保法》将质物交付作为质押合同的生效要件，而《物权法》第 212 条将前述法律行为认定为质权的生效要件，但未明确前述法律行为是否仍为质押合同的生效要件。由此导致在司法实践中，对质押合同的生效要件，各法院的裁判观点不尽相同。近年来，最高人民法院在诸多判决书中认定，质押物未办理物权登记或未交付，不影响相应质押合同的成立和生效。而部分地方法院则认定，质押物未办理物权登记或未交付的，质押合同不生效。

根据最高人民法院的裁判观点，是否交付质押财产并不影响质押合同的效力，而只是影响到质权是否设立。原则上，只要合意达成，质押合同就生效，并对当事人产生拘束力，使当事人之间依据质押合同而产生债权。所谓质权的设定，是指当事人通过订立质押合同并移转对质押财产的占有，从而创设质权。出质人应当根据质押合同约定向债权人及时交付质押财产，在交付并移转对质押财产的占有之后，才导致质权的设定。所以，出质人没有交付质押财产，只是没有完成法定的质权设定的公示方法，从而导致作为担保物权的质权不能设立，但并不会影响质押合同的效力。

因此在本案中，甲公司与银行签订的质押合同虽依法成立生效，但合同签订后，甲公司一直没有将车移交给银行占有，因此银行的轿车质权未设立，不能对该轿车主张具有优先于他人受偿的权利。

6. 禁止设定流质条款

与抵押合同一样，法律同样禁止质押合同中的流质约定。

(二) 质物孳息的收取

质权人有权收取质物所生的孳息。质押合同另有约定的，按照约定。收取的孳息应当先充抵收取孳息的费用，然后清偿主债权的利息，最后用来清偿主债权。

(三) 质权人的权利与义务

质权人负有妥善保管质物的义务。因保管不善致使质物灭失或者毁损的，质权人应当承担民事责任。质权人在质权存续期间，未经出质人同意，擅自使用、出租、处分质物，因此给出质人造成损失的，由质权人承担赔偿责任。质权人不能妥善保管质物可能致使其灭失或者毁损的，出质人可以要求质权人将质物提存，或者要求提前清偿债权而返还质物。

因不能归责于质权人的事由可能使质押财产毁损或者价值明显减少，足以危害质权人权利的，质权人有权要求出质人提供相应的担保；出质人不提供的，质权人可以拍卖、变卖质押财产，并与出质人通过协议将拍卖、变卖所得的价款提前清偿债务或者提存。质权人在质权存续期间，未经出质人同意转质，造成质押财产损毁、灭失的，应当向出质人承担赔偿责任。

质权人可以放弃质权。债务人以自己的财产出质，债权人放弃该质权的，其他担保人在质权人丧失优先受偿权益的范围内免除担保责任，但其他担保人承诺仍然提供担保的除外。

（四）质权的实现

债务人不履行到期债务或者发生当事人约定的实现质权的情形，质权人可以与出质人协议拍卖、变卖质押财产。协议不成的，可请求人民法院拍卖。

出质人可以请求质权人在债务履行期届满后及时行使质权；质权人不行使的，出质人可以请求人民法院变卖质押财产。质押财产折价或者变卖后，其价款超过债权数额的部分归出质人所有，不足部分由债务人清偿。

（五）最高额质权

出质人与质权人可以协议设立最高额质权。最高额质权除适用有关动产质权的规定外，还可参照最高额抵押权的规定。

三、权利质权

（一）可以设定质权的权利

债务人或者第三人有权处分的下列权利可以出质：①汇票、支票、本票；②债券、存款单；③仓单、提单；④可以转让的基金份额、股份；⑤可以转让的注册商标专用权、专利权、著作权等知识产权中的财产权；⑥应收账款；⑦法律、行政法规规定可以出质的其他财产权利。

（二）债权质权的设定及质权的效力

以汇票、支票、本票、债券、存款单、仓单、提单出质的，当事人应当订立书面合同。质权自权利凭证交付质权人时设立；没有权利凭证的，质权自有关部门办理出质登记时设立。

以汇票、支票、本票出质，应按《票据法》规定背书；以公司债券出质的，如是记名债券，应背书记载“质押”字样，否则不能以债权出质对抗公司和第三人。以存款单出质的，应到银行办理核押手续。

以载明兑现或者提货日期的汇票、支票、本票、债券、存款单、仓单、提单出质的，汇票、支票、本票、债券、存款单、仓单、提单兑现或者提货日期先于债务履行期的，质权人可以在债务履行期届满前兑现或者提货，并与出质人协议将兑现的价款或者提取的货物用于提前清偿所担保的债权或者向与出质人约定的第三人提存。若兑现或者提货日期后于债务履行期的，质权人只能在兑现或者提货日期届满时兑现款项或者提取货物。

（三）证券质权的设定及质权的效力

以基金份额、股权出质的，当事人应当订立书面合同。以基金份额、证券登记结算机构登记的股权出质的，质权自证券登记结算机构办理出质登记时设立；以其他股权出质的，质权自工商行政管理部门办理出质登记时设立。

基金份额、股权出质后，不得转让，但经出质人与质权人协商同意的除外。出质人转让基金份额、股权所得的价款，应当向质权人提前清偿债务或者提存。

以公司的股票、股份出质的，适用《公司法》股份转让的有关规定。

（四）知识产权质权的设定及质权的效力

以知识产权出质的，当事人应当订立书面合同。质权自有关主管部门办理出质登记时设立。

知识产权出质后，出质人不得转让或者许可他人使用，但经出质人与质权人协商同意的除外。出质人转让或者许可他人使用出质的知识产权所得的价款，应当向质权人提前清偿债务或者提存。

第五节　留　　置

案例引导 5-5

什么是留置？

甲公司将一批货物交乙公司运输，双方约定由乙负责将货物运至 A 地，货到时付款。现乙按约定将货物运至 A 地，而甲拒绝付款，乙该如何维护自己的权利？

本案中，乙可以以扣押货物的方式维护自身的权益，在甲付清运费前，乙可以拒绝将货物交给甲。乙的这种做法，就是留置。

一、留置的概念与特征

留置是指债权人按照合同约定占有债务人的动产，债务人不按照合同约定的期限履行债务的，债权人有权依照《民法典》的规定扣押该财产，以该财产折价或者以拍卖、变卖该财产的价款实现自己的债权或弥补自己的损失。债权人为留置权人，占有的动产为留置财产。

留置具有下列法律特征。

1. 留置是法定担保物权

留置是法定担保，这是留置权区别于抵押权、质权这两种约定担保物权的最重要特征。抵押权和质权的发生由双方当事人订立合同才能产生，而留置的适用由法律规定，无须当事人协商，只要满足法定条件，就可以留置。

案例分析 5-17

汽车修理厂留置维修汽车并变卖案

甲的私家车出了问题，被送到汽车修理厂进行修理。半个月后，汽车修理完毕，甲需要支付 5000 元修理费。在约定的支付修理费期限届满后，甲没有支付这笔费用，于是汽车修理厂留置了甲的汽车，并要求甲在 3 个月内支付修理费，否则将变卖汽车偿还修理费用。在此期限内，甲仍未支付修理费，汽车修理商遂变卖了汽车，获款 5 万元，在扣除 5000 元修理费后，将剩余的 45000 元还给了甲。

留置权属于法定担保物权，债权人取得留置权，不需要订立合同，只要符合了法定条件，债权人就可以通过行使这一权利来实现自己的债权。本案中，债务人甲不履行到期债务，债权人汽车修理厂可以留置已经合法占有的甲的汽车，并有权就该汽车优先受偿。

2. 留置是不可分性物权

留置物的不可分性表现为：①留置权所担保的是债权的全部，而非可分割的债权的一部分；②留置权人可以对留置物的全部行使权利，而非可分割的留置物的一部分。因此，债权的侵害及部分清偿、留置物的分割等，均不影响留置权的效力。只要债权未受全部清偿，留置权人仍可对留置物的全部行使权利。但是，如果债权人占有的动产为可分物，为公平起见，债权人留置占有的留置物的价值应当相当于债务的金额，而非占有物的全部。《民法典》规定，留置财产为可分物的，留置财产的价值应相当于债务的金额。

二、留置成立的要件

留置为法定担保物权，只能具备一定条件时，依法律规定当然发生。根据《民法典》的规定，留置的成立须具备下列要件。

（1）留置人合法占有债务人的动产。只有在合法占有的前提下，才能行使留置权，采取非法手段（如抢夺、偷盗等）获得的对方财产，不得留置。不动产之上不得成立留置权。

（2）留置权人占有债务人的动产的原因是当事人之间的合同约定（如运输人占有货物是基于运输合同），并且该动产与其债权有牵连关系，但企业之间留置的除外。

（3）债务人不按照合同约定的期限履行债务，并且过了一定期限。只有当债务人到期不履行合同，而且过了一定期限仍然不履行合同时，留置权人才可以变卖该留置物。

三、留置权人的保管义务与收取孳息的权利

留置权人负有妥善保管留置物的义务。因保管不善致使留置物灭失或者毁损的，留

置权人应当承担民事责任。留置权人有权收取留置财产的孳息，孳息应当先充抵收取孳息的费用。

四、留置权的实现

留置权人与债务人应当约定留置财产后的债务履行期间；没有约定或者约定不明确的，留置权人应当给债务人2个月以上履行债务的期间，但鲜活易腐等不易保管的动产除外。债务人逾期未履行的，留置权人可以与债务人协议以留置财产折价，也可以就拍卖、变卖留置财产所得的价款优先受偿。留置财产折价或者变卖的，应当参照市场价格。债务人可以请求留置权人在债务履行期届满后行使留置权；留置权人不行使的，债务人可以请求人民法院拍卖、变卖留置财产。留置财产折价或者拍卖、变卖后，其价款超过债权数额的部分归债务人所有，不足部分由债务人清偿。

五、留置权、抵押权与质权冲突的处理

同一动产上已设立抵押权或者质权，该动产又被留置的，留置权人优先受偿。法定担保物权优先于约定担保物权为公认的物权法原则，留置权属于法定担保物权，直接依据法律规定而产生，而抵押权与质权均为约定担保物权。在同一动产上，无论留置权是产生于抵押权或者质权之前，还是产生于抵押权或者质权之后，其效力都优先于抵押权或者质权。

案例分析 5-18

留置权、抵押权、质权冲突案

冯某系养鸡专业户，为改建鸡舍和引进良种需资金20万元。冯某向陈某借款10万元，以自己的一套价值10万元的音响设备作抵押，双方立有抵押字据，但未办理登记。冯某又向朱某借款10万元，又以该设备质押，双方立有质押字据，并将设备交付朱某占有。后因发生不可抗力事件，冯某预计的收入落空，冯某因不能及时偿还借款而与陈某、朱某发生纠纷。诉至法院后，法院查证上述事实后又查明：朱某在占有该设备期间，不慎将该设备损坏，送蒋某修理。朱某无力交付修理费1万元，该设备现已被蒋某留置。

本案中，冯某、陈某之间的抵押关系有效。冯某、陈某双方立有抵押字据，且根据相关法律的有关规定，该抵押物并非必须办理登记的土地使用权、房地产、林木等，故在冯某、陈某之间形成合法的抵押关系。冯某、朱某之间的质押关系也有效。因为双方立有质押字据，且质物已移交质权人占有。朱某不慎将设备损坏而送蒋某修理，在朱某与蒋某之间形成了承揽合同关系。后朱某无力交付修理费，该设备被蒋某留置，在两人之间又形成了留置关系。本案中，应由蒋某优先行使留置权。

第六节　定　　金

案例引导 5-6

什么是定金？

甲、乙双方签订销售合同一份，约定甲购买乙公司经销的韩国产索兰托柴油版轿车一辆，车价 30 万元，预计交车日期为 2010 年 7 月底之前。合同约定：甲交付定金 10 万元整。但甲于合同签订后未交付定金，乙也未索要。交货前，乙提出说车很紧俏，只有加价才能提车，甲不同意，双方发生纠纷。甲认为乙违约，故要求乙双倍返还定金 20 万。

定金也是一种担保方式，依我国法律的规定，定金合同只有在交付后才生效。本案中，定金一直未交付，故当事人关于定金的约定无效。

一、定金概述

当事人可以约定一方向对方给付一定的金钱作为债权的担保。债务人履行债务后，定金应当抵作价款或者收回。给付定金的一方不履行约定的债务的，无权要求返还定金；收受定金的一方不履行约定的债务的，应当双倍返还定金。

二、定金的特征

1. 定金担保具有象征性

定金担保对于债权来说，只具有一种外在的担保功能。在债务不履行的情况下，债权人并不能获得债权清偿，只是产生一种抗辩权或请求权，其担保功能与人的担保或物权担保相比较弱。从此意义上说，定金的担保只具有象征性。

2. 定金具有双向担保性

当事人约定定金担保后，对双方当事人都具有担保作用。

3. 定金具有违约金的性质

定金交付后，如果有效合同未得到履行，定金起着制裁违约方并救济债务损失的作用，这时定金就相当于预先交付的违约金。

三、定金与预付款的区别

定金和预付款都是由当事人一方向对方交付的金钱，都不超过合同标的数额，都具有预先给付的性质，但两者有显著区别。①交预付款是合同的内容之一，属于履行合同行为；定金是为了担保债权，定金合同是主合同的从合同。②定金的效力在于违约要承担定金罚则；而预付款不具有制裁功能。

四、定金合同

定金应当以书面形式约定。定金合同属实践合同，从定金实际交付之日起生效。定金的数额由当事人约定，但不得超过主合同标的额的20%。实际交付的定金数额多于或者少于约定数额的，视为变更定金合同。

案例分析 5-19

定金合同的成立与定金数额的限制

原、被告于2013年8月29日签订房屋买卖合同一份，约定被告将一商城24幢112—113地段房屋两套出售给原告，总价43万元，签约时付定金10万元，若原告反悔，则自愿放弃定金，若被告反悔，则双倍返还定金。合同还约定，被告于2013年9月29日将房屋及产权证（发票）交付原告，原告给付余款33万元。该合同由原、被告签字确认，并由兴化市拜斯特市场运营管理有限公司予以见证。合同签订后，经双方协商，将房屋总价款调整为41万元。同日，原告根据约定向被告支付购房定金10万元，被告向原告出具收条一份，并由建材经营部进行见证。后被告未依合同约定将房屋交付原告。

原、被告签订的房屋买卖合同系双方当事人的真实意思表示，不违反法律强制性规定，应当认定合同成立并生效。根据房屋买卖合同约定，被告应于2013年9月29日将涉案房屋及产权证（发票）交付原告，但被告一直未履行该义务。给付定金的一方不履行约定的债务的，无权要求返还定金；收受定金的一方不履行约定的债务的，应当双倍返还定金。原、被告签订的房屋买卖合同第2条也对该规则予以了约定。合同签订后，原告依约向被告支付了定金10万元，故原告请求被告双倍返还定金的请求符合约定。至于定金的数额，《担保法》第91条规定："定金的数额由当事人约定，但不得超过主合同标的额的百分之二十。"原、被告所签订的合同总价41万元，定金数额不应超过8.2万元，超过部分应当认定为预付的房款，故被告双倍返还定金的数额应为16.4万元。

五、定金罚则

债务人履行债务后，定金应当抵作价款或者收回。给付定金的一方不履行约定的债务的，无权要求返还定金；收受定金的一方不履行约定的债务的，应当双倍返还定金。

因当事人一方迟延履行或者其他违约行为，致使合同目的不能实现的，可以适用定金罚则，但法律另有规定或者当事人另有约定的除外。当事人一方不完全履行合同的，应当按照未履行部分所占合同约定内容的比例，适用定金罚则。

应注意，当事人如约定定金，应约定清楚。当事人交付了留置金、担保金、保证金、订约金、押金等，但没有约定清楚定金性质的，当事人不得主张定金权利。

本章小结

本章介绍了担保的基本概况，详细分析了保证、抵押、质押、留置和定金5种担保方式的具体内容。在详细介绍相关法律概念的基础上，结合现行法律法规和司法解释以及司法案例对这5种担保方式进行了阐述。通过本章的学习，学生应获得防范企业担保法律风险和处理企业担保法律事务的能力。

技能训练

担保疑难案例处理

【目的】

使学生掌握我国关于担保的一般规定，培养学生熟练应用相关法律知识的能力，提高学生的实践水平。

【内容】

甲公司因建祥祺大厦资金不足，向乙公司借款17万元，约定月利率1%，使用期为1年。同时约定，甲公司以正在建筑的祥祺大厦一楼6间门面房（170平方米）作抵押（方位图纸标明从西大街西端第三间至第八间），到期不能归还借款，此6间门面房归乙公司所有，但未对抵押物办理登记。同时，对该笔贷款，丙公司也提供了保证。

5个月后，甲公司因资金不足，又与中国工商银行嵩县支行签订了最高限额为88万元的抵押借款合同，且以祥祺大厦房地产（价值148万元）作抵押，并经嵩县房产所办理了抵押登记。合同签订后，甲公司取得贷款70万元，月利率为9.24‰。该贷款逾期后，被告未偿还嵩县支行贷款，嵩县支行亦未提起诉讼。

甲、乙之间借款到期后，乙公司向甲公司催要借款本息无果，遂向嵩县人民法院提起诉讼，请求判定抵押物归乙公司所有。甲公司则提出，该借款由丙提供保证，故丙也应承担责任。

【步骤和要求】

学生分组，分别完成以下训练内容：

（1）撰写本案例所涉及的担保合同。

（2）明确本案例所涉及的法律问题并提出解决方法及依据。

实践活动

开展抵押登记机关及登记程序调研

【目的】

使学生掌握《民法典》中抵押的主要规定，培养学生熟练应用相关法律知识的能力，提高学生的实践操作能力。

【内容】

学生分组，调查我国有哪些抵押登记机关及其变化，了解各登记机关的登记程序，并说明各种登记的法律效力。

【要求】

结合担保法律知识写出调研报告。

本章练习

一、不定项选择题

1. 下列各项中属于法定担保的是（　　）。

A. 抵押　　B. 质押　　C. 定金　　D. 留置

2. 当事人对保证方式没有约定的，（　　）。

A. 保证未成立，当事人不承担保证责任

B. 保证未成立，当事人重新约定

C. 保证成立，按连带责任保证处理

D. 保证成立，按一般保证处理

3. 以下列财产作抵押，抵押权自登记时设立的是（　　）。

A. 航空器　　B. 船舶

C. 建设用地使用权　　D. 建筑物

4. 同一财产向两个以上债权人抵押的，关于拍卖、变卖抵押财产所得的价款的清偿说法正确的是（　　）。

A. 抵押权已登记的，按照登记的先后顺序清偿；顺序相同的，按照债权比例清偿

B. 抵押权已登记的先于未登记的受偿

C. 抵押权未登记的，按照债权成立的先后次序清偿

D. 抵押权未登记的，按照债权比例清偿

5. 甲向乙借款，约定以自己的皇冠车抵押。双方为此签订了抵押合同，但在抵押登记时，登记为甲的奥迪车抵押给乙。因甲未能及时还款，乙欲行使抵押权。下列表述正确的是（　　）。

A. 乙只能对甲的皇冠车行使抵押权

B. 乙只能对甲的奥迪车行使抵押权

C. 乙是对皇冠车还是对奥迪车行使抵押权，由乙决定

D. 乙是对皇冠车还是对奥迪车行使抵押权，由甲决定

6. 下列权利中，可以设立质押的有（　　）。

A. 依法可以转让的商标专用权

B. 依法可以转让的股票

C. 债券

D. 公路桥梁等不动产收益权

7. 当事人之间无约定时，担保物权的担保范围包括(　　)。

A. 主债权及其利息

B. 违约金

C. 损害赔偿金

D. 保管担保财产和实现担保物权的费用

8. 甲向乙借款20万元，甲的朋友丙、丁先后以自己的轿车为乙的债权设定抵押担保并依法办理了抵押登记，但都未与乙约定所担保的债权份额及顺序，两辆轿车价值均为15万元。若甲到期未履行债务，下列表述正确的是(　　)。

A. 乙应先就丙的轿车行使抵押权，再就丁的轿车行使抵押权弥补不足

B. 乙应同时就两辆轿车行使抵押权，各实现50%债权

C. 乙可以就任一轿车行使抵押权，再就另一轿车行使抵押权弥补不足

D. 乙可同时就两辆轿车行使抵押权，各实现任意比例债权

二、案例分析题

1. 李某于2002年1月向A借款5万元，借期1年半。同年6月，李某向银行贷款10万元，以一处房子作抵押。双方约定1年后还本付息，订立了抵押合同并登记。半年后，他又向B借款4万元，仍以该房抵押，双方订立了书面抵押合同并约定半年后偿还。上述借款全部到期后，李某无力偿还，只得变卖房屋，仅得12万元。

问：

(1) 银行、A、B的债权应如何受偿？

(2) 若该房是李某的朋友托其看管的，抵押合同有无效力？

(3) 若2003年2月该屋失火，李某获得保险赔偿10万元，这笔款项该如何处理？

2. 2004年1月15日，甲公司从银行贷款30万元，约定2005年4月15日还本付息。银行要求甲公司提供担保，甲公司提出以其位于东阳区的一办事机构的房屋设定抵押，作为按期偿还贷款的担保。

2004年8月，位于东阳区甲公司的办事机构因业务需要，紧临原办事机构的房屋，又增建了三间平房，作为仓库。

2005年4月15日，甲公司没有偿还30万元贷款，银行多次催告，甲公司仍以无力偿还为由不予偿还。

问：

(1)甲公司与银行之间订立的该房屋抵押权，是否必须进行抵押登记？为什么？

(2)甲公司以其办事机构的房屋设定抵押时，该房屋占用范围内的国有土地使用权是否要一并设定抵押？为什么？

(3)甲公司紧临原办事机构新建的三间平房是否属于抵押的财产？为什么？

(4)在甲公司无力偿还贷款的情况下，银行可以以什么样的方式实现其债权？

第六章　企业融资法律实务

学习目标

了解融资的概念和方式，了解银行贷款的操作程序，掌握债券发行的实质要求和程序规定，掌握证券发行的实质要求和程序规定，能够结合企业类型选择企业适合的融资方式，能够掌握企业贷款融资的程序要求和实质要求，能够按照法律规定准备企业上市所需要的文件，能够对企业融资中出现的法律风险进行防范。

第一节　企业融资概述

案例引导 6-1

从阿里巴巴融资之路看阿里巴巴的成长历程

1999 年初，马云和初创团队经过谋划之后，集资 50 万元，在马云位于杭州湖畔花园 100 多平方米的家里创办了阿里巴巴。

发展初期的阿里巴巴，很快就遇到了资金瓶颈。尽管如此，阿里巴巴并没有欣然接受 38 家投资商抛来的橄榄枝，而是有选择地进行融资，它希望投资者除了带来钱之外，还能带来更多的非资金要素，例如进一步的风险投资和其他的海外资源。最终，以高盛为主的一批投资者向阿里巴巴投资了 500 万美元。这一笔"天使基金"让阿里巴巴渡过了难关。

2000 年，互联网行业经历寒冬，阿里巴巴由于获得了日本软银 2000 万美元以及来自富达、汇亚资金、TDF 等投资者的风险投资资金而安然度过。经过第二轮融资后，阿里巴巴的管理团队仍然绝对控股。

2003 年到 2007 年是阿里巴巴业务的快速发展期，先后创建了淘宝网、支付宝，收购雅虎中国，推出阿里软件等新的业务。其间，2004 年，阿里巴巴获得 8200 万美元的巨额战略投资，其中日本软银出资 6000 万美元；2005 年，阿里巴巴再次获得雅虎、软银数亿美元投资。

2007 年 11 月 6 日，阿里巴巴在香港联交所正式挂牌上市，融资额高达 15 亿美元，创下当时中国互联网公司融资规模之最。

2014 年 9 月 19 日，阿里巴巴正式登陆纽交所，两轮上市融资给阿里巴巴带来了巨大的发展机会。

一、融资的概念

“兵马未动，粮草先行”，商场如战场，对于企业而言，资金就是其作战的“粮草”。只有充足、流动性好的资金才能够帮助企业开展日常生产运营活动，才能帮助企业扩大规模。融资就是货币资金的融通，它是指当事人通过各种方式筹措或贷放资金的行为。在企业融资中，融资一般仅指从金融市场上筹措到资金的行为，即资金的融入。在上述阿里巴巴的融资案例中，阿里巴巴通过引进投资者、上市融资的方式使公司在发展过程中获得充足的资金。

二、融资的方式

随着金融创新的发展，融资的种类也日益增多。融资方式可按不同的标准划分为不同的类别。

（一）内源融资与外源融资

以资金的来源为标准，融资方式可以分为内源融资和外源融资。

内源融资又称自筹资金，主要是指企业通过自有资金和在生产经营过程中的资金积累部分达到融资的目的，即公司内部融通的资金。假如某公司今年营业下来收入了 1000 万元的利润，在扣除偿还的债券、银行贷款本金和利息，以及发放给股东的股利、职工的工资后还剩下 400 万元，那么这 400 万元就可以用于明年的资产投资，这一笔 400 万元的资金融入就是内源融资。

外源融资是指企业通过一定方式向企业之外的其他经济主体筹集资金。外源融资方式又主要包括银行贷款、发行股票、发行债券。

（二）间接融资与直接融资

以资金流通是否通过金融机构为标准，融资可以分为直接融资和间接融资。

间接融资是指资金供给者和资金需求者之间通过金融机构间接实现资金融通的行为。在间接融资中，资金的供求双方（融资者和投资者）之间并不直接形成债权债务关系，而是由金融机构分别与资金供求双方形成独立的债权债务关系。间接融资的模式有很多，包括金融机构发行的各种融资工具，如贷款合约、商业票据、信用证、贸易融资等。间接融资往往涉及金融机构，因此对于间接融资的法律规范往往是通过证券法、公司法以及针对银行等金融机构的专门法规来实现的。

直接融资是指没有金融机构作为中介的融通资金的方式，它是资金供求双方（融资者和投资者）之间直接形成债权债务关系的融资形式。需要融入资金的单位与融出资金的单位双方通过直接协议进行货币资金的转移。直接融资的形式又包括买卖有价证券、预付定金、赊销商品、不通过银行等金融机构的民间借贷等。直接融资能最大可能地吸收社会游资，直接投资于企业生产经营之中，从而弥补了间接融资的不足。直接融资一般是平等主体之间的活动,因此对于直接融资的法律规范往往是通过合同法来实现的。

(三)股权融资与债权融资

以融资后形成的法律关系为标准,融资可以分为股权融资和债权融资。

股权融资是指企业的股东愿意让出部分企业所有权,通过企业增资的方式引进新的股东的融资方式。对于股权融资所获得的资金,企业无须还本付息,但新股东将与老股东同样分享企业的赢利与增长。

债权融资是指企业通过承担债务的方式进行融资,对于债权融资所获得的资金,企业首先要承担资金的利息,另外在借款到期后要向债权人偿还资金的本金。

第二节 贷款融资

一、贷款融资的概念与特征

贷款融资是指借款人以还款承诺为前提,在一定期限内向资金剩余方融入货币的行为。以往我国贷款融资的主体受到法律的严格约束,一般认为,只有中国人民银行批准从事贷款业务的金融机构(主要是银行)和自然人才能够成为贷款人。值得注意的是,根据2018年8月修改的《最高人民法院关于审理民间借贷案件适用法律若干问题的规定》(以下简称《民间借贷司法解释》)第11条的规定,法人之间、非法人组织之间以及它们相互之间为生产、经营需要订立的民间借贷合同,除存在《合同法》第52条[①]以及该解释第14条规定的情形外,属于有效合同。换言之,企业间的借贷合同并非一概无效,如果企业间借贷合同满足"为生产、经营需要"这一积极要件和"不存在《合同法》第52条以及该解释第14条规定的情形"这一消极要件,应当认定为有效。借贷合同的贷款人不同,融资的性质也就不同。当贷款人是银行时,这时的融资属于间接融资,当贷款人是自然人、法人、其他组织时,这时的融资一般属于直接融资。

贷款融资具有以下特征。

(1) 债权性。无论贷款人是自然人、法人、非法人组织还是银行,贷款融资都是债权融资,它形成的都是融资者和借款人之间的债权债务法律关系。

(2) 偿还性。贷款融资以还本付息为前提,发行时都规定有偿还期限,借款人必须按照约定的条件偿还本金并支付利息。

(3) 安全性。贷款融资的利率是固定的,和借款人的经营状况没有直接的联系,收益相对稳定,风险较小。

二、银行贷款

银行贷款是指银行利用信贷资金在客户还款承诺的条件下,在一定期限内向客户融出一定数量的货币资金的借贷行为,银行以取得贷款利息收入作为让渡资金使用权的价

---

① 《民法典》施行后,《合同法》废止,原《合同法》第52条的规定被删除,合同效力的规定直接适用总则编中有关民事法律行为效力的规定。

值补偿。银行贷款的常见种类包括流动资金贷款和固定资产贷款。

（一）流动资金贷款

流动资金贷款是指贷款人向企(事)业法人或国家规定可以作为借款人的非法人组织发放的用于借款人日常生产经营周转的本外币贷款。根据 2010 年银监会颁布的《流动资金贷款管理暂行办法》的规定,流动资金贷款的用途受到严格监控,不得被挪用,不得用于固定资产、股权等投资,也不得用于国家禁止生产、经营的领域和用途。

1. 流动资金贷款的种类与用途

流动性贷款资金一般用于企业的日常经营周转,这里的日常经营周转活动主要包括以下 5 种。

(1) 临时贷款。它适用于企业因受产销季节性影响和原材料集中购进,以及其他临时性资金周转不足的情况。这类贷款期限一般为 3 个月,最长不超过 6 个月。

(2) 票据贴现。对持有银行承兑或商业承兑汇票的企业,当其流动资金周转发生困难时,银行可以根据中国人民银行《贷款通则》和《商业汇票承兑、贴现与再贴现管理暂行办法》的规定给予贴现贷款。贴现期限应根据票据期限合理确定,一般不超过 6 个月,最长不超过 9 个月。

(3) 生产周转贷款。它是指企业为完成生产经营计划,正常生产周转所需流动资金超过了企业的自有流动资金而产生的贷款。这类贷款的期限一般不超过 12 个月。

(4) 小额设备贷款。它适用于解决现有企业未列入设备(施工)技改计划、经有关部门批准的零星购置单台设备或建造单项工程总投资数目较小(如中国农业银行要求是 5 万元)的生产设备(施工)改造资金需要。贷款期限最长不超过 12 个月。

(5) 中期贷款。因为流动资金贷款的主要目的是满足借款人的短期资金需求,所以时间一般都较短。但是当企业正常生产经营中出现经常性的周转占用时,借款人就可以申请中期贷款用于经常性的周转占有和铺底活动。中期贷款的期限一般为 1～3 年。

2. 贷款条件

(1) 借款人为依法设立的企事业法人、其他经济组织和个体工商户。

(2) 借款用途明确、合法。

(3) 借款人生产经营合法、合规。

(4) 借款人具有持续经营能力,有合法的还款来源。一般来说,对于借款人的资产负债率的要求是企业的贷款余额之和,在剔除小额设备贷款和结算贷款后,不得超过该企业定额资产的 70%。

(5) 借款人信用状况良好,无重大不良信用记录。

(6) 贷款人要求的其他条件。

（二）固定资产贷款

根据 2009 年银监会《固定资产贷款管理暂行办法》第 3 条的规定,固定资产贷款是指贷款人向企事业法人或国家规定可以作为借款人的其他组织发放的,用于借款人固定资产投资的本外币贷款。

1. 固定资产贷款的特点

固定资产贷款与一般短期贷款相比，具有如下特点。

(1) 贷款期限长。企业固定资产投资活动一般包括基本建设、技术改造、开发并生产新产品等活动及相关的房屋购置、工程建设、技术设备购买与安装等。与解决临时和短期资金需求的流动资金贷款相比，固定资产再生产活动往往具有涉及金额庞大、生产周期长的特点。因而，固定资产贷款的贷款期限也比流动资金贷款期限长。

(2) 固定资产贷款项目不仅必须受信贷计划确定的固定资产贷款规模的约束，而且还必须是纳入国家固定资产投资计划，并具备建设条件的项目。

(3) 管理的连续性。一般流动资金贷款的监督管理，只限于生产或流通过程，而固定资产贷款不仅建设过程要管理，而且项目竣工投产后仍需要管理，直到还清全部本息为止。

2. 贷款条件

(1) 借款人依法经工商行政管理机关或主管机关核准登记。

(2) 借款人信用状况良好，无重大不良记录。

(3) 借款人为新设项目法人的，其控股股东应有良好的信用状况，无重大不良记录。

(4) 国家对拟投资项目有投资主体资格和经营资质要求的，要符合其要求。

(5) 借款用途及还款来源明确、合法。

(6) 项目符合国家的产业、土地、环保等相关政策，并按规定履行了固定资产投资项目的合法管理程序。

(7) 符合国家有关投资项目资本金制度的规定。

(8) 贷款人要求的其他条件。

(三) 银行贷款办理程序

1. 借款人申请

满足借款条件的借款人向银行申请流动资金贷款时，除了借款申请书以外，还应该提供以下材料。

(1) 注册登记或批准成立的有关文件及其最新有效的年检证明。

(2) 有效的税务登记证及近期的纳税证明。

(3) 法定代表人身份有效证明或法定代表人授权的委托书。

(4) 企(事)业章程或合资、合作的合同或协议。

(5) 人民银行核发经年检有效的贷款卡。

(6) 公司章程对办理信贷业务有限制的，需提供章程要求的股东会或董事会决议或其他文件。

(7) 近三年年度财务报告及最近一期财务报表，成立不足三年的，提交成立以来的年度财务报告及最近一期财务报表，在银行有要求时还应提供经审计的财务报告。

(8) 印鉴卡、法定代表人及授权代理人签字式样。

(9) 采取担保方式的，还应提供担保相关资料。

(10) 生产经营计划或购销合同等反映客户资金需求的凭证、资料，进出口批文及批准使用外汇的有效文件。

（11）贷款人认为需要提供的其他资料。

借款人向银行申请固定资产贷款时，除了需要提供在申请流动资金贷款时需要的文件之外，还需要提供与项目有关的资料，例如：

（1）使用政府投资的项目，提供有权部门同意立项的批准文件；需政府核准的项目，提供有权部门的核准文件；对需要提供可行性研究报告的，提供有相应资质的机构出具的可行性研究报告及批复文件；需主管部门审批同意的投资项目，提供主管部门的批准文件。

（2）涉及环保的，提供环保评价报告及批准文件等。

（3）涉及用地的，提供建设用地合法手续的证明材料。

（4）资本金和其他建设、生产资金筹措方案及落实资金来源的证明材料。

（5）采取担保方式的，提供担保的有关资料。

（6）固定资产贷款调查评估需要的其他资料。

2. 受理银行调查

在流动资金贷款调查中，贷款人对于申请人应采取现场与非现场相结合的形式履行尽职调查，并形成书面报告。调查主要包括以下内容。

（1）借款人的组织架构、公司治理、内部控制以及法定代表人和经营管理团队的资信等情况。

（2）借款人的经营范围、核心主业、生产经营、贷款期内经营规划和重大投资计划等情况。

（3）借款人所在行业的状况。

（4）借款人的应收账款、应付账款、存货等真实财务状况。

（5）借款人营运资金总需求和现有融资性负债情况。

（6）借款人关联方及关联交易等情况。

（7）贷款具体用途及与贷款用途相关的交易对手资金占用等情况。

（8）还款来源情况，包括生产经营产生的现金流、综合收益及其他合法收入等。

同时，对有担保的流动资金贷款，还需调查抵押物和质物的权属、价值和变现难易程度，或保证人的保证资格和能力等情况。

固定资产贷款审查中，银行除了要调查发放流动资金贷款时所需要调查的范围之外，还需要重点审查借款人及项目发起人等相关关系人的情况以及贷款项目的情况。

3. 签订合同

如果银行进行调查和审批后认为可行，则借款人需要与银行签订借款合同和担保合同等法律性文件。

4. 办理担保

如果约定担保，借款人和贷款行在签订借款合同后，还应该办理担保登记、公证或质物交存银行等手续。

5. 发放贷款

借款人办妥发放贷款前的有关手续后，银行就可以向借款人发放贷款了，但是借款人一定要按照合同规定的用途支用贷款。

（四）银行贷款中的常见风险

银行贷款是企业发展中相对稳定和可靠的资金来源，但相对于其他融资方式而言，银行贷款规范要求较高，对申请贷款的主体资质和范围，申请项目，贷款的调查、审查、发放，贷款使用监督及还贷管理等，都有很多严格的规范要求。

首先，银行在发放贷款之前，对于企业的经营状况有严格的要求，如2010年对资产负债率一般有不高于70%的要求。这一要求由各银行自己决定，不同的贷款方式对资产负债率的要求也不同，例如在有政府参与的平台贷款中这一要求就是80%。

其次，银行审查贷款的周期长，不仅增加了企业的融资机会成本，而且往往致使企业面临违约的法律风险。很多企业在生产经营中，好不容易签订了合同，结果银行的审查期限过长，致使合同不能按时履行而需承担违约责任，即使最终获得了贷款，也没有实现融资的目的。

再次，企业经营中，难免出现一时资金周转不灵的情况，一旦周转不灵的周期和向银行还贷的时间重合，企业有了一次不按时还款的行为，银行就可能将其列入黑名单。而列入黑名单之后，企业要么很难获得贷款，要么贷款的成本大幅度增加。

最后，银行索债可能导致企业面临破产法律风险。银行对还款的要求非常高，民间借贷中，还款期限届满，双方往往可以协商，但银行贷款没有协商的余地，即使申请展期，也有非常复杂的程序。因此银行贷款期限届满，企业即面临须立即还款的压力，否则将被列入黑名单。另外，银行还将启动还款救济程序，要求企业履行还款义务和承担违约责任等民事责任，从而可能使企业陷入破产境地。

案例分析 6-1

某生产企业银行贷款诉讼的解决方案

某生产企业年销售额3个多亿，税后利润近3000万元，银行贷款总计8600万元，最大笔银行贷款是6500万元，其次是1800万元，其余是名为贷款实为转贷的300万元贷款。企业所有的固定资产已抵押。由于企业与银行之间的沟通问题，1800万元的贷款已经逾期1年多，银行查封了企业的一座办公楼。银行与企业的诉讼一直到了省高级人民法院，判决书已下达，要求企业偿还银行贷款。法院已启动了被银行查封的企业物业的拍卖程序。

本案的解决步骤有三：①债务和解，控制局面，防止事态进一步向坏的方向发展；②找到买家，防止资产流失；③根据企业的实际情况，为企业解决无抵押、无担保贷款，为企业解决后续的发展资金。

该企业的律师最后提供的解决方案是：①代表企业牵头与法院、银行达成债务和解；②代表企业找到对企业办公楼感兴趣的买家，签订了买卖合同，以防止企业的资产通过拍卖的方式流失；③买家替企业偿还银行贷款，然后履行买卖合同；④找到一家外资银行，通过设计贷款方案为企业贷到1600万的无抵押、无担保的贷款，以解决企业的后续发展资金，让企业走上了良性发展的道路。

三、民间借贷

案例引导6-2

民间借贷缓解中小企业资金紧张

王华是一家企业的老板，2010年4月，他参加广交会的时候认识了几位广东大客户，并接受了大额订单——委托他加工一批指甲卫生产品，销往境外。但是王华却犯愁了，因为他缺少一笔采购原料的钱。他首先想到的是银行，于是向银行借债，但跑了几天没有结果，银行并不乐意将一大笔钱借给这样一个不熟悉的小企业。万般无奈下，王华只好求助于一个"大老板"，由于多年的朋友关系，他对王华的情况比较了解，于是伸出了援助之手。不过，这笔贷款也不是免费的，王华必须支付每月1.5分的利息。王华顺利借到了购买原料急需的资金，按期完成了任务，交付了产品，在偿还了借贷的本息之后还赚了一笔。

民间借贷融资是指自然人、法人、非法人组织之间及其相互之间进行资金融通的行为。我国现行法律禁止自然人和没有存贷款业务经营权的企业、单位从事类似金融机构的存贷款业务，但是允许自由的民间借贷融资行为。在实践中，有的企业为了节省成本和方便，往往会直接向其他关系良好、有闲置资金的个人或企业进行借款。

和银行贷款相比较，民间借贷具有成本低、手续便捷、贷款发放方式和还款方式灵活的特点。在实践中，银行贷款的绝大部分为国有企业和大公司所占用，资金流转缓慢，新增贷款又往往重点支持关系国计民生的交通、能源等基础产业，银行对中小企业、民营企业的资金支持大多是短期贷款，无法根本解决中小企业、民营企业的融资问题。因此，在企业融资中，中小企业和民营企业都会偏向民间贷款融资。

民间借贷虽然具有上述优点，能够在一定程度上解企业燃眉之急，但是在进行民间借贷的时候也有一些需要注意的地方。

第一，应该明确借款对象。民间借贷主要是一对一的借款模式，行为指向特定的对象。即使在一个借款人向多个贷款人借款的情况下，每一笔借款都是独立存在的，而非法集资的对象则是指向不特定的多数人。因此在进行民间借贷的时候，企业的借款对象一定要是明确的个人，如果是针对不特定的人，且资金数额达到法定标准或者造成的危害结果达到了法律规定的程度，就有可能构成犯罪。

第二，根据 2020 年修改的《民间借贷司法解释》第 14 条的规定，具有下列情形之一的，民间借贷合同无效：

(1) 套取金融机构贷款转贷的。

(2) 以向其他营利法人借贷、向本单位职工集资，或者以向公众非法吸收存款等方式取得的资金转贷的。

(3) 未依法取得放贷资格的出借人，以营利为目的向社会不特定对象提供借款的。

(4) 出借人事先知道或者应当知道借款人借款用于违法犯罪活动仍然提供借款的。

(5) 违反法律、行政法规强制性规定的。

(6) 违背公序良俗的。

第三，企业法定代表人或负责人以企业名义与出借人签订民间借贷合同，所借款项用于企业法定代表人或负责人个人使用的，出借人可以将企业法定代表人或负责人列为共同被告或者第三人；企业法定代表人或负责人以个人名义与出借人签订民间借贷合同，所借款项用于企业生产经营的，出借人可以请求企业与个人共同承担责任。

案例分析 6-2

吴某集资诈骗案

吴某是某控股集团有限公司的法人代表，企业经营范围包括服务业、商贸业、房地产等。在已负债上千万元的情况下，为延续资金链，她以高息和高额回报为诱饵，大量非法集资，并用非法集资款先后虚假注册了多家公司。为掩盖已巨额负债的事实，吴某采取用非法集资款购置房产、投资、捐款等方法，进行虚假宣传，给社会公众造成其有雄厚经济实力的假象，骗取社会资金。

因涉嫌非法吸收公众存款罪，2007 年 3 月 16 日吴某被逮捕，2009 年 12 月 18 日，一审法院经审理认定：从 2005 年 5 月至 2007 年 2 月，吴某以高额利息为诱饵，以投资、借款、资金周转等为名，先后从林某等 11 人处非法集资 7.7 亿元，用于偿还本金、支付高额利息、购买房产汽车及个人挥霍等，实际集资诈骗 3.8 亿元。一审法院以集资诈骗罪判处吴某死刑，剥夺政治权利终身，并处没收其个人全部财产。

四、贷款融资的其他方式

（一）委托贷款

委托贷款是指由委托人提供合法来源的资金，委托业务银行根据委托人确定的贷款对象、用途、金额、期限、利率等代为发放、监督使用并协助收回的贷款业务。委托人包括政府部门、企事业单位及个人等。金融机构从中只收取手续费，贷款风险由委托人自己承担。

委托贷款中，首先由委托人与借款人达成融资意向；在委托人和借款人协定好贷款利率、贷款期限等合同内容后，由委托人与借款人在业务银行开设结算账户并共同向银行提出申请，同时由委托人向业务银行出具贷款委托书；受理该业务的银行在调查并经审批确认合格后，就可以接受委托，向借款人发放贷款了。

委托贷款是直接融资，同时也是债权融资。在委托贷款中，业务银行只负责按照委托人所指定的对象或投向、规定的用途和范围、借款人和委托人已经约定好的条件代为发放、监督使用并协助收回贷款。资金的来源由委托人自己提供，贷款的风险也由委托人自己承担。因此，委托人和借款人之间是直接的债权债务关系。

（二）信托贷款

根据《信托法》、《信托投资公司管理办法》的规定，信托机构在国家规定的范围内，可以运用企业的信托存款，对自行审定的单位和项目发放贷款。与委托贷款不同的是，在委托贷款中，贷款的对象和用途由委托人指定，而信托贷款的对象和用途则不一定由委托人指定。在信托贷款中，如果由委托人指定贷款项目，项目风险就由委托人负责；如果由受托人选定项目，风险相应由受托人承担。前者被称为甲类信托贷款，后者被称为乙类信托贷款。

第三节　债券融资

案例引导 6-3

大冶有色发行 7 亿元公司债券

大冶有色金属集团控股有限公司于 2010 年经国家发改委批准发行 7 亿元、8 年期的公司债，简称“10 大冶有色债”。在 2009 年国家有色金属行业振兴规划出台的背景下，公司作为中国五大铜原料基地之一，通过发行公司债券募集资金，并将资金主要投入国家产业政策鼓励的铜冶炼节能减排改造和矿山深部开采等关系公司发展后劲的项目上。这有利于公司贯彻执行国家产业政策，及时筹措资金满足公司重点项目建设需求。

本期公司债券是采取固定的利率方式发行的，发行利率为 4.98%，加上承销费等发行费用，综合发行成本为 5.19%。与同期基准利率 6.14% 相比，融资成本节约了 15.47%，尤其是目前国家连续加息的紧缩环境下，经济效益更加明显。公司债的成功发行，既拓宽了公司融资渠道，又降低了公司综合融资成本。

一、债券融资的概念与特征

债券融资是指发行人以借贷资金为目的，依照法律规定的程序向投资人发行代表一定债权和兑付条件的债券的法律行为。

债券具有以下特征。

(1) 债券融资是直接融资,大多数债券购买者与发行者之间是一种债权债务关系,债券发行人即债务人,投资者(债券持有人)即债权人。

(2) 债券具有流通性。债券可以在金融市场上按照法律的规定自由流通转让。

(3) 债券具有收益性。债券持有人不仅可以获得定期或者不定期的利息收入,而且还可以利用债券市场价格的变动,买卖债券赚取差额。

二、债券的主要种类

(一) 政府债券、金融债券、公司债券与企业债券

按照发行主体的不同,可以将债券分为政府债券、金融债券、公司债券和企业债券。

政府债券是政府为筹集资金而发行的债券。主要包括国债、地方政府债券等,其中最主要的是国债。

金融债券是由银行和非银行金融机构发行的债券。在我国,目前金融债券主要由国家开发银行、进出口银行等政策性银行发行。

公司债券是公司依照法定程序发行,约定在一定期限还本付息的有价证券。

企业债券是企业依照法定程序发行,约定在一定期限内还本付息的债券。企业债券的发行主体是股份有限公司,但也可以是非股份有限公司的企业发行债。

需要说明的是,在国外,没有企业债和公司债的划分,统称为公司债。

在我国,企业债券和公司债券在发行主体、发债目的、信用来源、监管机构等方面存在一定的差异,但从 2019 年底修订、2020 年 3 月 1 日起施行的《证券法》(以下简称"2019 年修订的《证券法》")来看,立法者有意将公司债券和《企业债券管理条例》项下的企业债券统一纳入监管范围。

(二) 担保债券与信用债券

按照债券是否有财产担保,可以把债券分为担保债券和信用债券。

担保债券是"无担保证券"的对称,包括以房屋等不动产作为担保品的不动产抵押债券、以适销商品等动产作为担保品的动产抵押债券、由发行人的母公司等发行人以外的第三方提供保证的债券等。

信用债券又叫"无担保债券",是没有担保、完全凭信用发行的债券。一般而言,政府债券属于信用债券,这种债券由于其发行人的绝对信用而具有坚实的可靠性。除此之外,一些信誉卓著的大公司也可发行信用债券。与担保债券相比,信用债券的持有人承担的风险较大,因而往往要求较高的利率,并要求在协议中加入保护性条款,如不能将资产抵押给其他债权人、不能兼并其他企业、未经债权人同意不能出售资产、不能发行其他长期债券等。

(三) 可转换债券与不可转换债券

按照债券能否转化为股票,可以将债券分为可转换债券和不可转换债券。

可转换债券是指在特定时期内可以按某一固定的比例转换成普通股的债券,它具有债务与权益双重属性,属于一种混合性筹资方式。其持有人可以选择持有债券到期,获取公司还本付息,也可以选择在约定的时间内转换成股票,享受股利分配或资本增值。简而

言之，就是可以由债权转化为股权的一种债券形式。由于可转换债券赋予债券持有人将来有成为公司股东的权利，因此其利率通常低于不可转换债券。若将来转换成功，在转换前发行企业达到了低成本筹资的目的，转换后又可节省股票的发行成本。

不可转换债券是指不能转换为普通股的债券，又称为普通债券。由于其没有赋予债券持有人将来成为公司股东的权利，所以其利率一般高于可转换债券。

（四）短期债券、中期债券与长期债券

按照期限的不同，可以将债券分为短期债券、中期债券和长期债券。短期债券期限在1年以内，中期债券期限在1年以上5年以内，长期债券期限在5年以上。但关于债券期限也存在其他的标准，比如就国债来说，长期国债是指偿还期在10年以上的债券。

（五）记名债券与不记名债券

按照是否记名，可以将债券分为记名债券和不记名债券。如果债券上登记有债券持有人的姓名，投资者领取利息时要凭印章或其他有效的身份证明，转让时要在债券上签名，同时还要到发行公司登记，那么它就称为记名债券。反之即为不记名债券。

（六）可提前赎回债券与不可提前赎回债券

按照可否提前赎回，可以将债券分为可提前赎回债券和不可提前赎回债券。如果企业在债券到期前有权定期或随时购回全部或部分债券，这种债券就称为可提前赎回债券，反之则是不可提前赎回债券。

（七）固定利率债券、浮动利率债券与累进利率债券

按照债券票面利率是否变动，可以将债券分为固定利率债券、浮动利率债券和累进利率债券。固定利率债券是指在偿还期内利率固定不变的债券；浮动利率债券是指票面利率随市场利率定期变动的债券；累进利率债券是指随着债券期限的增加而利率累进的债券。

（八）公募债券与私募债券

按照发行方式，可以将债券分为公募债券和私募债券。公募债券是指按照法律规定的条件和程序，公开向社会投资者发行的债券；私募债券是指以特定的少数投资者为对象发行的债券，发行手续简单，一般不能公开上市交易。

三、债券融资的优点

在西方资本市场上，发行债券融资是企业融资最主要的手段，企业通过债券融资的比重要远远大于通过银行信贷、发行股票等融资的比重。究其原因，主要在于债券融资具有以下优点。

（1）债券融资成本较低。债券的利息允许在所得税前支付，因此发行公司可以享受税上利益，从而降低成本。

（2）融资方式相对灵活。在银行贷款中，银行为了避免风险，对于贷款的审批和监管手续都很复杂，而债券发行权控制在企业手中，企业可以根据自身的资金情况，灵活确定债券的期限、发行量、偿还方式。如果债券到期无法偿还，企业还可以通过发行新债券、延

期还款期限等方式来保证自己资金的充足。

(3) 股东的权利能够受到更好的保护。债券的持有人是企业的债权人，和股东不同，债权人无法参与发行公司的管理决策，不会稀释股东对企业的控制。

四、债券发行实务

（一）公开发行公司债券

1. 发行条件

根据2019年修订的《证券法》第15条的规定，公开发行公司债券，应当符合下列条件：

(1) 具备健全且运行良好的组织机构。

(2) 最近三年平均可分配利润足以支付公司债券一年的利息。

(3) 国务院规定的其他条件。

公开发行公司债券筹集的资金，必须按照公司债券募集办法所列资金用途使用；改变资金用途，必须经债券持有人会议作出决议。公开发行公司债券筹集的资金，不得用于弥补亏损和非生产性支出。

上市公司发行可转换为股票的公司债券，除应当符合公开发行公司债券规定的条件外，还应当符合经国务院批准的国务院证券监督管理机构规定的上市公司发行新股的条件。但是，按照公司债券募集办法，上市公司通过收购本公司股份的方式进行公司债券转换的除外。

此外需注意的是，有下列情形之一的，不得再次公开发行公司债券：

(1) 对已公开发行的公司债券或者其他债务有违约或者延迟支付本息的事实，仍处于继续状态；

(2) 违反《证券法》规定，改变公开发行公司债券所募资金的用途。

与2015年《证券法》相比，一方面，2019年修订的《证券法》取消了净资产限制以及累计债券余额限制、募资用途应当符合国家产业政策的强制性要求，但《国务院办公厅关于贯彻实施修订后的证券法有关工作的通知》(国办发〔2020〕5号，以下简称“国办5号文”)要求“还应当具有合理的资产负债结构和正常的现金流量。鼓励公开发行公司债券的募集资金投向符合国家宏观调控政策和产业政策的项目建设”。另一方面，2019年修订的《证券法》删除了“前一次公开发行的公司债券尚未募足”的，不得再次公开发行公司债券的规定。

2. 发行程序

(1) 作出发行债券的决议或决定。

发行公司债券，发行人应履行内部决策程序，依照《公司法》或者公司章程相关规定对发行债券的数量、发行方式、债券期限等事项作出决议，其中，有限责任公司由股东会作出决议，股份有限公司由股东大会作出决议，但国有独资公司发行公司债券，必须由国有资产监督管理机构决定。

（2）提出发行债券的申请。

公司应该向相应的债券公开发行的受理部门提出发行债券的申请，并提交以下文件：①公司营业执照；②公司章程；③公司债券募集办法；④国务院授权的部门或者国务院证券监督管理机构规定的其他文件；⑤依照《证券法》的规定聘请保荐人的，还应当报送保荐人出具的发行保荐书。

（3）受理、审核。

依法由国务院证券监督管理机构负责作出注册决定的公开发行公司债券申请，由国务院证券监督管理机构指定的证券交易所负责受理、审核。依法由国家发展改革委负责作出注册决定的公开发行公司债券申请，由国家发展改革委指定的机构负责受理、审核，具体而言，中央国债登记结算有限责任公司为受理机构，中央国债登记结算有限责任公司、中国银行间市场交易商协会为审核机构。

证券交易所等审核机构可以审核公开发行证券申请，判断发行人是否符合发行条件、信息披露要求，督促发行人完善信息披露内容。

证券交易所等审核机构审核公开发行证券申请，主要通过审核问询、回答问题方式开展审核工作，督促发行人完善信息披露内容，并根据审核情况提出同意发行或终止审核的意见。

（4）注册。

国务院证券监督管理机构、国家发展改革委收到有关机构报送的审核意见、发行人注册申请文件及相关审核资料后，履行发行注册程序。证监会、国家发展改革委应当自受理发行申请文件之日起三个月内，依照法定条件和法定程序作出予以注册或者不予注册的决定，发行人根据要求补充、修改发行申请文件的时间不计算在内。不予注册的，应当说明理由。

（5）公告。

公开发行债券的申请经注册后，发行人应当在证券公开发行前公告公开发行募集文件，并将该文件置备于指定场所供公众查阅。发行人在公告公开发行募集文件前不得发行证券。

（6）发行。

发行人向不特定对象发行的证券，法律、行政法规规定应当由证券公司承销的，发行人应当同证券公司签订承销协议。证券承销业务采取代销或者包销方式。证券代销是指证券公司代发行人发售证券，在承销期结束时，将未售出的证券全部退还给发行人的承销方式。证券包销是指证券公司将发行人的证券按照协议全部购入或者在承销期结束时将售后剩余证券全部自行购入的承销方式。

（7）置备公司债券存根簿。

公司发行公司债券应当备置公司债券存根簿。设置公司债券账簿，不仅是公司管理的需要，更重要的是对债权人负责，以供债权人阅览，为记名债券转让或用于担保产生争议时提供凭证，以及为管理部门查询需要提供帮助。

如果公司发行的是记名公司债券，则存根簿应该载明下列事项：①债券持有人的姓名或者名称及住所，取得债券的日期及债券的编号；②债券总额，债券的票面金额、利率、还本付息的期限和方式；③债券的发行日期。

如果公司发行的是无记名公司债券，则应该载明债券总额、利率、偿还期限和方式、发行日期及债券的编号。

3. 发行方式

公司债券由证券经营机构负责承销。证券承销采取代销或者包销方式。发行人应该与承销的证券公司签订代销或者包销协议。2019 年修订的《证券法》删除了“向不特定对象发行的证券票面总值超过人民币五千万元的，应当由承销团承销”的强制性要求，仅规定：向不特定对象发行证券聘请承销团承销的，承销团应当由主承销和参与承销的证券公司组成。

（二）非公开发行公司债券

非公开发行公司债券简称“私募债”，2019 年修订的《证券法》规定，非公开发行公司债券应当向合格投资者发行，不得采用广告、公开劝诱和变相公开方式，每次发行对象不得超过 200 人，但对于私募债的发行主体、发行条件、评级等未作硬性规定。对私募债，2015 年《公司债券发行与交易管理办法》发布后，上海证券交易所和深圳证券交易所分别制定了相应的操作规范，对私募债业务进行了更加完善的规制。私募债采用备案制，债券承销机构或符合自行销售要求的发行人应当在每次发行完成后 5 个工作日内向中国证券业协会备案。

案例分析 6-3

招商银行发行可转换债券风波

在 2003 年 10 月 15 日招商银行临时股东大会上，招商银行行长马蔚华以到 2005 年招商银行资本充足率将降到 8%以下为由，提出拟发不超过 100 亿元可转换债券的提案，并在非流通股股东的大力支持下获得通过。此事件发生后引起金融市场的轩然大波，50 多家基金经理以小股东利益被大股东侵害为由联名反对，控告招商银行此举是在资本市场上的恶意圈钱。

2004 年年初，招商银行董事会对可转换债券的发行规模进行了修改，并分别于 2004 年 2 月 16 日第五届董事会第二十七次会议、2004 年 5 月 21 日第五届董事会第三十次会议上通过部分条款的修改，将 100 亿元可转换债券修改为发行 65 亿元可转换债券和 35 亿元次级债，融资总规模为 100 亿元。

本案的主要法律争议集中在 100 亿元的发行规模是否合法。按照《公司法》和《上市公司证券发行管理办法》的规定，公司发行债券时，包含本次拟发行的公司债券在内的累计债券总额占公司净资产额的比例不应超过 40%，发行后的累计债券总额亦不得超过公司预计净资产的 40%。根据招商银行 2002 年年报，其净资产为 160 亿元，发行债券最高规模只能达到 64 亿元，最初招商银行公布的发行不超过 100 亿元的可转换债券方案，超过了法律规定的发行比例限制。在第二次公布的方案中，显然在发行可转换债券的规模上，招商银行迫于外界压力和中小股东的责问，向中小股东作了妥协。

根据2020年3月1日起施行的《证券法》在有关发行条件的规定，发行人不再累计债券余额限制，仅需满足“合理的资产负债结构和正常的现金流量”的要求，这一修改具有多方面的积极意义，但同时意味着发行人要强化自我约束，投资者要自我承担更多投资风险。

五、债券融资常见问题

第一，企业发行债券需要满足一定的条件，且操作程序较为复杂。

第二，可转换债券发行不当可能导致公司股权被稀释或者债务加重。因此，企业在选择债券发行方式的时候，一定要做好充分的准备。

第三，公司有信息披露义务。2019年修订的《证券法》在放宽发行限制的同时，进一步强化了信息披露的要求，规定：公开发行债券的，发行人应及时依法履行信息披露义务，披露的信息应当真实、准确、完整，简明清晰，通俗易懂，不得有虚假记载、误导性陈述或者重大遗漏。发行人的董事、监事和高级管理人员应当保证发行人及时、公平地披露信息，所披露的信息真实、准确、完整。董事、监事和高级管理人员无法保证证券发行文件和定期报告内容的真实性、准确性、完整性或者有异议的，应当在书面确认意见中发表意见并陈述理由。此外，2019年修订的《证券法》针对没有依法履行披露义务的情况提高了违法违规处罚力度。对于私募债，上海证券交易所和深圳证券交易所在2020年3月的相关文件中提出：非公开发行公司债券的申请文件、挂牌条件确认、转让、信息披露等仍按现有规定执行。

第四节　上市融资

一、上市融资概述

上市融资就是公司通过在证券市场上发行股票进行融资。根据股票发行时间的不同，股票的发行包括初次发行和新股发行。狭义的上市融资即首次公开募股（initial public offerings，简称IPO），是指企业通过证券交易所首次公开向投资者发售股票，以期募集用于企业发展的资金的过程。上市融资是股权融资，也是直接融资。

公司上市对公司的发展有十分积极的意义。首先，公司首次发行上市可以筹集到大量的资金，上市之后还有再融资的机会，从而为企业进一步发展壮大提供了资金来源。其次，可以推动企业建立规范的经营管理机制，完善公司的治理结构。再次，公司上市，对于公司的管理水平、发展前景和赢利能力是有力的证明，它能够提高公司的知名度和市场地位，有助于扩大公司的市场。最后，股票的上市流通扩大了股东基础，使股票有较高的流通量，帮助股东在满足法律规定的条件下自由兑现。

企业上市按照是否跨越关境分为境内市场和境外市场。我国境内证券市场目前是指上海和深圳两个市场，香港、台湾的证券市场虽然也在我国境内，但由于目前并不处于中华人民共和国关境之内，故内地企业在香港、台湾证券市场上市融资，也属境外上市。

二、境内上市融资

经过多年的发展，我国已经初步建立了多层次的资本市场，包括主板、中小板、创业板、全国中小企业股份转让系统和区域性股权交易市场等。企业在各级市场融资的具体要求是不同的，其中，主板市场又叫一板市场，包括上海证券交易所和深圳证券交易所两个市场，对发行人的营业期限、股本大小、盈利水平、最低市值等方面的要求标准较高，上市企业多为大型成熟企业，具有较大的资本规模以及稳定的盈利能力。2004 年 5 月，经国务院批准，证监会批复同意深圳证券交易所在主板市场内设立中小企业板块，中小板从资本市场架构上也从属于一板市场。创业板市场又称为二板市场，地位次于主板市场，在中国特指深圳创业板，在上市门槛、监管制度、信息披露、交易者条件、投资风险等方面和主板市场有较大区别。其目的主要是扶持中小企业，尤其是高成长性企业，为风险投资和创投企业建立正常的退出机制，为自主创新国家战略提供融资平台。三板市场即全国中小企业股份转让系统，上市要求比一板和二板市场较为宽松。四板市场即区域性股权交易市场（也称“区域股权市场”），是为特定区域内的企业提供股权、债券的转让和融资服务的私募市场，一般以省级为单位，由省级人民政府监管。在实践中，公司上市融资除了需要了解法律法规相关规定外，还需要了解国务院证券监督管理机构的相关规定以及证券交易所的相关操作指引。

2019 年底《证券法》进行了重大的修改，并于 2020 年 3 月 1 日施行，这被认为是中国资本市场具有划时代意义的重大事件。根据 2019 年修订的《证券法》，我国分步实施股票公开发行注册制改革。国务院证券监督管理机构要会同有关方面依据修订后的《证券法》和《关于在上海证券交易所设立科创板并试点注册制的实施意见》的规定，进一步完善科创板相关制度规则，同时，研究制定在深圳证券交易所创业板试点股票公开发行注册制的总体方案，并及时总结科创板、创业板注册制改革经验，积极创造条件，适时提出在证券交易所其他板块和国务院批准的其他全国性证券交易场所实行股票公开发行注册制的方案，相关方案经国务院批准后实施。[①] 在证券交易所有关板块和国务院批准的其他全国性证券交易场所的股票公开发行实行注册制前，继续实行核准制，适用本次证券法修订前股票发行核准制度的规定。

2019 年修订的《证券法》对公司首次公开发行股票的条件进行了优化，规定公司首次公开发行新股，应当符合下列条件：①具备健全且运行良好的组织机构；②具有持续经营能力；③最近三年财务会计报告被出具无保留意见审计报告；④发行人及其控股股东、实际控制人最近三年不存在贪污、贿赂、侵占财产、挪用财产或者破坏社会主义市场经济秩序的刑事犯罪；⑤经国务院批准的国务院证券监督管理机构规定的其他条件。此外，2019 年修订的《证券法》删除了股票上市应当聘请保荐人的要求以及股票上市应当满足的公司股本总额、股权分布等规定，改为由证券交易所制定上市规则对发行人的经营年限、财务状况、最低公开发行比例和公司治理、诚信记录等提出要求。相应地，上市交易的股票，有

① 2020 年 4 月 27 日，中央全面深化改革委员会第十三次会议审议通过了《创业板改革并试点注册制总体实施方案》，将在创业板试点注册制。

证券交易所规定的终止上市情形的，由证券交易所按照业务规则终止其上市交易。

案例分析 6-4

苏州恒久上市资格被撤销案

2010 年 6 月 23 日，苏州恒久刊登返还投资者本金及利息公告。公告称：按照本次发行股数 2000 万股计算，最后确定每位投资者将得到的每股退款本金为 20.80 元，6 月 24 日中午 12 时之前，所募集资金本金及利息划入中国结算深圳分公司账户；申购苏州恒久新股的投资者将于 6 月 25 日拿到退款，每股退款额约为 20.87 元，较该股发行价 20.80 元高出约 0.07 元。由此，苏州恒久成为创业板首家先获批后撤市的公司。

早在 2010 年 3 月 9 日，苏州恒久公开发行 2000 万股，并完成申购及摇号抽签的全部过程。但是就在该公司上市前夕，3 月 12 日，《21 世纪经济报道》记者朱益民发表《苏州恒久上演天方夜谭式 IPO：赤裸的利益》，声称苏州恒久招股说明书和申报文件中披露的全部 5 项专利以及 2 项正在申请专利的法律状态与事实不符。一石激起千层浪，证券监管部门要求苏州恒久的保荐机构对有关问题先行进行稽查。

之后，监管部门开始调查。证监会发审委认为，苏州恒久招股说明书和申报文件中披露的全部 5 项专利及 2 项正在申请专利的法律状态与事实不符，该 5 项专利的使用权全因未缴年费而被终止。苏州恒久目前全部产品使用被终止的 4 项外观设计专利，一半的产品使用被终止的 1 项实用新型专利。6 月 13 日，证监会决定撤销此前关于苏州恒久首次公开发行股票的行政许可。于是，苏州恒久上市资格被撤销。

除了发行人退还资金外，参与苏州恒久发行的保荐人和律师事务所也受到相关的惩罚。根据《证券发行上市保荐业务管理办法》的规定，证监会对发行人保荐机构广发证券采取了出具警示函的监管措施。同时，对 2 名签字保荐代表人作出了进行监管谈话、出具警示函，并在 12 个月内不受理其签名的与证券发行相关的文件的处罚。

此外，根据相关规定，证监会也对发行人律师事务所北京市天银律师事务所采取了出具警示函的监管措施。同时，对 3 名签字律师作出了进行监管谈话、出具警示函，并在 12 个月内不受理其签名的与证券发行相关的文件的处罚。

苏州恒久被撤销上市资格是证监会执行《证券法》第 26 条的结果。该条规定："国务院证券监督管理机构或者国务院授权的部门对已作出的核准证券发行的决定，发现不符合法定条件或者法定程序，尚未发行证券的，应当予以撤销，停止发行。已经发行尚未上市的，撤销发行核准决定，发行人应当按照发行价并加算银行同期存款利息返还证券持有人；保荐人应当与发行人承担连带责任，但是能够证明自己没有过错的除外；发行人的控股股东、实际控制人有过错的，应当与发行人承担连带责任。"

值得注意的是，2019年修订的《证券法》单独增设“信息披露”一章，全面强化了有关各方的信息披露义务，同时大幅提高了违法行为的法律责任。

三、境外上市融资

案例引导 6-4

海王星辰成功登陆美国纽交所

海王星辰于1995年成立，2007年11月9日成功登陆美国纽交所，共发行2062.5万股美国存托股，募集资金达3.34亿美元。从深圳本土起家的海王集团，如今已发展成为一家集医药制造、商业流通和零售连锁于一体的医药类大型综合集团企业。上市时拥有门店数1800家，遍布在深圳等全国62个城市。海王星辰成功登陆纽交所，一举创下中国内地企业纽交所上市的3项新纪录：成功登陆纽交所的中国内地第一家连锁零售企业；赴纽交所融资规模最大的中国医药类企业；首次在纽交所发行股票就获得最高溢价的中国医药类企业。

（一）境外上市的概念与方式

境外上市是指境内股份有限公司向境外投资人发行股票，在境外公开的证券交易场所流通转让。狭义的境外上市就是境内企业向境外投资者发行股权或附有股权性质的证券，该证券在境外公开的证券交易所流通转让。广义的境外上市是指境内企业利用自己的名义向境外投资人发行证券进行融资，并且该证券在境外公开的证券交易场所流通转让。

对于那些想实现国际化的企业来说，特别是科技股、网络股，境外上市乃是最佳选择。国际资本市场的投资者更加理性，融资能力更强，尤其是美国纳斯达克市场，对于科技股、网络股的追捧和认可是别的资本市场不能比的。

境外上市的方式主要有两种：境外直接上市和境外间接上市。

境外直接上市即直接以境内公司的名义向境外证券主管部门申请发行的登记注册，并发行股票（或其他衍生金融工具），向当地证券交易所申请挂牌上市交易，包括香港上市的H股、新加坡上市的S股、美国纽约上市的N股。

境外间接上市包括境外买壳上市和境外造壳上市。境外买壳上市是指境内公司通过购买一家境外上市公司一定比例的股权来取得上市的地位，然后注入自己有关业务及资产，实现间接境外上市目的的上市筹资方式。一个典型的买壳上市由两个交易步骤组成。一是买壳交易，境内公司股东以收购上市公司股份的形式，绝对或相对地控制一家已经上市的境外股份公司；二是资产转让交易，境外上市公司收购境内公司而控制境内公司的资产及营运。买壳主要有以下几种方式。①收购或受让股权。一是收购未上市流通的国有股或法人股；二是在二级市场上直接购买上市公司的股票。②换壳，即资产置换。③直接价款支付。

境外造壳上市是指境内公司股东在境外离岸中心注册一家离岸公司，然后以现金收购或者股权置换的方式取得境内企业资产的控股权，再在境外以IPO的方式挂牌上市。

（二）证监会关于企业申请境外上市的要求

证监会1999年发布的《关于企业申请境外上市有关问题的通知》中，明确提出国有企业、集体企业及其他所有制形式的企业经重组改制成股份有限公司后，凡符合境外上市条件的，均可向证监会提出境外上市申请。具体申请条件如下。

(1) 符合我国有关境外上市的法律、法规和规则。

(2) 筹资用途符合国家产业政策、利用外资政策及国家有关固定资产投资立项的规定。

(3) 净资产不少于4亿元人民币，过去一年税后利润不少于6000万元人民币，并有增长潜力，按合理预期市盈率计算，筹资额不少于5000万美元。

(4) 具有规范的法人治理结构及较完善的内部管理制度，有较稳定的高级管理层及较高的管理水平。

(5) 上市后分红派息有可靠的外汇来源，符合国家外汇管理的有关规定。

(6) 证监会规定的其他条件。

通过审批后，境内公司就可以直接向境外市场申请上市了。

（三）香港上市融资

案例引导6-5

腾讯香港主板全球配售

腾讯公司成立于1998年11月，注册资本为50万元人民币，两名出资人黄慧卿和赵永林分别持有60%和40%的股权。腾讯公司是目前中国较大的互联网综合服务提供商，也是中国服务用户较多的互联网企业。成立以来，腾讯一直秉承“一切以用户价值为依归”的经营理念，始终处于稳健、高速发展的状态。2004年6月16日，腾讯公司在香港联交所主板公开上市。

香港证券市场是目前我国内地企业境外上市的主要目的地之一，现以香港证券市场为例，对企业境外上市作进一步的介绍。

以市值计算，香港证券市场全球排名第8位。香港证券交易市场种类繁多，其中最为成熟的就是股票市场，香港股票市场也有主板和创业板之分。主板一般为规模较大、成立时间较长，且具备一定赢利记录的公司提供融资市场。创业板是1999年11月设立的一个股票市场，目的在于为不同行业及规模的增长型公司提供融资机会。香港证券市场的业务由香港交易及结算所有限公司（简称香港交易所或港交所）进行，包括主板市场业务和创业板市场业务。

香港主板市场主要为较大型、基础较佳以及具有盈利纪录的公司筹集资金企业。主板市场对上市企业的要求较为严格，虽然对上市企业的主营业务并无具体规定，但主营业务的盈利必须符合最低盈利的要求，在最低市值、营业记录、公众持股量等方面也有相关要求。企业在香港主板市场上市，发行方式是“公开发行”加“国际配售”。发行人须按上市地法律要求，对招股文件和相关文件进行公开披露和备案。招股说明书一般在上市委员会的听证会批准几天后公布，公司根据招股说明书披露的信息，向社会公众发行新股。在主板市场初次发行股票必须进行国际路演。

香港创业板市场是主板市场以外的一个完全独立的新的股票市场，与主板市场具有同等的地位，不是一个低于主板或与之配套的市场，在上市条件、交易方式、监管方法和内容上都与主板市场有很大差别。其宗旨是为新兴有增长潜力的企业提供一个筹集资金的渠道。香港创业板市场对上市公司没有行业类别及公司规模的限制，且不设盈利要求，也不须像主板市场的上市公司一样必须具备一定的业务记录，因此不少具有发展潜力但发展历史较短，且在盈利和业务记录方面未能符合主板市场的规定而不能获得上市地位的公司，可以选择在创业板上市。

第五节　项目融资

案例引导 6-6

烂尾楼注入新鲜血液

2005 年底，广州不断传出烂尾楼获新注资和被收购的消息。从当年 6 月份被香港某独资企业收购的三期“玫瑰园”及后续开发用地的“紫云山庄”，到 9 月份被万菱实业（广东）有限公司盘活的京光广场、由保利入主的丰兴广场，再到通过卖地获得大笔新资金的大鹏国际广场、被富力接手并且已经复工的九洲文化家园，以及再次获得注资的“广州第一烂尾楼”中诚广场，陆续被媒体曝光的烂尾楼注资或收购事件一桩接一桩，掀起了一股烂尾楼盘活热潮。企业之所以愿意接手烂尾项目，是因为可以获取高利润，相比重新拿地，手续简便，而更重要的就是可以获得政府支持。

一、项目融资概述

项目融资（project finance）始于 20 世纪 30 年代美国油田开发项目，后来逐渐扩大范围，被广泛应用于石油、天然气、煤炭、铜、铝等矿产资源的开发。从广义上讲，项目融资是为了建设一个新项目或者收购一个现有项目，或者对已有项目进行债务重组所进行的一切融资活动。从狭义上讲，项目融资是指以项目的资产、预期收益或权益作抵押取得的一种无追索权或有限追索权的融资或贷款活动。我们一般提到的项目融资仅指狭义上的概念。

项目融资分为无追索权的项目融资和有限追索权的项目融资。

无追索权的项目融资是指贷款人对项目主办人没有任何追索权的融资，贷款人把资金贷给项目公司，以该项目产生的收益作为还本付息的唯一来源，并在该项目的资产上设定担保权益以保障自身利益。除此之外，项目的主办人不再提供任何担保。如果该项目中途停建或经营失败，其资产或收益不足以还清全部贷款，贷款人亦无权向项目主办人追偿。这种做法对贷款人的风险较大，一般很少采用。

有限追索权的项目融资是目前国际上普遍采用的一种项目融资方式。在这种做法中，贷款人为了减少贷款的风险，除了以贷款项目的经营收益作为还款来源和取得物权担保外，还要求项目实体以外的第三方提供担保。贷款银行有权向第三方担保人追索。但担保人承担债务的责任，以他们各自提供的担保金额为限，所以称为有限追索权的项目融资。

通过项目融资，不仅能把国内外民间的大量资金吸引过来，而且还可以在不形成外债负担的前提下弥补基础设施建设的资金缺口，同时能吸引国内外的先进技术和管理经验，因此项目融资越来越受到各国特别是发展中国家的重视，并不断被应用于大型工程项目的建设中。项目融资的有很多，最主要的模式是“特许权融资方式”（build—operate—transfer，简称 BOT）。

二、BOT 模式

（一）定义

BOT 即建设—经营—转让，是指政府通过契约授予私营企业（包括外国企业）以一定期限的特许专营权，许可其融资建设和经营特定的公用基础设施，并准许其向用户收取费用或出售产品以清偿贷款、回收投资并赚取利润。特许权期限届满时，该基础设施无偿移交给政府。

BOT 后来又发展出了 BOOT（build—own—operate—transfer，建设—拥有—经营—转让）、BLT（build—lease—transfer，建设—租赁—转让）、BTO（build—transfer—operate，建设—转让—经营）、ROT（rehabilitate—operate—transfer，修复—经营—转让）等形式。这些方式都是以政府和私人之间达成协议为前提的，由政府向私人机构颁布特许，允许其在一定时期内筹集资金建设某一城市基础设施和经营该设施及其相应的产品和服务，以偿还债务、收回投资、赚取利润。特许期限结束后，私人机构按约定将该设施移交给政府，转由政府指定部门经营和管理。

（二）BOT 融资的特点

（1）BOT 能够充分利用民间资金。

（2）BOT 能够避免或减少政府投资可能带来的各种风险，如利率和汇率风险、市场风险、技术风险等。

（3）BOT 模式有利于提高项目的运作效益。一方面 BOT 项目一般都涉及巨额资金的投入，以及项目周期长所带来的风险，由于有私营企业的参加，贷款机构对项目的要求就会比对政府更严格，另一方面私营企业为了减少风险，获得较多的收益，会加强管理，控制造价，减低项目建设费用，缩短建造期。

（4）在 BOT 模式中，项目公司以相关项目协议作为融资信用基础，并以项目未来收益来偿还贷款。

（三）BOT 融资的运作过程

BOT 融资的运作有七个阶段，即项目的确定和拟定、招标、选标、开发、建设、运营和移交。

（1）项目的确定和拟定。BOT 融资首先必须确定一个具体项目是否必要，确认该项目采用 BOT 融资方式的可能性和好处。为保证项目的可行性，一般要进行风险分析，主要包括政治风险、获准风险、法律风险、信用风险、市场风险、外汇风险、利率风险和工程完工风险等。

（2）项目招标。

（3）项目选标，即挑选中标者。挑选 BOT 项目的标书，一般来说不会仅以价格为依据，挑选的依据应包括价格、可靠性、经验等因素以及所设想的拟议项目能在多大程度上给招标者带来其他利益。

（4）项目开发。投标的联营集团中标后就可以作出更确定的承诺，组成项目公司或确定项目公司结构。

（5）项目建设。

（6）项目运营。

（7）项目移交。

以广西来宾电厂 BOT 融资运作过程为例。首先，广西壮族自治区政府发布资格预审通告，公开邀请国外公司参加资格预审。然后，自治区政府正式对外发售项目招标文件，共有 6 个投标人向自治区政府递交了投标书。随后进入评标及确认谈判阶段，由专家组评估，撰写专家组评估报告。最后进入审批及完成融资阶段。

第六节　贸易融资

企业在贸易过程中，可以运用各种贸易手段和金融工具增加现金流量的融资方式。贸易融资的方式主要包括保理、信用证、福费廷、打包放款、出口押汇和进口押汇。

一、保理

保理融资是指卖方（或者称为供应商、出口商）申请由保理银行购买其与买方因货物销售或者服务合同所产生的应收账款，卖方对买方到期付款承担连带保证责任，在保理银行要求下同时承担回购该应收账款的责任。简单地说，就是指卖方通过将其合法拥有的应收账款转让给保理银行，从而获得融资的行为。

因此，保理是卖方与保理银行之间存在的一种契约关系。根据该契约，卖方将其现在或将来的基于其与买方（债务人）订立的货物销售或服务合同所产生的应收账款转让给保理银行，由保理银行为其提供下列服务中的至少两项：贸易融资、销售分户账管理、应收账款的催收、信用风险控制与坏账担保。

二、信用证

信用证是指一家银行应客户的要求和指示，或者以其自身的名义，在与信用证条款相符的条件下，凭规定的单据为下列行为：①向受益人或其指定的人付款，或者承兑并支付受益人出具的汇票；②授权另一家银行付款，或者承兑并支付该汇票；③授权另一家银行议付。

三、福费廷

福费廷(forfeiting)业务又称包买票据，是指包买商从出口商那里无追索地购买已经承兑，并通常由进口商所在地银行担保的远期汇票或本票的业务。这里的包买商一般是银行。

在贸易融资中，福费廷对于帮助出口商融资有以下优点。

(1) 无追索性。出口商一旦获得融资款项，就不必再对债务人偿债与否负责，同时也不占用银行授信额度。

(2) 低风险性。一旦完成福费廷业务，出口商就不再承担远期收款可能产生的利率、汇率、信用等风险。

(3) 能降低融资人的成本。一旦银行包买票据，出口商就不再承担资产管理和应收账款回收的工作和费用，同时出口商可以立即办理出口退税的手续。

四、打包放款

打包放款是指在国际贸易中，银行以该出口商为受益人的信用证为抵押，向该出口商提供用以生产、备货、装船的贷款。打包放款的融资方式主要能使出口商获得短期资金周转。

五、出口押汇

出口押汇是指银行凭出口商提供的信用证项下完备的货运单据作抵押，在收到开证行支付的货款之前，向出口商融通资金的业务。出口押汇是一种短期融资方式。一般来说，押汇的期限不得超过180天。

六、进口押汇

进口押汇是指信用证项下单据经审核无误之后，开证申请人因资金周转关系，无法及时对外付款赎单，以该信用证项下代表货权的单据为质押，并同时提供必要的抵押、质押或者其他担保，由银行先行代为对外付款。

进口押汇仅用于履行押汇信用证项下的对外付款，而且一般是短期融资，期限一般不超过90天。

第七节　其他融资方式

除了贷款融资、债券融资、上市融资、项目融资和贸易融资外，企业还有很多融资方式。例如，上市公司可以通过再次发行的方式进行融资，可以通过私募股权的形式进行融资，可以利用自己的商业信用等进行融资。

一、增资扩股融资

增资扩股融资是指以现金、资产或者技术等作价直接入股，增大企业股本金的一种融资。它是扩大生产经营规模、壮大企业实力、迅速做大做强的有效手段。增资扩股往往被称为再融资。

（一）上市公司增资扩股的方式

上市公司通常采用配股发行和公募增发的方式扩大股本。

1. 配股发行

配股发行是增资发行的一种，是指上市公司在获得有关部门的批准后，向其现有股东提出配股建议，使现有股东可按其所持有股份的比例认购配售股份的行为。它是上市公司发行新股的一种方式。在集资的意义上，配股集资具有实施时间短、操作较简单、成本较低等优点。同时，配股还是上市公司改善资本结构的一种手段。

上市公司配股必须满足以下条件。

(1) 上市公司必须与控股股东在人员、资产、财务上分开，保证上市公司的人员独立、资产完整和财务独立。

(2) 公司章程符合《公司法》的规定，并已根据《上市公司章程指引》进行了修订。

(3) 配股募集资金的用途符合国家产业政策的规定。

(4) 前一次发行的股份已经募足，募集资金使用效果良好，且本次配股距前次发行间隔一个完整的会计年度(1月1日—12月31日)以上。

(5) 公司上市超过3个完整会计年度的，最近3个完整会计年度的净资产收益率平均在10%以上；上市不满3个完整会计年度的，按上市后所经历的完整会计年度平均计算；属于农业、能源、原材料、基础设施、高科技等国家重点支持行业的公司，净资产收益率可以略低，但不得低于9%；上述指标计算期间内任何一年的净资产收益率均不得低于6%。

(6) 公司在最近3年内财务会计文件无虚假记载或重大遗漏。

(7) 本次配股募集资金后，公司预测的净资产收益率应达到或超过同期银行存款利率水平。

(8) 配售的股票限于普通股，配售的对象为股权登记日登记在册的公司全体股东。

(9) 公司一次配股发行股份总数，不得超过该公司前一次发行并募足股份后其股份总数的30%；公司将本次配股募集资金用于国家重点建设项目、技改项目的，可不受30%比例的限制。

上市公司有下列情形之一的，其配股申请不予核准：①不按有关法律、法规的规定履行信息披露义务；②近3年有重大违法、违规行为；③擅自改变招股说明书或配股说明书所列资金用途而未作纠正，或者未经股东大会认可；④股东大会的通知、召开方式、表决方式和决议内容不符合《公司法》及有关规定；⑤申报材料存在虚假陈述；⑥公司拟订的配股价格低于该公司配股前每股净资产；⑦以公司资产为本公司的股东或个人债务提供担保；⑧公司资金、资产被控股股东占用，或有重大关联交易，明显损害公司利益。申请配股的上市公司因存在上述②、③、⑤项规定的情形而未获证监会核准的，不得在1年内再次提出配股申请。

2. 公募增发

公募增发的主体除了应该满足公开发行的一般条件之外，还应该具备以下条件：①最近3个会计年度加权平均净资产收益率平均不低于6%；②除金融类企业外，最近一期末不存在持有金额较大的交易性金融资产和可供出售的金融资产、借与他人款项、委托理财等财务性投资的情形；③发行价格应不低于公告招股意向书前20个交易日公司股票均价或前1个交易日的均价。

上市公司公募增发，必须具备以下条件。

（1）上市公司必须与控股股东在人员、资产、财务上公开，保证上市公司的人员独立、资产完整和财务独立。

（2）前一次发行的股份已经募足，募集资金的使用与招股（或配股）说明书所述的用途相符，或变更募集资金用途已履行法定程序，资金使用效果良好，且本次发行距前次发行股份的时间间隔不少于《公司法》的相应规定。

（3）公司在最近3年内连续赢利，本次发行完成当年的净资产收益率不低于同期银行存款利润水平，且预测本次发行当年加权计算的净资产收益率不低于配股规定的净资产收益率平均水平，或与增发前基本相当。进行重大资产重组的上市公司，重组前的业绩可以模拟计算，重组后一般应运营12个月以上。

（4）公司章程符合《公司法》和《上市公司章程指引》的规定。

（5）股东大会的通知、召开方式、表决方式和决议内容符合《公司法》及有关规定。

（6）本次发行募集资金用途符合国家产业政策的规定。

（7）公司申报材料无虚假陈述，最近3年内财务会计资料无虚假记载，同时还应保证重组后的财务会计资料无虚假记载。

（8）公司不存在资金、资产被控股股东占用，或有明显损害公司利益的重大关联交易。

（二）非上市公司增资扩股的方式

非上市公司多采用内部集资和私募方式。内部集资融得的资本极为有限，因而企业通常进行私募，私募对象多是业内大型企业、机构投资者和基金组织。其中，企业应注意，非上市公司进行增资的时候，不得使用借贷的名义。

二、私募股权融资

私募股权（private equity，简称PE）融资，是指融资人通过协商、招标等非公开方式，向特定投资人出售股权进行的融资，包括股票发行以外的各种组建企业时的股权筹资和随后的增资扩股。投资者按照其出资份额分享投资收益，承担投资风险。对于非公开发行，《证券法》要求不得采用广告、公开劝诱和变相公开方式。

私募股权融资具有以下主要特点。

(1) 在资金募集上，主要通过非公开方式向少数机构投资者或者个人募集。它的销售和赎回都是基金管理人私下与投资者协商进行的，然后以私募形式进行投资，绝少涉及公开市场的操作，一般不需要披露交易细节。

(2) 资金来源十分广泛，如富有的个人、风险基金、养老基金、保险公司和战略投资者等。

(3) 融资方一般是非上市企业。

(4) 在融资方式上，多采取权益性投资方式，绝少涉及债权融资。

(5) 融资期限较长，一般可以达到 3～5 年或者更长，属于中长期融资。

因为私募股权具有投资期限长、流动性低的特点，投资者为了控制风险，通常对投资对象提出以下要求。

(1) 对不参与企业管理的金融投资者来说，优质的管理尤其重要。

(2) 至少有 2～3 年的经营记录，有巨大的潜在市场和潜在的成长性，并有令人信服的发展战略计划。投资者关心赢利的“增长”，高增长才有高回报，因此投资者对企业的发展计划特别关心。

(3) 行业和企业规模(如销售额)的要求。投资者对行业和规模的侧重各有不同，金融投资者会从投资组合分散风险的角度来考察一项投资对其投资组合的意义。多数私募股权投资者不会投资房地产等高风险的行业和他们不了解的行业。

(4) 估值和预期投资回报的要求。由于不像在公开市场那么容易退出，私募股权投资者对预期投资回报的要求比较高，至少高于投资于其同行业上市公司的回报率，而且期望对中国等新兴市场的投资有“风险溢价”，要求 25%～30%的投资回报率是很常见的。

三、商业融资

商业融资又称商业信用融资，是指企业利用其商业信用，在销售商品、提供服务的经营过程中向客户筹集资金的行为，包括收取客户的预付款、押金、定金，向客户赊款等。房地产行业经常采用商业融资方式，在楼盘还没有完全建好的情况下，通过预购的方式获得买房人的流动资金，这就是一种利用商业信用融资的方式。

商业信用融资的形式主要包括有形的商业信用融资和无形的商业信用融资。有形的商业信用融资是指商业票据融资，即由企业或金融公司等签发的汇票、本票、支票等。无形的商业信用融资一般发生在实物交易过程中，即卖方允许买方以赊销的方式购得货物，或买方以预付的方式向卖方预先付款，两者互为逆向的融资运动。

但是，商业信用融资是建立在双方完全信任基础上的交易行为，即使有凭有证，也很容易发生道德危机。道德危机一旦发生，就不可避免地给对方造成损失。

四、租赁融资

租赁融资又称融资租赁，根据银监会2007年《金融租赁公司管理办法》的规定，融资租赁是指出租人根据承租人对租赁物和供货人的选择或认可，将其从供货人处取得的租赁物按合同约定出租给承租人占有、使用，向承租人收取租金的交易活动。《合同法》规定，融资租赁合同是出租人根据承租人对出卖人、租赁物的选择，向出卖人购买租赁物，提供给承租人使用，承租人支付租金的合同。

融资租赁实质是依附于传统租赁上的金融交易，是一种特殊的金融工具，具有以下主要特点。

（1）租赁标的物由承租人决定，出租人出资购买并租赁给承租人使用，并且在租赁期间内只能租给一个企业使用。

（2）承租人负责检查验收制造商所提供的设备，对该设备的质量与技术条件出租人不向承租人作出担保。

（3）出租人保留设备的所有权，承租人在租赁期间支付租金而享有使用权，并负责租赁期间设备的管理、维修和保养。

（4）租赁合同一经签订，在租赁期间任何一方均无权单方面撤销合同。只有设备毁坏或被证明为已丧失使用价值的情况下方能中止执行合同，无故毁约则要支付相当重的罚金。

（5）租期结束后，承租人一般对设备有留购、续租和退租三种选择，若要留购，购买价格可由租赁双方协商确定。

融资租赁这种设备购置的方式具有以下融资优点。

（1）增加了资金来源渠道。有些企业，特别是民营企业，申请银行贷款比较困难。同时，银行对于放贷的风险比较谨慎，导致贷款的门槛也比较高。而需要购置设备的企业的经营往往处于上升阶段，一般不会满足发行债券或者股票的条件，因此融资租赁为它们提供了一条良好的资金渠道。

（2）提前折旧，合理避税。如果是贷款购买设备，往往导致设备的陈旧风险增大。采用融资租赁的方式，根据国家规定可以按照租赁期限提前折旧，就可以缩短折旧年限，使得企业尽快收回投资。

案例分析6-5

合二为一的新型合同，损害赔偿谁来主张？

原告为某工厂，被告为某融资租赁公司。原告准备引进一套高级生产设备，但因资金缺乏而与被告协商确定以融资租赁的方式引进该设备。2006年7月9日，被告与某外商公司签订了购买该生产设备的协议。原告参加了谈判，以用户的身份对设备的各项指标向外商提出了具体要求并在合同上签字。该合同约定：

标的物的品质须为一流，若货物不合约定，买方有权凭中国商检局的证明向卖方索赔，若发生争议则采用诉讼的方式；买方购买货物的目的是租给承租人，卖方须保证货物符合承租人的使用目的；有关本合同的货物质量及卖方的其他义务，均由卖方直接向买方负责。7 月 10 日，原告与被告又签订了一份租赁合同，约定了租期、租金的计算标准和支付方式、违约责任，并约定租赁公司对租赁物的品质不负责任，原告若因前项原因遭受了损失，被告根据购买合同中对卖方的索赔条款将索赔权转让给原告并协助原告向卖方索赔。此外还对担保、保险等一些具体事项作了约定。2007 年 6 月 5 日，该设备到达。9 月 2 日，商检结论为不合格。9 月 4 日，被告收到原告电报，称货物质量不合格。9 月 11 日，被告收到原告邮寄来的商检报告。经查证，买卖合同中约定的索赔期为货到目的地后的 90 天内，而被告收到原告寄来的商检证书时，已经是货到目的地后第 98 天了。此后，经过多次协商，10 月 16 日三方达成了协议，外商承诺 10 月底之前派技术人员前往工厂解决技术问题，11 月内派人来安装调试。但该外商公司到期后并没有履行协议，后在被告的多次联系之下，于 2008 年 3 月派人到达原告工厂。但因原告工厂拒不接受而终于导致该设备未能安装使用。此后，被告一直积极联系索赔事宜并要求原告提出索赔方案和证明材料，但原告拒绝协助被告。后来该外商公司被关闭清算，索赔未果。于是原告起诉至法院，以融资合同显失公平，原告对合同内容有重大误解为由要求解除合同，退还租赁物，并要求判令被告赔偿原告的经济损失 11.6 万元。被告则认为，标的物质量不合约定的责任在卖方，并且已经将索赔权转让给了承租人，原告称合同显失公平、对合同内容有重大误解缺乏依据，指责被告不履行合同为无中生有，被告不应承担责任，反而原告应该偿还租金和利息，担保人应承担担保责任。

法院审理后认为该合同合法有效，但有关索赔权转让的条款无效。原告对索赔不存在过错，而租赁物质量问题不应由被告承担责任。索赔不成的责任应当由原告承担，担保人承担担保责任。后判决如下：原告应向被告支付租金和利息，担保人代为承担清偿责任。

本章小结

企业的融资方式从来都不是固定不变的。它包括内源融资和外源融资。企业在进行外源融资的时候，可以采取直接融资的方式，也可以采取间接融资的方式；可以采用股权融资的方式，也可以采用债权融资的方式。每一种方式的选择都和企业自身经营状况紧密相关，其中涉及的法律问题和法律风险需要企业认真对待。

技能训练

为现金短缺的公司申请银行贷款

【目的】

熟练掌握银行贷款的方式、程序以及相关法律文书的制作。能从企业的角度防范和控制银行贷款法律风险。

【内容】

某电器公司成立于2008年，公司经营范围包括电视产品、空调产品、数码相机等。2013年前后，公司通过大幅降价的策略，业绩蒸蒸日上。自2011年以来，公司的应收账款迅速增加，从2011年的100万元增加到2015年的近500万元，应收账款占资产总额的比例从2011年的0.3%上升到2015年的23.3%。截至2015年第一季度，该公司的应收账款为270.75万元，占资产总额的18.6%。巨额应收账款却使经营活动产生的现金流量净额大幅度减少，从2011年的50万元急剧下降到2015年的30万元。公司经营无法顺畅运转，公司负责人想到了银行贷款。请你为该公司申请银行贷款。

【步骤和要求】

(1) 确定合适的银行贷款方案。

(2) 就贷款申请履行公司授权程序，包括拟订股东会或董事会就贷款申请所作的决议并制作相关公证文件，拟订法定代表人的授权委托书等。

(3) 对贷款项目的基本情况进行法律审查。

(4) 制作银行贷款申请书。

(5) 草拟、审查、修改贷款协议、担保协议和相关协议及法律文书。

实践活动

为公开上市的公司制作法律意见书

【目的】

熟练掌握股票公开发行的基本法律规定，起草法律意见书，结合企业的实际情况，给出企业能否上市的法律意见书。培养学生书面表达能力、法律意识和协作能力。

【内容】

A公司为一家国有企业，2002年经批准后，改制为一家股份有限公司。改制后，公司发展良好，信誉也很好。每年的经营额近10亿元，净利润每年都达到了5000万元以上。经董事会讨论决定后，董事长召集股东召开股东大会，并通过在上证所上市的决议。请你为该公司起草一份上市法律意见书。

【步骤和要求】

(1) 学生可以独立完成，也可以以小组形式展开。

(2) 按照法律意见书的格式，根据法律规定，书写关于A公司上市的法律意见书。

(3) 教师给出范本，学生查漏补缺，掌握书写要领。

(4) 教师总结，学生写出实践心得。

本章练习

一、不定项选择题

1. 以资金的来源为标准，可以将融资方式分为(　　)。

A. 直接融资和间接融资　　B. 股权融资和债权融资

C. 信贷融资和上市融资　　D. 内源融资和外源融资

2. 商业银行发放贷款必须做的有(　　)。

A. 借款人必须提供担保

B. 必须订立书面借款合同

C. 必须在中国人民银行规定的利率幅度内确定贷款利率

D. 期限不能超过10年

3. 公开发行公司债券，应当符合的条件有(　　)。

A. 具备健全且运行良好的组织机构

B. 最近三年平均可分配利润足以支付公司债券一年的利息

C. 国务院证券监督管理机构规定的新股发行条件

D. 国务院规定的其他条件

4. 公司首次公开发行新股，应当符合的条件有(　　)。

A. 具备健全且运行良好的组织机构

B. 具有持续经营能力

C. 最近三年财务会计报告被出具无保留意见审计报告

D. 发行人及其控股股东、实际控制人最近三年不存在贪污、贿赂、侵占财产、挪用财产或者破坏社会主义市场经济秩序的刑事犯罪

5. 民间借贷合同无效的情形有(　　)。

A. 套取金融机构贷款转贷的

B. 以向其他营利法人借贷、向本单位职工集资，或者以向公众非法吸收存款等方式取得的资金转贷的

C. 未依法取得放贷资格的出借人，以营利为目的向社会不特定对象提供借款的

D. 出借人事先知道或者应当知道借款人借款用于违法犯罪活动仍然提供借款的

6. 中国企业境外上市的途径包括(　　)。

A. 境外直接上市　　B. 境外间接上市

C. 境外A股上市　　D. 境外B股上市

7. 股票公开发行方式可以分为(　　)。

A. 直接发行　　B. 间接发行　　C. 承销　　D. 包销

8. 以下关于民间借贷说法错误的是(　　)。

A. 民间借贷在我国是禁止的

B. 民间借贷可以通过企业间签订虚拟回购协议来实现

C. 民间借贷的对象必须是特定的自然人

D. 民间借贷可以自由约定利率

9. 以下属于债权融资方式的包括(　　)。

A. 银行信贷　　B. 发行股票　　C. 发行债券　　D. 项目融资

10. 以下有关非公开发行公司债券说法正确的是(　　)。

A. 应当向合格投资者发行

B. 不得采用广告、公开劝诱和变相公开方式

C. 应当向特定的对象发行

D. 每次发行对象不得超过二百人

二、案例分析题

1. A公司成立于2007年,是一家以家电营销为主要业务的有限责任公司。公司成立之初,业绩十分低迷。2008年公司聘请王某为公司总经理之后,王某找到和自己熟悉的某国有企业老总李某,和该国有企业签订了借贷协议。公司自2009年反亏为盈,效益良好,仅2009年一年经营额就达到3亿元,其中净利润高达5000万元。公司董事会决定吸收王某为董事,使之持有公司15%的股份。随后,公司决定扩大规模,积极准备上市。2010年,公司获批准得以在上证所A股上市。但是随后,证监会审查发现,王某为了让公司尽早上市,伪造了公司的赢利数据,并且向法律人员行贿虚造了法律意见书。因此,当地公安机关将王某带走调查,并冻结了王某的所有财产。A公司在证监会的要求下,公布了这一消息,顿时引起轩然大波。

问:该公司有哪些做法是错误的?

2. 王刚是一名计算机博士,2009年毕业后,他自主开发创造了一款杀毒软件,该软件市场前景很好。随后,他又招募了一批年青的计算机人才进行进一步开发,并组建了公司,逐渐取得了相当大的市场。2010年收入6亿元,税后利润高达3亿元。现在,王刚觉得应该扩大公司规模了,但是手头资金又不够,于是他向你咨询他能不能将公司上市。你该如何回应这个问题?

第七章　企业诉讼法律实务

学习目标

了解起诉的基本条件，学会制作民事起诉状；掌握人民法院一旦裁定不予受理后的处理方法；了解管辖的概念和分类，以及级别管辖和地域管辖的具体内容；了解诉讼时效的计算方法及超过诉讼时效的法律风险；掌握财产保全的种类、措施、范围；掌握证据的收集及如何申请人民法院保全证据，超过举证时效的风险；掌握上诉的提起条件及二审案件的几种不同裁判结果；掌握执行案件的受理与调查，以及妨害执行的强制措施；能够撰写民事起诉状，并根据管辖的规定向人民法院提起诉讼；能够根据证据规则，收集证据并在法庭上举证；能够向人民法院申请诉前财产保全，并根据需要申请诉讼保全；能够向上一级人民法院提起上诉引起第二审；判决生效后，能够向人民法院执行机构申请强制执行。

第一节　起诉与受理

案例引导 7-1

法院对本案应如何处理？

甲公司与乙公司签订了一份购销合同，并在合同中约定："因本合同产生的所有纠纷，提交B市仲裁委员会进行裁决。"后因该合同产生纠纷，甲公司在合同履行地的A法院起诉，乙公司对此未提出异议，出庭应诉并进行了答辩。后法院在审查合同时，发现甲公司与乙公司之间订有仲裁条款。法院发现仲裁条款后，对本案该如何处理？

一、起诉的基本条件

民事诉讼中的起诉是指公民、法人或者其他组织，认为自己所享有的或者依法由自己管理、支配的民事权益受到侵害，或者与他人发生民事权益的争议，以自己的名义请求人民法院通过审判给予司法保护的诉讼行为。

根据《民事诉讼法》第119条的规定，起诉必须符合下列条件：①原告是与本案有直接利害关系的公民、法人和其他组织；②有明确的被告；③有具体的诉讼请求和事实、理由；④属于人民法院受理民事诉讼的范围和受诉人民法院管辖。

二、民事起诉状的制作

（一）首部

（1）注明文书名称，在首页正上方标明民事起诉状。

（2）当事人的基本情况。当事人是公民的，写明其姓名、性别、年龄、民族、籍贯、工作单位和住址。当事人是法人或其他组织的，应写明其全称、地址，法定代表人或主要负责人姓名、职务、电话，企业性质、工商登记核准号、经营范围和方式、开户银行及账号等项内容。当事人应分原告、被告、第三人依次写明，如果有数个原告、被告、第三人，则依据他们在案件中的地位和作用，分别依次排列。当事人委托了诉讼代理人的，应在各自委托人后写明其姓名及所在律师事务所名称或其职业。

制作起诉书首部时，应注意以下两点。

（1）被告的基本情况原则上应与原告基本情况所列事项一样。但由于案件具体情况不同，原告并不一定都能清楚地知悉被告的情况，因而允许原告知道多少写多少。

（2）关于住址和地址的确定。公民的住址一般指户籍所在地的地址，如其户籍所在地与经常居住地不一致，则可写经常居住地的地址。法人或其他组织的地址则指其住所地，即主要营业地或主要办事机构所在地的地址。

（二）正文

正文包括诉讼请求，依据的事实、理由及有关证据材料。

（1）诉讼请求。诉讼请求是民事纠纷当事人通过人民法院向对方当事人所主张的具体权利，在起诉状中则表现为原告请求人民法院审理的具体事项。诉讼请求的提出应当明确、合法、具体，当事人应根据事实和法律，慎重、周密地提出请求，切忌含糊、笼统，更不可无视事实和法律提出无理或非法的要求。另外，如果故意提高诉讼请求，也会导致向人民法院缴纳更高的诉讼费用，而一旦败诉或者部分败诉，诉讼费将不会退回或者只能退回一部分。

（2）事实和理由。这是民事起诉状的核心部分，是请求人民法院裁决当事人之间权益纠纷和争议的重要依据。首先，应针对诉讼请求，全面、客观、详细地阐明当事人双方争议的事实或被告侵权的事实。主要写清当事人之间的法律关系，双方纠纷的发生和发展情况，当事人之间争执的主要焦点和双方对民事权益争执的具体内容，与案件有直接关联的客观情况和实质性分歧意见。然后，依据事实，分析出双方纠纷的性质，被告所应承担的责任；根据有关法律规定阐明理由，分清是非责任，以论证其诉讼请求的合情、合理、合法。

阐明事实和理由时，应注意以下几点。

① 事实、理由的陈述要与诉讼要求一致，不能相互矛盾。

② 事实的叙述应具体清晰、层次分明、详略得当，交代清楚与争议有关的关键情节，以便使人民法院迅速了解双方争议焦点所在，明确调查、审理的重点。

③ 阐明理由时,应以事实为依据,以法律为准绳。针对所述事实阐明理由,并以法律规定为依据,证明其诉讼请求的合理性和合法性,从事实和法律上有力地支持其诉讼请求,切不可胡编乱造,强词夺理。

④ 案情简单的,事实和理由可以合写,边叙述事实边阐述理由。

(3) 证据。写明向人民法院提供的能够证明案情的证据的名称、件数或证据线索,并写明证据来源。有证人的,则应写明证人的姓名和住址。

(三) 尾部

(1) 致送人民法院名称。

(2) 附项。起诉人如果是法人或其他组织,则应加盖公章。如果起诉状是委托律师代书,则在起诉日期下写明代书律师姓名及其所在律师事务所名称。

(3) 原告签名。应附上本起诉状副本,副本份数应按被告(包括第三人)的人数提交。随起诉状一起提交证据的,列明证据名称、数量。

(4) 起诉日期。

附:民事起诉状范本

民事起诉状

(法人或其他组织提起民事诉讼用)

原告名称:__________

住所地:__________

法定代表人(或主要负责人)姓名:________ 职务:________ 电话:________

被告名称:__________

住所地:__________

法定代表人(或主要负责人)姓名:________ 职务:________ 电话:________

诉讼请求:

1. ______________________________;
2. ______________________________;
3. ______________________________。

事实与理由:

____

____

____

____

____

证据和证据来源,证人姓名和住址:

1. ______________________________;
2. ______________________________;
3. ______________________________。

此致

________人民法院

(具状人)起诉人________

______年______月______日

三、人民法院裁定不予受理后的救济方法

人民法院的立案庭收到起诉状后，会对提交的材料进行程序性审查，如果认为不符合起诉条件的，应当在7日内裁定不予受理。对于不予受理裁定不服的，起诉人有权在裁定书送达之日起10日内向上一级人民法院提起上诉。

在司法实践中，人民法院裁定不予受理的情形很多，要根据具体情况另行寻找救济办法。常见的几种处理方法如下。

(1) 属于行政诉讼受案范围的案件。对于此种情形，起诉人要么撤回起诉，要么通过变更诉讼相对人，变更诉讼请求，在分清是平等主体间的民事权利义务之争还是对具体行政行为不服之争的基础上来确定提起何种类型的诉讼。

(2) 双方当事人依法对合同纠纷自愿达成书面仲裁协议，但另一方当事人向人民法院提起了诉讼。当人民法院以有仲裁协议为由不予受理时，当事人可以向约定的仲裁机构申请仲裁。需要注意的是，当事人在仲裁条款或协议中选择的仲裁机构不存在，或者选择裁决的事项超越仲裁机构权限的，人民法院有权依法受理当事人一方的起诉。如果当事人一方向人民法院起诉时未声明有仲裁协议，人民法院受理后，对方当事人又应诉答辩的，视为该人民法院有管辖权。

(3) 依法应由其他机关处理的争议。由当事人把相关争议提交有处理权的机关加以解决。如劳动合同纠纷，根据法律的规定应先由劳动仲裁部门解决，不服时才能向人民法院提起民事诉讼。

(4) 不属于受诉人民法院管辖的。对于此种情况，当事人可以撤回起诉，重新向有管辖权的人民法院起诉，也可以请求没有管辖权的人民法院先行立案，然后将案件移送给有管辖权的人民法院。当然在司法实践中，受诉人民法院认为本院没有管辖权时会退回当事人的所有材料，告诉当事人另行向有管辖权的人民法院起诉。

(5) 对判决、裁定已经发生法律效力的案件，当事人又起诉的。如果当事人有新的证据足以推翻原生效裁判，或者发现原裁判确定事实的主要证据是伪造的等等，可以在自知道或者应当知道之日起6个月内申请再审。

案例分析 7-1

约定不明的仲裁条款是否具备法律效力？

北京甲公司与河北乙公司签订了一专利转让合同。合同约定："因本合同发生的争议，提交华北地区的仲裁委员会进行仲裁。"合同履行过程中发生争议，甲

公司向天津仲裁委员会申请仲裁，乙公司则向甲公司所在地的北京市海淀区人民法院提起诉讼。法院立案受理后，甲公司对该院管辖权提出异议。这种情况下，该法院应如何处理？如果合同仲裁条款明确约定由石家庄仲裁委员会进行仲裁，法院又该如何处理？

人民法院的正确做法是裁定本院具有管辖权，因为仲裁协议对仲裁委员会的选择约定不明确，华北地区有很多仲裁机构，因此该仲裁协议无效，管辖权依然归北京市海淀区人民法院享有。如果仲裁协议明确约定由石家庄仲裁委员会仲裁，那么法院应裁定驳回起诉，告知当事人向仲裁机构申请仲裁。

第二节　管　　辖

案例引导 7-2

哪些法院对本案享有管辖权？

甲县的电热毯厂生产了一批电热毯，与乙县的昌盛贸易公司在丙县签订了一份买卖该批电热毯的合同。丁县居民张三在出差到乙县时从昌盛贸易公司购买了一条该批次的电热毯，后在使用过程中电热毯由于质量问题引起火灾，烧毁了张三的房屋。张三欲以侵权损害为由诉请赔偿。哪些法院对该纠纷有管辖权？

一、管辖的概念

管辖是指各级人民法院之间以及不同地区的同级人民法院之间，受理第一审民事案件的职权范围和具体分工。当事人明确管辖的具体规定，有利于在民事权益受到侵害或者发生争执后，知道应该到哪个人民法院起诉或者应诉，以便及时、有效地保护自己的合法权益。管辖可以按照不同标准作多种分类，其中最常见的是分为级别管辖、地域管辖、移送管辖和指定管辖。其中，移送管辖是指人民法院受理案件后，发现本院对该案件没有管辖权，依照法律规定将案件移送给有管辖权的人民法院审理。指定管辖是指上级人民法院以裁定方式，指定下级人民法院对某一案件行使管辖权。指定管辖的实质，是法律赋予上级人民法院在特殊情况下有权变更和确定案件管辖人民法院，以适应审判实践的需要，保证案件及时正确的裁判。下面重点介绍级别管辖和地域管辖。

二、级别管辖

级别管辖是指人民法院系统内划分上下级人民法院之间受理第一审民事案件的分工和权限。我国的人民法院有四级，包括基层人民法院、中级人民法院、高级人民法院及最高人民法院，并且每一级都可以受理一审民事案件。《民事诉讼法》主要是根据案件的性质、繁简程度和案件影响的大小来确定级别管辖的，从而把性质重大、案情复杂、影响范围大的案件确定给级别高的人民法院管辖。在审判实务中，争议标的额的大小是确定级别管辖的重要依据。根据最高人民法院的规定，全国各地的人民法院确定级别管辖时争议标的额大小标准各不相同。

（一）各级人民法院管辖的第一审民事案件

1. 基层人民法院管辖的第一审民事案件

根据《民事诉讼法》第17条的规定，基层人民法院管辖第一审民事案件，但本法另有规定的除外。从这一法条“原则加例外”的表述方式可以看出，我国绝大多数的个案都由基层人民法院管辖，具体而言，除了例外情况，即由中级人民法院、高级人民法院或最高人民法院管辖的特殊第一审民事案件以外，其他一审民事案件都由基层人民法院管辖。

2. 中级人民法院管辖的第一审民事案件

根据《民事诉讼法》第18条的规定，中级人民法院管辖下列第一审民事案件：①重大涉外案件；②在本辖区有重大影响的案件；③最高人民法院确定由中级人民法院管辖的案件。相对于基层人民法院负责绝大多数民事案件的一审而言，中级人民法院的受案数量明显减少，但受理的上述三类案件仍然非常重要：

（1）重大涉外案件。

非重大的涉外案件仍然有可能由基层人民法院管辖。根据《最高人民法院关于适用〈中华人民共和国民事诉讼法〉若干问题的意见》第1条，重大涉外案件，是指争议标的额大，或者案情复杂，或者居住在国外的当事人人数众多的涉外案件。

（2）在本辖区有重大影响的案件。

实践中有一些民事案件，其影响范围已经超出了某一具体基层人民法院的管辖范围，但没有超过某一中级人民法院的管辖范围，且在该中级人民法院的管辖范围内有重大影响，对于这类案件交由中级人民法院审理显然更为合理。

（3）最高人民法院确定由中级人民法院管辖的案件。

目前此类案件主要有：①海事、海商案件；②专利纠纷案件；③著作权案件；④重大的涉港、澳、台民事案件；⑤诉讼标的金额大或者诉讼单位属省、自治区、直辖市以上的经济纠纷案件；⑥证券虚假陈述民事赔偿案件；⑦对于仲裁协议的效力有异议请求法院作出裁决的案件。

3. 高级人民法院管辖的第一审民事案件

根据《民事诉讼法》第19条的规定，高级人民法院管辖在本辖区有重大影响的第一审民事案件。从实际情况来看，重大影响通常是指诉讼标的额巨大，由中级人民法院审理较不适宜，从而由高级人民法院进行一审。

4. 最高人民法院管辖的第一审民事案件

根据《民事诉讼法》第20条的规定，最高人民法院管辖下列第一审民事案件：①在全国有重大影响的案件；②认为应当由本院审理的案件。最高人民法院作为我国最高级别的法院，其工作主要集中在监督下级法院的审判工作以及审理下级法院一审的上诉案件，故一审案件审理较少。

（二）选择级别管辖的技巧

《民事诉讼法》规定的级别管辖标准是“重大影响”，但实践中，各地人民法院均把案件的标的额作为级别管辖主要的甚至是唯一的标准。纯粹以案件标的额作为级别管辖的依据，也容易造成实践中对级别管辖的规避。常见的规避办法无外乎有以下三种。

（1）将诉讼标的由“小”变“大”或者将“大”缩“小”，从而达到选择有利于自己的受诉人民法院的目的。如某地中级人民法院受理100万～3000万元的第一审民事案件，而某当事人的案件标的额只有95万元，不符合中级人民法院第一审的诉讼标的要求，那么当事人在起诉时通过人为增加计算违约金、逾期利息等方式使该案件的诉讼请求金额从95万元增加到100万元，从而实现由中级人民法院立案并取得管辖权的目的。另外，如果想要将案件交由特定的基层人民法院管辖，当事人就会降低诉讼请求，立案之后再增加诉讼请求，那么原立案的人民法院根据规定可以不用移送上一级人民法院审理，这样就实现了由“大”缩“小”，规避了级别管辖。

（2）将对同一债务人的诉讼分开起诉，使其每个案件诉讼标的均不超过下级人民法院级别管辖的金额。

（3）作为原告，将几个债务人的案件合并起诉，增大诉讼标的额，使其达到或超过上级人民法院级别管辖的金额。

三、地域管辖

（一）地域管辖的概念与种类

地域管辖是指确定同级人民法院之间受理第一审民事案件的分工和权限。

《民事诉讼法》首先通过级别管辖将第一审民事案件的受理权限在四级人民法院之间进行了划分，但除了最高人民法院外，同一个级别的人民法院很多，所以第一审案件具体由哪一个人民法院管辖仍然是不确定的，这就需要地域管辖来加以确定。地域管辖主要根据当事人住所地、诉讼标的物所在地或者法律事实所在地来确定。人民法院在对案件材料进行立案审查时，首先要确定本院是否有管辖权。原告方在起诉前应依照法律的规定正确选择管辖人民法院，防止因错误选择受诉人民法院而浪费时间、精力和物力，增加不必要的诉累。根据《民事诉讼法》的规定，地域管辖分为一般地域管辖、特殊地域管辖、专属管辖和协议管辖。

（二）一般地域管辖

一般地域管辖，又称普通管辖，是指以当事人住所地与人民法院辖区的关系来确定管辖人民法院。

一般地域管辖的原则是“原告就被告”，即民事诉讼由被告所在地人民法院管辖。实行原告就被告原则，有利于人民法院调查、核实证据，迅速查明案情，正确处理民事纠纷；有利于传唤被告出庭应诉；有利于采取财产保全和先予执行措施，如果被告败诉，还有利于执行；同时，还可以防止原告滥用诉权，给被告造成不应有的损失。

《民事诉讼法》第 21 条第 1 款规定，对公民提起的民事诉讼，由被告住所地人民法院管辖；被告住所地与经常居住地不一致的，由经常居住地人民法院管辖。这里所说的住所地，是指公民的户籍所在地；经常居住地，是指公民离开住所地至起诉时连续居住 1 年以上的地方，但公民住院就医的地方除外。在司法实践中，公民在其户籍迁出后，迁入异地之前，没有经常居住地的，仍然以其原户籍所在地为其住所地。

《民事诉讼法》第 21 条第 2 款规定，对法人或者其他组织提起的民事诉讼，由被告住所地人民法院管辖。这里所说的法人或者其他组织的住所地，是指其主要营业地或者主要办事机构所在地。如果被告是不具有法人资格的其他组织形式，又没有办事机构，则应由被告注册登记地人民法院管辖。

（三）特殊地域管辖

特殊地域管辖又称特别地域管辖，是指以被告住所地、诉讼标的所在地、法律事实所在地为标准确定的管辖。我国《民事诉讼法》确定的特殊地域管辖主要有十类。

（1）因合同纠纷提起的诉讼，由被告住所地或者合同履行地人民法院管辖。

司法实践中，如何确认合同履行地是比较复杂的问题。根据最高人民法院的司法解释，主要有以下几种情况。

① 因合同纠纷提起的诉讼，如果合同没有实际履行，当事人双方住所地又都不在合同约定的履行地的，应由被告住所地人民法院管辖。

② 当事人在合同中明确约定履行地点的，以约定的履行地点为合同履行地。当事人在合同中未明确约定履行地点的，以约定的交货地点为合同履行地。合同中约定的货物到达地、到站地、验收地、安装调试地等，均不应视为合同履行地。

③ 当事人在合同中明确约定了履行地点或交货地点，但在实际履行中以书面方式或双方当事人一致认可的其他方式变更约定的，以变更后的约定确定合同履行地。当事人未以上述方式变更原约定，或者变更原合同而未涉及履行地问题的，仍以原合同的约定确定履行地。

④ 当事人在合同中对履行地点、交货地点未作约定或约定不明确的，或者虽有约定但未实际交付货物，且当事人双方住所地均不在合同约定的履行地，以及口头购销合同纠纷案件，均不依履行地确定案件的管辖。

⑤ 加工承揽合同，以加工地为合同履行地，但合同中对履行地有约定的除外。

⑥ 财产租赁合同、融资租赁合同以租赁物使用地为合同履行地，但合同中对履行地有约定的除外。

⑦ 补偿贸易合同，以接受投资一方主要义务履行地为合同履行地。

（2）因保险合同纠纷提起的诉讼，由被告住所地或保险标的物所在地人民法院管辖。实践中，如果保险标的物是运输工具或运输中的货物，则可由运输工具登记注册地、运输目的地、保险事故发生地的人民法院管辖。

（3）因票据纠纷提起的诉讼，由票据支付地或者被告所在地人民法院管辖。

（4）因公司设立、确认股东资格、分配利润、解散等纠纷提起的诉讼，由公司住所地人民法院管辖。

（5）因铁路、公路、水上、航空运输和联合运输合同纠纷提起的诉讼，由运输始发地、目的地或者被告住所地人民法院管辖。

(6) 因侵权行为提起的诉讼,由侵权行为地或者被告住所地人民法院管辖。

(7) 因铁路、公路、水上和航空事故请求损害赔偿提起的诉讼,由事故发生地或者车辆、船舶最先到达地、航空器最先降落地或者被告住所地人民法院管辖。

(8) 因船舶碰撞或者其他海事损害事故索赔提起的诉讼,由碰撞发生地、碰撞船舶最先到达地、加害船舶被扣留地或者被告住所地人民法院管辖。

(9) 因海难救助费用提起的诉讼,由救助地或者被救助船舶最先到达地人民法院管辖。

(10) 因共同海损提起的诉讼,由船舶最先到达地、共同海损理算地或者航程终止地人民法院管辖。

案例分析 7-2

哪个法院对本案有管辖权?

A 市甲公司与 B 市乙公司签订了一份货物买卖合同。合同中明确约定,交货地点为 D 市。由于甲公司迟迟不到 D 市提货,乙公司唯恐时间过长影响货物质量,便将货物运至与 A 市临近的 E 县,并通知甲公司到 E 县提货。甲公司虽然不同意,但也只好自己用车将货物运回。后甲公司发现货物质量有问题,欲起诉乙公司要求赔偿。对此案,哪个法院有管辖权?

E 县是合同的实际履行地,但是甲公司和乙公司在变更履行地点上并没有达成一致,乙公司单方面作了决定,所以仍应以 D 市为合同的履行地。依照合同纠纷案件由被告住所地和合同履行地法院管辖的规定,B 市和 D 市的法院都有管辖权。

(四) 专属管辖

专属管辖,是指法律强制规定某类案件只能由特定法院管辖,其他法院无权管辖,也不允许当事人协议变更管辖。与其他法定管辖相比,专属管辖具有优先性、排他性与强制性。专属管辖的相关规定主要有:

(1) 因不动产纠纷提起的诉讼,由不动产所在地人民法院管辖。

(2) 因港口作业中发生的纠纷提起诉讼,由港口所在地人民法院管辖。

(3) 因继承遗产提起的诉讼,由被继承人死亡时住所地或主要遗产(由价值大小来认定)所在地人民法院管辖。

(4) 为撤销生效判决、裁定、调解书而提起的诉讼。立法机关 2012 年修订《民事诉讼法》时增加了第三人撤销之诉(第 56 条第 3 款)。由于此类诉讼只能向原审法院提起,所以可认为专属于原审法院管辖。

(五) 协议管辖

协议管辖,又称约定管辖,是指双方当事人在合同纠纷或者其他财产权益纠纷发生之前或之后,用协议的方式来解决彼此之间争议的管辖法院。《民事诉讼法》第 34 条规定:

“合同或者其他财产权益纠纷的当事人可以书面协议选择被告住所地、合同履行地、合同签订地、原告住所地、标的物所在地等与争议有实际联系的地点的人民法院管辖，但不得违反本法对级别管辖和专属管辖的规定。”根据这一法条，可以推导出协议管辖具有以下要点：

（1）在审级上，协议管辖的当事人只能就第一审案件协议选择管辖的法院，二审法院不能协议选择。

（2）协议管辖的案件范围有限制，即合同纠纷以及其他财产权益纠纷。

（3）协议管辖必须以书面形式作出。

（4）在可供选择的管辖法院范围上，当事人协议选择的法院必须是与争议有实际联系的地点的法院。

（5）当事人在协议选择管辖法院时，所选择的法院必须是唯一的、确定的。

（6）在管辖类型上，当事人只能协议变更第一审案件的地域管辖，而不能协议变更级别管辖和专属管辖。

（六）选择地域管辖的技巧

不同的受诉人民法院可能会导致案件处理结果的不同，当事人基于种种原因，规避法律选择受诉人民法院的现象屡见不鲜，常见的规避管辖的方法有以下三种。

（1）将不是被告的人虚列为被告，使案件规避真正被告所在地人民法院的管辖，使得没有法律上关联的人民法院取得了案件的管辖权。最常见的就是虚构保证人。

（2）利用法律对第三人规定的缺陷，将不是被告人的人列为被告，把真正的被告列为“第三人”，从而规避了真正被告人即“第三人”所在地人民法院的管辖。最常见的就是虚构债权转让。

（3）虚拟法律关系，通过改变案件的性质选择受诉人民法院。案件的性质不同，地域管辖的人民法院也就不同。如买卖合同纠纷的原告欲在原告所在地人民法院起诉，便会将本是买卖合同法律关系的案件虚拟为加工承揽法律关系，将卖方所在地说成加工承揽地，从而最终通过改变案件性质选择受诉人民法院。

四、管辖权异议

（一）管辖权异议的概念及提出条件

管辖权异议是指当事人提出的，认为受理案件的第一审人民法院对该案没有管辖权的意见或主张。提出管辖权异议的条件：①管辖权异议必须由当事人提出；②管辖权异议必须在提交答辩状期间提出；③管辖权异议只能在第一审中提出。一般针对级别管辖、地域管辖提出异议。

（二）提出管辖权异议的必要性

有的原告为了牟取非法利益而故意曲解法律、规避法律，以此选择有利的受诉人民法院来管辖案件，而有的人民法院为了多接案子多收诉讼费，或者出于保护地方及部门利益的考虑，对于没有管辖权的案件也应原告的要求予以受理，在这种情况下被告方就有提出管辖权异议的必要性。对于有经验的被告来说，在接到人民法院送达的起诉状副本后，不会轻易盲目地应诉答辩，一定要先弄清楚原告起诉的意图和目的，分析原告是否存在为了让特定的人民法院取得管辖权而虚拟诉讼主体、虚构案件事实的情况。另外，被告方在接到开庭通知的时候，由于收集证据需要较长的时间或者其他原因，来不及在人民法院通知的开庭时间前准备好，就可以提起管辖权异议。按照《民事诉讼法》的规定，当事人提起管辖权异议时，人民法院应当中止审理案件，在管辖权确定后才能继续审理。因此，管辖权异议可以为被告方争取更多的准备时间来收集证据。提出管辖权异议是法律赋予当事人的权利，无论是否会被人民法院支持，最起码可以争取更多的时间为应诉做好准备。

（三）提出管辖权异议的程序

人民法院对当事人提出的管辖权异议，应当进行审查。经审查，该异议成立的，裁定将案件移送给有管辖权的人民法院审理；异议不成立的，应裁定驳回。裁定应当送达双方当事人，当事人对裁定不服的，可以在裁定书送达之日起 10 日内向上一级人民法院提起上诉。当事人在第二审人民法院确定该案件的管辖权后，即应按照人民法院的通知参加诉讼。为了维护当事人的诉讼权利，人民法院对当事人提出的管辖权异议，未经审查或审查后尚未作出裁定的，不得进入对该案的实体审理。

案例分析 7-3

本案可以约定由哪些法院管辖？

锦江县、龙口县、华阳县均为南武市的市辖县，属 G 省。锦江县东方化工厂与龙口县生资公司在华阳县签订了一份化肥购销合同，东方化工厂为出售方，生资公司为购买方，货款总价为 15 万元。合同约定由东方化工厂将货送至生资公司。现当事人同意以协议的方式约定合同发生纠纷时的管辖法院。依照我国法律，他们可以约定哪一法院管辖？

本案可以约定由锦江县基层人民法院、龙口县基层人民法院、华阳县基层人民法院管辖。因为合同的双方当事人可以在书面合同中协议选择被告住所地、合同履行地、合同签订地、原告住所地、标的物所在地法院管辖，但不得违反法律有关级别管辖和专属管辖的规定，所以南武市中级人民法院和 G 省高级人民法院均无管辖权。另外，如果双方当事人约定发生合同纠纷时同时选择两个以上的法院的，管辖协议无效，此种情况下应由被告所在地或合同履行地法院管辖。

第三节　诉讼时效

案例引导 7-3

肖某的诉讼请求能否得到法院的支持？

2002 年 5 月，吴某向肖某借款 1 万元，并出具注明还款时间为 2003 年 4 月 30 日的借据一份。2003 年 4 月、2005 年 3 月肖某以口头方式，2006 年 1 月以书面方式向吴某催讨欠款，吴某均以自己系支取合伙利润(吴某与肖某系合伙人)，而非借款为由，拒绝归还。为此，肖某于2006年2月提起民事诉讼。庭审中，吴某否认肖某于2003年4月、2005年3月向自己口头催讨过欠款，因此认为该诉讼已超过2年的诉讼时效，请求依法驳回诉讼请求。

一、诉讼时效概述

现实生活中，许多人在自身合法权益遭受侵害后，因为不了解相关的诉讼时效而丧失了请求人民法院予以保护的机会，致使自身的合法权益遭受不必要的损失。随着法律知识的普及，现在许多人都知道“诉讼时效”这个词了。对“诉讼时效”我们可以理解为当事人向人民法院请求保护自己民事权利的期限，当时效期间届满时，人民法院对权利人的权利将不再进行保护。例如，别人欠了你的钱不还，你可以去人民法院告他，但必须在一定期限内(这个期限就是诉讼时效)去告他，过了这个期限再去打官司，就不能胜诉。值得注意的是，当事人超过诉讼时效后起诉的，人民法院应当受理，因为当事人仍然享有诉权。受理诉讼后若查明无中止、中断、延长事由的，判决驳回其诉讼请求。

二、诉讼时效的种类、期间与计算

（一）一般诉讼时效

《民法典》第188条规定：“向人民法院请求保护民事权利的诉讼时效期间为三年。法律另有规定的，依照其规定。”这表明，我国民事诉讼的一般诉讼时效为3年。

（二）特别诉讼时效

指针对某些特定的民事法律关而制定的诉讼时效。特殊时效可分为三种情况。

(1) 短期时效。短期时效指诉讼时效不满3年的时效。《产品质量法》第45条规定：“因产品存在缺陷造成损害要求赔偿的诉讼时效期间为二年，自当事人知道或者应当知道其权益受到损害时起计算。”此外，《国家赔偿法》关于请求国家赔偿的时效也为2年。

(2) 长期诉讼时效。长期诉讼时效是指诉讼时效在3年以上、20年以下的诉讼时效。如《环境保护法》第42条规定，因环境污染损害赔偿提起诉讼的时效期间为3年；《海商法》第265条规定，有关船舶发生油污损害的请求权，时效期间为3年，自损害发生之日起计算，但是，在任何情况下时效期间不得超过从造成损害的事故发生之日起6年；《民法典》第594条规定，因国际货物买卖合同和技术进出口合同争议提起诉讼或者申请仲裁的期限为4年，自当事人知道或者应当知道其权利受到侵害之日起计算；《保险法》第26条规定，人寿保险的受益人请求保险人支付赔付款项的时效为5年。

(3) 最长诉讼时效。最长诉讼时效为20年。从权利被侵害之日起超过20年，人民法院不予保护。根据这一规定，最长的诉讼时效的期间是从权利被侵害之日起计算，权利享有人不知道自己的权利被侵害，时效最长也是20年，超过20年，人民法院不予保护。

（三）诉讼时效期间的计算

诉讼时效期间的计算单位为年、月、日，一律按照公历计算，开始的当天不算入，从第二天开始计算。期间最后一天是双休日或者是国家法定节假日的，期间延长到第一个工作日。

三、导致诉讼时效中断的技巧

(一) 诉讼时效中断的概念

诉讼时效的中断是指在诉讼时效期间进行中，因发生一定的法定事由，致使已经经过的时效期间统归无效，待时效中断的事由消除后，诉讼时效期间重新起算。一般的诉讼时效为 3 年，时间不长，一不小心就会因错过诉讼时效导致败诉。为了延长保护期，法律专门规定了一个“诉讼时效中断”的办法。根据《民法典》的规定，有下列情形之一的，诉讼时效中断，从中断、有关程序终结时起，诉讼时效期间重新计算：①权利人向义务人提出履行请求；②义务人同意履行义务；③权利人提起诉讼或者申请仲裁；④与提起诉讼或者申请仲裁具有同等效力的其他情形。但难题是如何举证来证明存在诉讼时效中断的事实。所以在实践中，当事人要学会保存导致诉讼时效中断的证据。

案例分析 7-4

广州某公司能否赢得这场诉讼？

广州某公司 1994 年借款 228 万元给增城某公司，合同约定 1996 年底还清借款。增城某公司 1994 年至 1996 年陆续还款 148 万元。1999 年 3 月增城某公司的债务人嘉通公司转款 3000 元至广州某公司的账上，为增城某公司向广州某公司归还借款，但账上只有“嘉通”公司字样。广州某公司从 1999 年下半年直至 2002 年先后 20 多次派人至增城某公司催讨余款。增城某公司拒不接见。2001 年 1 月，广州某公司投邮发出内装主张债权的特快专递，亦被增城某公司拒收退回。至 2002 年 12 月，广州某公司起诉至增城人民法院。现广州某公司面临败诉风险。

本案中，广州某公司的诉讼时效为 2 年(1996 年 12 月 31 日至 1998 年 12 月 31 日)。由于债务人同意履行债务(嘉通公司代为还款)而适用诉讼时效中断，可从还款日 1999 年 3 月顺延时效 2 年。在此顺延期间，广州某公司多次上门催讨，属“当事人一方提出要求”，按规定又可中断诉讼时效，从上门催讨日又向后顺延 2 年。如此算来，诉讼时效应该没有过期。可惜的是，嘉通公司的还款在账面上只留下“嘉通”字样，不能证明是代增城某公司还款。而广州某公司的上门追讨，也无有效证据证明。这样，诉讼时效的中断和顺延就无法实现了。最终，法院因原告无法提供证据证明存在诉讼时效的中断和延长的事由而判其败诉。

(二) 为实现诉讼时效中断而保全证据的技巧

1. 提起诉讼时的注意事项

权利人在时效期间内起诉，从人民法院受理之日起可起算时效中断，人民法院的受理通知书即为有效证据。但如果起诉后又被撤诉、人民法院不予受理、人民法院裁定驳回、权利人拒不到庭应诉，则不适用时效中断。若发生前述情况，应及时采取其他方式主张权利。

2. 权利人向义务人提出要求的注意事项

（1）向债务人及债务人的担保人、代理人或财产管理人发出书面通知。发通知还存在一个“我曾发出过通知”的证明问题，可采用以下几种办法。

① 拍电报。电报内容有需要时可以在邮局存底中查询；有些邮局还可以向客户提供一份内容相同的复印件并盖上邮局公章。

② 发挂号信或特快专递。发信前最好到公证处办理公证手续，因为即使发出了挂号信，也有一个不能证明你向债务人发出了什么内容的信的问题。办理公证，则能证明权利人于何年何月何日向债务人发出了主张债权的信函。这样，连挂号信的内容也可以加以证实了。

③ 发出律师函。律师在受人委托后向债务人发出律师函的同时也起到见证作用。在司法实践中，如果当事人曾委托过律师发函，律师的证言及相关书证亦可成为适用时效中断的证据。

（2）邀请非利害关系人或公证员至债务人住所主张权利。像上述案例中的广州某公司，虽先后讨债几十次，但无有效证据证明。邀请同往的非利害关系人可以是一些机关或团体，如工商局、质监局、消协等；若公证处公证员同往，尚可出具一份正式公证书，其证明效力也是最高的。

（3）权利人向人民调解委员会或有关单位（如债务人的主管部门）提出保护其权利的请求。如果债务人拒绝参加调解，权利人要特别注意请求相关部门提供自己曾主张权利的书面证明。

3. 债务人同意履行义务的注意事项

（1）如果债务人同意履行债务，即使在超过诉讼时效的时间内也适用时效中断。例如，上述案例中广州某公司的诉讼时效为 2 年（从 1996 年 12 月 31 日至 1998 年 12 月 31 日），但广州某公司的账面记载如能证明增城某公司曾于 1999 年 3 月还款3000 元（债务人同意履行债务），即可从 1999 年 3 月起算顺延时效 2 年。

（2）债务人转账支付应要求其注明付款事由、付款单位。案例中的广州某公司账面上只有代付欠款的“嘉通”公司字样，即难证明债务人同意履行债务。

（3）债务人若支付现金，债权人收讫还款后出示收款凭据，也可能会发生债务人否认曾经付款而债权人无法证明的情况。故应要求债务人在收款凭据底单上签字或盖章，以证明债务人曾经支付，其同意履行义务的行为有证据证明，方可适用诉讼中断。

第四节　财产保全

案例引导 7-4

甲公司能否申请诉讼保全？

A 地甲公司与 B 地乙公司签订买卖合同，约定合同履行地在 C 地。乙到期未能交货。甲多次催货未果,便向B地基层人民法院起诉,要求判令乙按照合同约定交付货物,并支付违约金。法院受理后,甲得知乙将货物放置于其设在D地的仓库,并且随时可能转移。甲公司可以通过何种途径保障将来判决的顺利履行?

一、财产保全的概念与种类

财产保全是指人民法院在利害关系人起诉前或者当事人起诉后,为保障将来的生效判决能够得到执行或者避免财产遭受损失,对当事人的财产或争议的标的物,在特定情形下采取限制当事人处分的强制措施。其目的是保护利害关系人或当事人的合法权益,并维护人民法院判决的权威性。在司法实践中,一旦对方的某项财产被采取了保全措施,申请人就可以"高枕无忧"地进行诉讼了,如果案子胜诉了,即使对方拒不履行判决确定的义务,也有已被保全的财产可供执行。而且,因为财产保全限制了对方对财产的处分,极大地影响着被申请人的生活、生产经营,故在权衡利弊后,在很多情况下被申请人愿意主动和申请人进行和解,这样既节省了时间,也顺利解决了纠纷。

根据《民事诉讼法》的规定,财产保全可以分为诉前财产保全和诉讼中财产保全。

(一) 诉前财产保全

1. 诉前财产保全的概念

诉前财产保全是指在紧急情况下,如果法院不立即采取财产保全措施,利害关系人的合法权利就会受到难以弥补的损害。因此,法律赋予利害关系人在起诉前有权申请人民法院采取财产保全措施。

诉前财产保全属于应急性的保全措施,目的是保护利害关系人不致遭受无法弥补的损失。例如,道路交通事故发生后,由于肇事者可能是外地人或者没有其他财产来赔偿受害人的损失,那么受害人可以先向人民法院申请查封肇事车辆,然后在规定的时间内再向人民法院提起民事诉讼。又如,双方当事人签订了购销合同,需方按约定给付供方250万元预付款,事后发现供方有欺诈行为,根本没有能力履行合同,而且所付货款有被转移的可能,如不及时采取强制保全措施加以控制,必将产生难以弥补的损失,那么需方就可以先向人民法院申请诉前财产保全,查封供方的银行账户,方便将来判决的履行,以减少自己的损失。债权人起诉后,从受理到开庭往往需要一段时间,这段时间内债务人很有可能通过转移财产来逃避自己的债务,法律有必要赋予利害关系人在情况紧急时,请求人民法院及时保全可能被转移的财产的权利。

2. 诉前财产保全的适用条件

(1) 需要采取诉前财产保全的申请必须具有给付内容,即申请人将来提起案件的诉讼请求具有财产给付内容。

(2) 情况紧急,不立即采取相应的保全措施,可能使申请人的合法权益受到难以弥补的损失。

(3) 由利害关系人提出诉前财产保全申请。利害关系人,即与被申请人发生争议或者认为权利受到被申请人侵犯的人。

(4) 诉前财产保全申请人必须提供担保。申请人如不提供担保,人民法院将驳回申请人在起诉前提出的财产保全申请。

诉前财产保全，由当事人向财产所在地的人民法院申请。在人民法院采取诉前财产保全后，申请人起诉的，可以向采取诉前财产保全的人民法院或者其他有管辖权的人民法院提起。当事人申请诉前财产保全后没有在法定的15日内向人民法院起诉，给被申请人造成财产损失而引起诉讼的，由采取该财产保全措施的人民法院管辖。

（二）诉讼中财产保全

1. 诉讼中财产保全的概念

诉讼中财产保全是指人民法院在受理案件之后、作出判决之前，对当事人的财产或者争执标的物采取限制当事人处分的强制措施，又称诉讼保全。

民事案件从人民法院受理到作出生效判决需要经过几个月甚至更长的时间，如人民法院适用普通程序审理的案件，应当在立案之日起6个月内审结。有特殊情况需要延长的，由本院院长批准，可以延长6个月；还需要延长的，报请上级人民法院批准。适用简易程序审理案件的也应在3个月内审结。人民法院判决生效后，如果债务人不履行义务，债权人申请强制执行又需要一段时间。在这一过程中，如果债务人隐匿、转移或挥霍争议中的财产或以后用于执行的财产而得不到制止，不仅会激化当事人双方的矛盾，而且可能会使生效的判决不能得到执行。有些争执标的物，如水果、水产品等，容易腐烂变质，必须及时处理，保存价款，以减少当事人的损失。

2. 诉讼中财产保全的适用条件

（1）该案的诉讼请求具有财产给付内容。

（2）将来的生效判决因为主观或者客观的因素导致不能执行或者难以执行。

（3）诉讼中财产保全发生在民事案件受理后、人民法院尚未作出生效判决前。

（4）诉讼中财产保全一般应当由当事人提出书面申请。

（5）人民法院可以责令当事人提供担保。

二、财产保全的范围与措施

（一）财产保全的范围

财产保全的主要作用是防止当事人在人民法院作出判决前处分有争议标的物或者处分判决生效后用以执行的财产，以防止纠纷扩大，并保障生效判决得到执行。但是，如果人民法院采取财产保全措施不当，会给当事人财产权和人身权造成损害。例如，对当事人的银行存款全部予以冻结，超出申请人请求的范围，会使对方当事人的经营活动受到限制。因此，《民事诉讼法》第102条明确规定："保全限于请求的范围，或者与本案有关的财物。"最高人民法院的有关司法解释也认为，人民法院采取财产保全措施时，保全的范围应当限于当事人争执的财产或者被告的财产，对案外人的财产不得采取财产保全措施。对案外人善意取得的与案件有关的财产，一般也不得采取保全措施。所以，财产保全的范围不能超过申请人请求的范围，或者不能超过争议财产的价额。采取保全措施，只能在当事人或者利害关系人的请求范围内，才能达到财产保全的目的，使申请人的权益得到实现，也避免给被申请人造成不应有的损失。

（二）财产保全的措施

根据《民事诉讼法》的规定，财产保全可以采取查封、扣押、冻结或者法律规定的其他方法。

1. 查封

查封是指人民法院将需要保全的财物清点后，加贴封条、就地封存，防止任何单位和个人处分的一种财产保全措施。

2. 扣押

扣押是指人民法院将需要保全的财物转移到一定的场所予以扣留，防止任何单位和个人处分的一种财产保全措施。

人民法院在财产保全中采取查封、扣押财产措施时，应当妥善保管被查封、扣押的财产。当事人可以负责保管被扣押物，但是不得使用。

3. 冻结

冻结是指人民法院依法通知有关金融单位，不准被申请人提取或者转移其存款的一种财产保全措施。

对人民法院依法冻结的款项，任何单位和个人都不准动用。财产已经被查封、冻结的，不得重复查封、冻结。

4. 法律规定的其他方法

主要包括：①责令被申请人提供担保，即人民法院责令保证人出具书面保证书或者责令被申请人提供银行担保、实物担保；②人民法院对债务人到期应得的收益可以限制支取，并通知相关单位协助执行；③对季节性商品、鲜活易腐烂变质等物品可以责令当事人及时处理，由人民法院保存价款，必要时人民法院可以变卖、保存价款；④扣留、提取被申请人的劳动收入。

三、财产保全的程序

诉前财产保全一概由申请人提出申请，并且提供担保，申请人不提供担保的，驳回申请。人民法院对诉前财产保全申请，必须在接受申请后的48小时内作出裁定，并立即开始执行。

诉讼中财产保全应当由当事人提出申请，人民法院进行审查后作出财产保全的裁定，根据裁定来采取具体的财产保全措施。人民法院也可以根据案件的实际情况，依职权主动作出财产保全裁定。人民法院可以责令申请人提供担保，申请人不提供担保的，驳回其申请。

人民法院接到申请后，对情况紧急的，必须在48小时内作出裁定，并开始执行。

财产保全裁定一旦作出立即生效，当事人或者利害关系人可以申请复议一次。复议期间，人民法院不停止财产保全裁定的执行。

四、财产保全的解除

诉讼过程中，因为下列情况需要解除保全措施的，人民法院应及时作出裁定，解除保全措施：①被申请人提供担保；②诉前财产保全的申请人在采取保全措施后15日内未起诉的；③申请人撤回保全申请的。

人民法院根据利害关系人或者当事人的申请而采取财产保全措施，由于申请人的错误而导致被申请人因财产保全而遭受损失的，应当由申请人负责赔偿。

第五节 诉讼证据

案例引导 7-5

如何确定本案的举证时限？

天和公司因合同纠纷，向法院起诉大地公司。天和公司在起诉状中声称，双方于2009年5月签订的买卖合同是在被胁迫的条件下签订的，请求撤销该合同。法院受理了此案，并向被告大地公司送达了应诉通知书。

本案中，如何确定举证时限？如果当事人在举证期限内不提交证据材料，将会产生什么样的法律后果？

一、证据的概念、种类与特征

（一）民事证据的概念与种类

民事证据是指在民事诉讼中能够证明民事诉讼案件真实情况的一切根据和方法。打官司就是打证据，在民事诉讼中，民事证据是人民法院认定案件事实和作出裁判的依据。当事人之间因为争议向人民法院提起诉讼，在起诉书中提出诉讼请求及事实与理由，均需要向人民法院提供相应的证据，因为证据是主张有利于己的事实、反驳不利于己的事实，维护其合法权益的方法和手段。人民法院要对当事人有争议的事实进行认定，也必须借助于各种证据，并在此基础上作出正确的裁判。因而对人民法院而言，证据是查明案件事实、作出正确裁判的根据。

《民事诉讼法》规定的法定证据种类有当事人的陈述、书证、物证、视听资料、电子数据、证人证言、鉴定意见及勘验笔录等八种形式。

（二）民事证据的特征

1. 客观性

证据必须是客观存在的事实材料。证据的客观性要求证据不能是主观臆测，必须是客观存在的。

2. 关联性

证据必须与待证的案件事实有内在的联系，即证据应当能证明待证的案件事实的全部或一部分。关联性是判断证据证明力的重要标准。

3. 合法性

证据应当按法定要求和法定程序取得。实体法要求某些法律行为必须采用法定形式的，作为证明这些法律行为的证据材料就应当具备这些法定形式。合法性包括：①证据主体的合法性；②证据形式的合法性；③收集证据的合法性；④证据材料转化为诉讼证据的合法性。

二、人民法院调查收集证据

根据“谁主张，谁举证”的原则，民事证据应由当事人自己收集并提供给人民法院。但在当事人确实因客观原因无法收集证据时，可以由人民法院来收集。在实践中，原告往往需要查询对方当事人的银行账户资料，查询公安机关办案的卷宗资料，向房屋管理部门查询房屋交易资料等，但相关部门根据法律规定可以拒绝向当事人提供，那么当事人就只能通过向人民法院申请调查收集相关证据来证明自己主张的案件事实。人民法院调查收集证据包括两种情形：①根据自己的需要依职权主动调查收集证据；②根据当事人的申请调查收集证据。

（一）人民法院主动调查收集证据

根据《民事诉讼法》第 64 条的规定，人民法院认为审理案件需要的证据，人民法院应当调查收集。民事诉讼贯彻处分原则和辩论原则，因此作为裁判依据的证据应当由当事人提出，当事人收集有困难的可向人民法院提出申请。一般情况下，为了保持中立性，人民法院不宜依职权主动收集证据。人民法院认为审理案件需要的证据，是指以下情形：①涉及可能有损国家利益、社会公共利益或者他人合法权益的事实；②涉及依职权追加当事人、中止诉讼、终结诉讼、回避等与实体争议无关的程序事项。

（二）人民法院根据当事人申请调查收集证据

对于当事人及其诉讼代理人因客观原因不能自行收集的证据，可以向人民法院提出申请，而人民法院也应当予以调查收集。要强调的是，必须有当事人的申请，并满足一定条件，人民法院才会依申请调查收集证据。这样的规定符合处分原则和辩论原则。申请人民法院调查收集证据的条件如下。

（1）申请调查收集的证据属于国家有关部门保存并须人民法院依职权调取的档案材料。

（2）涉及国家秘密、商业秘密、个人隐私的材料。

（3）当事人及其诉讼代理人确因客观原因不能自行收集的其他材料。

（4）提出申请的人必须是当事人本人或其代理人。

（5）须提交申请书。当事人申请人民法院调查收集证据的，应向人民法院提出书面申请。申请书应当载明被调查人的姓名或者单位名称、住所地等基本情况，所要调查收集的证据的内容，需要由人民法院调查收集证据的原因及其要证明的事实。

（6）符合申请提交的期限。当事人及其诉讼代理人申请人民法院调查收集证据，不得迟于举证期限届满前 7 日。

人民法院对当事人及其诉讼代理人的申请不予准许的，应当向当事人及其诉讼代理人送达通知书。通知书中应当告知不予准许的决定以及理由。当事人及其诉讼代理人可以在收到通知书的次日起3日内向受理申请的人民法院书面申请复议一次。人民法院应当在收到复议申请之日起5日内作出答复。当事人的申请被准许的，人民法院即按照有关调查的规定对有关证据进行调查和收集。

三、申请人民法院证据保全

（一）证据保全的概念

证据保全是指在证据有可能毁损、灭失或以后难以取得的情况下，人民法院对证据进行保护，以保证其证明力的一项措施。证据保全的意义在于保护证据，使与案件有关的事实材料不因有关情形的发生而无法取得，以满足当事人证明案件事实和人民法院查明案件事实的需要。

（二）证据保全的条件

（1）待保全的事实材料应当与案件所涉及的法律关系有关，即应当是能够证明案件有关事实的材料。

（2）待保全的事实材料存在毁损、灭失或以后难以取得的可能性。

（3）就时间而言，证据保全应在开庭审理前提出。在开庭后，由于已经进入证据调查阶段，就没有实施证据保全的必要。

（三）证据保全的程序

（1）证据保全提出的主体。通常情况下，由当事人申请，有些情况下也可以由人民法院依职权决定，主动采取保全措施。

（2）证据保全提出的时间。根据《最高人民法院〈关于民事诉讼证据的若干规定〉》，当事人向人民法院申请保全证据，应当在举证期限届满前提出。

（3）证据保全的提出步骤。当事人申请证据保全的，应当提出书面申请，说明证据保全的理由、保全的对象及待保全证据所在之处等。对当事人提出的申请，人民法院应当予以审查，并尽快决定是否同意申请。同时，人民法院可以要求当事人提供相应的担保。

（四）证据保全的措施

人民法院进行证据保全，可以根据具体情况，采取查封、扣押、拍照、录音、录像、复制、鉴定、勘验、制作笔录等方法。

实践中要根据证据种类的不同而有所区别：对书证，要尽可能提取原件，提取原件确有困难的，可提取复制品、照片、副本、节录本等加以保全；对物证，可通过勘验笔录、拍照、录像、绘图、复制模型或者保持原物的方法保全；对视听资料，可通过录像、录音反映出现的形象或音响，或者利用电子计算机贮存的资料加以保全；对证人证言、当事人的陈述可采用笔录或者录音的方法加以保全，并力求准确、可靠，保持其原稿或原意，笔录经本人核对盖章后，正式附卷加以保存，不得损坏或未经批准而销毁；对于电子证据，由于其无形性，往往存储于第三方，很容易被对方当事人或者第三方修改、删除或藏匿，从而损害当事人的利益，对其保全一般采取网络公证、电子文件档案化管理、技术性扣押等方法，并利用数据隐藏、加密、数字签名和数字时间戳、数字摘要等技术手段。

人民法院保全证据,可以要求当事人或者其诉讼代理人到场。当事人或者其诉讼代理人拒不到场的,不影响人民法院采取证据保全措施。

四、超过举证时限举证的法律风险

(一)举证时限的概念

举证时限是指在诉讼中,法律规定或人民法院指定的当事人能够有效举证的期限。这里的"举证"应从狭义上理解,仅指向人民法院提交证据的行为,而不是指提交证据并运用证据证明案件事实的全过程。法律规定举证时限的主要目的是克服证据随时出示主义的弊端,防止证据突袭,为双方当事人提供平等的诉讼机会,调动当事人的举证积极性,提高人民法院审判的效率性。

(二)举证时限的确定

举证时限可以由当事人协商,也可以由人民法院指定。人民法院指定举证期限的,指定的期限不得少于30日,自当事人收到案件受理通知书和应诉通知书的次日起计算。人民法院在送达案件受理通知书和应诉通知书的同时应向当事人送达举证通知书,此通知书应载明举证的时限、举证责任的分配及逾期提供证据的法律后果等。

(三)举证期限的延长

当事人在举证期限内提交证据确有困难的,应当在举证期限内向人民法院申请延期举证,经人民法院准许,可以适当延长举证期限。当事人在延长的举证期限内提交证据材料仍有困难的,可以再次提出延期申请,是否准许应由人民法院根据具体情况而定。这样就保证了一些因客观原因不能及时提供证据的当事人的举证权。

(四)超过举证时限的法律风险

当事人在确定的举证时限及人民法院准许的延长时限内仍不能提交证据的,视为放弃举证权。对于已取得的超过举证时限提交的证据,人民法院审理时可不再组织质证,但对方当事人同意质证的除外。这就意味着,在规定的时间内不提交证据或者提交证据延迟,将会承担不利的法律后果。

(五)举证时限的例外

对超过举证时限提供的证据,在庭审中人民法院不再组织质证,不再作为证据使用,但对于在一审、二审中出现的新证据,仍可作为证据使用。具体包括:①一审中当事人在一审举证期限届满后新发现的证据;②当事人确因客观原因无法在举证期限内提供,经人民法院准许在延长的期限内仍无法提供,但不审理该证据可能导致裁判明显不公的,其提供的证据可视为新证据;③二审中在一审庭审结束后新发现的证据;④当事人在一审举证期限届满前申请人民法院调查取证未获准许,二审人民法院经审查认为应当准许并依当事人申请调查的证据。

(六)申请鉴定的时限规定

对需要鉴定的事项负有举证责任的当事人申请鉴定的,应当在举证期限内提出,在此期限内无正当理由不提出鉴定申请或不预交鉴定费用或拒不提供相关材料,致使对案件争议的事实无法通过鉴定结论予以认定的，应对该事实承担举证不能的法律后果。

第六节 诉讼代理人

案例引导 7-6

谁可以担任 A 公司的诉讼代理人？

A 公司不慎购入一批劣质电子元件，导致其生产的产品质量低劣，无法售出。A 公司起诉元件供应者 B 公司，欲从下列人员中委托诉讼代理人：律师事务所的律师何某；A 公司董事长李某的哥哥，但曾受过行政处罚；B 公司经理张某的妻子；A 公司推荐本单位刚招进来的从法律院校毕业的工作人员小王。

一、诉讼代理人的概念与特征

（一）诉讼代理人的概念

诉讼代理人是指依据法律的规定或者当事人的授权，以当事人的名义，在一定权限范围内，为当事人的利益进行诉讼活动的人。根据《民事诉讼法》的规定，诉讼代理人分为法定诉讼代理人和委托诉讼代理人。本书主要介绍委托诉讼代理人。

（二）诉讼代理人的特征

（1）以被代理人的名义实施诉讼行为。

（2）在代理权限范围内实施诉讼行为。诉讼代理人的行为受到代理权限的限制，诉讼代理人只能在代理权限范围内实施诉讼行为。超越代理权限范围，代理行为便成为无效的行为，不能产生诉讼上的效果，若因此给委托人造成损失，由代理人承担相应的民事责任。

（3）诉讼代理行为的法律后果由被代理人承担。代理的法律后果既包括程序性后果，又包括实体性后果。只要诉讼代理人实施的代理行为在授权范围内，不管是产生积极的后果还是消极的后果，均应当由被代理人承担。

二、委托诉讼代理人的概念、特点与范围

（一）委托诉讼代理人的概念

委托诉讼代理人是指受诉讼当事人或其法定代理人的委托，以当事人的名义代为诉讼行为的人。

（二）委托代理人的特点

（1）委托诉讼代理人的代理权来源于当事人或其法定代理人的授权行为。

（2）委托诉讼代理人代理权的大小取决于当事人或其法定代理人的授权范围。

（3）委托诉讼代理人证明其代理权的方式是向人民法院提交由被代理人签署的授权

委托书。

(4) 代理人和被代理人均有诉讼行为能力。

(三) 委托诉讼代理人的范围

哪些人可以接受委托代理民事诉讼,各国法律规定不一致。归结起来,有两种立法模式:一种是采用律师强制主义或原则上采用律师强制主义,如日本民事诉讼法规定,"除根据法令可以做裁判上行为的代理人外,非律师不可以作为诉讼代理人";另一种是规定了相当宽泛的范围,律师和非律师均可以作为委托诉讼代理人。因我国律师行业发展得比较晚,律师从业人数不足,就诉讼代理人的充任问题采用的是后一种立法模式,对诉讼代理人的范围规定得相当广泛。在民事诉讼的实践中,当事人可以在下列人员范围中选任诉讼代理人。

(1) 律师。我国的律师队伍已逐步壮大,加之律师具有法律专业知识和诉讼技能、经验的优势,因此,律师已成为我国委托诉讼代理人的主力军。

(2) 基层法律服务工作者。基层法律服务工作者是符合《基层法律服务工作者管理办法》规定的执业条件,经核准执业登记,领取《法律服务工作者执业证》,在基层法律服务所中执业,为社会提供法律服务的人员。基层法律服务工作者接受担任诉讼代理人的,应当向人民法院提交《法律服务工作者执业证》、基层法律服务所出具的介绍信以及当事人一方位于本辖区内的证明材料。

(3) 当事人的近亲属或者工作人员。与当事人有夫妻、直系血亲、三代以内旁系血亲、近姻亲关系以及其他有抚养、赡养关系的亲属,可以当事人近亲属的名义作为诉讼代理人。当事人的近亲属担任诉讼代理人的,应当向人民法院提交身份证件和与委托人有近亲属关系的证明材料。与当事人有合法劳动人事关系的职工,可以当事人工作人员的名义作为诉讼代理人。当事人的工作人员担任诉讼代理人的,应当向人民法院提交身份证件和与当事人有合法劳动人事关系的证明材料。

(4) 当事人所在社区、单位以及有关社会团体推荐的公民。当事人所在社区、单位推荐的公民接受委托担任诉讼代理人的,应当向人民法院提交身份证件、推荐材料和当事人属于该社区、单位的证明材料。有关社会团体推荐的公民担任诉讼代理人的,应当向人民法院提交该公民的身份证件和符合下列条件的证明材料:①社会团体属于依法登记设立或者依法免予登记设立的非营利性法人组织;②被代理人属于该社会团体的成员,或者当事人一方住所地位于该社会团体的活动地域;③代理事务属于该社会团体章程载明的业务范围;④被推荐的公民是该社会团体的负责人或者与该社会团体有合法劳动人事关系的工作人员。此外,专利代理人经中华全国专利代理人协会推荐,可以在专利纠纷案件中担任诉讼代理人。

(四) 委托诉讼代理人的人数

根据《民事诉讼法》的规定,当事人、法定代理人可以委托 1～2 人作为诉讼代理人。如委托 2 人作为诉讼代理人,各自的代理事项和代理权限应当在授权委托书中分别载明。要注意的是,同一诉讼代理人不能同时接受对立双方当事人的委托代理进行诉讼。

三、委托诉讼代理人的权限

委托诉讼代理人代理权限的大小，取决于被代理人或其法定代理人在授权委托书中确定的授权范围，当事人授予他多大的权利，他才能行使多大的代理权限。

当事人在民事诉讼中的权利大体可分为两大类：一类是纯程序性质的或者与实体权利关系不那么密切的诉讼权利，如申请回避、提出管辖权异议、申请复议、陈述案情、提供证据、进行质证和辩论等；另一类是实体权利或与实体权利紧密相关的诉讼权利，如代为承认、变更、放弃诉讼请求，进行和解，提起反诉或者上诉。第一类授权称为一般授权，第二类称为特别授权。当事人在授予代理权时，可以只授予第一类权利而保留第二类权利，也可以在授予第一类权利的同时，将第二类权利中的部分或全部授予诉讼代理人。

第二类权利与当事人的利益关系重大，因此《民事诉讼法》对这类权利持特别慎重的态度，明确规定诉讼代理人除非经过委托人的特别授权，否则不得在诉讼中实施这类行为。

对需要特别授权的事项，当事人在授权委托书中必须一一写明。在司法实践中，有的当事人为图方便省事，在授权委托书代理权限一项中只概括地写上“全权代理”而无具体授权，这是不妥当的。对这种不规范的授权，我国法律明确规定，诉讼代理人无权代为承认、放弃、变更诉讼请求，进行和解，提起反诉或者上诉。当然，现在律师事务所或者人民法院的立案庭在立案时均可以向当事人提供印刷好格式的空白授权委托书，当事人只需要在代理权限范围的相应选项上加以选择并签名就可以了。

案例分析 7-5

律师王某在庭审中实施的行为是否具有法律效力？

甲公司因拖欠乙公司的贷款而被乙公司诉至法院，乙公司的委托代理律师王某未经乙公司的特别授权，在庭审中实施了下列行为：表示同意甲公司延期1个月还款，要求书记员赵某回避，陈述案情并出示相关证据，提出管辖权异议。请问律师王某是否有权实施上述行为？

乙公司律师王某无权同意甲公司延期1个月还款，但其他的诉讼行为均具备法律效力。王某无特别授权，无权代为和解，无权代为承认、放弃、变更诉讼请求。

四、如何选择合适的诉讼代理人

在诉讼中，特别是经济诉讼中，制定诉讼策略是一项严谨细致的工作，不仅需要熟悉案情和法律，而且还需要丰富的诉讼实践经验。在实践中，经常可见到当事人不委托诉讼代理人而由自己亲自上庭应诉，结果由于不懂诉讼技巧，不熟悉证据规则，对于法官的提问答非所问，在庭审中草率自认、无法洞悉对方证据存在的瑕疵等情形而导致败诉。由此可见，选择一个合适的诉讼代理人显得非常重要。根据法律的规定，可以充任诉讼代理人的人员范围很广，但相对来说，聘请律师担任自己的诉讼代理人能够更好地为自己提供法律帮助。律师是熟悉法律、能为社会提供法律服务、被国家认可并受当事人委托，协助当事人进行诉讼或者处理其他法律事务的专业人员。律师大多具备法律专业知识，同时具有一定的诉讼实践经验和社会工作经历，由其担任诉讼代理人，能最大限度地维护自己的合法权益。同时，还可以让当事人从烦琐的法律程序中解脱出来，为自己节省时间和精力。

五、委托诉讼代理权的变更与消灭

（一）委托诉讼代理权的变更

委托代理关系在诉讼过程中可能会发生变化。由于这样或者那样的原因，诉讼代理人可能会辞去委托，委托人也可能变更代理权限的范围或者取消委托。是否变更代理权，是当事人的权利，可以由当事人单方面作出决定，但当事人在作出变更或解除代理权的决定后，必须用书面形式告知人民法院，并由人民法院通知对方当事人。诉讼代理人在代理权变更或解除前实施的诉讼行为的效力不受代理权变更或解除的影响。

（二）委托诉讼代理权的消灭

委托诉讼代理权因下列原因之一而消灭。

（1）诉讼结束或委托期限届满。当事人可以在授权委托书中载明委托的审级，该审级终结，代理权便因诉讼任务的完成而消灭。如当事人委托代理人代理某一案件的第一审诉讼，代理权在第一审终结时便消灭。案件进入第二审后，当事人若认为原来的诉讼代理人能够提供满意的法律服务，也可以继续委托第一审诉讼代理人继续代理，但须另行签订授权委托书提交给第二审人民法院。需要注意的是，不能委托同一案件第一审相对方当事人委托的律师担任自己在第二审中的诉讼代理人。

（2）委托诉讼代理人死亡或者丧失诉讼行为能力。

（3）代理人辞去委托或被代理人取消委托。委托代理诉讼是基于双方的合意及委托代理协议而成立的，因此委托人和受托人均有权解除诉讼代理关系。代理人辞去委托应及时通知被代理人，以便被代理人重新委托代理人或自己参加诉讼。

（4）被代理的当事人死亡或被代理的企事业单位、机关、团体消灭。由于诉讼代理关系的一方不复存在，委托诉讼代理权当然就消灭了。

第七节　案件审理

案例引导 7-7

本案应如何处理？

居民甲与金山房地产公司签订了购买商品房一套的合同。因甲未按约定付款，金山房地产公司起诉至法院，要求甲付清房款并承担违约责任。在诉讼中，甲的妻子乙向法院主张，甲患有精神病，没有辨别行为的能力，要求法院认定购房合同无效。

一、开庭审理

（一）开庭审理的概念与主要程序

开庭审理是指人民法院于确定的日期在当事人和其他诉讼参与人的参加下，依照法定的程序和形式，在法庭上对案件进行实体审理的诉讼活动。开庭审理主要有以下几个阶段。

1. 审理前的准备工作

（1）依法发送起诉状、答辩状。人民法院立案之日起 5 日内向被告发送起诉状副本；被告收到起诉状副本后 15 日内提出答辩状；人民法院收到答辩状 5 日内将答辩状副本发送原告。需要注意的是，被告不提交书面的答辩状的，不影响案件的开庭审理。

（2）告知当事人有关诉讼权利和义务。可以书面方式告知，也可口头告知。当事人的诉讼权利主要有：委托诉讼代理人，申请回避，收集、提出证据，进行辩论，请求调解，提起上诉，申请执行，查阅或复制本案的有关材料，自行和解，原告可以放弃或者变更诉讼请求，被告可以承认或反驳诉讼请求并提起反诉等。当事人的诉讼义务主要有：必须依法行使诉讼权利，遵守诉讼秩序，履行发生法律效力的法律文书等。

（3）依法组成合议庭。合议庭组成人员确定后，应当在 3 日内告知当事人。

（4）审核诉讼材料，调查、收集必要的证据。

（5）依法追加当事人。

2. 法庭调查

法庭调查是指审判人员在法庭上对案件事实、证据进行全面审查、核实的诉讼活动。法庭调查是庭审的重要环节，是对案件进行实体审理的重要阶段。

根据《民事诉讼法》的规定，法庭调查按下列顺序进行：①当事人陈述；②告知证人的权利义务，证人作证，宣读未到庭的证人证言；③出示书证、物证、视听资料和电子数据；④宣读鉴定结论；⑤宣读勘验笔录。

法庭调查结束之前，审判人员还应分别询问当事人及其诉讼代理人是否还有意见，当事人及其诉讼代理人可作最后陈述。

3. 法庭辩论

法庭辩论是指在审判人员主持下，当事人及其诉讼代理人就法庭调查查明的实事、证据，阐明自己的意见，反驳对方的主张，相互进行辩论的诉讼活动。法庭辩论是当事人行使辩论权相对集中的一个阶段，通过辩论，能够对案件有争议的问题进一步审查、核实，分清是非责任，为人民法院正确适用法律及公正裁判打下基础。

根据《民事诉讼法》的规定，法庭辩论的顺序依次是：①原告及其诉讼代理人发言；②被告及其诉讼代理人答辩；③第三人及其诉讼代理人发言或答辩；④相互辩论。

辩论终结之后，审判长在征得各方当事人的同意后，可依法进行调解，调解不成的，应当及时进行判决。

4. 案件评议与宣告判决

合议庭评议由审判长主持，实行少数服从多数的原则，合议庭多数人的意见为合议庭的意见，但对评议中的不同意见，必须如实记入笔录。根据审判公开原则，无论案件是否公开审理，宣判都应该是公开的。公开审理的案件，可以当庭宣判，也可以定期宣判。

（二）审理期限

（1）根据《最高人民法院〈关于严格执行案件审理期限制度的若干规定〉》的规定，适用普通程序审理的第一审民事案件，期限为 6 个月；有特殊情况需要延长的，经法院院长批准，可以延长 6 个月，还需延长的，报请上一级人民法院批准，可以再延长 3 个月。

（2）适用简易程序审理的民事案件，期限为 3 个月。

（3）适用特别程序审理的民事案件，期限为 30 日；有特殊情况需要延长的，经法院院长批准，可以延长 30 日，但审理选民资格案件必须在选举日前审结。

（4）审理第一审船舶碰撞、共同海损案件的期限为 1 年；有特殊情况需要延长的，经法院院长批准，可以延长 6 个月。

（5）审理对民事判决的上诉案件，审理期限为 3 个月；有特殊情况需要延长的，经法院院长批准，可以延长 3 个月。

（6）审理对民事裁定的上诉案件，审理期限为 30 日。

下列期间不计入民事案件的审理期限：公告、鉴定期间；审理当事人提出的管辖权异议和处理法院之间的管辖争议的期间；案件由有关专业机构进行审计、评估、资产清理的期间；中止诉讼、中止审理或执行至恢复诉讼、恢复审理或执行的期间；当事人达成执行和解或者提供执行担保后，执行法院决定暂缓执行的期间；上级人民法院通知暂缓执行的期间；执行中拍卖、变卖被查封、扣押财产的期间。

二、撤诉

（一）撤诉的概念与种类

撤诉是指人民法院受理案件后宣判前，原告要求撤回起诉的行为。撤诉有两种类型：①申请撤诉；②按撤诉处理。每一种类型的条件不尽相同。

（二）申请撤诉

申请撤诉是当事人处分自己诉讼权利的行为，必须在法律规定的范围内进行。根据《民事诉讼法》的有关规定，申请撤诉应当符合以下条件。

（1）提出撤诉申请的人必须是原告或者经过原告特别授权的委托代理人。必须以口头或书面形式向人民法院明确表示撤诉的意思。

（2）申请撤诉必须自愿，意思表示是真实的。

（3）申请撤诉不得侵犯国家、集体或者他人的合法权益，不得规避法律或者企图逃避法律制裁。

（4）申请撤诉必须在人民法院宣判前提出。

（三）按撤诉处理

在审判实践中，无诉讼行为能力的原告的法定代理人经人民法院传票传唤，无正当理由拒不到庭，以及有独立请求权的第三人经人民法院传票传唤，无正当理由拒不到庭的，或者未经法庭许可中途退庭的，都可以比照《民事诉讼法》第 129 条的规定，按撤诉处理。

原告应当预交而未预交案件受理费，人民法院应当通知其预交，通知后仍不预交或者申请减缓免未获人民法院批准而仍不预交的，裁定按自动撤诉处理。

三、缺席判决

缺席判决是对席判决的对称。开庭审理案件时，只有一方当事人到庭，人民法院仅就到庭的一方当事人核对证据、听取陈述，在审查核实未到庭一方当事人提出的起诉状或者答辩状和证据后，依法作出的判决，就是缺席判决。缺席判决必须在案件事实已经全部查清的情况下才能作出。同时，要认真考虑缺席一方当事人的合法权益。缺席判决主要有以下几种情况。

(1) 原告在被告提起反诉的情况下，经人民法院传票传唤，无正当理由拒不到庭的，或者未经法庭许可中途退庭的。

(2) 原告申请撤诉未获准许而拒不到庭。

(3) 被告不到庭或中途退庭。

(4) 无诉讼行为能力的被告的法定代理人经人民法院传票传唤，无正当理由拒不到庭的。

(5) 无独立请求权的第三人经人民法院传票传唤，无正当理由拒不到庭。

四、上诉

如果当事人对人民法院的第一审判决不服，认为在认定事实或者适用法律方面存在错误，可以依法向上一级人民法院提起上诉，引起第二审程序。

（一）提起上诉的条件与程序

当事人提起上诉应符合下列条件。

(1) 上诉人和被上诉人须为第一审程序中具有实体权利的当事人，包括第一审程序中的原告、被告、共同诉讼人、诉讼代表人、有独立请求权的第三人和第一审人民法院判决其承担责任的无独立请求权的第三人。

(2) 提起上诉的对象必须是依法允许上诉的判决和裁定。可以上诉的判决包括：①地方各级人民法院适用普通程序和简易程序审理后作出的第一审判决；②第二审人民法院发回原审人民法院重审的案件所作的判决；③第一审人民法院对案件再审所作的判决。可以上诉的裁定包括不予受理的裁定、驳回起诉的裁定和对管辖权有异议的裁定。

(3) 必须在法定期间内提起上诉。当事人不服判决的上诉期间为 15 日，不服裁定的上诉期间为 10 日。

(4) 必须提交上诉状。上诉状的内容，应当包括当事人的姓名，法人的名称及其法定代表人的姓名，或者其他组织的名称及其主要负责人的姓名；原审人民法院的名称、案件的编号和案由；上诉的请求和理由。

当事人提起上诉的，原则上应向原审人民法院提交上诉状，也可以直接向第二审人民法院提交上诉状。

（二）上诉的撤回

当事人申请撤回上诉的，应在第二审人民法院受理上诉后至作出裁判前提出申请。

人民法院对该申请应进行审查,无论是否准许撤回上诉,均应作出裁定。一旦撤回上诉,第一审人民法院的裁判立即发生法律效力,同时当事人丧失对本案的上诉权,不能再提起上诉。

(三)上诉案件的审理

(1)上诉案件的审理范围。第二审案件的审理应当围绕当事人上诉请求的有关事实和适用法律进行审查,当事人没有提出请求的,不予审查。

(2)上诉案件的审理方式。第二审人民法院审理上诉案件,原则上应开庭审理。第二审人民法院审理上诉案件,可以在本院进行,也可以到案件发生地或原审人民法院所在地进行。

(3)第二审人民法院审理上诉案件,可以进行调解。调解书送达后,原判决即视为撤销。

此外,第二审人民法院在审理上诉案件过程中,对一些特殊问题应作出相应的处理。

(1)对当事人在第一审中已经提出的诉讼请求,原审人民法院未作审理、判决的,第二审人民法院可以根据当事人自愿的原则进行调解,调解不成的,发回重审。

(2)如果必须参加诉讼的当事人在第一审中未参加诉讼,第二审人民法院可以根据当事人自愿的原则予以调解,调解不成的,发回重审。发回重审的裁定书不列应当追加的当事人。

(3)在第二审程序中,原审原告增加独立的诉讼请求或原审被告提出反诉的,第二审人民法院可以根据当事人自愿的原则就新增加的诉讼请求或反诉进行调解,调解不成的,告知当事人另行起诉。

五、上诉案件的裁判

(一)对判决提起上诉的处理

(1)判决驳回上诉,维持原判。第二审人民法院如果认为原判决认定事实清楚,适用法律正确的,判决驳回上诉,维持原判。

(2)依法改判。主要有两种情形:①原判决认定事实清楚,但适用法律错误的,应在原判决认定事实的基础上,适用正确的法律规定,作出新判决;②原判决认定事实错误,或原判决认定事实不清、证据不足的,可在查清事实后改判。

(3)发回重审。发回重审的情形也有两种:①第二审人民法院经审理,认为原判决认定事实错误,或原判决认定事实不清、证据不足的,裁定撤销原判决,发回重审;②原判决违反法定程序,可能影响案件正确判决的,应裁定撤销原判决,发回原审人民法院重审。违反法定程序的情形包括:①审理本案的审判人员、书记员应当回避而未回避的;②未经开庭审理而作出判决的;③适用普通程序审理的案件当事人未经传票传唤而缺席判决的;④其他严重违反法定程序的。

案例分析 7-6

本案程序上存在什么错误？

某建筑公司与开发公司在结算工程款时发生纠纷，建筑公司诉至法院，要求开发公司给付拖欠的工程款。法院在审理中发现：在双方当事人起草的合同上，开发公司始终未签字盖章使之生效，因此关于应当给付多少工程款，双方各执一词，争议很大；施工过程中，关于开发公司给了建筑公司多少材料，双方说法也不一，争执激烈，案情比较复杂。法院经审理后，判决开发公司向建筑公司给付工程款 130 万元。开发公司不服，提起上诉。第二审法院也认为案情比较复杂，于是将案件交给一位比较有经验的法官独任审理。该法官适用简易程序很快审理完毕此案，作出了驳回上诉、维持原判的判决。

本案在诉讼程序上有两处错误：①上诉案件应当由审判员组成合议庭，因为只有适用简易程序审理一审案件时才可以由一名法官独任审理；②上诉案件不得适用简易程序审理，应适用第二审程序审理。

（二）对裁定提起上诉的处理

第二审人民法院对不服第一审人民法院裁定的上诉案件的处理，一律使用裁定。对原裁定认定事实清楚、适用法律正确的，应裁定驳回上诉，维持原裁定；原裁定认定事实不清、适用法律有误的，应撤销原裁定，依法作出正确的裁定。

（三）上诉案件的审理期限

第二审人民法院审理对判决的上诉案件的期限为 3 个月。有特殊情况的，经本院院长批准，可以延长。第二审人民法院审理对裁定的上诉案件的期限为 30 日，该期限不得延长。

第八节　执行程序

案例引导 7-8

法院能否执行独资企业业主的其他财产？

拓海公司系私营独资企业，因欠债被诉至法院，后被判令履行金钱给付义务。履行期限届满后，拓海公司仍未还债。经债权人申请，法院对其予以强制执行。经查，该公司无偿还能力。法院能否执行该企业业主的其他财产？

一、执行开始

根据《民事诉讼法》的规定，执行程序的开始有两种形式，即申请执行和主动执行。近年来，我国开始试点人民法院主动执行，人民法院在送达判决书时主动征询当事人是否需要人民法院帮助其强制执行。债权人是否申请执行，应当由当事人处分决定。所以执行程序一般只有申请人提出申请以后才开始，这就是申请执行；在特别情况下可不依当事人的申请，而是人民法院依职权主动执行。

（一）申请执行

1. 当事人直接申请执行

（1）当事人申请执行的条件。当事人申请执行应当符合以下条件：①要有以给付为内容的执行根据；②债务人逾期不履行或者拒绝履行法律文书确定的义务；③在法定的执行时效内提出。申请执行的期限为 2 年，从法律文书规定履行期间的最后一日起计算；法律文书规定分期履行的，从规定的每次履行期间的最后一日起计算；法律文书未规定履行期间的，从法律文书生效之日起计算。

（2）当事人申请执行应当提交的材料。当事人申请执行，应当向人民法院提交下列材料：①申请执行书，写明申请执行的理由、事项、执行标的以及申请执行人所了解的被申请人的财产状况；②生效法律文书副本；③申请执行人的身份证明；④继承人或者权利承受人申请执行的，应当提交继承或者承受权利的证明文件；⑤其他应当提交的材料。

2. 当事人委托代理人代为申请执行

如果企业经济事务繁忙，可以委托代理人代为申请执行。由代理人申请执行时，应当向人民法院提交经委托人签字或者盖章的授权委托书，写明委托事项和权限。委托代理人代为放弃、变更诉讼请求，代为执行和解，或者代为收取执行款项的，应当有委托人的特别委托授权。

（二）主动执行

为解决“执行难”问题，落实司法为民宗旨，切实维护当事人利益，广东等地试行“主动执行”制度。主动执行是指人民法院对发生法律效力且已过履行期的裁判文书，在征得权利人同意的前提下，无须当事人申请执行的机制。实行“主动执行”，免除了权利人一系列烦琐手续，减轻了权利人的诉讼成本，缩短了办案周期，能够有效保护当事人权利，避免当事人错过最佳执行时期，避免弱势群体执行不能情况的发生。“主动执行”机制分为告知、征询意见、启动立案、执行四个程序。立案时，人民法院在向双方当事人送达的《诉讼须知》中载明，对符合主动执行条件的案件，将启动主动执行程序；宣判时，由审判人员征求权利人意见，如果同意人民法院主动执行，则在《移送执行确认书》上签名确认，不同意由人民法院主动执行的，由其自行依法行使权利。

二、执行担保与暂缓执行

（一）执行担保与暂缓执行的概念

执行担保是指在执行中，被执行人或第三人以财产向人民法院提供担保，并经申请执行人同意的，人民法院可以决定暂缓执行及暂缓执行的期限。被执行人逾期仍不履行的，人民法院有权执行被执行人的担保财产或者担保人的财产。暂缓执行是指执行程序开始后，人民法院因法定事由依职权或根据当事人、其他利害关系人的申请，决定对某一项或几项执行措施在规定的期限内提供担保而暂缓执行的一种制度。暂缓执行只能发生在执行过程中，须有法定的事由出现，只是暂时地停止执行。申请暂缓执行必须提供担保，待法定事由消失后应立即恢复执行。

（二）执行担保与暂缓执行的意义

近年来我国经济领域中出现了较为普遍的“三角债”状况，不少企业存在着“我欠你、你欠他、他欠我”的债权债务，而且有的债权债务数额较大。这些债权债务通过诉讼或者其他途径得到确认后，剩下的就是债务履行问题。就这些企业本身而言，并不是不愿意履行生效法律文书确定的义务，而是由于此案的债务人，又是彼案的债权人，多角债务互相制约形成了复杂的债务链，使得这些被执行人暂无履行能力。如果人民法院在执行工作中简单处理，直接采用划拨、查封等方法，可能导致企业生产经营马上陷入困境。为了帮助企业继续发展，对于企业尚有一定价值的财产，人民法院应该允许它们提供担保，暂缓执行，以帮助它们走出困境，走向良性循环。另外，有些经营者因种种原因经营不善，现正努力端正经营指导思想，调整产品结构和品种，努力提高产品质量，整个企业的生产经营正在向良性运行状态转变或正在复苏过程中，且企业信用程度较好，能找到有一定经济实力的单位做担保人。对此，人民法院也应允许其提供担保，尽量维持市场经济秩序的稳定。

（三）执行担保的条件

人民法院决定执行担保，应当具备以下条件：①必须由执行义务人向人民法院提出申请；②担保的方式可以是由被执行人向人民法院提供财产担保，也可以是由第三人出面担保；③须经执行权利人同意；④如果担保是有期限的，暂缓执行的期限应当与担保期限一致，但最长不得超过1年。

三、执行和解

（一）执行和解的概念

执行和解是指在执行过程中，双方当事人自愿作出相互谅解和让步，就如何履行生效法律文书的有关内容达成协议，即执行和解协议，从而结束执行程序的一种活动。

（二）执行和解的内容与效力

1. 执行和解的内容

在执行中，双方当事人自行达成和解协议的，执行员应当将协议内容记入笔录，由双方当事人签名或者盖章。执行和解协议的内容主要包括：①变更履行的主体，如由第三人代为承担被执行人的债务；②标的物以及其数额的变更，如债权人放弃部分债权或者协议变更执行标的物；③履行期限的延长，如延长全部债务的履行期限或者分期分批延长债务的履行期限；④履行方式的变更，如约定以物抵债或者以劳务抵债等方式履行义务。

2. 执行和解的效力

和解协议仅发生拘束执行当事人的效力。和解协议已经履行完毕的，不得再请求恢复执行，当事人申请的，人民法院也不予恢复执行。和解协议没有强制执行力。

案例分析 7-7

法院是否可以直接执行刘某的房产？

在腾达建筑公司诉郑某拖欠建筑工程款一案的执行过程中，案外人刘某以自己的房产为郑某提供担保，经申请执行人腾达公司同意，法院裁定暂缓执行。在暂缓执行的期限届满之后，如果郑某仍然不能履行义务，法院应当如何处理？

本案中，法院可以直接执行刘某的房产，也可以同时执行郑某的财产和刘某的房产。根据《最高人民法院关于适用〈中华人民共和国民事诉讼法〉若干问题的意见》第 270 条的规定，被执行人在人民法院决定暂缓执行的期限届满后仍不履行义务的，人民法院可以直接执行担保财产，或者裁定执行担保人的财产，但执行担保人的财产以担保人应当履行义务部分的财产为限。因此，如果被执行人有足够的财产可供执行，可以仅执行被执行人的财产；如果执行担保财产更为便利，也可以直接执行担保财产。

（三）适用执行和解应当注意的问题

（1）执行和解应当遵循自愿、平等的原则，体现当事人自由处分民事权利的精神，人民法院在执行中不能为结案而组织当事人强制和解。

（2）执行和解协议是一个附条件的合同，申请执行人、被执行人或者其他义务承担人在执行和解协议履行完毕前，可以反悔并申请恢复执行原判决。

（3）按照当前的法律规定，执行和解协议属于执行程序中的特殊产物，不具有可诉性。

（4）申请恢复执行期间是一个不变期间，应当连续计算。

四、执行措施

执行措施是指人民法院的执行机构依法强制执行所采取的方法和手段。人民法院采取执行措施，强制被申请执行人履行法律文书所确定的义务，这是国家强制力的体现。常见的执行措施主要包括：①查询、冻结、划拨被申请执行人的存款；②扣留、提取被申请执行人的收入、存款；③查封、扣押、冻结、拍卖、变卖被申请执行人的财产；④强制义务人交付财物或票证；⑤强制义务人迁出房屋或退出土地；⑥强制办理有关财产权证照的转移手续；⑦被执行人对第三人到期债权的执行；⑧责令支付延期利息、迟延履行金；⑨被执行人报告财产情况；⑩限制出境、记录不履行信息。

五、执行终结

执行终结是指在执行程序中，因发生法律规定的事由，执行程序没有必要或者不可能继续，因而依法结束执行程序。实践中，不是所有的案件都能执行完毕，这并非法律或司法的缺陷，而是正常的风险。为了更好地完成民事执行工作的目标，我们有必要对那些不能继续执行或没有必要继续执行的案件，裁定终结执行。

依照《民事诉讼法》的规定，有下列情形之一的，人民法院裁定终结执行：①申请人撤销申请的；②据以执行的法律文书被撤销的；③作为被执行人的公民死亡，无遗产可供继承，又无义务承担人的；④追索赡养费、扶养费、抚育费案件的权利人死亡的；⑤作为被执行人的公民因生活困难无力清偿借款，无收入来源，又丧失劳动能力的；⑥人民法院认为应当终结执行的其他情形，如在执行中，被执行人被人民法院裁定宣告破产，或者作为被执行人的企业法人终止，又确无连带义务人。终结执行的裁定书，应当写明终结执行的原因和法律依据。

本章小结

诉讼，即人们通常所说的打官司。对于企业而言，打官司的目的一是要解决纠纷争议，二是要维护自身的合法权益。如何维护自身的合法权益，不仅有实体方面的问题，也有程序方面的问题。如果程序不能掌控好，则该赢的官司也有可能打输。通过本章的学习，可以了解民事诉讼程序的基本规定，初步掌握诉讼维权的基本技巧，为企业维护自身权益、寻求法律保护提供一定的帮助和指导。

技能训练

制作民事起诉状

【目的】

让学生学会制作民事起诉状，掌握诉状的基本格式。

【内容】

A县甲公司和B县乙公司于2010年3月5日在B县签订了一份货物购销合同，约定由乙公司提供某型号加工设备一套给甲公司，并由乙公司送货上门，价款为210万元，交货时间不得迟于2010年5月4日24时，甲公司在合同签订之日须交定金10万元。合同签订后，甲公司依约给付了全部定金，乙公司也于2010年4月24日前将大部分设备运抵甲公司，但还有部分设备无法按时送到，导致该套设备无法正常运转。甲公司多次催促乙公司提交剩余设备，但乙公司不予理会。甲公司为维护自己合法权益，遂准备于2011年8月25日向法院提起民事诉讼。请你帮助甲公司制作一份格式完整的民事起诉状。

【步骤和要求】

(1) 当事人基本情况要完整。

(2) 诉讼请求合理。

(3) 事实与理由部分的内容要翔实，法律依据引用准确。

(4) 根据民事诉讼管辖确定致送人民法院。

(5) 根据起诉内容制作一份证据清单。

实践活动

举办企业涉诉案件模拟庭审活动

【目的】

让学生掌握企业涉诉第一审案件普通审判程序，了解人民法院在开庭前做哪些准备工作，掌握起诉状的制作、法庭调查的顺序、当事人如何举证及质证、法庭辩论的顺序、法官对案件焦点问题的归纳、判决书的制作及法庭笔录的制作等。

【内容】

举办模拟法庭审判企业涉诉案件。

【步骤】

(1) 确立庭审参与人员：拟设 3 名法官、1 名书记员、原告被告各 1 名、2 名诉讼代理人、2 名证人，共计 10 位同学参加。

(2) 由教师提供模拟法庭所需要的案例。

(3) 原、被告方先行制作起诉状、答辩状。

(4) 书记员准备好开庭传票及庭审笔录格式。

(5) 主审法官列出案件争议焦点问题。

(6) 由主审法官主持整个庭审活动，列出审判提纲，作出判决书并当庭宣判。

【要求】

为防止庭审活动走过场，担任原告、被告、法官的同学不得事先沟通，不得背台词，各种法律文书齐备。按要求着装，注意法庭纪律，力求庭审活动接近真实。

本章练习

一、不定项选择题

1.《民事诉讼法》规定的管辖，以法律强制规定和任意规定为标准，可分为(　　)。

A. 法定管辖和裁定管辖

B. 专属管辖和协议管辖

C. 一般地域管辖和特殊地域管辖

D. 移送管辖和指定管辖

2. 按照最高人民法院的有关司法解释，双方当事人均被注销城市户口的诉讼，由(　　)。

A. 被告所在地人民法院管辖

B. 原告所在地人民法院管辖

C. 被告原户籍所在地人民法院管辖

D. 原告原户籍所在地人民法院管辖

3. 甲和乙因买卖合同纠纷发生争议，甲要求将从乙处购买的电脑退货，理由是电脑质量不合格。在诉讼过程中发现以下情况，(　　)人员应当回避。

A. 翻译人员陈某，系甲的哥哥

B. 人民陪审员李某，乙的电脑是从李某处购得

C. 证人黄某，系乙的妹妹

D. 甲委托的诉讼代理人王某，系甲的同学、好友

4. 诉讼中，作为一方当事人的法人或者其他组织终止，尚未确定权利义务承受人的，应当(　　)。

A. 中止诉讼　　B. 终结诉讼　　C. 延期审理　　D. 缺席判决

5. 甲与乙在A市签订一份购销合同，约定在双方住所地以外的B市履行该合同。合同尚未实际履行，双方即发生争议。为此，甲应向(　　)人民法院起诉。

A. 甲住所地　　B. 乙住所地　　C. A市　　D. B市

6. 人民法院审理涉外案件公告送达的，公告期为(　　)。

A. 3个月　　B. 6个月　　C. 1年　　D. 2年

7. 合同当事人签订有书面仲裁协议，一方当事人申请仲裁，而另一方当事人向人民法院起诉的，该合同纠纷应当由(　　)。

A. 仲裁机构受理

B. 人民法院受理

C. 仲裁机构或人民法院受理

D. 谁先收到申请书或起诉状即由谁受理

8. 诉前保全申请人，在人民法院采取财产保全措施后15日内不起诉的，采取保全措施的人民法院(　　)。

A. 可以解除财产保全措施　　B. 应当驳回申请

C. 要求申请人提供担保　　D. 应当解除财产保全措施

9. 甲公司与乙公司因履行买卖合同发生纠纷，甲公司诉至A区人民法院要求乙公司支付贷款30万元。下列A区人民法院不予受理的理由错误的是(　　)。

A. 甲公司的诉讼请求证据不足

B. 甲公司与乙公司之间签订了有效仲裁协议

C. 甲公司的起诉超过诉讼时效

D. A区人民法院对本案无管辖权

10. 申请执行费和执行中实际支出的费用，最终由(　　)。

A. 申请人负担　　B. 被执行人负担

C. 申请人和被执行人双方分担　　D. 人民法院负担

11. 上级人民法院对下级人民法院作出的生效裁判发现确有错误，按照审判监督程序自己提审的，应当适用(　　)。

A. 原审程序　　B. 第二审程序

C. 第一审程序　　D. 再审程序

12. 按照人民法院组织系统划分上下级人民法院之间受理第一审民事案件的分工和

权限的管辖是(　　)。

A. 地域管辖　　B. 协议管辖

C. 移送管辖　　D. 级别管辖

13. 两个以上的人民法院都有管辖权的民事诉讼，当事人分别向两个以上有管辖权的人民法院起诉的，该案应当由(　　)。

A. 原告所在地人民法院管辖

B. 被告所在地人民法院管辖

C. 几个有管辖权的人民法院共同的上级人民法院管辖

D. 最先立案的人民法院管辖

14. 因保险合同纠纷提起的诉讼，如果保险标的物是运输工具或者运输中的货物，下列(　　)人民法院有管辖权。

A. 保险事故发生地　　B. 被告住所地

C. 运输工具登记注册地　　D. 运输始发地

15. 有证据证明一方当事人持有证据，但无正当理由拒不提供，如果对方当事人主张该证据的内容不利于证据持有人的，(　　)。

A. 可以推定该主张不成立

B. 对方当事人应该继续提供证据

C. 可以推定该主张成立

D. 可以驳回对方当事人的主张

二、案例分析题

居住在甲市A区的乔小伟从事汽车修理业，其所开的汽车修理铺位于甲市C区。该汽车修理铺的个体工商户营业执照所登记的业主是其兄乔大伟(居住在甲市B区)，但乔大伟实际上并不经营汽车修理。乔小伟为了承揽更多的业务，与乡办集体企业正华汽车修理厂(位于甲市L县)签订了一份协议，约定乔小伟的汽车修理铺可以以正华汽车修理厂的名义从事汽车修理业务，乔小伟每年向正华汽车修理厂交管理费2万元。2002年1月，乔小伟雇佣的修理工钱财旺(常年居住在甲市D区)，为客户李有良(居住在甲市E区)修理了一辆捷达车。修好后，钱财旺按照工作程序要求在汽车修理铺前试车时，不慎将车撞到了一棵大树上，造成汽车报废，钱财旺自己没有受伤。相关各方就如何赔偿该汽车损失发生纠纷，未能达成协议。现李有良拟向法院起诉。

问：

(1) 李有良应以谁为被告？

(2) 哪些法院对本案有管辖权？

(3) 就此同一纠纷，若李有良向有管辖权的法院都提起诉讼，应如何确定案件的管辖法院？

(4) 若有管辖权的法院之间就本案管辖权问题发生了争议，应如何确定管辖法院？

(5) 若在管辖权争议未解决之前，其中一享有管辖权的法院对案件就作出了判决，对此判决及判决所涉及的案件应如何处理？

第八章　企业知识产权法律实务

学习目标

了解企业中常见的作品类型和相关法律规定，了解专利权取得的条件、权利内容、权利行使、保护期限、侵权认定及权利保护，了解商标专用权取得的条件、权利内容、权利行使、保护期限、侵权认定及权利保护，能够利用知识产权法律知识进行企业知识产权管理，能够处理与企业有关的知识产权纠纷。

第一节　与企业有关的著作权

一、著作权与著作权法

著作权是指文学、艺术和科学作品的作者及其相关主体依法对作品所享有的人身权利和财产权利。

1990 年 9 月 7 日，第七届全国人民代表大会常务委员会第十五次会通过了《著作权法》，自 1991 年 6 月 1 日起施行。截至目前，《著作权法》完成了三次修正，第三次修正后的《著作权法》于 2021 年 6 月 1 日起施行。

二、与企业有关的作品

著作权的客体是作品，即文学、艺术和科学领域内，具有独创性并能以某种有形形式复制的智力创作成果。作品作为一种智力成果，其表现形式繁多，范围极其广泛，具体有：①文字作品，如小说、诗词、散文、论文等；②口述作品，如即兴的演说、授课、法庭辩论等；③音乐、戏剧、曲艺、舞蹈、杂技艺术作品；④美术、建筑作品；⑤摄影作品；⑥视听作品；⑦工程设计图、产品设计图、地图、示意图等图形作品和模型作品；⑧计算机软件；⑨符合作品特征的其他智力成果。下面介绍几种与企业关系密切的作品类型。

（一）职务作品

1. 职务作品的概念

《著作权法》第 18 条规定，自然人为完成法人或者非法人组织工作任务所创作的作品是职务作品。例如，记者为其所在的报社、杂志社、电台、电视台撰写的文章、摄影照片，文艺团体的专业创作人员创作的电影剧本、电视剧本、曲艺脚本、舞蹈或其他作品,教育部门组织教师编写的教材,科研部门的科研人员完成的各种科学作品、撰写的科技论文。

自然人个人创作的作品之所以成为职务作品,是因为具备了下述三个条件。

(1) 作者和所在单位之间具有劳动法律关系。

(2) 创作作品的目的是完成作者所在单位、法人或者非法人单位的工作任务。职务作品创作过程中,有关创作主题、表达形式等往往是根据作者所在单位的工作任务而进行的,并非作者个人决定的。按质按期完成作品,是作者的职责。因此,凡与职务有关,为完成工作任务而创作的作品均属于职务作品。

(3) 对作品的使用应当属于作者所在单位工作任务或者业务范围之内。

2. 职务作品著作权归属及行使

职务作品是自然人创作的,作者是自然人,但作品的著作权可能由作者享有,也可能由作者所在的单位享有。

与职务有关的一般职务作品的著作权归作者享有,单位在其业务范围内享有优先使用权。作品完成 2 年内,未经单位同意,作者不得许可第三人以与单位使用的相同方式使用该作品。可见,一般职务作品由作者享有著作权,同时单位享有优先使用权和 2 年的专有使用权。单位所享有的权利亦即作者著作权所受到的限制。为保证一般职务作品的正常使用,我国《著作权法实施条例》进一步规定:作品完成 2 年内,如单位在其业务范围内不使用,作者可以要求单位同意第三人以与单位使用的相同方式使用,单位没有正当理由不得拒绝;在作品完成 2 年内,经单位同意,作者许可第三人使用作品所获得报酬,由作者与单位按约定的比例分配;作品完成 2 年后,单位可以在其业务范围内继续使用。

特殊职务作品的著作权由法人或者非法人单位享有,作者仅享有署名权,单位可以给予作者奖励。这类特殊职务作品有两种。①科学技术作品。即主要是利用法人或者非法人组织的物质技术条件创作,并由法人或者非法人组织承担责任的工程设计图、产品设计图、地图、计算机软件等职务作品。这些职务作品的创作必须借助于单位的资金、设备、技术资料,并且作品一旦发生错误造成经济损失,也只有单位才能承担得起。故而对这种职务作品,作者只享有署名权,其他权利由单位享有。单位可以给作者以奖励。这与《专利法》、《民法典》的有关规定是一致的。②法律、行政法规规定或者合同约定著作权由法人或者非法人组织享有的职务作品。

(二) 计算机软件

1. 计算机软件的概念

根据《著作权法》的规定,计算机软件属于著作权作品,受著作权法的保护。计算机软件,简称软件,是指计算机程序及其有关文档。计算机软件对于安防企业来说并不陌生,可以说大部分的安防产品往往需要计算机软件的支持。如大多数公司都使用的门禁系统就有一个后台控制软件,视频监控系统也有一个软件平台实现监控功能。

2. 计算机软件的著作权保护

计算机软件的著作权人要注意软件源代码的保密,因为计算机软件的源代码一旦泄漏，侵权人往往可通过修改源代码的方式获得"新的软件"，软件的著作权人很难举证证明他人进行了侵权，因为修改后的软件在形式上已经成为一个独立的软件作品，拥有相对独立完整的源代码。在著作权侵权案件中，证明对某软件享有著作权的核心证据就是提供该软件的源代码，只有目标程序而无源代码往往可以认定侵权成立；相反，如果著作权侵权案件的被告提供了相应的源代码，则很难认定侵权成立，因为被告往往主张该软件是其独立开发完成的，即便与原告的软件源代码在一定范围内相同，仍然很难证明抄袭了原告的源代码。所以，软件源代码的有效保密是保护其著作权的根本措施。

对于企业自行开发的计算机软件，著作权属于企业所有，企业应当尽量采取措施保护其著作权。企业可以进行著作权登记，即在中国版权保护中心将软件的全部或者部分源代码进行登记，其作用是通过版权登记机构登记源代码，在将来著作权被侵害的情况下可以作为维权的证据，有利于证明著作权的归属。虽然《著作权法》并没有规定主张软件著作权必须进行著作权登记，但如果进行登记，无疑对于保护软件著作权具有重要意义。

在更多情况下，企业的软件并不是自行开发的，从其他企业获得软件使用许可也是常见的做法。软件的使用许根据授权范围可以分为三类：独占性使用许可、排他性使用许可和一般性使用许可。从其他企业获得软件的使用许可一定要与之签订书面的使用许可合同，对许可方式进行明文约定。根据《著作权法》的相关规定，在独占性和排他性使用中，受许可人发现他人侵犯受许可软件，可以自己的名义起诉侵权人，而一般性使用受许可人则无权以自己的名义起诉侵权人，只能与原著作权人一同起诉侵权人。

（三）视听作品

1. 视听作品的概念

视听作品，即电影作品和以类似摄制电影的方法创作的作品。它是指摄制在一定物质上，由一系列有伴音或者无伴音的画面组成，并且借助适当装置放映、播放的作品。视听作品不是电影剧本或脚本，而是指拍摄完成的影片。在一部视听作品中，至少可能有导演、演员及剪辑师的成果不可分地融进作品中，故视听作品是一种兼有合作作品及合成作品特点的特殊作品。

2. 视听作品的著作权归属

《著作权法》在视听作品著作权归属问题上采取的做法是，视听作品的著作权由制片者享有，编剧、导演、摄影、作词、作曲等作者享有署名权，并有权按照与制片者签订的合同获得报酬。视听作品中的剧本、音乐等可以单独使用的作品的作者，有权单独行使其著作权。

（四）企业标志

现代市场经济条件下，企业非常重视自身的形象设计，企业标志得到广泛采用。企业标志是通过造型简单、意义明确的统一标准的视觉符号，将经营理念、企业文化、经营内容、企业规模、产品特性等要素，传递给社会公众，使之识别和认同企业的图案和文字。一般来说，企业标志属于著作权作品。如果企业标志是该企业自己设计的，则该企业对其企业标志享有著作权；企业如果选定他人创作的图案作为企业标志，一定要与该标志的作者签订书面的著作权转让合同或者著作使用许可合同，以避免纠纷。特别是签订著作权转让合同,使得企业享有其企业标志的著作权,更有利于企业的品牌运作。企业在设计和选定企业标志时,一定注意不要侵犯他人的著作权,否则容易招致诉讼,承担不必要的风险与损失。

(五)产品说明书

企业销售和提供产品时,要提供产品说明书。既然是说明"书",就是一种著作权作品,一般来说属于文字作品。企业常常参考其他厂商同类产品的说明书内容来制作自己的产品说明书,如果贪图省事,抄袭他人的说明书,则会构成著作权侵权,从而给企业带来严重的负面影响。这样的例子时有发生。所以,企业在制作产品说明书时应注意,仅能参照其他厂家说明书的内容、思路,自行组织语言和绘制设计图等,不能直接使用其文字和图案,从而避免侵权之嫌。

案例分析 8-1

产品说明书和设计图著作权侵权案

重庆特殊阀门厂为宣传其研制、生产的"H742X 系列液动底阀"、"J744X 系列液动角式截止阀",设计了该两种产品的说明书并印刷散发。成都某专用阀门厂未经重庆特殊阀门厂同意,于 1992 年 12 月擅自将重庆特殊阀门厂的"J744X 系列液动角式截止阀"产品说明书的封面摄影图片进行复制,并抄袭了说明书中的产品设计图和产品说明文字,制作成该厂"YDJ 系列液动角式快开排泥阀"的产品说明书,并散发宣传。成都市某环保工程机械厂也于 1992 年 12 月直接将重庆特殊阀门厂的"H742X 系列液动底阀"、"J744X 系列液动角式截止阀"产品说明书中的产品设计图和说明文字进行复制,作为该厂"液动角式快开排泥阀"产品说明书底稿,但尚未制作成说明书散发、宣传。重庆特殊阀门厂认为两被告的行为侵犯了其上述两种产品说明书和设计图的著作权,于 1993 年诉至成都市金牛区人民法院。该案调解结案,两被告停止侵害,公开道歉并赔偿损失 2 万元。两被告实际上承担了著作权侵权的责任。

(六)广告语

做广告是现代市场经济条件下企业的基本运营手段,使用特定的广告语往往是广告的应有之义,特点鲜明的广告语往往会成为企业重要标志之一。如美的公司的"原来生活可以更美的"、飞利浦公司的"让我们做得更好"等广告语经过长期宣传已经深入人心,成为企业的无形资产。广告语属于文字作品,企业在选择广告语时要特别注意不要侵犯他人的文字作品的著作权。

三、与企业有关的邻接权

著作权的概念有广义和狭义之分。狭义的著作权仅指作品的著作权,广义的著作权则包含狭义的著作权和邻接权(表演者权、出版者权、录音录像制作者权、广播电视组织者权）。通常情况下使用的是广义著作权概念，而且与企业有关的著作权主要集中在邻接权领域。下面介绍与企业有关的邻接权。

（一）出版者权

出版者对其版式设计享有专有权，即除了出版者自己可以随意使用其版式设计之外，其他人未经许可不得擅自按照原样复制。当然这种复制也包括了很简单的、改动很小的复制以及按照一定的比例进行缩放复制。版式设计权的保护期限为10年，截止于使用该版式设计的图书、期刊首次出版后第十年的12月31日。

案例分析8-2

《知识产权小故事》版式设计权纠纷案

2007年8月，北京某出版社出版了《知识产权小故事》一书，版权页标注"蓝天公司排版"。2008年7月，该出版社发现某数字图书馆公司未经其许可，擅自将该书整本收录入其数字图书馆，用户登录，就可以浏览或者下载该书内容，且该数字图书馆公司还将其数字图书馆销售给北京多家高校，学校用户通过内部局域网亦可以浏览或者下载该书。北京某出版社认为，该数字图书馆公司的行为已经侵犯其对该书所享有的版式设计权。

2001年《著作权法》第一次修正后就正式提出了"版式设计"概念，规定出版者权仅保留版式设计权，而没有图书出版者的专有出版权和图书、报刊的装帧设计权。版式设计是指对图书、期刊的版面设计，包括对版心、字体、字距、行距、标点等的设计。版式设计是出版者在编辑加工过程中完成的劳动成果。版式设计权是指出版者对于图书、期刊的版式设计享有的专有权。《著作权法》第36条规定："出版者有权许可或者禁止他人使用其出版的图书、期刊的版式设计。"《出版管理条例》第9条规定："报纸、期刊、图书、音像制品和电子出版物等应当由出版单位出版。……法人出版报纸、期刊，不设立报社、期刊社的，其设立的报纸编辑部、期刊编辑部视为出版单位。"

从主体上说，版式设计保护的权利人主要是出版者，如《著作权法》在条文表述上就将主体限定为"出版者"——出版者有权许可或者禁止他人使用其出版的图书、期刊的版式设计。一般而言，版式设计专有权利人是出版者。但随着出版行业的产业化，版式设计可能出现专门的设计人，因此出版者与版式设计人将出现不一致的情形。《著作权法》应当进一步明确，如果出版物上明确标注了版式设计人，则在无相反证据的情况下，应认定其为版式设计的权利人；在无明确标注时，则可将图书出版者认定为版式设计权利人。

本案中，《知识产权小故事》版权页标注"蓝天公司排版"，而在北京某出版社未对其与蓝天公司之间的关系进行说明或举证的情况下，法院认为，不能认定北京某出版社是涉案图书的版式设计者，因此驳回了原告的诉讼请求。

（二）录音录像制作者权

1. 录音录像制品与录音录像制作者权的概念

录音制品是指任何对表演的声音或其他声音的专门录音，主要表现为唱片、录音磁带和激光唱片等。录音制作者是指最初将表演的声音或其他声音录制下来的人。录音制作者权是指录音制作者对其制作的录音制品所享有的权利。

录像制品是指电影作品和以类似摄制电影的方法创作的作品（即视听作品）以外的有伴音或无伴音的连续相关形象、图像的录制品。录像制作者是指制作录像制品的首次制作人。

2. 录音录像制作者权的内容

《著作权法》第 44 条规定，录音录像制作者对其制作的录音录像制品，享有许可他人复制、发行、出租、通过信息网络向公众传播并获得报酬的权利。该权利的保护期为 50 年，截止于该制品首次制作完成后第五十年的 12 月 31 日。

3. 录音录像制作者权的限制

录音录像制作者只有在履行法律规定的义务后，才能取得自己的权利，并受法律保护。

（1）录音录像制作者使用他人作品的限制。录音录像制作者使用他人作品，应经著作权人许可，并支付报酬；使用他人已经合法录制为录音制品的音乐作品，可不经著作权人许可，但必须支付合理报酬；著作权人已事先声明不许使用的，录音制作者不得擅自使用。

（2）录音录像制作者使用演绎作品的限制。《著作权法》规定，录音录像制作者使用改编、翻译、注释、整理已有作品而产生的作品，应当取得改编、翻译、注释、整理作品的著作权人和原作品著作权人许可，并支付报酬。

（3）录音录像制作者利用表演者的表演的限制。录音录像制作者制作录音录像制品，应当同表演者订立合同，并支付报酬。

除上述的限制外，被许可复制、发行、出租、通过信息网络传播录音录像制品的人，除需向最初的录音录像制作者付酬外，还需取得有关著作权人和表演者许可并支付报酬。

案例分析 8-3

索尼公司诉永盛公司侵犯其录音录像制作者权案

索尼音乐娱乐中国控股有限公司（以下简称索尼公司）经相关权利人授权，获得 Michael Jackson（迈克尔·杰克逊）部分专辑所有歌曲在中国内地的独家录音录像制作者权。2009 年 8 月，索尼公司发现北京永盛潮流国际文化发展有限公司（以下简称永盛公司）公开销售非原告复制、发行且未经原告授权的 Michael Jackson 的共 11 张盗版专辑光盘，该盗版专辑光盘的多数歌曲为索尼公司在中国内地享有独家录音录像制作权的歌曲。索尼公司认为永盛公司的行为侵犯了其享有的录音录像制作者权，于是向法院提起诉讼，请求法院判令被告永盛公司立即停止销售侵权音像制品，销毁库存音像制品并赔偿原告经济损失1295000元。

本案受理法院最后认定，国际唱片业协会北京代表处出具的证明书能够证明原告索尼公司对涉案47首录音录像制品享有录音录像制作者权，享有相关权利的起始日期为涉案歌曲首次公开发行日。由于被告永盛公司销售的涉案11张专辑包含了原告依法享有录音录像制作者权的47首录音录像制品，且被告的销售行为没有经过权利人的许可，亦没有支付相应的报酬，故其行为构成对原告享有的录音录像制作者权的侵犯，应当承担停止侵权等民事责任。

（三）广播电视组织者权

1. 广播电视组织者的权利

《著作权法》第47条规定，广播电台、电视台有权禁止未经其许可的下列行为：①将其播放的广播、电视以有线或者无线方式转播；②将其播放的广播、电视录制以及复制；③将其播放的广播、电视通过信息网络向公众传播。广播电台、电视台对其权利的保护期为50年，截止于该广播、电视首次播放后第五十年的12月31日。

2. 广播电视组织者的义务

广播电台、电视台在享有权利的同时，也应当履行相应的义务。

（1）播放他人未发表的作品，应当取得著作权人许可，并支付报酬。这种作品涉及作者的发表权、署名权等人格权，未经许可而播放就会导致侵权。

（2）播放他人已经发表的作品，可以不经著作权人许可，但应当支付报酬。

（3）电视台播放视听作品，应当取得视听作品制片者许可，并支付报酬。电视台播放电影等视听作品，其接受的观众非常广泛，而且播放的时间和地域对播放视听作品的电影院、录像厅等播放市场和著作权人的收益影响巨大。按照电影等视听作品传播的操作方式，一般是先经由电影院等方式进行传播，获取足够的收益以后，才会许可电视台播放，再实现这种传播方式所获取的利益。因此，电视台播放电影等视听作品，必须取得著作权人的许可。

（4）广播电台、电视台播放已经出版的录音录像制品，可以不经著作权人许可，但应当支付报酬。具体办法由国务院规定。如果当事人之间就上述使用方式另有约定，从约定。

四、与企业有关的著作权合同

（一）与企业有关的著作权合同类型

在处理企业日常事务过程中，经常需要起草和修改与著作权有关的合同。人们通称所说的著作权合同，主要是指著作权人为行使其著作权而签订的合同。依照著作权在不同的主体间是否转移，可分为著作权许可合同和著作权转让合同。此外，将著作权质押为自己或他人提供担保也是著作权人行使权利的重要方式之一，质押合同中也含有与著作权有关的内容。由于著作权人身权利的不可让渡性，这些合同仅涉及著作权财产权利。

除上述合同外，委托创作合同、合作创作合同等则对于确定著作权（包括人身权利和财产权利）的归属具有重要意义。

1. 著作权许可合同

著作权许可合同是指著作权人为授权他人在一定时间和地域范围内，以一定的方式商业性地行使与作品（对于邻接权而言指表演、出版物、录音录像制品、广播电视节目等，下同）相关的一项或多项财产权利而签订的合同。被著作权人授予许可权利的单位或个人，也可以在其权利范围内将相应的权利许可他人行使。

通过著作权许可合同，被许可人获得在一定时间、地域范围内，以某种方式使用作品的权利，但著作权仍然属于著作权人。

2. 著作权转让合同

著作权转让合同是指著作权人为将自己享有的以一定方式商业性地行使与作品相关的一项或多项财产权利转移给他人支配而签订的合同。从著作权人处受让了相应权利的单位和个人，也可以将受让的权利部分或全部地转让给他人。转让可以是有偿或无偿的，可以通过买卖、互易、赠与等方式完成。著作权一经转让，受让人就成为该作品一项或多项财产权新的权利人，出让人则丧失了相应的权利。

3. 著作权质押担保合同

依照《民法典》第 440 条的规定，债务人或第三人可以以其有权处分的、可转让的著作权中的财产权出质，为自己或他人的债务提供担保。出质人必须是合法的著作权所有人。

出质人与质权人应当订立书面担保合同。质押担保合同应注明被担保的主债权种类和金额、债务人履行债务的期限、出质著作权的种类和范围等事项。《著作权法》规定，以著作权出质的，由出质人和质权人向国务院著作权行政管理部门办理出质登记。

4. 委托创作合同

委托作品也称定作作品。委托人和受托人可以签订委托创作合同，就委托作品的人身权、财产权的归属和行使方式等问题作出约定。合同未作明确约定或者没有订立合同的，著作权属于受托人。

5. 合作创作合同

合作作品的著作权属于合作作者。合作作品不能分割使用的，合作作者共同享有该作品的著作权，并对合作作品共同享有权利和承担义务。在共同共有著作权的情况下，合作作者可以就权利的分配比例和义务的承担方式作出约定。

（二）与著作权有关的主要合同条款

著作权是知识产权，其归属和流转都具有特殊性，与著作权有关的合同需要针对这些特殊性作出特殊约定。常见的著作权转让和使用许可合同主要有出版合同、翻译权转让合同、译作出版合同和电影制片合同。这里介绍著作权许可和转让合同中的主要条款。

1. 许可使用或转让的权利种类

在著作权财产权的许可使用或转让合同中，许可使用或转让的权利种类是该合同的核心内容。著作权财产权，包括复制权、发行权、出租权、展览权、表演权、放映权、广播权、信息网络传播权等，可通过合同许可或转让他人。在起草和修改此类合同时，应明确约定许可使用或转让的权利种类。

作为许可方或出让方，应将权利尽量细分，并通过合同条款的表述将被许可方或受让方的权利限制在尽可能小的范围内，尽可能为己方争取最大利益。例如，可以将把英文作品翻译成中文的权利细分为中文简体和中文繁体的权利分别许可或转让。

被许可方或受让方应力求通过合同条款的表述扩大许可或受让的范围。此外，依照著作权法基本理论和《著作权法》的规定，与著作权有关的人身权利是不可许可或转让的。如果许可使用或转让合同的标的涉及著作权人身权，则该许可或转让行为可能因违反法律规定而归于无效，从而给双方造成损失。

许可方或受让方应熟悉《著作权法》中列举的每一项权利的具体内容，并作全面、综合的理解，从而确定许可或转让合同的标的。这样才能在发生纠纷或权益受到侵犯时有效地维护自身权益。

2. 许可使用的权利是专有使用权或者非专有使用权

著作权人可以许可他人专有地使用其作品，也可以允许他人非专有地使用其作品。无论是专有使用权还是非专有使用权，都必须在合同中明确规定。《著作权法实施条例》第 24 条规定："著作权法第二十四条①规定的专有使用权的内容由合同约定，合同没有约定或者约定不明的，视为被许可人有权排除包括著作权人在内的任何人以同样的方式使用作品；除合同另有约定外，被许可人许可第三人行使同一权利，必须取得著作权人的许可。"

3. 许可使用的范围、期间

许可使用合同必须把合同所覆盖的地域范围确定下来，在国内许可使用中，如果未特别指明，仅指许可在中国内地使用。至于是否覆盖台港澳，应另行写明。许可使用的期间，是指被许可使用的著作权在时间上的效力，即作品使用的年限。

4. 付酬标准与办法

他人使用著作权人的作品应当向著作权人支付报酬。当事人应当在合同中确定支付报酬的付酬标准和办法。付酬标准和付酬办法有联系，也有区别。付酬标准一般是确定付酬多少的问题，付酬办法一般是确定怎样付酬的问题。比如，出版图书，每千字多少元属于付酬标准；是预付还是出版之后再付，是一次性付酬还是分期付酬，是付现金还是支票、汇票支付以及以何种货币支付等，则属于付酬办法。

5. 违约责任

当事人可以根据《民法典》有关民事责任的规定，协商确定违约责任的具体内容。如果没有订立违约责任条款，当发生违约行为时，应当遵循《民法典》中规定的基本原则，承担相应的民事责任。

6. 双方认为需要约定的其他内容

上述几项是著作权许可使用或转让合同的基本条款，适用于所有著作权许可使用或转让合同。为了适应各种不同需要的合同，双方当事人可以在合同中约定认为有必要订立的条款、事项。

---

① 指 2010 年第二次修正后的《著作权法》第 24 条。2020 年第三次修正后变更为第 26 条。

第二节　专利法实务

一、专利与专利法

在我国,“专利”一词,一般指专利权的本身,也可以指依《专利法》获得专利权的标的,即发明创造。根据《专利法》的规定,专利即专利权,是指公民、法人或其他单位依法对发明创造在一定时间范围内所享有的独占使用权。专利法是调整在确认和保护发明创造的专有权以及在利用专有的发明创造过程中产生的社会关系的法律规范的总称。

1984 年 3 月 12 日,第六届全国人民代表大会常务委员会第四次会议通过了《专利法》,自 1985 年 4 月 1 日起施行。截至目前,《专利法》完成了四次修正,第四次修正后的《专利法》自 2021 年 6 月 1 日起施行。

二、专利权的主体

专利权的主体即专利权人,是指能够申请并取得专利的单位和个人,即专利权人。

(一) 发明人、设计人所属的单位

《专利法》第 6 条规定:“执行本单位的任务或者主要是利用本单位的物质技术条件所完成的发明创造为职务发明创造。职务发明创造申请专利的权利属于该单位,申请被批准后,该单位为专利权人。该单位可以依法处置其职务发明创造申请专利的权利和专利权,促进相关发明创造的实施和运用。”

《专利法实施细则》第 12 条明确规定,执行本单位的任务是指:①在本职工作中作出的发明创造;②履行本单位交付的本职工作之外的任务所作出的发明创造;③退休、调离原单位后或者劳动、人事关系终止后 1 年内作出的,与其在原单位承担的本职工作或者原单位分配的任务有关的发明创造。《专利法》第 6 条所称“本单位”包括临时工作单位;所称“本单位的物质技术条件”,是指本单位的资金、设备、零部件、原材料或者不对外公开的技术资料等。

案例分析 8-4

该发明创造的申请权应属于谁?

甲公司聘请乙专职从事汽车发动机节油技术开发。因开发进度没有达到甲公司的要求,甲公司减少了给乙的开发经费。乙于 2007 年 3 月辞职到丙公司,获得了更高的薪酬和更多的开发经费。2008 年 1 月,乙成功开发了一种新型汽车节油装置技术。该技术专利申请权属于谁?

本案中,首先,乙是接受甲公司的聘请专职从事汽车发动机节油技术的,该发明创造属于职务发明创造。其次,乙后来辞职到丙公司,但该技术属于在乙辞职后 1 年内作出的,与其在原单位承担的本职工作或者原单位分配的任务有关的发明创造。所以,该发明创造的申请权应属于原单位,即甲公司。

（二）发明人、设计人

《专利法》所称发明人或者设计人，是指对发明创造的实质性特点作出创造性贡献的人。在完成发明创造的过程中，只负责组织工作的人、为物质技术条件的利用提供方便的人或者从事其他辅助工作的人，不是发明人或者设计人。非职务发明创造是指发明人或者设计人完成的职务发明创造以外的发明创造。《专利法》规定，对于非职务发明创造，申请专利的权利属于发明人或者设计人。申请被批准后，专利权归申请的发明人或者设计人个人所有。

（三）共同发明人或者共同设计人

两个以上单位或者个人合作完成的发明创造、一个单位或者个人接受其他单位或者个人委托所完成的发明创造，除另有协议的以外，申请专利的权利属于完成或者共同完成的单位或者个人。申请被批准后，申请的单位或者个人为专利权人。

（四）外国单位或者外国人

在中国没有经常居所或者营业所的外国人、外国企业或者外国其他组织在中国申请专利和办理其他专利事务的，应当委托依法设立的专利代理机构办理。外国单位或者外国人，依法向中国申请专利获得批准的，专利权归外国单位或者外国人。

三、专利权的客体

案例引导8-1

哪些发明能够申请专利？

甲公司研究开发出“人工饲养虾的新方法、新饲料、新品种”，拟向中国专利局申请专利。现在，甲公司需要确定的是：“人工养虾的方法”、“人工养虾的新饲料”、“人工养虾的虾种培育方法”和“人工饲养的大虾”这四个发明中哪些能够申请专利。

专利权的客体是指专利法保护的对象，即依法可以取得专利权的发明创造。《专利法》所称的发明创造，是指发明、实用新型和外观设计。

（一）发明

发明是指对产品、方法或者其改进所提出的新的技术方案。所以，发明分为产品发明和方法发明。产品发明是关于新产品或新物质的发明，包括制造产品的发明、材料物品的发明、具有特定用途的物品的发明。产品发明范围包括有关生产物品、装置、机器设备的新的技术解决方案。产品发明是用物品来表现其技术方案的，诸如汽车、飞机等发明。方法发明是指为解决某特定技术问题而采用的手段和步骤的发明，包括制造产品方法的发明、使用产品方法的发明、测量方法的发明、通信方法的发明等。方法发明可以是原创性的，也可以是改进性的。两种发明的主要区别在于产品发明专利权仅及于其产品本身，而方法发明专利权不仅及于其方法本身，而且及于使用该方法直接获得的产品。

（二）实用新型

实用新型是指对产品的形状、构造或者两者的结合所提出的适于实用的新的技术方案。实用新型在一些国家被称为小发明。它与发明的主要区别如下。①发明既包括产品发明也包括方法发明，而实用新型仅指具有一定形状的物品发明。方法发明以及没有固定形状和构造的产品（如液体、粉末等）的发明，不属于实用新型的范畴。②实用新型同发明相比，对产品的创造性要求较低。

（三）外观设计

外观设计是指对产品的整体或者局部的形状、图案或者其结合以及色彩与形状、图案的结合所作出的富有美感并适于工业应用的新设计。形状指设计可以是平面或立体轮廓，即所占的空间形状。无固定形状的气体、液体以及粉末状的固体，不属于外观设计的产品范围。图案是指作为装饰而加于产品表面的花色图样、线条等。色彩是指产品表面所用的颜色。外观设计很多是外形、图案和色彩三者的结合。保护外观设计，可以鼓励设计人员美化社会产品，使产品不断翻新花样，丰富多彩，满足人们的要求，并增强我国产品在国际市场上的竞争力。

（四）对专利权客体的限制

1. 不授予专利权的对象

根据《专利法》第 25 条的规定，下列各项不授予专利权。

（1）科学发现。科学发现不授予专利，主要是因为它不能直接用于产业，因而不具备发明所必须具备的特征。科学发现也是一种智力成果，能依法获得另一种知识产权即发现权，但不能被授予专利权。

（2）智力活动的规则和方法。这是因为这种活动和规则，不是解决问题的具体方案，不具备直接用于产业的性质，也不属于发明的范畴。

（3）疾病的诊断和治疗方法。这主要是因为我国鼓励人们从事有利于征服各种疾病的科学研究，不允许对医学研究成果进行垄断。

（4）动物和植物品种。因为它不是人的创造物，因而不是《专利法》的保护对象。在我国，植物新品种可以通过《植物新品种保护条例》的规定获得植物新品种权，而动植物品种的生产、培育方法可以依照《专利法》获得保护。

（5）原子核变换方法以及用原子核变换方法获得的物质。这类方法和物质与国家的国防密切相关，所以不能申请专利。

（6）对平面印刷品的图案、色彩或者两者的结合作出的主要起标识作用的设计。

2. 违反法律、社会公德或者妨害公共利益的发明创造

《专利法》第 5 条规定："对违反法律、社会公德或者妨害公共利益的发明创造，不授予专利权。对违反法律、行政法规的规定获取或者利用遗传资源，并依赖该遗传资源完成的发明创造，不授予专利权。"

综上，根据《专利法》的规定，发明分为产品发明和方法发明，所以在前面的案例中，"人工养虾的方法"、"用于人工养虾的新饲料"以及"人工养虾的虾种培育方法"都可以申

请发明专利，但是“人工饲养的大虾”不能申请发明专利。

四、专利权的取得

（一）专利申请的原则

1. 先申请原则

先申请原则是指两个以上的申请人分别就同样的发明创造申请专利的，专利权授予最先申请的人。适用先申请原则简单易行，并能鼓励发明人尽早公开发明和申请专利，这一原则已被世界上绝大多数的国家所采纳。

2. 优先权原则

优先权原则是指申请人自一项发明创造第一次提出专利申请后的一定期限内，又就相同主题提出专利申请的，申请人有权要求将第一次提出申请的日期视为后来申请的日期。优先权的实质就是将申请日提前并优先获得专利的权利。

(1) 国际优先权。申请人自发明或者实用新型在外国第一次提出专利申请之日起12个月内，或者自外观设计在外国第一次提出专利申请之日起6个月内，又在中国就相同主题提出专利申请的，依照外国同中国签订的协议或共同参加的国际条约，或者依照相互承认优先权的原则，可以享有优先权。

(2) 国内优先权。申请人自发明或者实用新型在中国第一次提出专利申请之日起12个月内，又向专利局就相同主题提出专利申请的，可以享有优先权。

申请人要求优先权的应当在申请的时候提出书面声明，并且在3个月内提交第一次提出专利申请文件的副本；未提出书面声明或者逾期未提交专利申请文件副本的，视为未要求优先权。

3. 一发明一申请原则

一发明一申请原则是指一项发明或者实用新型专利申请仅限于一项发明或者实用新型。即一项发明创造只能在一项专利申请中提出并只能授予一项专利权。但是，属于一个总的发明构思的两项以上的发明或实用新型，可以作为一件申请提出。一件外观设计专利申请应限于一项外观设计。但是，同一产品两项以上的相似外观设计，或者用于同一类别并且成套出售或使用的产品的两项以上外观设计，可以作为一件申请提出。

案例分析 8-5

专利申请日的确定

中国A公司于2009年5月4日向中国专利局提交了一项汽车仪表盘的发明专利申请，美国B公司于2009年7月4日就与中国A公司同样的发明向中国专利局也提出发明专利申请。此前，B公司已就此发明于2009年3月4日分别在其本国和日本提出了专利申请。中国专利局应受理哪个公司的发明专利申请？

美国B公司的申请符合《专利法》中国际优先权的规定，所以其在我国的发明专利申请的申请日是2009年3月4日，而不是2009年7月4日。中国A公司的专利申请日是2009年5月4日，按照先申请原则，中国专利局应受理美国B公司的发明专利申请。

（二）专利权的取得条件

一项发明创造，不一定能取得专利权，只有该项发明创造符合《专利法》规定的条件，才能授予专利权。这些条件既包括形式条件，又包括实质条件。这两个方面都不能缺少，但关键是实质条件。

1. 授予发明和实用新型专利权的条件

《专利法》第22条规定，授予专利权的发明和实用新型，应当具备新颖性、创造性和实用性。

(1) 新颖性。它是指该发明或者实用新型不属于现有技术，也没有任何单位或者个人就同样的发明或者实用新型在申请日以前向国务院专利行政部门提出过申请，并记载在申请日以后公布的专利申请文件或者公告的专利文件中。这里的"其他方式"是指演说、讲演、报告或授课等口头形式。衡量一项发明创造是否可以授予专利权的第一标准是看它是否具备新颖性，而该项发明创造在申请日前是否公开是判断其是否丧失了新颖性的标准。

但是，《专利法》第24条规定，申请专利的发明创造在申请日前6个月内，有下列情形之一的，不丧失新颖性：①在国家出现紧急状态或者非常情况时，为公共利益目的首次公开的；②在中国政府主办或者承认的国际展览会上首次展出的；③在规定的学术会议或者技术会议上首次发表的；④他人未经申请人同意而泄露其内容的。

(2) 创造性。它是指与现有技术相比，该发明具有突出的实质性特点和显著的进步，该实用新型具有实质性特点和进步。

(3) 实用性。它是指该发明或者实用新型能够制造或者使用，并且能够产生积极效果。《专利法》要求发明创造具有的实用性，只是表示一种可能性，并不要求已在产业上制造或使用，或者立即能在产业上制造或使用。

2. 授予外观设计专利权的条件

根据《专利法》第23条的规定，外观设计取得专利权的实质条件有三个。

(1) 新颖性。授予专利权的外观设计，应当不属于现有设计，也没有任何单位或者个人就同样的外观设计在申请日以前向国务院专利行政部门提出过申请，并记载在申请日以后公告的专利文件中。

(2) 明显的区别性。授予专利权的外观设计与现有设计或者现有设计特征的组合相比，应当具有明显区别。

(3) 合法性。授予专利权的外观设计不得与他人在申请日以前已经取得的合法权利相冲突。在先取得的合法权利包括商标权、著作权、企业名称权、肖像权、知名商品特有包装或装潢使用权等。

（三）专利权的取得程序

1. 专利的申请

《专利法》规定，国务院专利行政部门收到专利申请文件之日为申请日。如果申请文件是邮寄的，以寄出的邮戳日为申请日。《专利法实施细则》规定，如果邮戳日期不清楚，以收到邮件日为申请日。在中国没有经常居所或者营业所的外国人、外国企业或者外国其他组织在中国申请专利和办理其他专利事务的，应当委托依法设立的专利代理机构办理。中国单位或者个人在国内申请专利和办理其他专利事务的，可以委托依法设立的专利代理机构办理。

专利申请人申请专利时，应当向国务院专利行政部门提交有关的法律文件。申请发明或者实用新型专利的，应当提交请求书、说明书及其摘要和权利要求书等文件。申请外观设计专利的，应当提交请求书、该外观设计的图片或者照片以及对该外观设计的简要说明等文件。

2. 专利申请的审查和批准

国务院专利行政部门受理专利申请后，要按照法律规定的程序进行审查，对符合《专利法》规定条件的申请予以批准，同时授予专利权。对发明专利申请的审批程序如下。

(1) 初步审查。初步审查也叫形式审查，它主要是对专利申请手续和申请文件是否完备进行审查，包括：审查专利申请文件是否齐备，格式是否符合规定；专利申请是否明显属于不授予专利权的范畴；专利申请人是否具备申请专利的资格。

(2) 早期公开。国务院专利行政部门收到发明专利申请后，经初步审查认为符合《专利法》要求的，自申请日起满 18 个月，即行公布。国务院专利行政部门可以根据申请人的请求早期公布其申请。早期公开的内容包括专利申请文件、申请人的姓名与地址、申请日、申请号、国际专利分类号等。

(3) 提出实质审查请求。发明专利申请自申请日起 3 年内，国务院专利行政部门可以根据申请人随时提出的请求，对其申请进行实质审查；申请人无正当理由逾期不请求实质审查的，视为撤回申请。

(4) 实质审查。实质审查主要是从技术角度审查发明创造是否符合《专利法》所要求的新颖性、创造性和实用性。

(5) 授权登记公告。发明专利申请经实质审查没有发现驳回理由的，由国务院专利行政部门作出授予发明专利权的决定，发给发明专利证书，同时予以登记和公告。发明专利权自公告之日起生效。

实用新型和外观设计专利申请经初步审查没有发现驳回理由的，由国务院专利行政部门作出授予实用新型专利权或者外观设计专利权的决定，发给相应的专利证书，同时予以登记和公告。实用新型专利权和外观设计专利权自公告之日起生效。

3. 专利审批中的复审

专利申请人对国务院专利行政部门驳回申请的决定不服的，可以自收到通知之日起 3 个月内向国务院专利行政部门请求复审。国务院专利行政部门复审后，作出决定，并通知专利申请人。专利申请人对国务院专利行政部门的复审决定不服的，可以自收到通知之日起 3 个月内向人民法院起诉。

五、专利权的内容

专利权的内容是指专利权人依法所享有的权利和承担的义务。

（一）专利权人的权利

1．独占实施权

独占实施权又称独占权，是指专利权人对自己的专利享有独占的、排他的实施权。《专利法》第 11 条规定："发明和实用新型专利权被授予后，除本法另有规定的以外，任何单位或者个人未经专利权人许可，都不得实施其专利，即不得为生产经营目的制造、使用、许诺销售、销售、进口其专利产品，或者使用其专利方法以及使用、许诺销售、销售、进口依照该专利方法直接获得的产品。外观设计专利权被授予后，任何单位或者个人未经专利权人许可，都不得实施其专利，即不得为生产经营目的制造、许诺销售、销售、进口其外观设计专利产品。"

2．许可实施权

许可实施权是指专利权人许可他人实施专利并收取专利使用费的权利。任何单位或个人实施他人专利的，都必须与专利权人订立书面实施许可合同，向专利权人支付使用费，法律另有规定的除外。

3．专利转让权

专利转让权是指专利权人可依法将专利权让与他人的权利，即发生了专利权主体的变更。《专利法》第 10 条规定："专利申请权和专利权可以转让。中国单位或者个人向外国人、外国企业或者外国其他组织转让专利申请权或者专利权的，应当依照有关法律、行政法规的规定办理手续。转让专利申请权或者专利权的，当事人应当订立书面合同，并向国务院专利行政部门登记，由国务院专利行政部门予以公告。专利申请权或者专利权的转让自登记之日起生效。"

4．标记权

专利权人享有在其专利产品或该产品的包装上标明专利标记和专利号的权利。

5．放弃权

在专利权期限届满前，专利权人可以以书面声明放弃其专利权。

6．质权

以专利权出质的，由出质人和质权人共同向国务院专利行政部门办理出质登记。

（二）专利权人的义务

（1）缴纳专利年费的义务。年费实际上是专利权人付给国务院专利行政部门的管理费用。缴纳年费是专利权人的一项基本义务。专利权人应从授予专利权的当年开始缴纳专利年费，不按规定缴纳年费的，专利权应予终止。

（2）被授予专利权的单位应当对职务发明创造的发明人或者设计人给予奖励；发明创造专利实施后，根据其推广应用的范围和取得的经济效益，对发明人或者设计人给予合理的报酬。

六、专利权的期限、终止和无效宣告

（一）专利权的期限

发明专利权的期限为20年，实用新型专利权的期限为10年，外观设计专利权的期限为15年，均自申请日起计算。

自发明专利申请日起满4年，且自实质审查请求之日起满3年后授予发明专利权的，国务院专利行政部门应专利权人的请求，就发明专利在授权过程中的不合理延迟给予专利权期限补偿，但由申请人引起的不合理延迟除外。

为补偿新药上市审评审批占用的时间，对在中国获得上市许可的新药相关发明专利，国务院专利行政部门应专利权人的请求给予专利权期限补偿。补偿期限不超过5年，新药批准上市后总有效专利权期限不超过14年。

（二）专利权的终止

专利权的终止有两种情况：①期限届满终止；②专利权人未按照规定缴纳年费或者专利权人以书面声明放弃专利权而在期限届满前终止。专利权在期限届满前终止的，由国务院专利行政部门登记和公告。

（三）专利权的无效宣告

自国务院专利行政部门公告授予专利权之日起，任何单位或者个人认为该专利权的授予不符合《专利法》的，可以请求国务院专利行政部门宣告该专利权无效。请求宣告专利权无效一般发生在专利诉讼中，特别是在专利权人起诉他人侵权时，对于涉嫌侵权人而言，宣告该专利权无效是对自己行为的最好辩护。

请求宣告专利权无效应向国务院专利行政部门提出，国务院专利行政部门对宣告专利权无效的请求应当及时审查，作出宣告发明、实用新型或外观设计无效或者维持发明、实用新型或外观设计有效的决定，并通知请求人和专利权人。宣告专利权无效的决定，由国务院专利行政部门登记和公告。申请人对国务院专利行政部门宣告专利权无效或者维持专利权的决定不服的，可以自收到通知之日起3个月内向人民法院起诉。人民法院应当通知无效宣告请求程序的对方当事人作为第三人参加诉讼。

宣告无效的专利权视为自始即不存在。宣告专利权无效的决定，对在宣告专利权无效前人民法院作出并已执行的专利侵权的判决、调解书，已经履行或者强制执行的专利侵权纠纷处理决定，以及已经履行的专利实施许可合同和专利权转让合同，不具有追溯力。但是因专利权人的恶意给他人造成损失的，应当给予赔偿。在专利权人没有恶意的情况下，如果专利权人不向被许可专利权人或者专利受让人返还专利侵权赔偿金、专利使用费、专利权转让费，明显违反公平原则的，应当全部或者部分返还。

七、专利权的保护

案例引导 8-2

丙公司哪些行为构成侵犯专利权的行为？

甲公司2009年获得一项外观设计专利。乙公司未经甲公司许可，以生产经营为目的制造该专利产品。丙公司未经甲公司许可以生产经营为目的所为的使用乙公司制造的该专利产品、销售乙公司制造的该专利产品、许诺销售乙公司制造的该专利产品和使用甲公司制造的该专利产品这四种行为，哪些构成侵犯该专利权的行为？

（一）专利侵权行为

专利侵权行为是指在专利权有效期内，未经专利权人许可，为了生产经营目的而实施其专利的行为。

对侵权行为的判断，是以专利权保护的范围为准的。发明或者实用新型专利权的保护范围以其权利要求的内容为准，说明书及附图可以用于解释权利要求的内容。外观设计专利权的保护范围以表示在图片或者照片中的该产品的外观设计为准，简要说明可以用于解释图片或者照片所表示的该产品的外观设计。

发明和实用新型专利权被授予之后，任何单位或个人未经专利权人许可，以生产经营为目的制造、使用、许诺销售、销售、进口其专利产品，或者使用其专利方法以及使用、许诺销售、销售、进口依照该专利方法直接获得的产品的行为是专利侵权行为。所谓"许诺销售"是指以做广告、在商店货架或展销会陈列等方式作出销售商品的意思表示。

外观设计专利权被授予之后，任何单位或个人未经专利权人许可，以生产经营为目的制造、销售、进口其外观设计专利产品的行为也是专利侵权行为。

前述案例中，甲公司的发明创造属于外观设计专利。所以，丙公司未经甲公司许可，以生产经营为目的所为的销售、许诺销售乙公司制造的该专利产品的行为，构成侵犯该专利权的行为。

（二）不视为专利侵权行为的情形

《专利法》第75条规定，有下列情形之一的，不视为侵犯专利权。

(1) 专利产品或者依照专利方法直接获得的产品，由专利权人或者经其许可的单位、个人售出后，使用、许诺销售、销售、进口该产品的。

(2) 在专利申请日前已经制造相同产品，使用相同方法或者已经做好制造、使用的必要准备，并且仅在原有范围内继续制造、使用的。

(3) 临时通过中国领陆、领水、领空的外国运输工具，依照其所属国同中国签订的协议或共同参加的国际条约，或者依照互惠原则，为运输工具自身需要而在其装置和设备中使用有关专利的。

（4）专为科学研究和实验而使用有关专利的。

（5）为提供行政审批所需要的信息，制造、使用、进口专利药品或者专利医疗器械的，以及专门为其制造、进口专利药品或者专利医疗器械的。

（三）专利侵权纠纷的解决途径

1. 处理专利纠纷的行政途径

未经专利权人许可，实施其专利，即侵犯其专利权，引起纠纷的，由当事人协商解决；不愿协商或者协商不成的，专利权人或者利害关系人既可以向人民法院起诉，也可以请求管理专利工作的部门处理。管理专利工作的部门处理时，认定侵权行为成立的，可以责令侵权人立即停止侵权行为。当事人不服的，可以自收到处理通知之日起 15 日内依照《行政诉讼法》向人民法院起诉；侵权人期满不起诉又不停止侵权行为的，管理专利工作的部门可以申请人民法院强制执行。管理专利工作的部门应当事人的请求，可以就侵犯专利权的赔偿数额进行调解；调解不成的，当事人可以依照《民事诉讼法》向人民法院起诉。

专利权人发现侵权行为后，可以请求专利管理机关处理。专利管理机关有权责令侵权人停止其侵权行为，并赔偿专利权人的损失。对于专利管理机关的处理决定不服的，可以在收到通知之日起 3 个月内向人民法院起诉。专利权人发现侵权行为后，也可以直接向人民法院起诉。

2. 处理专利纠纷的司法途径

未经专利权人许可，侵犯其专利权，引起纠纷的，专利权人或者利害关系人可以向人民法院起诉。侵犯专利权的诉讼时效是 3 年，自专利权人或者利害关系人知道或者应当知道侵权行为以及侵权人之日起计算。

（四）侵犯专利权的法律责任

1. 民事责任

主要有三种形式：①停止侵害；②赔偿损失；③消除影响。

侵犯专利权的赔偿数额按照权利人因被侵权所受到的实际损失或者侵权人因侵权所获得的利益确定；权利人的损失或者侵权人获得的利益难以确定的，参照该专利许可使用费的倍数合理确定。对故意侵犯专利权，情节严重的，可以在按照上述方法确定数额的一倍以上五倍以下确定赔偿数额。

权利人的损失、侵权人获得的利益和专利许可使用费均难以确定的，人民法院可以根据专利权的类型、侵权行为的性质和情节等因素，确定给予 3 万元以上、500 万元以下的赔偿。

赔偿数额还应当包括权利人为制止侵权行为所支付的合理开支。

人民法院为确定赔偿数额，在权利人已经尽力举证，而与侵权行为相关的账簿、资料主要由侵权人掌握的情况下，可以责令侵权人提供与侵权行为相关的账簿、资料；侵权人不提供或者提供虚假的账簿、资料的，人民法院可以参考权利人的主张和提供的证据判定赔偿数额。

2. 行政责任

主要有两种形式：①责令停止侵权行为；②责令赔偿损失。值得注意的是，没有罚款的规定。

3. 刑事责任

假冒他人专利，情节严重，构成犯罪的，处3年以下有期徒刑或者拘役，并处或单处罚金，对单位判处罚金。

案例分析8-6

专利侵权赔偿数额的计算

甲厂是某产品的专利权人。乙厂于2021年6月2日开始制造和销售该专利产品。甲厂于2021年8月2日对乙厂提起侵权之诉。经查，甲厂和乙厂销售每件专利产品分别获利为2万元和1万元，甲厂因乙厂的侵权行为少销售100台，乙厂共销售侵权产品300台。乙厂应对甲赔偿的数额是多少？

本案中，关于乙厂对甲厂的赔偿数额，有人认为应该按照甲厂的实际损失确定，即100台×2万元/台＝200万元。有人认为应该按照乙厂的获利确定，即300台×1万元/台＝300万元。《专利法》第71条规定，侵犯专利权的赔偿数额按照权利人因被侵权所受到的实际损失或者侵权人因侵权所获得的利益确定。所以，如果甲厂主张乙厂赔偿数额为300万元，应当得到支持。

第三节　商标法实务

一、商标与商标法

（一）商标概述

1. 商标的概念

商标是指经营者用以标明自己所经营的商品或提供的服务与其他经营者经营的商品或提供的服务有所区别的标记，通常由具有显著特征的文字、图形或其组合构成。《商标法》第8条规定，任何能够将自然人、法人或者其他组织的商品与他人的商品区别开的标志，包括文字、图形、字母、数字、三维标志、颜色组合和声音等，以及上述要素的组合，均可以作为商标申请注册。上述7种构成要素，除了颜色之外，均可单独构成商标，而颜色需要与其他6种要素进行组合方能构成商标。除此之外，有的国家还规定气味也可作为商标构成要素，我国尚无此规定。

需要指出的是，《商标法》第4条明确规定“本法有关商品商标的规定，适用于服务商标”。因此如无特别说明，本节“商品”包含服务。

2. 商标与相关标识的区别

（1）商标与商品名称。商品名称是指同一种商品的统称，如“空调”、“牙膏”、“饮料”

等。商品名称能起到区别不同种类商品的作用，却不能区别同一种商品的不同经营者或生产者，也不能代表商品的质量，因而和具有识别商品来源作用并能标示商品质量的商标有着本质区别。

通常认为，商品名称分为商品通用名称和商品特有名称两大类型。商品通用名称可以由众多生产同一种商品的企业使用，因而该名称不能指示出某一具体商品由哪家企业生产，缺乏显著特征，不能作为商标使用。商品特有名称则由特定的企业最先使用。使用过程中还可能使该名称产生信誉，并能产生让购买者一看见该名称就能联想到生产该商品的特定企业的识别作用。在这种情况下，商品特有名称与商标就无本质区别，也应成为知识产权法的保护对象。对商品特有名称一般是通过《商标法》或《反不正当竞争法》来保护的。如由于各种原因，我国部分酒类商品名称（“五粮液”、“贵州茅台”）实际上起了商标的作用，许多消费者只知道商品名称，而不知道原来真正的商标，为了有效保护名牌产品，维护消费者利益，国家实际上已允许这种少数知名酒类商品的特有名称作为商标注册后加以保护。

商标与商品名称的联系还表现为有的商标在长期使用过程中，由于不恰当的使用等原因而逐渐失去显著性，从而演变成商品的通用名称。如“阿司匹林（aspin）”、“热水瓶（thermos）”、“煤油（kerosene）”等就是从商标演变而来的。

（2）商标与商品装潢。商品装潢是为了说明和美化商品而在商品或包装上采用的装饰标志，起着渲染、美化、推销商品的作用，被视为商品的“外衣”。设计美观的商标通常本身就是商品装潢的一部分，也能起到商品装潢那种吸引消费者购买、扩大商品销售量的作用，其功能与商标所具备的区别商品来源的功能是不同的。两者法律上的差别体现在两方面。①商标一经核准注册，即由注册人专用，且非经变更申请不得任意改变其文字、图形、字母等要素；商品装潢无须任何注册，其设计可以根据市场情况随时加以变动和改进。②注册商标受《商标法》保护；商品装潢可以作为美术作品而由《著作权法》保护，知名商品的装潢还可以受《反不正当竞争法》保护。

（3）商标与商号。商号是工商业者和企业在生产经营中使用的名称或用以营业的别名，如“同仁堂”、“全聚德”等。在我国，从事生产经营活动的个体工商户和企业可以到工商行政管理部门将其商号登记并取得专用权。商号也可用来作为商标，但必须将商号作为商标注册以后，才能得到《商标法》的保护。

3. 商标的分类

（1）按照不同的商标构成要素划分。①平面商标，即由文字、图形、字母、数字和颜色组合，以及上述要素组合而成的商标。②立体商标，即由三维标志构成的商标，如麦当劳的金色拱门标志、咸亨酒店门前的孔乙己雕像等。

（2）按照商标的用途划分。①联合商标，即商标权人在同种或类似商品上注册的若干个相近似的商标。如注册人注册“娃哈哈”后，又先后注册“哈哈娃”、“哈娃娃”、“娃娃哈”等若干个近似商标，其作用就是构建起立体的商标保护体系，保护知名品牌。②防御商标，即商标权人在不同商品或服务上注册相同商标。如海尔公司可以将“海尔”商标注册在除家电以外的其他商品或服务上。《商标法》对防御商标未作规定，但允许企业就同一商标在他类商品上取得注册。

(3) 按照商标的使用对象划分。①商品商标，即用在商品或其外包装上的商标。②服务商标，即用在服务行业的商标。服务商标的使用和法律保护均晚于商品商标。我国从 1993 年 7 月 1 日起开始受理服务商标注册申请。我国也有一些久负盛名的服务商标，如“王开”照相、“全聚德”烤鸭等。③集体商标，即以团体、协会或者其他组织名义注册，供该组织成员在商事活动中使用，以表明其身份的标志。如行业协会可以申请注册集体商标，核准之后由协会会员共同使用。④证明商标，即由对某种商品或服务具有监督能力的组织所控制，而由该组织以外的单位或个人用于其商品或服务，用以证明商品或服务的原产地、原料、制造方法、质量或者其他特定品质的标志。如国际羊毛局的“纯羊毛”标志、农业部管理下的“绿色食品”标志等。

(4) 按照商标的信誉，商标可分为驰名商标和非驰名商标。《商标法》对两者保护的范围是不同的。

(二) 商标的要件

对于商标注册申请人申请注册的商标，商标局要进行全面的审查。

首先要看申请注册的商标是否具备商标的积极要件。《商标法》第 9 条规定，申请注册的商标，应当有显著特征，便于识别，并不得与他人在先取得的合法权利相冲突。

其次，申请注册的商标不能具有《商标法》规定的商标消极要件。《商标法》第 10 条规定下列标志不得作为商标使用。

(1) 同中华人民共和国的国家名称、国旗、国徽、军旗、勋章相同或者近似的，以及同中央国家机关的名称、标志所在地特定地点的名称或者标志性建筑物的名称、图形相同的。

(2) 同外国的国家名称、国旗、国徽、军旗相同或者近似的，但经该国政府同意的除外。

(3) 同政府间国际组织的旗帜、徽记、名称相同或者近似的，但经该组织同意或者不易误导公众的除外。如“APEC”、“WTO”、“UN”等，均不得作为商标使用。

(4) 与表明实施控制、予以保证的官方标志、检验印记相同或者近似的，但经授权的除外。

(5) 同“红十字”、“红新月”的名称、标志相同或者近似的。红十字组织和红新月组织均是国际卫生组织，后者是伊斯兰国家间国际卫生组织。如“红十字”药房、“红新月”创可贴等均属此类。

(6) 带有民族歧视性的。如“黑鬼”牙膏、“回回”挂面等均属此类。

(7) 带有欺骗性，容易使公众对商品的质量等特点或者产地产生误会的。如“绿色”卷烟、“金牌”火腿肠、“疆产”香梨等均属此类。

(8) 有害于社会主义道德风尚或者有其他不良影响的。如以“纳粹”、“满洲国”作为商标的，依法不予以注册并禁止使用。

县级以上行政区划的地名或者公众知晓的外国地名，不得作为商标。但是地名具有其他含义或者作为集体商标、证明商标组成部分的除外，已经注册使用的地名商标继续有效。

此外，《商标法》第 11 条规定，下列标志不得作为商标注册。

(1) 仅有本商品的通用名称、图形、型号的。如“啤酒”牌啤酒等均属此类。

(2) 仅直接表示商品的质量、主要原料、功能、用途、重量、数量及其他特点的。如“钢铁”牌保险柜、“准确”牌手表等均属此类。

(3) 其他缺乏显著特征的。

上述三种标志经过使用取得显著特征，并便于识别的，可以作为商标注册。

以三维标志申请注册商标的，仅由商品本身的性质产生的形状、为获得技术效果而需有的商品形状或者使商品具有实质性价值的形状，不得注册。如以地名作为商标注册或使用的，该商品应来源于该地理名称的地区，否则不予注册并禁止使用；但是已经善意取得注册的继续有效。如“金华”火腿、“嘉兴”肉粽均已作为集体商标注册，其他地区的同类商品不得再使用上述地理标志。但地理标志具有其他含义的除外，如吉林“长春”市、湖南“凤凰”县等地名也可作为商标注册。

案例分析 8-7

商标局应当驳回哪些注册申请？

商标局受理了甲厂将“红旗”文字商标使用于油漆商品上、乙厂将“黑又亮”文字商标使用于鞋油商品上、丙厂将“山花”文字商标使用于灯泡商品上和丁厂将“红高粱”文字商标使用于高粱酿制的白酒类商品上等一批商标注册申请。审查过程中均未发现在先申请。在这四个商标注册申请中，商标局应当依法驳回的注册申请有哪些？

商标局应当依法驳回的注册申请是“黑又亮”和“红高粱”。因为使用于油漆商品上的“红旗”文字商标和使用于灯泡商品上的“山花”文字商标显然具备显著性，可以申请注册。而“黑又亮”仅仅直接表示商品的功能，应依法驳回该申请。“红高粱”仅仅直接表示商品的主要原料，该申请也应该被依法驳回。

（三）商标法

商标法是调整在确认、保护商标专用权和商标使用过程中发生的权利义务关系的法律规范的总称。

1982 年 8 月 23 日，第五届全国人民代表大会常务委员会第二十四次会议通过了《商标法》，自 1983 年 3 月 1 日起施行。截至目前，《商标法》完成了四次修正，第四次修正后的《商标法》自 2019 年 11 月 1 日起施行。

二、商标注册程序

（一）商标注册的概念

商标注册，是指商标使用人将其使用的商标依照《商标法》及其实施条例规定的注册条件、程序，向商标管理机关提出注册申请，经商标局依法审核批准，在商标注册簿上登录，发给商标注册证，并予以公告，授予注册人以商标专用权的法律活动。经过商标局核准注册并刊登在商标公告上的商标称为注册商标。不以使用为目的的恶意商标注册申请,商标管理机关依法当予驳回,从而自源头遏制抢注商标的恶意行为。

注册商标由商标注册人享有专用权,具有排他性,他人不得侵犯。注册商标所有人可将自己的注册商标有偿地转让或许可他人使用。使用注册商标应当标明"注册商标"字样或者标明注册标记。在商品上不便标明的,应当在商品包装或者说明书以及其他附着物上标明。

商标注册与不注册的区别在于:非注册商标不享有法律赋予的商标专有权,当非注册商标与注册商标相同或近似,并用于相同或近似的产品上时,非注册商标应立即停止使用。

(二)商标注册的原则

1. 一件商标一份申请的原则

即一份申请只能请求注册一件商标,不能在一份申请中提出注册两件或两件以上的商标,但允许申请注册的同一商标使用于不同类别的商品上。

2. 自愿注册为主、强制注册为辅的原则

自愿注册原则是指商标注册以申请人的意思自治为要旨,申请与否、申请的对象和范围由其自行确定,国家并不强制干预。

强制注册原则是指国家出于公共利益的需要,规定一定的商品必须申请注册,只有核准注册后方能使用,未经核准注册的,该商品不得在市场上销售。在我国体现为对于一些关系到人民生命健康的特殊商品必须使用注册商标,目前主要是烟草制品。

3. 注册在先为主、使用在先为辅的原则

两个或两个以上的商标注册申请人,在同一种商品或类似商品上,以相同或近似的商标申请注册的,初步审定并公告申请在先的商标,同一天申请的,初步审定并公告使用在先的商标。商标注册的申请日期,以商标局收到申请书件的日期为准。

4. 优先权原则

(1) 商标注册申请人自其商标在外国第一次提出商标注册申请之日起 6 个月内,又在中国就相同商品以同一商标提出商标注册申请的,依照该外国同中国签订的协议或共同参加的国际条约,或者按照相互承认优先权的原则,可以享有优先权。要求优先权的,应当在提出商标注册申请的时候提出书面声明,并且在 3 个月内提交第一次提出的商标注册申请文件的副本;未提出书面声明或者逾期未提交商标注册申请文件副本的,视为未要求优先权。

(2) 商标在中国政府主办的或者承认的国际展览会展出的商品上首次使用的,自该商品展出之日起 6 个月内,该商标的注册申请人可以享有优先权。要求优先权的,应当在提出商标注册申请的时候提出书面声明,并且在 3 个月内提交展出其商品的展览会名称、在展出商品上使用该商标的证据、展出日期等证明文件;未提出书面声明或者逾期未提交证明文件的,视为未要求优先权。

（三）注册商标的申请

1. 注册商标申请人

（1）自然人、法人或者其他组织。自然人、法人或者其他组织对其生产、制造、加工、拣选或者经销的商品以及提供的服务项目，需要取得商标专用权的，应当向商标局申请商品商标注册。

（2）共同申请人。两个以上的自然人、法人或者其他组织可以共同向商标局申请注册同一商标，共同享有和行使该商标专用权。

（3）外国人或者外国企业在中国申请商标注册的，应当按其所属国和中华人民共和国签订的协议或者共同参加的国际条约办理，或者按对等原则办理。

申请商标注册或者办理其他商标事宜，可以自行办理，也可以委托依法设立的商标代理机构办理。外国人或者外国企业在中国申请商标注册和办理其他商标事宜的，应当委托具有商标代理资格的组织代理。商标代理机构知道或者应当知道委托人申请注册的商标属于《商标法》第 4 条、第 15 条和第 32 条规定情形的，不得接受其委托。

2. 按类别提出申请

（1）应当按规定的商品分类表填报使用商标的商品名称和商品类别。商品分类表是划分商品类别和进行商标注册管理的重要依据。目前，世界上许多国家制定使用的商品分类表不尽相同。有的国家使用本国制定的商品分类表，有的国家则采用国际商品分类表。我国在 1988 年 11 月 1 日起正式采用《商标注册用商品和服务国际分类表》（以下简称《商品国际分类表》）。目前使用的修订版是 2019 年 1 月 1 日生效的第 11 版。

（2）按类申请。同一申请人在不同类别的商品上使用同一商标的，应当按《商品国际分类表》根据一类商品、一个商标、一件申请的原则提出注册申请。我国商标注册共分 45 个大类，其中商品商标为 34 大类，服务类商标为 11 大类，共有 10000 多个商品名称。

（3）同一类的其他商品上的另行申请。注册商标需要扩大使用范围的，即需要在同一类的其他商品上使用，应当另行申请注册。

另外，注册商标需要改变文字、图形的，应当重新提出注册申请。注册商标需要变更注册人的名义、地址或者其他注册事项的，应当提出变更申请。

（四）商标注册申请的审查与核准

1. 初步审定并公告

对申请注册的商标，商标局应当自收到商标注册申请文件之日起 9 个月内审查完毕，符合《商标法》有关规定的，予以初步审定公告。在审查过程中，商标局认为商标注册申请内容需要说明或者修正的，可以要求申请人作出说明或者修正。申请人未作出说明或者修正的，不影响商标局作出审查决定。申请注册的商标，凡不符合《商标法》有关规定，或者同他人在同一种商品或类似商品上已经注册的或者初步审定的商标相同或者近似的，由商标局驳回申请，不予公告。

对驳回申请、不予公告的商标，商标局应当书面通知商标注册申请人。商标注册申请人不服的，可以自收到通知之日起 15 日内向商标评审委员会申请复审。商标评审委员会自收到申请之日起 9 个月内作出决定，并书面通知申请人。有特殊情况需要延长的，经国务院工商行政管理部门批准，可以延长 3 个月。当事人对商标评审委员会的决定不服的，可以自收到通知之日起 30 日内向人民法院起诉。

2. 核准与公告

对初步审定公告的商标，自公告之日起 3 个月内，在先权利人、利害关系人认为违反《商标法》第 13 条第 2 款和第 3 款(禁止抢注驰名商标)、第 15 条(禁止代理人、代表人或其他关系人抢注)、第 16 条第 1 款(禁止注册误导公众的地理标志)、第 30 条(禁止在相同或类似商品上注册与他人已注册商标或已初步审定的商标相同或近似的商标)、第 31 条(先申请原则)、第 32 条(禁止商标注册损害其他在先权利或者抢注特定未注册商标)规定的，或者任何人认为违反《商标法》第 4 条(禁止不以使用为目的的恶意商标注册)、第 10 条(禁止特定内容违法的商标注册)、第 11 条(禁止缺乏显著性的商标注册)、第 12 条(禁止特定三维标志注册)、第 19 条第 4 款(禁止商标代理机构注册其代理服务之外的商标)规定的，可以向商标局提出异议。公告期满无异议的，予以核准注册，发给商标注册证，并予公告。

对初步审定公告的商标提出异议的，商标局应当听取异议人和被异议人陈述事实和理由，经调查核实后，自公告期满之日起 12 个月内作出是否准予注册的决定，并书面通知异议人和被异议人。有特殊情况需要延长的，经国务院工商行政管理部门批准，可以延长 6 个月。

商标局作出准予注册决定的，发给商标注册证，并予公告。异议人不服的，可以依照《商标法》第 44 条、第 45 条的规定向商标评审委员会请求宣告该注册商标无效。

商标局作出不予注册决定，被异议人不服的，可以自收到通知之日起 15 日内向商标评审委员会申请复审。商标评审委员会应当自收到申请之日起 12 个月内作出复审决定，并书面通知异议人和被异议人。有特殊情况需要延长的，经国务院工商行政管理部门批准，可以延长 6 个月。被异议人对商标评审委员会的决定不服的，可以自收到通知之日起 30 日内向人民法院起诉。人民法院应当通知异议人作为第三人参加诉讼。

商标评审委员会在依照前款规定进行复审的过程中，所涉及的在先权利的确定必须以人民法院正在审理或者行政机关正在处理的另一案件的结果为依据的，可以中止审查。中止原因消除后，应当恢复审查程序。

法定期限届满，当事人对商标局作出的驳回申请决定、不予注册决定不申请复审或者对商标评审委员会作出的复审决定不向人民法院起诉的，驳回申请决定、不予注册决定或者复审决定生效。

经审查异议不成立而准予注册的商标，商标注册申请人取得商标专用权的时间自初步审定公告 3 个月期满之日起计算。自该商标公告期满之日起至准予注册决定作出前，对他人在同一种或者类似商品上使用与该商标相同或者近似的标志的行为不具有追溯力；但是，因该使用人的恶意给商标注册人造成的损失，应当给予赔偿。

三、商标专用权

（一）商标专用权的概念

商标专用权是指商标权人在核准的商品项目上使用注册商标的排他权，它是商标权人最重要、最基本的权利。

（二）注册商标的续展、转让与使用许可

1. 注册商标的续展

《商标法》规定，注册商标的专用权，以核准注册的商标和核定使用的商品为限。注册商标的有效期为10年，自核准注册之日起计算。

注册商标有效期满，需要继续使用的，商标注册人应当在期满前12个月内按照规定办理续展手续；在此期间未能办理的，可以给予6个月的宽展期。每次续展注册的有效期为10年，自该商标上一届有效期满次日起计算。期满未办理续展手续的，注销其注册商标。商标局应当对续展注册的商标予以公告。在我国，对注册商标的续展次数，法律不作限制，续展注册商标有效期自该商标上一届有效期满次日起计算。因此，只要商标注册人愿意，其注册商标专用权可以一直延续下去。

2. 商标专用权的转让

商标专用权的转让是指商标注册人将其所有的注册商标的专用权，依照法定程序移转给他人的法律行为。该转让导致商标权主体的变更，原来的商标权人（即转让人）不再享有商标权，而受让人获得了商标权。《商标法》第42条规定，转让注册商标的，转让人和受让人应当签订转让协议，并共同向商标局提出申请。受让人应当保证使用该注册商标的商品质量。转让注册商标的，商标注册人对其在同一种商品上注册的近似的商标，或者在类似商品上注册的相同或者近似的商标，应当一并转让。对容易导致混淆或者有其他不良影响的转让，商标局不予核准，书面通知申请人并说明理由。转让注册商标经核准后，予以公告。受让人自公告之日起享有商标专用权。

3. 注册商标的使用许可

注册商标的使用许可是指注册商标所有人通过订立许可使用合同，许可他人使用其注册商标的法律行为。注册商标使用许可的形式主要有三种。①独占使用许可，是指商标注册人在约定的期间、地域，以约定的方式，将该注册商标仅许可一个许可人使用，商标注册人依约定不得使用该注册商标。②排他使用许可，是指商标注册人在约定的期间、地域，以约定的方式，将该注册商标仅许可一个许可人使用，商标注册人依约定可以使用该注册商标但不得另行许可他人使用该注册商标。③普通使用许可，是指商标注册人在约定的期间、地域，以约定的方式，许可他人使用其注册商标，同时可自行使用和许可他人使用其注册商标。目前我国实践中，较多存在的是普通使用许可。

《商标法》第43条规定，商标注册人可以通过签订商标使用许可合同，许可他人使用其注册商标。许可人应当监督被许可人使用其注册商标的商品质量。被许可人应当保证使用该注册商标的商品质量。经许可使用他人注册商标的，必须在使用该注册商标的商

品上标明被许可人的名称和商品产地。许可他人使用其注册商标的，许可人应当将其商标使用许可报商标局备案，由商标局公告。商标使用许可未经备案不得对抗善意第三人。

案例分析 8-8

该商标许可合同和特别约定是否有效？

A 市甲厂是某种饮料的商标注册人，在与 B 市乙厂签订的商标使用许可合同中，特别约定乙厂使用甲厂商标的饮料全部使用甲厂的包装瓶，该包装瓶仅标注甲厂的名称和产地。该合同未报商标局备案即付诸履行。该商标使用许可合同是否有效？特别约定是否有效？

依据《商标法》的规定，该商标使用许可合同有效。《商标法》规定，商标使用许可合同应当报商标局备案。该案中许可使用合同未报商标局备案即付诸履行的做法违反了《商标法》的规定，但该备案的要求并非商标许可使用合同的生效要件，未备案不影响其效力，当事人另有约定的除外。本案中甲、乙厂并无约定，所以该商标使用许可合同有效。

本案中的特别约定无效。《商标法》规定，经许可使用他人注册商标的，必须在使用该注册商标的商品上标明被许可人的名称和商品产地，此条规定属于强制性规定，当事人双方违反此规定的约定无效。而且乙厂使用甲厂的包装瓶也侵犯了消费者的知情权。

（三）商标专用权的消灭

商标专用权人对注册商标所享有的权利并不是绝对的，在一定情形下可以因为注册商标的注销、无效宣告或撤销而消灭。

1. 注册商标的注销

注册商标所有人可以依照《商标法实施条例》的相关规定主动向商标局申请放弃商标权，注销其注册商标。商标局也可以在注册商标法定期限届满而未续展或者商标注册人死亡或终止而缺乏新的承受人的情况下，依职权注销该注册商标。

2. 注册商标的无效宣告

注册商标的无效宣告是指商标的注册违反了商标法的规定，商标局或者商标评审委员会依照法定的程序宣告该注册商标无效。

依据《商标法》第 44 条规定，已经注册的商标若违反《商标法》第 4 条、第 10 条、第 11 条、第 12 条、第 19 条第 4 款，或是以欺骗手段或者其他不正当手段取得注册的，由商标局宣告该注册商标无效；其他单位或者个人可以请求商标评审委员会宣告该注册商标无效。

已经注册的商标，违反《商标法》第 13 条有关驰名商标保护的特别规定、第 15 条有关商标代理的规定、第 16 条有关地理标志的规定、第 30 条和第 31 条有关相同或者近似的商标申请注册的规定、第 32 条有关损害在先权利或者使用不正当手段抢注的，自商标注册之日起 5 年内，在先权利人或者利害关系人可以请求商标评审委员会宣告该注册商标无效。对恶意注册的，驰名商标所有人不受5年的时间限制。

商标评审委员会收到宣告注册商标无效的申请后，应当书面通知有关当事人，并限期提出答辩。商标评审委员会应当自收到申请之日起12个月内作出维持注册商标或者宣告注册商标无效的裁定，并书面通知当事人。有特殊情况需要延长的，经国务院工商行政管理部门批准，可以延长6个月。当事人对商标评审委员会的裁定不服的，可以自收到通知之日起30日内向人民法院起诉。人民法院应当通知商标裁定程序的对方当事人作为第三人参加诉讼。

商标评审委员会在依照前款规定对无效宣告请求进行审查的过程中，所涉及的在先权利的确定必须以人民法院正在审理或者行政机关正在处理的另一案件的结果为依据的，可以中止审查。中止原因消除后，应当恢复审查程序。

依照《商标法》规定宣告无效的注册商标，经商标局予以公告后，该注册商标专用权视为自始即不存在。宣告注册商标无效的决定或者裁定，对宣告无效前人民法院作出并已执行的商标侵权案件的判决、裁定、调解书和工商行政管理部门作出并已执行的商标侵权案件的处理决定以及已经履行的商标转让或者使用许可合同不具有追溯力。但是，因商标注册人的恶意给他人造成的损失，应当给予赔偿。依照上述规定不返还商标侵权赔偿金、商标转让费、商标使用费，明显违反公平原则的，应当全部或者部分返还。

3. 注册商标的撤销

商标注册人在使用注册商标的过程中，自行改变注册商标、注册人名义、地址或者其他注册事项的，由地方工商行政管理部门责令限期改正；期满不改正的，由商标局撤销其注册商标。注册商标成为其核定使用的商品的通用名称或者没有正当理由连续3年不使用的，任何单位或者个人可以向商标局申请撤销该注册商标。商标局应当自收到申请之日起9个月内作出决定。有特殊情况需要延长的，经国务院工商行政管理部门批准，可以延长3个月。

案例分析 8-9

注册商标的撤销

某市的甲公司未经漫画家乙许可，将其创作的一幅漫画作品作为新产品的商标使用，并于2003年3月3日被核准注册。2004年5月，丙公司因侵犯甲公司的商标权被法院判决赔偿甲公司损失10万元。该生效判决强制执行完毕后不久，乙认为其著作权受到侵害，与甲发生纠纷。乙可以采取哪种方式保护自己的合法权益？如果该注册商标被商标评审委员会撤销，丙公司是否可以要求甲公司返还10万元？

本案中，漫画家乙在甲公司申请商标注册前已拥有了合法的著作权，甲公司未经乙许可，将其创作的一幅漫画作品作为新产品的商标使用并注册的行为，侵犯了乙的在先权利，因此乙有权请求商标评审委员会裁定撤销其注册商标。

若该注册商标被商标评审委员会裁定撤销，则甲公司对该注册商标的专用权视为自始即不存在。但因为有关撤销注册商标的裁定，对在撤销前人民法院作出并已执行的商标侵权案件的判决不具有追溯力，所以丙公司无权要求甲公司返还10万元。

四、商标专用权的保护

（一）侵犯商标权的表现形式

（1）未经商标注册人的许可，在同一种商品或者类似商品上使用与其注册商标相同或者近似的商标。

（2）销售侵犯注册商标专用权的商品。这里的销售包括批发和零售，未领取营业执照但有该销售行为的也构成侵权。该规定并不要求销售者明知，即无论销售者在主观上是否明知，只要其销售的商品是侵犯注册商标专用权的商品，即构成对商标专用权的侵犯。

（3）伪造、擅自制造他人注册商标标识或者销售伪造、擅自制造的注册商标标识。商标标识是商标的物质载体。伪造、擅自制造他人注册商标标识的行为不仅侵犯了商标专用权，也扰乱了社会经济秩序，构成侵权。

（4）未经商标注册人同意，变更其注册商标并将该更换商标的商品又投入市场。

（5）给他人的注册商标专用权造成其他损害的。这主要是指在同一种或类似商品上，将与他人注册的相同或近似的商标作为名称或商品装潢使用，并足以造成误认的行为；故意为侵犯他人注册商标专用权行为提供仓储、运输、邮寄、隐匿等便利条件的行为。

（二）商标侵权行为的处理

我国对商标侵权行为的处理实行双轨制，既有行政救济，又有司法救济，商标权人可以任意选择。

因商标侵权行为引起纠纷的，由当事人协商解决；不愿协商或者协商不成的，商标注册人或者利害关系人可以向人民法院起诉，也可以请求工商行政管理部门处理。工商行政管理部门处理时，认定侵权行为成立的，责令立即停止侵权行为，没收、销毁侵权商品和专门用于制造侵权商品、伪造注册商标标识的工具，并可处以罚款。当事人对处理决定不服的，可以自收到处理通知之日起15日内依照《行政诉讼法》向人民法院起诉；侵权人期满不起诉又不履行的，工商行政管理部门可以申请人民法院强制执行。进行处理的工商行政管理部门根据当事人的请求，可以就侵犯商标专用权的赔偿数额进行调解；调解不成的，当事人可以依照《民事诉讼法》向人民法院起诉。

（三）侵犯商标权的法律责任

根据《商标法》的规定，侵犯商标权的法律责任包括民事责任、行政责任和刑事责任三种形式。

承担民事责任的方式主要有停止侵害、消除影响、赔偿损失。承担行政责任的方式主要有责令立即停止侵权行为、封存或收缴其商标标识、罚款等。在刑事责任方面，犯罪人将会被处以3年以下有期徒刑、拘役或管制，并处或单处罚金；情节特别严重的，处3年以上7年以下有期徒刑，并处罚金。

（四）驰名商标的保护

1. 驰名商标的概念

最高人民法院《关于审理涉及驰名商标保护的民事纠纷案件应用法律若干问题的解释》（以下简称《驰名商标保护解释》）规定，驰名商标是指在中国境内为相关公众广为知晓的商标。驰名商标既包括注册商标，也包括未注册商标。

2. 驰名商标的认定要素

《商标法》第14条规定，认定驰名商标应当考虑下列因素：①相关公众对该商标的知晓程度；②该商标使用的持续时间；③该商标的任何宣传工作的持续时间、程度和地理范围；④该商标作为驰名商标受保护的记录；⑤该商标驰名的其他因素。

《驰名商标保护解释》对驰名商标的认定进一步作出了具体规定。其第5条规定，当事人主张商标驰名的，应当根据案件具体情况，提供下列证据，证明被诉侵犯商标权或者不正当竞争行为发生时，其商标已属驰名：①使用该商标的商品的市场份额、销售区域、利税等；②该商标的持续使用时间；③该商标的宣传或者促销活动的方式、持续时间、程度、资金投入和地域范围；④该商标曾被作为驰名商标受保护的记录；⑤该商标享有的市场声誉；⑥证明该商标已属驰名的其他事实。

其中，商标使用的时间、范围、方式等，包括其核准注册前持续使用的情形。对于商标使用时间长短、行业排名、市场调查报告、市场价值评估报告、是否曾被认定为著名商标等证据，人民法院应当结合认定商标驰名的其他证据，客观、全面地进行审查。

《驰名商标保护解释》第10条又规定，原告请求禁止被告在不相类似商品上使用与原告驰名的注册商标相同或者近似的商标或者企业名称的，人民法院应当根据案件具体情况，综合考虑以下因素后作出裁判：①该驰名商标的显著程度；②该驰名商标在使用被诉商标或者企业名称的商品的相关公众中的知晓程度；③使用驰名商标的商品与使用被诉商标或者企业名称的商品之间的关联程度；④其他相关因素。

3. 驰名商标的保护

对驰名商标的保护不同于一般注册商标的保护措施。对驰名商标采取特别的保护措施已为国际条约所明文规定。概括起来，对驰名商标的扩大保护主要体现在五个方面。

（1）无论注册与否都受保护。《商标法》第13条第2款规定，就相同或者类似商品申请注册的商标是复制、摹仿或者翻译他人未在中国注册的驰名商标，容易导致混淆的，不予注册并禁止使用。

（2）超出商品类别的保护——跨类保护。《商标法》第13条第3款规定，就不相同或者不相类似商品申请注册的商标是复制、摹仿或者翻译他人已经在中国注册的驰名商标，误导公众，致使该驰名商标注册人的利益可能受到损害的，不予注册并禁止使用。

（3）禁止他人将驰名商标用作商号或其他企业标志。

（4）禁止他人将驰名商标用作域名使用。

(5) 赋予驰名商标所有人特别期限的排他权。对恶意注册的，驰名商标所有人请求商标评审委员会裁定撤销该注册商标不受5年的时间限制。

案例分析 8-10

哪些公司的行为属于商标侵权行为？

H市的甲公司生产啤酒，其申请注册的"向阳花"文字商标被国家有关部门认定为驰名商标。乙公司在自己生产的葡萄酒上使用"葵花"商标；设在G市的丙公司将"向阳花"作为自己的商号登记使用；丁公司将"向阳花"注册为域名，用于网上宣传、销售书籍等文化用品；戊公司在自己生产的农药产品上使用"向阳花"商标。

从驰名商标的保护可以看出，甲公司申请注册的"向阳花"文字商标被认定为驰名商标，其他不相同或者不相类似商品申请注册商标不得复制、摹仿或者翻译该驰名商标，否则构成侵权。因此，戊公司在自己生产的农药产品上使用"向阳花"商标属于侵权行为，而乙公司在自己生产的葡萄酒上使用的"葵花"商标与"向阳花"商标在音形义上均有区别，其行为不构成商标侵权。驰名商标保护也禁止他人将驰名商标用作商号、域名使用，因此丙公司将"向阳花"作为自己的商号登记使用和丁公司将"向阳花"注册为域名都属于侵权行为。

4. 驰名商标的认定方式

驰名商标的认定方式有两种基本模式：被动认定和主动认定。被动认定方式，又称事后认定，是在商标所有人主张权利时，即存在实际的权利纠纷的情况下，应商标所有人的请求，有关部门对其商标是否驰名、能否给予扩大范围的保护进行认定。被动认定是司法机关认定驰名商标的基本模式，目前为西方多数国家所采用，被视为国际惯例。虽然被动认定为驰名商标提供的保护是消极被动的，但这种认定以达到实现跨类保护和撤销抢注为目的，而且它具有很强的针对性。因而所得到的法律救济是实实在在的，这种法律救济解决了已实际发生的权利纠纷。被动认定也可以为行政机关所采用。

主动认定方式，又称事前认定，是在并不存在实际权利纠纷的情况下，有关部门出于预防将来可能发生权利纠纷的目的，应商标所有人的请求，对商标是否驰名进行认定。主动认定着眼于预防可能发生的纠纷，是行政机关认定驰名商标的方式。例如韩国、泰国的商标注册部门就掌握着一份自己主动认定的驰名商标名单(对外不公开)，供日后审查时参考。主动认定虽然能够提供事先的保护，使商标所有人避免不必要的纠纷，但主动认定不符合国际惯例，尤其是采用批量认定的方式，如果把握不准难免陷入滥评，也容易导致企业之间、地区之间的攀比。

我国驰名商标的认定机构包括国家工商行政管理总局(具体为商标局、商标评审委员会)及人民法院。但应看到两者在认定方式、认定程序和认定效力上的区别。其中，商标局和商标评审委员会采用行政程序，以主动认定和被动认定两种方式确认驰名商标；人民法院采用司法程序，仅以被动认定的方式来确认驰名商标。而且商标局和商标评审委员会的确认是非终局性的，人民法院的确认则具有终局效力。

本章小结

当今社会，知识产权在企业中的价值日益突出。本章主要介绍了我国企业中常用到的著作权、专利权和商标权的实务性问题，其中包括：与企业有关的作品及其法律规定，与企业有关的著作权合同和邻接权；专利权的主体、客体、取得、内容、保护期限以及专利权的终止和无效宣告；商标的概念与类型，商标获得注册的条件，商标注册程序和商标专用权。本章强调理论联系实际，注重培养学生结合企业实际案例进行法律思考的能力，使学生能够运用所学知识产权法知识，分析并解决企业中各种知识产权相关问题。

技能训练

起草计算机软件著作权转让合同

【目的】

熟练掌握《著作权法》的基本法律规定，培养学生的法律意识和相关法律知识的实际操作能力。

【内容】

A软件科技有限公司欲将其独立开发的“Delicacy软件开发平台系统”的著作权转让给B科技有限公司，请为这两家公司起草一份计算机软件著作权转让合同。

【步骤和要求】

(1) 学生分组，查阅资料，弄清起草著作权转让合同的注意事项。

(2) 按照著作权转让合同的格式和主要条款起草该份合同。

(3) 教师给出范本，学生查漏补缺，掌握书写要领。

(4) 教师总结，学生写出心得体会。

实践活动

开展商标侵权行为的市场调研

【目的】

使学生掌握《商标法》的相关规定，培养学生熟练应用《商标法》知识的能力，提高学生处理企业商标法律纠纷的实践水平。

【内容】

学生分组，参加商标侵权行为的市场调研。

【要求】

结合《商标法》知识，找出实际生活中侵犯注册商标专用权的实例并加以分析，写出调研报告。

本章练习

一、不定项选择题

1. 童通动画制作公司制作完成了动画片《天上掉下个猪八戒》。该动画片的导演为甲，编剧为乙，动画制作者为丙和丁。下列有关该动画片及其著作权的说法正确的是(　　)。

A. 该动画片为美术作品

B. 该动画片为视听作品，著作权归甲所有

C. 该动画片为视听作品，著作权归童通动画制作公司享有

D. 该动画片为戏剧作品，著作权归乙享有

2. 某大学宣传部工作人员刘某，接受校方指派拍摄一组校园风景照片供宣传使用。后学校又将刘某拍摄的照片提供给某出版社编入《摄影作品选》，所获稿酬归校宣传部，选用的作品没有作者署名，只标明“某大学供稿”。下列说法正确的是(　　)。

A. 照片为职务作品，著作权由刘某享有

B. 照片为职务作品，著作权由某大学享有

C. 某大学有权在业务范围内使用该作品

D. 某大学的行为侵犯了刘某的署名权

3. 下列发明创造中，不可能授予专利权的是(　　)。

A. 一种新的食品添加剂　　B. 一种新的血压测量仪

C. 一种新的毒品吸食工具　　D. 一种新的印刷技术

4. 某公司以邮件方式向国务院专利行政部门寄出专利申请文件，但邮件信封上的寄出邮戳日期不清。依照法律的规定，该项专利申请的申请日为(　　)。

A. 国务院专利行政部门收到专利申请文件的日期

B. 张某在专利申请文件上填写的日期

C. 邮件信封上的送达地邮戳日期

D. 国务院专利行政部门受理专利申请文件的日期

5. 下列选项中，可以被核准注册的商标是(　　)。

A. “中国”牌手表　　B. “钟表”牌手表

C. “准确”牌手表　　D. “火车头”牌手表

6. 下列商品生产或销售必须使用注册商标的是(　　)。

A. 新闻用纸　　B. 感冒清片

C. 雪茄烟　　D. 彩色电视机

7. 甲公司注册了商标“霞露”，用于日用化妆品等商品上，下列选项正确的是(　　)。

A. 甲公司要将该商标改成“露霞”，应向商标局提出变更申请

B. 乙公司在化妆品上擅自使用“露霞”为商标，甲公司有权禁止

C. 甲公司因经营不善连续3年停止使用该商标，该商标可能被注销

D. 甲公司签订该商标转让合同后，应单独向商标局提出转让申请

8. 甲公司在纸手帕等纸制产品上注册了“茉莉花”文字及图形商标。下列未经许可的行为构成侵权的是(　　)。

A. 乙公司在其制造的纸手帕包装上突出使用“茉莉花”图形

B. 丙商场将假冒“茉莉花”牌纸手帕作为赠品进行促销活动

C. 丁公司长期制造茉莉花香型的纸手帕，并在包装上标注“茉莉花香型”

D. 戊公司购买甲公司的“茉莉花”纸手帕后，将“茉莉花”改为“山茶花”重新包装销售

二、案例分析题

1. A厂于2003年7月3日成功研制出一种漏电触电保护产品，并于7月25日进行了小批量试产，销路较好。A厂于同年9月1日向中国专利局提出专利申请。B公司于2003年8月20日向中国专利局提出漏电保护器专利申请。经专利局审查，两种漏电触电保护装置的构想、结构、性能相同或相近。于是，专利局核准授予B公司专利权，并予以公告，同时驳回了A厂的专利申请。B公司获得专利权后，立即提出A厂继续生产该类产品是侵权行为，要求A厂立即停止生产，并赔偿其损失。

问：

(1) 该专利申请依法应当核准授予A厂还是B公司？

(2) B公司取得专利权后，A厂在原有范围内继续生产是否构成对B公司的专利侵权？

2. 2001年12月31日，重庆市长寿县某按摩器生产厂商向商标局申请将使用在该按摩器上的“长寿”标志注册为商标。2002年1月15日，商标局审查后认为，“长寿”系县级以上行政区划名称，根据《商标法》第10条的规定，县级以上行政区划的地名不得作为商标，故驳回该申请。该厂商于2002年1月20日收到该驳回申请的决定。另外，该县另有一厂商在某保健器材上使用未注册的“长寿”商标。

问：

(1) 该按摩器生产厂商如不服商标局驳回申请的决定，应于何时向谁提出申请复议？

(2) 你认为复议结果应当是如何？理由是什么？

(3) 如果复审结果维持初审决定，该按摩器生产厂商能否向法院提起诉讼？

(4) 如果复审结果改变初审决定，最后核准注册并发给商标注册证，那么另一保健器材生产厂商能否继续使用“长寿”作为商标？

第九章　企业劳动管理法律实务

学习目标

了解劳动关系建立的流程，掌握劳动合同的相关法律规定，明确劳动争议的范围与处理方式，能够拟订企业劳动合同，能够帮助企业处理常见的劳动争议。

第一节　企业招聘与劳动关系的建立

案例引导 9-1

用人单位可否随意制定招聘广告？

2020 年新冠疫情期间，某单位复工后招聘电脑工程师，其招聘广告的录用条件为：30 岁以下，男性，未婚，五年以上 IT 行业工作经历，大学本科毕业，能熟练使用计算机，有固定客户资源，汉族，非湖北地区户籍。

该公司的招聘广告被新闻媒体曝光后，引起热议。2020 年 4 月 23 日召开的最高人民法院党组会议明确，严禁歧视湖北籍劳动者，坚决依法纠正个别单位拒绝招录、无故辞退湖北籍劳动者等就业歧视行为，切实维护劳动者公平就业权利。

一、企业招聘概述

（一）企业招聘的概念与特征

企业招聘是指企业为了发展的需要，根据人力资源规划和工作分析的要求，寻找、吸引那些有能力又有兴趣的人员接受企业考核，并从中选出适宜人员予以录用的过程。

企业招聘具有以下特征。

（1）招聘的主体特定。企业招聘的主体只能是企业，所谓“企业”，《现代汉语词典》中的解释为从事生产、运输、贸易等经济活动的部门。具体形式一般可以表现为公司、合伙制企业、个人独资企业、个体工商户等。

（2）招聘的目的是企业发展的需要。企业作为市场经济的重要主体，要在激烈的市场竞争中求得发展，就必须通过招聘吸收企业以外的具有优秀技能的人员进入企业内部。

（3）企业招聘的程序性。企业招聘往往会遵循一定的程序，主要包括确定招聘岗位、发布招聘广告、简历的筛选及面试、人事部门决定录用人员名单、录用人员准备入职工作。

（二）用人单位招聘人员的途径

《就业促进法》第3条规定，劳动者依法享有平等就业和自主择业的权利。劳动者就业，不因民族、种族、性别、宗教信仰等不同而受歧视。第26条规定，用人单位招用人员、职业中介机构从事职业中介活动，应当向劳动者提供平等的就业机会和公平的就业条件，不得实施就业歧视。

二、招聘广告的发布

（一）招聘广告的制作条件

1. 招聘广告内容必须真实

依据《就业服务与就业管理规定》的规定，用人单位不得提供虚假招聘信息，发布虚假招聘广告。对于发布虚假招聘广告的企业，由劳动保障行政部门责令改正，并可处以1000元以下的罚款；对当事人造成损害的，应当承担赔偿责任。

2. 制定明确的录用条件

录用条件是指应聘员工必须具备的条件。录用条件可以分为共性条件和个性条件。共性条件包括身体健康、性格开朗、具有团队合作精神等。个性条件是指针对具体工作岗位而设置的特殊要求，例如律师事务所招聘授薪律师，要求应聘人员必须获得律师执业证书，必须具有某个法律领域的专长或者办理某类案件的经验等。

3. 不得存在就业歧视条款

就业歧视是指没有法律上的合法目的和原因而基于种族、肤色、宗教、政治见解、民族、社会出身、性别、户籍、残障或身体健康状况、年龄、身高、语言等原因，采取区别对待、排斥或者给予优惠等任何违反平等权的措施侵害劳动者劳动权利的行为。依据《就业促进法》的规定，用人单位招用人员、职业中介机构从事职业中介活动，应当向劳动者提供平等的就业机会和公平的就业条件，不得实施就业歧视。实施就业歧视的，劳动者可以向人民法院提起诉讼。具体来说，防止就业歧视主要包括以下几个方面的内容。

（1）对妇女不得施行就业歧视。依据《就业促进法》第27条的规定，国家保障妇女享有与男子平等的劳动权利。用人单位招用人员，除国家规定的不适合妇女的工种或者岗位外，不得以性别为由拒绝录用妇女或者提高对妇女的录用标准。用人单位录用女职工，不得在劳动合同中规定限制女职工结婚、生育的内容。

（2）对少数民族不得施行就业歧视。《就业促进法》第28条规定，各民族劳动者享有平等的劳动权利。用人单位招用人员，应当依法对少数民族劳动者给予适当照顾。

《民族区域自治法》第23条规定，民族自治地方的企业、事业单位依照国家规定招收人员时，优先招收少数民族人员，并且可以从农村和牧区少数民族人口中招收。

(3) 对残疾人不得施行就业歧视。《就业促进法》第 29 条规定，国家保障残疾人的劳动权利。各级人民政府应当对残疾人就业统筹规划，为残疾人创造就业条件。用人单位招用人员，不得歧视残疾人。

《残疾人保障法》第 38 条规定，国家保护残疾人福利性单位的财产所有权和经营自主权，其合法权益不受侵犯。在职工的招用、转正、晋级、职称评定、劳动报酬、生活福利、休息休假、社会保险等方面，不得歧视残疾人。

(4) 对传染病病原携带者不得施行就业歧视。《就业促进法》第 30 条规定，用人单位招用人员，不得以是传染病病原携带者为由拒绝录用。但是，经医学鉴定传染病病原携带者在治愈前或者排除传染嫌疑前，不得从事法律、行政法规和国务院卫生行政部门规定禁止从事的易使传染病扩散的工作。目前在我国不得从事法律、行政法规和国务院卫生行政部门规定禁止从事的易使传染病扩散的工作主要如下。《食品安全法实施条例》所指的痢疾、伤寒、甲型病毒性肝炎、戊型病毒性肝炎等消化道传染病，以及患有活动性肺结核、化脓性或者渗出性皮肤病等有碍食品安全的疾病。《化妆品卫生监督条例》规定对患有痢疾、伤寒、病毒性肝炎、活动性肺结核患者的管理，按《传染病防治法》有关规定执行；患有手癣、指甲癣、手部湿疹、发生于手部的银屑病或者鳞屑、渗出性皮肤病者，必须在治疗后经原体检单位检查证明痊愈，方可恢复原工作。另外，新冠疫情暴发后，国务院颁布的《关于应对新冠肺炎疫情影响强化稳就业举措的实施意见》也明确规定，维护就业公平，坚决纠正针对疫情严重地区劳动者的就业歧视。

(5) 对农村劳动者不得施行就业歧视。《就业促进法》第 31 条规定，农村劳动者进城就业享有与城镇劳动者平等的劳动权利，不得对农村劳动者进城就业设置歧视性限制。

案例分析 9-1

用人单位能否以劳动者患了乙肝为由拒绝录用或解除合同？

林某曾是上海市某公司一名助理工程师，通过网上招聘被北京迅佳易技术工程公司录取。随后，林某按照迅佳易技术工程公司的要求办理了体检等程序。但在林某正式办理离职手续后，北京迅佳易技术工程公司却拒绝与林某签订合同。关于未签订劳动合同的原因，北京迅佳易技术工程公司人力资源部经理称其体检结果为“乙肝小三阳”，为了保护在岗职工的健康，公司有权拒绝录用。林某提起劳动仲裁，但对于仲裁处理结果不满意，于诉讼时效之内起诉至法院，请求判令北京迅佳易技术工程公司公开向他赔礼道歉，赔偿因受乙肝歧视而遭受的经济损失 3 万元，赔偿精神抚慰金 4 万元。法院最终判令北京迅佳易技术工程公司赔偿林某未能及时就业遭受的经济损失 3000 元，并支付精神抚慰金 2000 元。

（二）保存好与招聘有关的材料

招聘材料记载着企业招聘员工的录用条件，在与员工产生纠纷时，将成为解决纠纷的重要依据，因此企业必须保存好与招聘有关的材料。企业保存招聘材料的方式依据招聘材料发布形式的不同而存在区别：①如果通过报纸或其他纸质媒介发布招聘广告，用人单位应该将刊登广告的报纸或其他纸质媒介原件保存好；②如果通过招聘网站发布广告，用人单位最好把招聘广告以劳动合同附件的形式写入劳动合同之中，或者通过公证的形式对网站发布招聘广告的网页进行保存。

三、企业知情权运用与职前调查

依据《劳动合同法》的规定，使用欺诈、胁迫手段订立的合同无效，因此在劳动合同的订立过程中，用人单位和劳动者之间应当遵循诚信原则，而诚信原则的重要体现就是双方当事人知情权的行使。对于劳动者而言，主要是了解企业提供的工作岗位、工作地点、劳动报酬以及劳动者要求了解的其他情况；而对于企业而言，行使自己的知情权是为了全面了解劳动者的各种情况，具体包含以下方面的信息。

（1）劳动者的自然信息，如真实姓名、年龄、身体状况、性格特征等。

（2）劳动者专业技能信息，如教育背景、专业资格、工作经历、科研成果等。

（3）劳动者当前劳动关系的状态。《劳动合同法》在一般情况下并不禁止双重劳动关系，但是对于企业来说，一般情况下当然希望招聘的是百分之百地投入到本企业工作的员工，一个同时任职于两个甚至更多单位的员工是无法满足企业需要的。另外，《劳动合同法》第 91 条规定，用人单位招用与其他用人单位尚未解除或者终止劳动合同的劳动者，给其他用人单位造成损失的，应当承担连带赔偿责任。所以，企业在招聘时应当特别注意劳动者劳动关系的状况。

常见员工信息核查方式如表 9-1 所示。

表 9-1　常见员工信息核查方式一览表

员工信息种类	查询及核实方式	参考网站及渠道
身份证信息	人口信息中心查询	http://www.nciic.com.cn/
学历、学位、资格证书条件	学历及资格认证网站查询	http://www.chsi.com.cn/
是否为失信人、限制消费人员	中国执行信息公开网查询	http://zxgk.court.gov.cn/
查询是否有在其他公司担任法定代表人	天眼查网站	https://www.tianyancha.com/
工作年限	所在地社会保险网站查询	各地社保网

案例分析 9-2

劳动者提供虚假信息，用人单位有权解除劳动合同

2010 年 4 月 27 日，陈小六入职华广公司工作，入职时填写的毕业学校为某

职业技术学校、学历为中专。2017 年 5 月 24 日，华广公司与其解除劳动合同，解除理由为陈小六伪造学历、填写虚假资料。华广公司提供了东某县教育局出具的证明，证明该县境内没有冠名为“东某县职业技术学校”名称的学校，“吴本华”也非该县教育类学校的校长。华广公司在 2007 年版和 2015 年版的员工手册中都规定，提供虚假身份证件、学历证件、健康证、离职证明等，欺骗公司者，用人单位可以解除劳动合同。2010 年陈小六入职培训时，公司对规章制度部分内容有所涉及。2017 年 6 月，陈小六向劳动争议仲裁委员会申请仲裁，要求华广公司支付违法解除劳动合同赔偿金 82500 元。该委于 2017 年 8 月 25 日作出裁决，驳回陈小六的申诉请求。陈小六不服仲裁裁决，向法院提起诉讼。法院认为，订立劳动合同应当遵循诚实信用的原则，采用欺诈手段订立的劳动合同应属无效。陈小六在入职时提供了虚假的学历证书，其行为已构成欺诈，华广公司解除劳动合同合法有据，不应承担违法解除劳动合同赔偿金。

这个案例说明我国劳动法律在充分保护劳动者合法权利的同时，亦依法保护用人单位正当的用工管理权，用人单位通过企业规章制度对劳动者进行必要的约束是其依法进行管理的重要手段。

第二节　劳动合同的订立、变更、解除

案例引导 9-2

未签订劳动合同企业被判赔双倍工资

伍某于 2017 年 6 月 2 日至 2017 年 9 月 27 日到肇庆市某食品公司上班工作，由于伍某由食品公司员工刘先生的朋友介绍过来，因此双方只是口头约定该期间为试用期，双方均表示有意向才继续合作，双方口头协议支付每月 6000 元作为生活费。但试用期间，公司办公室人员反映伍某经常不来公司上班，也不打考勤。偶然在公司见一下，公司办公室人员要求伍某办理入职手续，带个人身份证、大学毕业学历证书、中级职称等个人资料，伍某也不予配合。基于上述情况，公司方面告知伍某不用到公司来了。伍某于 2017 年 10 月 30 日向肇庆市端州区劳动仲裁委员会申请仲裁，该劳动仲裁委员会于 2017 年 12 月 29 日作出仲裁，裁决食品公司需支付伍某 2017 年 8 月工资 6000 元、2017 年 9 月工资 6000 元，2017 年 7 月 3 日至 2017 年 9 月 27 日期间没有签订劳动合同多支付一倍工资。食品公司不服向法院提起诉讼，法院驳回了食品公司的全部诉讼请求。

一、劳动合同概述

（一）劳动合同的概念与特征

劳动合同又称劳动契约、劳动协议，是指劳动者与用人单位之间确立劳动关系，明确双方权利和义务的协议。依据《劳动合同法》第10条的规定，建立劳动关系，应当订立书面劳动合同。劳动合同是劳动法中极其重要的一种法律制度，是产生劳动关系的前提，也是用人单位重要的劳动力管理制度之一。

劳动合同具有以下特征。

1. 劳动合同主体是用人单位和劳动者

《劳动合同法》第2条规定："中华人民共和国境内的企业、个体经济组织、民办非企业单位等组织（以下称用人单位）与劳动者建立劳动关系，订立、履行、变更、解除或者终止劳动合同，适用本法。"

因此，劳动合同的主体具有特定性，劳动合同的一方当事人是劳动者本人，即具有劳动权利能力和劳动行为能力并且已依法参与劳动关系的公民，另一方当事人是用人单位，即依法招用和管理劳动者、形成劳动关系、支付劳动报酬的劳动组织。两个单位之间关于劳务输入输出的协议不是劳动合同。

2. 劳动合同主体双方的地位具有从属性

劳动者与用人单位在签订劳动合同时，遵循平等、自愿、协商一致的原则，双方法律地位平等。但是在劳动合同签订后，劳动者在身份、组织、经济上从属于用人单位，必须服从用人单位的行政领导和指挥，遵守用人单位的规章制度，完全被纳入用人单位的经济组织和生产系统之内。

3. 劳动合同的内容是双方当事人的权利与义务

对于劳动者来说，作为用人单位的成员，应向用人单位提供一定数量和质量的劳动，以完成用人单位所交托的任务，并遵守用人单位订立的内部劳动规则和其他规章制度。承担了上述义务的劳动者，有获得劳动报酬、社会保险和生活福利的权利。用人单位可以取得劳动者的劳动成果，但也应当按照劳动者劳动的数量和质量支付劳动报酬，并根据劳动法律法规和双方协议，提供各种劳动条件、社会保险和福利待遇。

（二）劳动合同与相近法律形式的比较

1. 劳动合同与劳务合同的比较

劳务合同是民事合同，是当事人各方在平等协商的情况下，就某一项劳务以及劳务成果所达成的协议，具体来说包括承揽合同、运输合同、保管合同、技术服务合同、信托合同和居间合同等。由于劳务合同也涉及劳动行为，接受劳务方应向提供劳务方支付报酬，因而劳务合同与劳动合同相似，但两者有许多区别。

（1）主体资格不同。劳动合同的主体只能一方是法人或组织，即用人单位，另一方是劳动者个人，劳动合同的主体不能同时都是自然人；劳务合同的主体双方当事人可以同时都是法人、组织、公民，也可以是公民与法人、组织。

(2) 主体待遇不同。劳动关系中的劳动者除获得工资报酬外，还享有保险、福利待遇等；而劳务关系中的自然人，一般只获得劳动报酬。

(3) 适用的法律不同。劳务合同主要由民法、经济法调整，而劳动合同则由劳动法和劳动合同法调整。

(4) 对于劳动合同的条款及内容，国家常以强制性法律规范来规定；而劳务合同受国家干预程度低，除违反国家法律、法规的强制性规定外，合同内容主要取决于双方当事人的意思自治，由双方当事人自由协商确定。

2. 劳动合同与企业内部责任制合同的比较

企业内部责任制合同是企业内部各单位为完成各自承担的生产经营任务所订立的明确相互权利义务的协议，是用合同方式固定下来的一种法律文书。

它与劳动合同存在相似之处。①都具备一定的从属性，企业内部责任制合同的承包人有的本来就是企业(发包人)的职工，有的则是因承包关系的确立而被企业(发包人)聘为职工。②企业内部责任制合同有时以劳动行为作为标的，故在内容上与劳动合同重合。③无论是企业的承包人还是用人单位的职工都受用人单位规章制度的制约。

它与劳动合同也有区别。①内容不同。企业内部责任制合同的主要内容是针对承包的生产经营任务而确定的双方当事人的权利和义务，劳动合同则以劳动合同权利和劳动义务为内容。②解决争议的方式不同。劳动仲裁是解决劳动合同争议的必经程序，而对于企业内部责任制合同的纠纷来说，劳动仲裁则并非必经程序。

3. 劳动合同与三方协议的比较

三方协议，也称就业协议，通常是以应届毕业生、学校、用人单位为三方主体签订的协议，协议同时对三方产生约束力。毕业生在毕业前通过三方协议形式与用人单位确立建立劳动关系的意向，毕业后到签订三方协议的用人单位报到就业，学校应当在毕业离校环节向毕业生开具报到证，用人单位对于前来报到的毕业生进行必要的审核后通过签订劳动合同建立正式的劳动关系。

两者之间的区别体现在以下两个方面。

(1) 涉及的主体不同。劳动合同涉及的主体仅是劳动者和用人单位，不涉及学校；三方协议涉及的主体包括应届毕业生、用人单位、学校。另外，应届毕业生在尚未离校时仍为学生身份，并不是劳动法意义上的劳动者。

(2) 适用的法律不同。劳动合同受劳动法调整，而三方协议一般被认为是一种特殊的民事合同，受民法调整。

(三) 劳动合同法的概念与适用

劳动合同法是调整关于劳动合同关系的法律规范的总称。《劳动合同法》于 2007 年 6 月 29 日第十届全国人民代表大会常务委员会第二十八次会议通过，自 2008 年 1 月 1 日起施行。2012 年修订，自 2013 年 7 月 1 日起施行。《劳动合同法》共分 8 章 98 条，包括总则、劳动合同的订立、劳动合同的履行和变更、劳动合同的解除和终止、特别规定、监督检查、法律责任以及附则，在中国特色社会主义法律体系中属于社会法。

依据《劳动合同法》第 2 条，用人单位与劳动者建立劳动关系，订立、履行、变更、解除或者终止劳动合同，适用劳动合同法；国家机关、事业单位、社会团体和与其建立劳动关系的劳动者，订立、履行、变更、解除或者终止劳动合同，依照劳动合同法执行。

这一规定表明，在我国从事产品生产、流通或服务性活动等实行独立核算的经济单位，包括各种所有制类型的企业，如工厂、农场、公司、个体经济组织，是劳动合同法调整的对象。而国家机关、事业单位和社会团体只有通过劳动合同或实习劳动合同与其工作人员之间建立关系时，才适用劳动合同法。国家机关、事业单位、社会团体的非劳动合同关系，即公务员和依法参照执行公务员制度的劳动者的劳动关系，以及农村农业劳动者、现役军人、家庭佣人等的劳动关系，不归劳动合同法调整，而分别归相应的公务员法、农业法、军事法、合同法调整。

二、劳动合同的内容

劳动合同的内容是指劳动者与用人单位双方，通过平等协商所达成的关于劳动权利和劳动义务的具体规定。它是劳动者与用人单位双方权利与义务的具体体现。它包括以下条款。

（一）必备条款

劳动合同的必备条款是依据劳动法律规定劳动合同必须要具备而不允许劳动合同当事人通过协商排除的内容，欠缺了必备条款的劳动合同将不能成立。依据《劳动合同法》第 17 条的规定，劳动合同必备的条款包括以下几条。

1. 劳动合同期限

劳动合同期限是指劳动合同从生效直至终止或解除之间的时间。劳动合同期限可以分为固定期限、无固定期限，或者以完成一定的工作为期限。固定期限是指明确规定了劳动关系的起始和终止的期限，劳动关系只在合同有效期限内存续，期限届满则劳动关系终止。无固定期限是指在合同中没有明确规定合同有效期限，劳动关系可以在劳动者的法定年龄范围内和企业存在期限内持续存在，只有在符合法定或约定条件的情况下，劳动关系才可以终止。以完成一定的工作为期限是指把完成某项工作（工程）规定为劳动关系终止的条件。在以往的实践中，企业通常以固定期限劳动合同为常态，以无固定期限劳动合同为例外，以完成一定的工作为期限的劳动合同为补充。但是在新《劳动合同法》颁布后，为了防止用人单位在使用完劳动者“黄金年龄段后”不再使用劳动者，《劳动合同法》强化了企业签订无固定期限劳动合同的义务。当以下两种情形出现后，用人单位应与劳动者订立无固定期限劳动合同：①在 2008 年 1 月 1 日后，连续两次订立固定期限劳动合同，当续签合同时劳动者提出订立无固定期限劳动合同的，用人单位应当与劳动者签订无固定期限劳动合同；②劳动者在一个用人单位连续工作工龄满 10 年，即可向用人单位主张签订无固定期限劳动合同，用人单位必须与劳动者建立无固定期限劳动关系。在上述两种情况下，用人单位阻挠并拒绝与劳动者签订无固定期限劳动合同的，用人单位须承担法律责任。

2. 工作内容与工作地点

工作内容指的是劳动者在用人单位主要做什么工作，它是用人单位使用劳动者的目的，也是劳动者为用人单位提供劳动以获取劳动报酬的原因。工作内容的约定一般包括劳动者从事的岗位、工作性质、工作范围、工作任务以及工作指标等，这些内容应该是明确的，以便劳动者能够依据劳动合同的约定履行自己的职责。

工作地点指的是劳动者在什么地方工作。工作地点是《劳动合同法》新增加的内容，在约定工作地点的时候，应该注意因岗位而异，对于普通的工作岗位应该约定一个相对具体的工作地点，而对于跨区域工作的销售和市场人员，可以在劳动合同中约定多个工作地点。

3. 劳动报酬

劳动报酬是指用人单位依据劳动者工作岗位、技能及工作数量、质量，以货币形式向劳动者支付的对价。其主要形式是工资，此外还有津贴、奖金等。在约定劳动报酬时应注意，用人单位和劳动者约定的报酬只能以货币形式支付，而不允许以劳动成果直接代替法定货币。另外，劳动合同中约定的工资标准不能低于当地的最低工资标准。需要指出的是，支付最低工资标准的前提是在法定工作时间内提供了正常劳动。如果劳动者每月假期较多，导致无法提供劳动合同约定的正常劳动，则其实发工资低于最低工资也并不违反相关法律、法规的规定。

4. 劳动保护、劳动条件与职业危害防护

劳动保护、劳动条件与职业危害防护是指用人单位必须为劳动者所从事的劳动提供的生产、工作条件与劳动安全卫生保护措施。因为此类条款的具体规定多为国家的强制性规定，用人单位设计的劳动合同不可能全部列举出来，因此一般以简要叙述规定为宜。

5. 社会保险

社会保险是指为丧失劳动能力、暂时失去劳动岗位或因健康原因造成损失的人口提供收入或补偿的社会经济制度。社会保险计划由政府举办，强制某一群体将其收入的一部分作为社会保险税(费)形成社会保险基金，在满足一定条件的情况下，被保险人可从基金中获得固定的收入或损失的补偿。社会保险是一种再分配制度，它的目标是保证物质及劳动力的再生产和社会的稳定。劳动者在下列情形下，依法享受社会保险待遇：①退休；②患病、负伤；③因工伤残或者患职业病；④失业；⑤生育。《劳动合同法》规定，用人单位应当依法为劳动者缴纳社会保险，否则劳动者有权解除劳动合同，并可以按照实际工作年限要求用人单位支付经济补偿。

6. 工作时间和休息休假

工作时间主要指工作时间和加班加点制度，目前我国的工作时间主要分为以下三类。

(1) 标准工时制。它是指由立法确定一昼夜中工作时间长度，一周中工作日天数，并要求各用人单位和一般职工普遍实行的基本工时制度。依据《国务院关于修改〈国务院关于职工工作时间的规定〉的决定》，我国自 1995 年 5 月 1 日起实施职工每日工作 8 小时、每周工作 40 小时的工时制度。

(2) 不定时工时制。它是指因工作性质和工作职责的限制，劳动者的工作时间不能受固定时数限制的工时制度。

(3) 综合计算工时制。它是以标准工作时间为基础，以一定的期限为周期，综合计算工作时间的工时制度。

休息休假是指劳动者在国家规定的法定工作时间外自行支配的时间。具体包括劳动者每天休息的时数、每周休息的天数、节假日、年休假、探亲假等。

此外，用人单位的名称、住所和法定代表人或者主要负责人，以及劳动者的姓名、住址和居民身份证或者其他有效身份证件号码也应当在劳动合同中明确体现出来。

（二）协商条款

协商条款是指劳动者和用人单位在必备条款之外，根据双方的具体情况，经过协商认为需要约定的条款。《劳动合同法》第 17 条规定，用人单位与劳动者可以约定试用期、培训、保守秘密、补充保险和福利待遇等其他事项。劳动合同协商条款具体包括以下内容。

1. 试用期

试用期是指用人单位对于新招收的劳动者在思想品德、劳动态度、实际工作能力、身体情况等方面是否能够满足用人单位录用要求而进行考察的期限。其目的在于给劳动者和用人单位一个加深了解的机会。劳动者和用人单位可以依据在试用期之内实际了解到的情况，作出履行或解除劳动合同的决定，这样有助于劳动者防范劳动风险、用人单位防范用工风险。《劳动合同法》对于试用期的成立条件、期限长度、工资待遇等作出了具体的规定。

(1) 成立要件。依据《劳动合同法》第 19 条的规定，完全具备下述要件，试用期才得以成立。①试用期与劳动合同期限并存，不得仅约定试用期。劳动合同仅约定试用期的，试用期不成立，该期限为劳动合同期限。②同一用人单位与同一劳动者只能约定一次试用期。即同一劳动者在同一用人单位已实行过试用期，再次订立劳动合同的，无论岗位变化与否，也无论与前一次已实行过的试用期的就业时间有无时间间隔或间隔时间多长，都不适用试用期。③试用期未超出法定的适用范围。一般来说，以完成一定工作任务为期限的劳动合同，不足 3 个月的定期劳动合同，或者非全日制用工，都不得约定试用期。

案例分析 9-3

可以多次给员工约定试用期吗？

小张被某广告公司录用，签订了为期 3 年的劳动合同，其中约定试用期 3 个月。试用期工资是 2500 元，试用结束后的工资为 3000 元。小张由于工作勤奋，顺利通过试用期。转眼 3 年过去，到了续签劳动合同时，公司再次提出约定 3 个月的试用期。小张发现自己的岗位并未发生变化，而试用期已经是第二次了，因此和单位的人力资源部门发生争议。

本案中，单位的做法是错误的。因为依据法律的规定，同一用人单位与同一劳动者只能约定一次试用期，小张在与用人单位签订第一次劳动合同时已经通过了试用期的考核，因此在续约时用人单位不应该再要求约定试用期。

(2) 试用期限。《劳动合同法》依据劳动合同期限的不同，对于不同期限的劳动合同分别规定了不同的试用期：劳动合同期限 3 个月以上不满 1 年的，试用期不得超过 1 个月；劳动合同期限 1 年以上不满 3 年的，试用期不得超过 2 个月；3 年以上固定期限和无固定期限的劳动合同，试用期不得超过 6 个月。用人单位不得违反法律规定与劳动者约定试用期限。《劳动合同法》第 83 条规定："用人单位违反本法规定与劳动者约定试用期的，由劳动行政部门责令改正；违法约定的试用期已经履行的，由用人单位以劳动者试用期满月工资为标准，按已经履行的超过法定试用期的期间向劳动者支付赔偿金。"

（3）试用期的待遇。①工资待遇。劳动者在试用期的工资不得低于本单位相同岗位最低档工资或者劳动合同约定工资的 80%，并不得低于用人单位所在地的最低工资标准。②社会保险。试用期包含在劳动合同期限内，因此在试用期，员工有权享受各项社会保险。很多用人单位在试用期并不为劳动者缴纳社会保险，而是在员工转正后才开始为员工缴纳社会保险，这是错误的。

2. 保密条款

保密条款主要是针对用人单位的商业秘密保护而设置的条款。依据《反不正当竞争法》第 9 条的规定，商业秘密是指不为公众所知悉，能为权利人带来经济利益，具有实用性并经权利人采取保密措施的技术信息和经营信息，一般包括管理方法、产销策略、客户名单、货源情报等经营信息。用人单位的商业秘密能否得到安全的保护，直接关系到一个企业的竞争优势以及潜在的商业利益。

一般来说，保密条款或者保密协议中可以约定如下事项。①保密义务人。应当限于由于职务或工作原因而知悉用人单位商业秘密的人员，一般来说主要是两类：一类是用人单位的高级管理人员，主要包括经理、副经理、财务负责人、董事会秘书、公司章程规定的其他人员；另一类是负责技术设计、操作的高级技术人员。②保密内容。在实践中，用人单位和劳动者约定的常见的保密内容包括设计、程序、产品配方、制作工艺、客户名单、产销策略等。③保密待遇。对于承担保密义务的劳动者，用人单位应当给予相应的经济补偿。如在职期间的保密津贴，劳动关系解除或终止后的保密补偿金等。

3. 竞业限制条款

竞业限制条款，又称竞业禁止条款，是指用人单位与从事特定岗位的掌握用人单位一定商业秘密的劳动者约定，在解除劳动关系后的一定时间内，劳动者不得到与本单位生产或经营同类产品、从事同类业务的有竞争关系的其他用人单位，或者自己生产或经营同类产品、业务，而用人单位给予劳动者一定的经济补偿。《劳动合同法》第 23 条规定："用人单位与劳动者可以在劳动合同中约定保守用人单位的商业秘密和与知识产权相关的保密事项。对负有保密义务的劳动者，用人单位可以在劳动合同或者保密协议中与劳动者约定竞业限制条款，并约定在解除或者终止劳动合同后，在竞业限制期限内按月给予劳动者经济补偿。劳动者违反竞业限制约定的，应当按照约定向用人单位支付违约金。"依据上述概念以及法律规定，竞业限制条款的成立必须满足以下条件。

（1）商业秘密客观存在。竞业限制条款存在的目的是保守商业秘密，因此商业秘密的存在是确定竞业限制条款的前提条件。如果用人单位根本不存在商业秘密，或者虽有商业秘密，但是劳动者无法接触，这就没有必要约定竞业限制条款。因为约定竞业限制条款对于用人单位而言，是需要付出一定经济代价的。

(2) 必须针对的是存在竞争关系的同类产品和同类业务。依据《劳动合同法》第24条的规定，竞业限制只能限定劳动者到“与本单位生产或者经营同类产品、从事同类业务的有竞争关系的其他用人单位”，或者自己生产或经营与本单位有竞争关系的同类产品、业务。因此，用人单位不得约定与本单位现行生产或者经营的领域无关的行业领域作为竞业限制的对象。另外，即便是同类产品、同类业务的领域也必须是存在竞争关系的才受到竞业限制条款的制约。因此，如果用人单位有比较明确的竞争对象，可以在竞业限制条款中列明劳动者不得到某些用人单位任职。

(3) 竞业限制的期限符合法律的规定。《劳动合同法》第24条规定，竞业限制期限不得超过2年。因此，如果用人单位与员工约定的竞业限制期限超过了2年，超过的期限是无效的。

(4) 用人单位必须支付经济补偿。竞业限制对于劳动者而言，意味着与用人单位解除劳动关系后一定期限内劳动权将受到限制，其就业机会和劳动收入都会减少。因此，用人单位应当给予劳动者相应的经济补偿。现行《劳动合同法》对于经济补偿的数额没有作出明确的规定，因此主要由各地方政府依据各地的具体情况确定。地方政府确定具体金额的模式主要分为三种。①双方约定，地方政府不作任何干预。《安徽省劳动合同条例》第14条规定，用人单位与劳动者约定竞业限制义务的，应当同时约定在终止、解除劳动合同时给予劳动者一定的经济补偿。一般而言，用人单位与劳动者约定合理的经济补偿数额时应当综合考虑保守商业秘密的价值、竞业限制的范围与地域、行业惯例、劳动者收入情况、竞业限制的期限等因素。②有约定从约定，无约定按法定标准。《珠海市企业技术秘密保护条例》第22条规定，企业与员工约定竞业限制的，在竞业限制期间应当按照竞业限制协议中的约定向该员工支付补偿费；没有约定的，年补偿费不得低于该员工离职前1年从该企业获得的年报酬总额的1/2。③约定补偿不得低于法定标准。《深圳经济特区企业技术秘密保护条例》第24条规定，竞业限制协议约定的补偿费，按月计算不得少于该员工离开企业前最后12个月月平均工资的1/2。约定补偿费少于上述标准或者没有约定补偿费的，补偿费按照该员工离开企业前最后12个月月平均工资的1/2计算。

案例分析 9-4

没有给予补偿的竞业限制协议有效吗？

周某于2008年2月与卓越技术有限公司签订了为期5年的劳动合同，期限从2008年2月1日至2013年1月31日，并且约定了保密协议附件，约定：①周某对卓越技术有限公司的商业秘密负有保密义务，如有泄露公司商业秘密的行为，应对因此给卓越技术有限公司造成的经济损失承担赔偿责任；②周某因个人原因离职后，2年内不得在与本公司有竞争业务的企业或公司从事相关工作，周某有违反竞业限制的行为，且给卓越技术有限公司造成经济损失的，周某应承担相应的赔偿责任。2008 年 7 月，周某因与公司意见不一致，申请辞职。8 月，卓越技术有限公司同意了周某的辞职申请。2008 年 9 月，周某应聘到与原公司有竞争关系的龙达技术有限公司工作，职务仍为营销部经理。卓越技术有限公司得知上述情况后，于 10 月提起仲裁，要求周某遵守原先的保密协议，解除与龙达技术有限公司的合同。

劳动争议仲裁委员会认为，卓越技术有限公司既没有约定经济补偿，也没有在周某离职的时候实际支付周某补偿。卓越技术有限公司利用自己的强势地位与周某签订了不公正的竞业限制协议，免除了自己的法定责任，排除了周某的法定权利，因此该竞业限制协议是无效的。劳动争议仲裁委员会经过审查后，驳回了卓越技术有限公司的仲裁请求。

竞业限制补偿费应当在员工离开企业后按月支付。因此，竞业限制的经济补偿必须在解除或者终止劳动合同后，而不能由用人单位在劳动者任职期间就随工资发给劳动者，如果是由用人单位在劳动者任职期间发给劳动者的，视为没有给予劳动者经济补偿。

（三）空白劳动合同的效力问题

在实践中，有时会出现用人单位让劳动者签订空白劳动合同的情况，对于空白劳动合同的效力，实践中仍存在争议。有法院判例将其认为双方未签订劳动合同，用人单位承担双倍工资差额的赔偿，也有法院将其认定员工签字后为有效。对用人单位而言，签订空白劳动合同将导致用人单位承担法律风险。一方面，在用人单位与劳动者发生争议时，单位往往需承担对合同内容的举证责任，而空白合同根本无法提供相应的信息；另一方面，用人单位因此可能承担赔偿劳动者损失的责任，因为《劳动合同法》第 81 条规定，“用人单位提供的劳动合同文本未载明本法规定的劳动合同必备条款或者用人单位未将劳动合同文本交付劳动者的，由劳动行政部门责令改正；给劳动者造成损害的，应当承担赔偿责任”。

三、劳动合同的订立、履行与变更

（一）订立劳动合同的概念与原则

订立劳动合同是指劳动者和用人单位经过相互选择和平等协商，就劳动合同条款达成协议，从而确立劳动关系和明确相互权利义务的法律行为。其广义上包括订立书面劳动合同和订立口头劳动合同；其狭义上仅指订立书面劳动合同。由于《劳动合同法》第 10 条规定，建立劳动关系应当订立书面劳动合同，故“订立劳动合同”一般为狭义。

《劳动法》第 17 条规定：订立和变更劳动合同，应当遵循平等自愿、协商一致的原则，不得违反法律、行政法规的规定。《劳动合同法》第 3 条规定：订立劳动合同，应当遵循合法、公平、平等自愿、协商一致、诚实信用的原则。根据上述规定，归纳起来，劳动者和用人单位签订劳动合同时必须遵循以下原则。

1. 平等自愿原则

平等原则是指劳动合同当事人在签订劳动合同时的法律地位平等，劳动者和用人单位之间应该平等地决定是否缔约，平等地决定合同内容。自愿原则是指劳动合同当事人应完全出于自己的意愿而签订劳动合同，一方不得把自己的意愿强加给另一方。平等与自愿是相辅相成的，平等是自愿的前提，自愿是平等的表现。

2. 协商一致原则

协商一致原则是指劳动合同的内容、条款，在法律、法规允许的范围内，由双方当事人共同讨论，在取得完全一致的意思表示后确定，并签订劳动合同。

3. 合法原则

合法原则是指订立劳动合同不得违反法律、法规的规定，这是劳动合同产生效力并受到法律保护的前提条件。否则，即便劳动合同是由双方当事人产生合意后签订的，也是无效的。合法原则的具体内容包括：①订立劳动合同的目的合法；②订立劳动合同的主体合法；③订立劳动合同的内容合法；④订立劳动合同的程序、形式、期限等合法。以上四个方面的要求构成了一个完整的劳动合同合法的要素体系，必须全面遵照执行。

4. 诚信原则

在签订劳动合同的时候，劳动者与用人单位均应当坚守诚信，在不损害社会利益和他人利益的前提下追求自己的利益。劳动合同的主体只有坚持诚信原则，才能通力协作，实现双方的利益最大化。

（二）劳动合同订立时点与效力

《劳动合同法》第 10 条规定：已建立劳动关系，未同时订立书面劳动合同的，应当自用工之日起 1 个月内订立书面劳动合同；第 82 条规定：用人单位自用工之日起超过 1 个月不满 1 年未与劳动者订立书面劳动合同的，应当向劳动者每月支付 2 倍的工资。

依据上述法律规定，用人单位应当在与劳动者建立劳动关系后的 1 个月内签订书面劳动合同，如果用人单位自用工之日起超过 1 个月不满 1 年未与劳动者订立书面劳动合同，就要受到相应的处罚。

劳动合同的生效分为两种情况。

(1) 在劳动合同签订之日起生效。《劳动法》第 17 条规定，劳动合同依法订立即具有法律约束力。这表明，劳动合同从订立时起就生效了，双方当事人都受到劳动合同条款的约束，否则将承担相应的法律责任。

(2) 自双方约定之日起生效。劳动部在《关于实行劳动合同制度若干问题的通知》中规定，劳动合同依法订立了即具有法律效力，劳动合同的生效时间一般是劳动合同签订时，即双方当事人在劳动合同文本上签字之日。如果当事人在合同中明确约定了合同生效日期，则应从约定生效日期计算。这说明劳动合同当事人可以约定与签订日期不一致的生效日期。但是在劳动合同签订后直至劳动合同正式生效的这段时间，劳动者与用人单位之间并非完全没有权利义务关系。例如，劳动者应当为即将开始的工作做准备，用人单位也应当为劳动者准备好工作岗位和劳动条件。

另外需特别注意的是，劳动合同生效的时间并不等于劳动关系建立的时间。现实生活中经常出现一些不正常的状况，如先使用劳动者，后再与之订立劳动合同，或者干脆就不再订立劳动合同而持续使用劳动者。对此，《劳动合同法》规定，用人单位自用工之日起即与劳动者建立劳动关系。实际用人单位与劳动者在用工前订立劳动合同的，劳动关系自用工之日起建立。可见，对于劳动合同签订前劳动者与用人单位所形成的劳动关系，我国认定为事实劳动关系，同样适用《劳动法》调整。

依据《劳动合同法》第10条的规定，建立劳动关系，应当订立书面劳动合同。因此，用人单位和劳动者应该签订书面劳动合同。书面形式是指合同书、信件和数据电文（包括电报、电传、传真、电子数据交换和电子邮件）等可以有形地表现所载内容的形式。由于《电子签名法》并未将劳动合同排除在不得适用电子签名的文书之外，所以从法律上说，电子签名的劳动合同属于书面劳动合同。但是，劳动合同具有一定的人身属性，并且电子签名必须符合《电子签名法》中规定的数据调取、数据存储的要求才被认定为合法具有约束力。因此，建议用人单位应优先使用传统的纸质合同，规范劳动合同管理制度，避免因为劳动合同签署而产生纠纷。

（三）劳动合同履行的概念

劳动合同的履行是指劳动合同双方当事人按照劳动合同约定履行义务、享受权利的行为。只有劳动者与用人单位按照劳动合同的约定全面、实际地履行自己的义务，劳动合同的目的才能顺利实现。《劳动法》第17条规定："劳动合同依法订立即具有法律约束力，当事人必须履行劳动合同规定的义务。"《劳动合同法》第29条进一步重申："用人单位与劳动者应当按照劳动合同的约定，全面履行各自的义务。"

（四）履行劳动合同的规定

《劳动合同法》第30条至第34条对履行劳动合同的规定，主要有5项。

（1）用人单位应当按照劳动合同约定和国家规定，向劳动者及时足额支付劳动报酬。用人单位拖欠或者未足额支付劳动报酬的，劳动者可以依法向当地人民法院申请支付令，人民法院应当依法发出支付令。

（2）用人单位应当严格执行劳动定额标准，不得强迫或者变相强迫劳动者加班。用人单位安排加班的，应当按照国家有关规定向劳动者支付加班费。

（3）劳动者拒绝用人单位管理人员违章指挥、强令冒险作业的，不视为违反劳动合同。劳动者对危害生命安全和身体健康的劳动条件，有权对用人单位提出批评、检举和控告。

（4）用人单位变更名称、法定代表人、主要负责人或者投资人等事项，不影响劳动合同的履行。

（5）用人单位发生合并或者分立等情况，原劳动合同继续有效，劳动合同由承继其权利和义务的用人单位继续履行。

（五）劳动合同变更的概念与程序

劳动合同的变更是指在劳动合同履行的过程中，因法定原因或履约环境发生变化，劳动者和用人单位经过平等协商，对已生效的劳动合同进行修改或补充的行为。变更劳动合同时，一般经过以下三个程序。

1. 提出要求

存在变更意愿的劳动合同的一方主体，应提前向对方提出，并说明变更的具体内容和理由，请求对方在限期内答复。

2. 作出答复

接到变更劳动合同要求的另一方主体，应该明确提出反馈意见，是不同意变更还是同意变更。如果同意变更，但对具体变更的内容有异议，双方可进一步协商。

3. 签订协议

如果双方当事人能对劳动合同的变更达成一致意见，双方将协商变更的内容形成书面文本，经双方签字盖章后生效。变更后的劳动合同书面文本由用人单位和劳动者各执一份。

（六）劳动合同变更的效果

依法变更劳动合同后，被变更的原劳动合同内容不再具有法律效力，法律双方当事人应该严格遵守变更后的劳动合同条款，没有变更的原劳动合同内容仍然有效。因变更劳动合同，给一方带来经济损失的，一般由要求变更劳动合同的一方承担经济赔偿责任。承担赔偿责任的一方及赔偿数额大小的确定，应当根据具体情况确定。如因不可抗力或国家政策的变化而引起劳动合同的变更，可部分或全部免除赔偿责任。

案例分析 9-5

用人单位变更劳动合同应与劳动者协商一致

2016 年 3 月 1 日，张某与某商业公司签订劳动合同。2016 年 5 月 7 日，某商业公司向张某发出《调岗通知书》，内容为该公司根据经营情况进行业务调整，将张某的工作所属部门由技术部调整为销售本部—北京分公司，岗位由认证调整为销售，职位由经理（等级 4c）调整为主管（等级 2a），月基本工资由 10500 元调整为 6800 元，另付 3700 元/月作为工作地点变化的生活补贴，此补贴支付期限为一年，工作地点自 2016 年 7 月 1 日起由北京调整至新疆乌鲁木齐，并要求张某即日起至 2016 年 6 月 30 日止接受销售本部—北京分公司进行的新工作岗位的岗前培训。张某不同意。2016 年 5 月 10 日至 2016 年 6 月 4 日期间，某商业公司继续向张某发出《调岗通知书》共计 5 次，内容均为要求张某依据 2016 年 5 月 7 日发出的《调岗通知书》的安排，前往销售本部报到并接受相关岗位培训等。因张某不同意某商业公司的调整安排，未按《调岗通知书》执行，故公司于 2016 年 5 月 17 日发出《书面警告》、2016 年 5 月 24 日发出《停职处分》，并于 2016 年 6 月 6 日发出《惩戒解雇通知书》，以张某一再拒绝服从公司调岗安排，无视公司处分、警告，给业务执行造成严重影响为由，给予张某解雇的惩戒处罚。其后，由于双方一直未能达成协议，故由张某提起劳动仲裁，其后由于不服仲裁结果，再起诉至法院。最终法院认为：用人单位与劳动者协商一致，可以变更劳动合同约定的内容；用人单位与劳动者解除劳动合同应当有合法依据。某商业公司如在客观上确需变更与张某在原劳动合同中约定的工作部门、工作岗位、工作地点、工资标准、职位等级等涉及张某切身利益的重大事项，应与张某平等协商，达成一致意见后方可变更原劳动合同约定的相关内容。但从某商业公司向张某发送的6次《调岗通知书》的内容看，此次调整系某商业公司的单方安排，未体现与张某协商的意图，且某商业公司未举证证明双方就变更劳动合同内容曾进行过诚信、充分而有效的协商，在双方未经平等协商、未就变更劳动合同内容达成一致意见的情况下，某商业公司直接作出《书面警告》、《停职处分》等处罚，并以李某拒绝调岗、严重违反公司规章制度为由作出《惩戒解雇通知书》，不符合法律规定，应属违法。

四、劳动合同的解除与终止

劳动合同的解除是指劳动合同订立后，尚未履行完毕之前，由于某种因素导致双方提前终止合同效力的法律行为。劳动合同的解除与订立或变更不同。订立或变更是双方当事人的法律行为，必须经双方当事人协商一致才能成立，而劳动合同解除既可以是双方法律行为，也可以是单方法律行为。依据劳动合同解除的条件是合同还是法律，可分为约定解除和法定解除。

（一）约定解除

约定解除是指劳动合同双方当事人在完全自愿的基础上平等协商，达成一致意见而解除。《劳动合同法》第36条规定："用人单位与劳动者协商一致，可以解除劳动合同。"因此，只要劳动合同当事人就劳动合同的解除协商一致，就可以解除劳动合同，而不受劳动合同中约定的劳动合同终止条件的限制。立法对于这种解除方式一般不规定条件，但是要求解除合同的合意在内容、形式、程序上必须合法。

（二）法定解除

法定解除是指劳动者或用人单位在符合《劳动法》规定的合同解除条件的情况下，单方解除劳动合同。具体可分为用人单位解除劳动合同和劳动者解除劳动合同。

1. 用人单位即时解除劳动合同

《劳动合同法》第39条规定，劳动者有下列情形之一的，用人单位可以解除劳动合同：①在试用期间被证明不符合录用条件的；②严重违反用人单位的规章制度的；③严重失职，营私舞弊，给用人单位造成重大损害的；④劳动者同时与其他用人单位建立劳动关系，对完成本单位的工作任务造成严重影响，或者经用人单位提出，拒不改正的；⑤因《劳动合同法》第26条第1款第1项规定的情形（欺诈、胁迫或乘人之危）致使劳动合同无效的；⑥被依法追究刑事责任的。

上述情况是由于劳动者本身的原因所造成的，用人单位可以解除劳动合同，且不给予经济补偿。

案例分析 9-6

被判缓刑，可以解除劳动合同吗？

2016年7月的一个晚上，铁路某机务段职工李某因拉架与他人厮打，最终用菜刀将刘某砍成重伤。1个多月后，张某到公安机关投案自首。同年11月25日，当地法院认为张某故意伤害罪成立，判处有期徒刑3年，缓刑3年。判决书下达后，某机务段与张某解除劳动合同。张某对所犯罪罪行非常悔恨，但对某机务段解除其劳动合同表示强烈异议，故提起劳动仲裁。劳动仲裁委员会认为，依据劳动部关于印发《关于贯彻执行〈中华人民共和国劳动法〉若干问题的意见》第29条的规定，劳动者被人民法院判处拘役、三年以下有期徒刑缓刑的，用人单位可以解除劳动合同。故认定用人单位解除劳动合同合法。

2. 用人单位通知解除劳动合同

有下列情形之一的，用人单位提前30天以书面形式通知劳动者本人或者额外支付劳动者1个月工资后，可以解除劳动合同。

(1) 劳动者患病或者非因工负伤，在规定的医疗期满后不能从事原工作，也不能从事由用人单位另行安排的工作的。

(2) 劳动者不能胜任工作，经过培训或者调整工作岗位，仍不能胜任工作的。

(3) 劳动合同订立时所依据的客观情况发生重大变化，致使劳动合同无法履行，经用人单位与劳动者协商，未能就变更劳动合同内容达成协议的。

上述三种情况，适用于劳动者没有过错的情况，强调用人单位应当提前30天以书面形式通知劳动者本人或者额外支付劳动者1个月工资，是为了给被辞退的劳动者求职以准备时间或条件，同时用人单位应当依法给予经济补偿。

用人单位依据法律规定单方解除劳动应向劳动者送达解除通知书。在司法实践中，如果用人单位无法证明已依法履行送达程序，则可能会被劳动争议仲裁机构或者人民法院认定用人单位与劳动者的劳动关系没有解除。用人单位可以通过如下方式送达通知书。①当面送达。当面送达的解除通知应当一式两份，一份由劳动者保存，另一份由劳动者签字后交由用人单位保存。②邮寄送达。如无法当面送达，则可以采取邮寄的方式。邮寄送达包括挂号信和特快专递两种方式。③公告送达。在邮寄送达无法送达的情况下，用人单位可以采取新闻媒体公告送达的方式。

3. 用人单位经济性裁员解除劳动合同

由于经济性裁减人员，用人单位可按照法定程序与被裁减人员解除劳动合同。

《劳动法》第27条规定，用人单位濒临破产进行法定整顿期间或者生产经营状况发生严重困难，确需裁减人员的，应当提前30日向工会或者全体员工说明情况，听取工会或者职工的意见，经向劳动行政部门报告后，可以裁减人员。

《劳动合同法》第41条进一步明确规定，有下列情形之一，需要裁减人员20人以上或者裁减不足20人但占企业职工总数10%以上的，用人单位提前30日向工会或者全体职工说明情况，听取工会或者职工的意见后，裁减人员方案经向劳动行政部门报告，可以裁减人员：①依照企业破产法规定进行重整的；②生产经营发生严重困难的；③企业转产、重大技术革新或者经营方式调整，经变更劳动合同后，仍需裁减人员的；④其他因劳动合同订立时所依据的客观经济情况发生重大变化，致使劳动合同无法履行的。

裁减人员时，应当优先留用下列人员：①与本单位订立较长期限的固定期限劳动合同的；②与本单位订立无固定期限劳动合同的；③家庭无其他就业人员，有需要扶养的老人或者未成年人的。

用人单位依照规定裁减人员，在6个月内重新招用人员的，应当通知被裁减的人员，并在同等条件下优先招用被裁减的人员。

4. 用人单位不得解除劳动合同的情况

依据《劳动法》第29条、《劳动合同法》第42条的规定，用人单位不得与劳动者解除劳动合同的情形有：①从事接触职业病危害作业的劳动者未进行离岗前职业健康检查，或者疑似职业病病人在诊断或者医学观察期间的；②在本单位患职业病或者因工负伤并被确认丧失或者部分丧失劳动能力的；③患病或者非因工负伤，在规定的医疗期内的；④女职工在孕期、产期、哺乳期的；⑤在本单位连续工作满15年，且距法定退休年龄不足5年的；⑥法律、行政法规规定的其他情形。劳动者在上述情形下，劳动合同应当延续至相应的情形消失时终止。

5. 用人单位解除劳动合同应当支付的经济补偿

依据《劳动合同法》第47条的规定，经济补偿按劳动者在本单位工作的年限，每满1年支付1个月工资的标准向劳动者支付。6个月以上不满1年的，按1年计算；不满6个月的，向劳动者支付半个月工资的经济补偿。

劳动者月工资高于用人单位所在直辖市、设区的市级人民政府公布的本地区上年度职工月平均工资3倍的，向其支付经济补偿的标准按职工月平均工资3倍的数额支付，向其支付经济补偿的年限最高不超过12年。其中，月工资是指劳动者在劳动合同解除或者终止前12个月的平均工资。

6. 劳动者即时解除劳动合同

《劳动合同法》第38条规定，有下列情形之一的，劳动者可以随时通知用人单位解除劳动合同：①未按照劳动合同约定提供劳动保护或者劳动条件的；②未及时足额支付劳动报酬的；③未依法为劳动者缴纳社会保险费的；④用人单位的规章制度违反法律、法规的规定，损害劳动者权益的；⑤因《劳动合同法》第26条第1款规定的情形致使劳动合同无效的；⑥法律、行政法规规定劳动者可以解除劳动合同的其他情形。

另外，用人单位以暴力、威胁或者非法限制人身自由的手段强迫劳动者劳动的，或者用人单位违章指挥、强令冒险作业危及劳动者人身安全的，劳动者可以立即解除劳动合同，无须事先告知用人单位。

7. 劳动者提前通知用人单位解除劳动合同

《劳动合同法》第37条规定：劳动者提前30日以书面形式通知用人单位，可以解除劳动合同。劳动者在试用期内提前3日通知用人单位，可以解除劳动合同。

在市场经济条件下，鼓励劳动力资源的合理化配置，因此应当允许劳动者通过行使解除劳动合同的权利，从而选择更有利于自身发展的平台。这样也有助于促使用人单位通过提高待遇、建设更人性化的管理制度等方式留住优秀的劳动者。当然，在保障劳动者解除劳动合同的权利的同时，为了防止用人单位的利益因为劳动者任意行使劳动合同解除权而受到损害，《劳动法》和《劳动合同法》明确规定，劳动者违反法律规定解除劳动合同，或者违反劳动合同中约定的保密义务或竞业限制，给用人单位造成损失的，应当承担赔偿责任。

（三）劳动合同的终止

劳动合同的终止是指劳动合同的法律效力自然消失或经判决、裁决而消失。在劳动合同签订生效后，双方当事人不得随意终止合同。因此，劳动合同的终止必须符合法定条件。《劳动法》第23条规定："劳动合同期满或者当事人约定的劳动合同终止条件出现，劳动合同即行终止。"《劳动合同法》第44条进一步明确规定，有下列情形之一的，劳动合同终止：①劳动合同期满的；②劳动者开始依法享受基本养老保险待遇的；③劳动者死亡，或者被人民法院宣告死亡或者宣告失踪的；④用人单位被依法宣告破产的；⑤用人单位被吊销营业执照、责令关闭、撤销或者用人单位决定提前解散的；⑥法律、行政法规规定的其他情形。

丧失或者部分丧失劳动能力劳动者的劳动合同的终止，按照国家有关工伤保险的规定执行。

依据《劳动合同法》的规定，劳动合同终止是因劳动合同期满的，除用人单位维持或者提高劳动合同约定条件续订劳动合同，劳动者不同意续订的情形外，用人单位应当向劳动者支付经济补偿。另外，由于用人单位被依法宣告破产，导致劳动合同终止的，用人单位应当支付经济补偿。

用人单位应当在解除或者终止劳动合同时出具解除或者终止劳动合同的证明，并在15日内为劳动者办理档案和社会保险关系转移手续。劳动者应当按照双方约定，办理工作交接。用人单位依法应当向劳动者支付经济补偿的，在办结工作交接时支付。用人单位对已经解除或者终止的劳动合同的文本，至少保存2年备查。

第三节　劳动争议处理

案例引导9-3

本案是否可以进行劳动仲裁？

李某是一名家政公司的签约工作人员。2008年4月底，李某在该家政公司的介绍之下，与何某签订了家政服务合同。双方的家政服务合同约定，服务期限为2008年5月至2008年11月。在服务期限内，何某怀疑李某有偷东西的行为，导致李某十分不满。李某于2008年7月离开何某处,表示不再愿意提供家政服务。之后,何某支付李某工资800元,但是扣除了家里丢失财物的相应价值500元。李某以何某没有足额支付工资为由,向劳动争议仲裁委员会申请仲裁。劳动争议仲裁委员会发出不予受理通知书。李某于是向法院提起诉讼,法院依法判决李某胜诉。

本案中,李某和何某之间形成的是雇佣法律关系,而不是劳动纠纷关系,不属于劳动纠纷范畴,所以不能通过劳动争议仲裁委员会仲裁解决,但是可以依据《合同法》的规定向法院提起诉讼。

一、劳动争议概述

(一)劳动争议的概念与特征

劳动争议就是劳动纠纷,是指劳动关系的主体间因实现劳动权利、履行劳动义务发生的争议。

劳动争议具有以下特征。

1. 劳动争议的主体是特定的

用人单位与劳动者为劳动争议案件的当事人。"用人单位"是指具有用人权利和用人行为能力,使用1名以上职工并且向职工支付工资的单位。劳动者是指依照法律、法规的规定,依法与用人单位确立劳动关系的劳动者,包括企业管理人员、专业技术人员等全体人员。劳动争议的主体之间存在隶属性,即用人单位和劳动者在劳动过程中存在管理与被管理的关系。

2. 劳动争议是为实现劳动的权利与义务而产生的争议

构成劳动争议必须具有劳动关系,即使是职工与用人单位之间发生了争议,但倘若不是为实现劳动的权利与义务而发生的争议,则不属于劳动争议的范畴。劳动争议的内容一般应是因开除、除名、辞退职工和职工辞职、自动离职发生的争议,因执行国家有关工资、保险、福利、培训、劳动保护的规定发生的争议,因执行劳动合同发生的争议等。

3. 劳动争议的处理受《劳动法》的专门调整

这是劳动争议区别于民事纠纷和行政纠纷之处。法律按照适用范围的不同,可以划分为一般法和特别法。特别法是指适用于特别的法律关系主体、特别时间和特别地区的法律。如《劳动法》就是特别法,其效力要高于一般法。劳动争议就受其专门调整。

(二)劳动争议的范围

关于劳动争议的范围,不同国家不同时期会有所不同。2007年12月29日通过的《劳动争议调解仲裁法》第2条规定了我国劳动争议的范围。

1. 因确认劳动关系发生的争议

劳动关系的形成是劳动者与用人单位之间发生权利与义务的前提条件,劳动关系主要是通过两种形式确立:①签订劳动合同;②劳动者在用人单位工作并且享受一定工资待遇的事实。确认劳动关系的争议一般发生在劳动者与用人单位之间没有签订劳动合同,而只存在事实劳动关系的情况下。确认劳动关系的争议主要体现为劳动者是否是用人单位的员工，用人单位由于违反劳动法律规定没有与劳动者签订劳动合同应当承担何种责任等。

2. 因订立、履行、变更、解除和终止劳动合同发生的争议

劳动合同是用人单位与劳动者双方合意的体现，但是在劳动合同订立、履行、变更过程中，如果双方无法对劳动合同的内容达成合意，或者任一主体存在不诚信履约行为，或者一方违背双方平等协商原则，把自己的意志强加给另一方，都会产生争议。在解除和终止劳动合同的过程中，解除和终止是否满足法定条件，解除和终止后的经济补偿等问题也会经常产生劳动争议。

3. 因除名、辞退与辞职、离职发生的争议

除名是指由用人单位提出与无正当理由旷工的职工终止劳动关系的一种处理方式。辞退是指用人单位依照法律规定的条件和程序，解除与其工作人员的工作关系。辞职是指劳动者根据本人的意愿，辞去所担任的职务，解除与所在单位的工作关系的行为。离职是劳动者根据本人意愿，自动解除与所在单位的劳动关系的行为。

在上述情形发生时，较容易引起劳动争议。因为劳动者在职期间，即使用人单位有些地方不符合法律规定，劳动者也会采取容忍态度，但是一旦劳动者被除名、辞退，或者主动辞职、离职，用人单位和劳动者之间的矛盾就有可能被激化。

4. 因工作时间、休息休假、社会保险、福利、职业培训以及劳动保护发生的争议

工作时间是劳动合同的重要内容，而休息休假、社会保险、福利、职业培训、劳动保护是法律赋予劳动者享有的权利，用人单位则负担着提供这些服务的义务。这些都是劳动争议的主要内容。

5. 因劳动报酬、工伤医疗费、经济补偿或者赔偿金等发生的争议

劳动报酬是指劳动者付出体力或脑力劳动后从企业获得的对价。工伤医疗费是指劳动者在劳动过程中由于意外事故而健康受损，用人单位应当为其支付的医疗费用。经济补偿或者赔偿金是指用人单位解除劳动合同时，给予劳动者的经济补偿。如果用人单位不能依据劳动法律、法规规定的标准和形式向劳动者支付，就容易产生劳动争议。

6. 法律、法规规定的其他劳动争议

我国正处于社会转型期，各种新形式的劳动争议层出不穷，而我国现阶段的劳动立法不够完善，无法一一列举各类劳动争议，因此规定了此类兜底性条款，以防止法律漏洞。

二、劳动争议的处理方式

目前对于劳动争议的处理方式主要分为两个类别，即合意方式和裁判方式。

（一）合意方式

劳动争议处理的合意方式是指当事人双方在争议发生后，通过自行协商或者在特定机构干预下协商，互相或单方妥协，从而达成解决劳动争议的协议。具体方式主要表现为和解和调解。

1. 和解

当事人自行和解是指在劳动争议发生后，双方当事人平等协商，达成和解协议，解决纠纷的活动。它是在调解机构、仲裁机构和司法机构没有介入的情况下，由当事人自己协商解决纠纷的制度。《劳动争议调解仲裁法》第4条规定，发生劳动争议，劳动者可以与用人单位协商，也可以请工会或者第三方共同与用人单位协商，达成和解协议。第41条规定，当事人申请劳动争议仲裁后，可以自行和解。达成和解协议的，可以撤回仲裁申请。当事人双方自行和解在整个劳动争议解决过程中都可以进行，即便在劳动仲裁或者劳动诉讼过程中，当事人也可以达成和解协议。

2. 调解

劳动争议调解是指在用人单位与员工之间，由于社会保险、薪资、福利待遇、劳动关系等发生争议时，由第三方进行和解性咨询、沟通，帮助双方自愿达成解决劳动争议协议的活动。《劳动争议调解仲裁法》第10条规定，发生劳动争议，当事人可以到下列调解组织申请调解：①企业劳动争议调解委员会；②依法设立的基层人民调解组织；③在乡镇、街道设立的具有劳动争议调解职能的组织。在我国的劳动争议处理体系中，它是一种普遍适用的重要形式。

劳动争议调解需要经过以下几个环节。

(1) 申请调解。依据《劳动争议调解仲裁法》第12条的规定，当事人申请劳动争议调解可以书面申请，也可以口头申请。口头申请的，调解组织应当当场记录申请人基本情况以及申请调解的争议事项、理由和时间。第7条规定，发生劳动争议的劳动者一方在10人以上，并有共同请求的，可以推举代表参加调解、仲裁或者诉讼活动。

(2) 调查核实。如果调解委员会决定受理案件，应及时指派调解员对争议事项进行全面调查核实。调查应作笔录，并由调查人签名或盖章。调查工作一般包括：①查清案件的基本事实，即双方发生争议的原因、经过、焦点及有关的人和情况；②掌握与争议问题有关的劳动法律、法规的规定和劳动合同的约定，分清双方当事人应承担的责任，拟订调解方案和调解意见。

(3) 调解。较复杂的案件，由调解委员会主任主持召开有争议双方当事人参加的调解会议。发生争议的职工一方在3人以上，并有共同申诉理由的，应当推举代表参加调解活动。有关单位和个人可以参加调解会议协助调解。简单的争议，可由调解委员会指定1～2名调解委员进行调解。

通常情况下，调解会议的议程是：①会议记录员向会议主持人报告到会人员情况；②会议主持人宣布会议开始，宣布申请调解的争议事项、会议纪律、当事人应持的态度；③听取双方当事人对争议的陈述和意见，进一步核准事实；④调查人员公布核实的情况和调解意见，征求双方当事人的意见；⑤依据事实和法律及劳动合同的约定促使双方当事人协商达成协议。不管是否达成协议，都要记录在案，当事人核对后签字。

(4) 制作调解协议书或调解意见书。调解达成协议的，制作调解协议书，双方当事人应自觉履行。协议书应写明争议双方当事人的基本情况、争议事项、调解结果及其他应说明的事项，由调解委员会主任(简单争议由调解委员)以及双方当事人签名或盖章，并加盖调解委员会印章。调解协议书一式3份(争议双方当事人、调解委员会各1份)。调解不成的,应作好记录,并在调解意见书上说明情况。调解意见书要写明当事人的基本情况、争议事项、调解不成的原因、调解委员会的意见,由调解委员会主任签名或盖章,并加盖调解委员会印章。

因支付拖欠的劳动报酬、工伤医疗费、经济补偿或者赔偿金事宜达成调解协议的,用人单位在协议约定期限届满时不履行的,劳动者可以持调解书依法向人民法院申请支付令。

（二）裁判方式

劳动争议处理的裁判方式是指由特定机构对劳动争议依法进行审理并作出具有法律效力的处理决定,使其得以解决。具体方式主要表现为劳动争议仲裁和劳动争议诉讼。

1. 劳动争议仲裁

劳动仲裁是指劳动争议仲裁委员会根据当事人的申请,依法对劳动争议在事实上作出判断,在权利义务上作出裁决的一种法律制度。

当事人申请劳动仲裁应具备以下条件。

(1) 申请人与本案有直接利害关系。

(2) 申请仲裁的争议必须是劳动争议,即具有劳动关系的用人单位与职工之间因劳动权利和义务发生的争议。

(3) 申请仲裁的劳动争议必须是属于劳动争议仲裁委员会依法受理的范围,即符合《企业劳动争议处理条例》规定的劳动争议范围。

(4) 申请人必须向有管辖权的劳动争议仲裁委员会提出仲裁申请。

(5) 有明确的被申诉人和具体的仲裁请求。

(6) 仲裁申请必须在法定的申诉时效内提出。根据《劳动法》的规定,劳动争议当事人要求仲裁的,应在争议发生之日起60日内提出书面申请,超过60日的,当事人则失去仲裁申请的权利,劳动争议仲裁委员会也不予受理。

劳动仲裁的程序需要经过如下环节。

(1) 申请仲裁。申请当事人申请仲裁,需向劳动争议仲裁委员会递交劳动争议仲裁申请书正本1份,按被诉人人数提交副本若干份;同时,还需出具法人资格证或公民身份证件,提供与本争议有关的证明、证据材料(如劳动合同,开除、除名、辞退证明书,解除或终止劳动合同证明书等)。

(2) 受理。劳动争议仲裁委员会办事机构工作人员检查上述资料齐全后,即予受理。对经审查符合受理条件的劳动争议案件,应填写劳动争议仲裁立案审批表并及时报劳动争议仲裁委员会或其办事机构负责人审批。决定不予立案的,应当自作出决定之日起7日内制作不予受理通知书,送达申诉人。决定立案的,应当自作出决定之日起7日内向申诉人发出受理案件通知书,同时将申诉书副本和应诉通知书送达被诉人。要求其在15日内向劳动争议仲裁委员会提交符合要求的劳动争议仲裁答辩书正本1份和按申诉人人数的副本若干份,出具法人资格证或公民身份证件,并提交与本争议有关的证明、证据材料。被诉人不提交答辩书的,不影响案件的处理。

(3) 审理。仲裁庭对当事人提交的上述资料进行审查并依法开庭审理,记录庭审笔录,根据调查结果依法进行处理。仲裁庭裁决实行少数服从多数的一般原则,在不能形成多数意见时,裁决按照首席仲裁员的意见作出。这里的"不能形成多数意见",是指仲裁庭的意见各不一致,这时就要按照首席仲裁员的意见作出裁决。按处理结果制作相应的仲裁法律文书(调解书或裁决书、决定书)。当然,对于事实清楚、案情简单、法律适用明确的劳动争议案件,可以由劳动争议仲裁委员会指定的仲裁员独自作出裁定。

(4) 文书送达。仲裁庭作出裁决后,应制作仲裁裁决书。裁决书由仲裁员署名,加盖劳动争议仲裁委员会印章,送达双方当事人。仲裁庭当庭裁决的,应当在 7 日内送达裁决书。定期另庭裁决的当庭发给裁决书。

劳动争议仲裁裁决生效后,当事人不得再以仲裁的方式就该争议要求劳动争议仲裁机关进行裁决。当事人应当依法在规定的期限内履行该裁决书。如果一方当事人拒不履行,权利人可以向人民法院申请强制执行,受理申请的人民法院应当依法执行。

案例分析 9-7

劳动仲裁委员会还会受理本案吗?

郑某自 1995 年 6 月开始到城口县烟草公司下设的烟草站从事仓库保管员、送货员等工作。2003 年 1 月 1 日,烟草站站长吴某与郑某签订《临时工聘用合同》,合同约定聘用期限为一年。合同期满后,郑某继续在烟草站从事保管员、送货员工作至 2007 年 12 月 31 日。自 2008 年 1 月开始,烟草站再未给郑某安排工作,亦未给郑某发放工资,郑某亦离开了烟草站。郑某认为烟草站侵犯了其合法权利,于 2009 年 12 月 24 日向该县人事劳动争议仲裁委员会申请仲裁。该仲裁委员会认为郑某 2007 年 12 月底离开烟草站,烟草站不再安排郑某工作、不再发放任何费用。而在郑某向仲裁机构提供的材料中,可以证明至少在 2008 年 5 月底郑某知道自己与烟草站没有劳动关系而希望重新建立劳动关系,应视为 2008 年 5 月底为双方劳动争议之日。现郑某提出由于没有收到解除劳动关系书面通知,自己处于放假或者等待安排工作的状态,不承认劳动关系已终止,劳动争议之日应该是自己主张权利即仲裁之日理由并不成立。郑某一直到 2009 年 12 月才向仲裁机构提起仲裁,其请求已超过了《劳动争议调解仲裁法》第 27 条规定的一年的时效期间,又未提供时效中断或中止的证据,因此,认定郑某申请事项超过了仲裁时效。仲裁委员会于 2010 年 1 月 11 日以郑某申请仲裁之争议事项超过仲裁时效为由作出《不予受理案件通知书》。

2. 劳动争议诉讼

劳动争议诉讼是指劳动争议当事人不服劳动争议仲裁委员会的裁决,在规定的期限内向人民法院提起诉讼,人民法院依法受理后,依法对劳动争议案件进行审理的活动。此外,劳动争议诉讼还包括当事人一方不履行仲裁委员会已经发生法律效力的裁决书或调解书，另一方当事人申请人民法院强制执行的活动。劳动争议的诉讼是解决劳动争议的最终程序。人民法院审理劳动争议案件适用《民事诉讼法》所规定的程序。

（1）劳动争议诉讼的管辖。劳动争议案件由用人单位所在地或者劳动合同履行地的基层人民法院管辖。劳动合同履行地不明确的，由用人单位所在地的基层人民法院管辖。当事人双方就同一仲裁裁决分别向有管辖权的人民法院起诉的，后受理的人民法院应当将案件移送给先受理的人民法院。

（2）诉讼主体。仲裁阶段的申诉人与被诉人均可以成为劳动争议诉讼的主体，但是他们只能以仲裁阶段的对方当事人向法院起诉，而不能以仲裁机构为被告人。当事人双方不服劳动争议仲裁委员会作出的同一仲裁裁决，均向同一人民法院起诉的，先起诉的一方当事人为原告，但对双方的诉讼请求，人民法院应当一并作出裁决。

用人单位与其他单位合并的，其合并前发生的劳动争议，由合并后的单位为当事人。用人单位分立为若干单位的，其分立前发生的劳动争议，由分立后的实际用人单位为当事人；用人单位分立为若干单位后，对承受劳动权利义务的单位不明确的，分立后的单位均为当事人。

用人单位招用尚未解除劳动合同的劳动者，原用人单位与劳动者发生劳动争议的，可以列新的用人单位为第三人。原用人单位以新的用人单位侵权为由向人民法院起诉的，可以列劳动者为第三人。原用人单位以新的用人单位和劳动者共同侵权为由向人民法院起诉的，新的用人单位和劳动者列为共同被告。

劳动者在用人单位与其他平等主体之间的承包经营期间，与发包方和承包方双方或者一方发生劳动争议，依法向人民法院起诉的，应当将承包方和发包方作为当事人。

（3）劳动争议诉讼的效力。劳动争议仲裁委员会作出仲裁裁决后，当事人对裁决中的部分事项不服，依法向人民法院起诉的，劳动争议仲裁裁决不发生法律效力。劳动争议仲裁委员会对多个劳动者的劳动争议作出仲裁裁决后，部分劳动者对仲裁裁决不服，依法向人民法院起诉的，仲裁裁决对提出起诉的劳动者不发生法律效力；对未提出起诉的部分劳动者发生法律效力，如其申请执行，人民法院应当受理。例如，有A、B、C三位劳动者就甲企业拖欠加班费问题申请仲裁，仲裁庭下达仲裁裁决后，A不满意，向人民法院起诉，B、C表示愿意接受结果，则仲裁裁决对B、C两人生效，对A未生效。

用人单位对劳动者作出的开除、除名、辞退等处理，或者因其他原因解除劳动合同确有错误的，人民法院可以依法判决予以撤销。对于追索劳动报酬、养老金、医疗费以及工伤保险待遇、经济补偿金、培训费及其他相关费用等案件，给付数额不当的，人民法院可以予以变更。

（4）劳动争议一裁终局制度。《劳动争议调解仲裁法》第47条规定："下列劳动争议，除本法另有规定的外，仲裁裁决为终局裁决，裁决书自作出之日起发生法律效力：（一）追索劳动报酬、工伤医疗费、经济补偿或者赔偿金，不超过当地月最低工资标准十二个月金额的争议；（二）因执行国家的劳动标准在工作时间、休息休假、社会保险等方面发生的争议。"第48条规定："劳动者对本法第四十七条规定的仲裁裁决不服的，可以自收到仲裁裁决书之日起十五日内向人民法院提起诉讼。"对于上述标的额小、事实明确的劳动争议案件实施有限的"一裁终局"，将有利于劳动者减少维权成本，避免用人单位通过滥用诉讼制度拖延诉讼时间。

但是，根据《劳动争议调解仲裁法》第49条的规定，如果用人单位可以证明“一裁终局”的仲裁裁决有下列情形之一，可以自收到仲裁裁决书之日起30日内向劳动争议仲裁委员会所在地的中级人民法院申请撤销裁决：具体包括：①适用法律、法规确有错误的；②劳动争议仲裁委员会无管辖权的；③违反法定程序的；④裁决所根据的证据是伪造的；⑤对方当事人隐瞒了足以影响公正裁决的证据的；⑥仲裁员在仲裁该案时有索贿受贿、徇私舞弊、枉法裁决行为的。人民法院经组成合议庭审查核实裁决有前款规定情形之一的，应当裁定撤销。仲裁裁决被人民法院裁定撤销的，当事人可以自收到裁定书之日起15日内就该劳动争议事项向人民法院提起诉讼。

本章小结

本章阐述了企业招聘，劳动合同的订立、变更、解除及劳动争议中的常见法律问题。学生学习本章后对于企业面临的各类劳动法律问题将具备一定的分析能力，能够为企业做好劳动法律风险防范与控制工作。

技能训练

撰写招聘启事

【目的】

通过提供关于企业招聘的典型实例，模拟现实招聘环境，让学生掌握招聘的法律、法规，学会撰写招聘启事。

【内容】

教师给出某企业招聘法律顾问的具体要求，要求学生据此写出招聘启事。

【步骤和要求】

(1) 教师讲授企业招聘的法律基础知识。

(2) 学生在课堂独立完成委托招聘启事的撰写。

(3) 教师给出示例，学生查漏补缺，掌握书写要领。

(4) 教师总结，学生写出实训心得。

实践活动

模拟劳动争议诉讼

【目的】

使学生掌握《劳动法》、《劳动合同法》、《民事诉讼法》的主要规定，熟悉劳动争议诉讼的主要环节，增强对于劳动争议诉讼案件的分析能力，以及庭审过程中出现各类情况时的应变能力。

【内容】

模拟一个劳动合同解除纠纷的庭审过程。

【步骤】

（1）选定主要角色，主要包括劳动者、用人单位代表、法官等。

（2）教师向各方介绍基本案情，提供证据材料。

（3）各方准备文书（原告方准备起诉状，被告方在接到原告方的起诉状后撰写答辩状）。

（4）开庭审理案件。

（5）教师点评。

【要求】

掌握劳动争议诉讼的主要程序，了解劳动争议案件主要诉讼文书的制作。能够运用所学法律知识，独立代表用人单位应对劳动争议诉讼。

本章练习

一、不定项选择题

1. 根据《劳动合同法》，已建立劳动关系，未同时订立书面劳动合同的，应当自用工之日起（　　）内订立书面劳动合同。

A. 2个月　　B. 1个月　　C. 半个月　　D. 3个月

2. 某公司欲与张某签订一份为期3年的劳动合同，试用期不得超过（　　）。

A. 1个月　　B. 6个月　　C. 3个月　　D. 2个月

3. 某施工单位没有依法为劳动者缴纳社会保险费用，则该劳动者（　　）。

A. 可以解除合同，但是应该提前30天通知用人单位

B. 不可以解除合同，只可以通过法律途径来解决支付报酬的问题

C. 可以随时通知用人单位解除合同

D. 需要与用人单位协商后才可以解除合同

4. A公司在刘某与B公司签订的劳动合同有效期内，许诺给刘某更高的报酬，并与刘某签订了劳动合同，给B公司造成了经济损失。A公司对此应承担（　　）。

A. 行政责任

B. 说服刘某回B公司工作的责任

C. 解除与刘某签订的合同的责任

D. 连带赔偿责任

5. 用人单位可以解除劳动合同的情形是（　　）。

A. 劳动者在试用期间被证明不符合录用条件

B. 劳动者患病或负伤，在规定的医疗期内

C. 女职工在孕期、产期、哺乳期

D. 劳动者患职业病并被确认丧失劳动能力

6. 劳动合同的形式(　　)。

A. 一律采用书面形式

B. 应当采用当事人约定的形式

C. 一般应当是书面形式,特殊情形可以是口头形式

D. 不可以采用口头形式

7. 下列关于试用期规定的表述中,错误的是(　　)。

A. 约定的试用期不得超过1个月

B. 在试用期内,劳动者可随时提出解除劳动合同

C. 同一用人单位与同一劳动者只能约定一次试用期

D. 劳动合同期限不满3个月的,可以约定试用期

8. 劳动者不能胜任工作,经过培训或者调整工作岗位,仍不能胜任的,用人单位解除劳动合同的方式是(　　)。

A. 提前30日书面通知劳动者本人　B. 无须通知

C. 额外支付劳动者2个月工资　D. 额外支付劳动者1个月工资

9. 根据《劳动法》的规定和劳动关系的性质,下列纠纷属于劳动争议的是(　　)。

A. 某私营企业职工张某与某地方劳动保障行政部门的工伤认定机关因工伤认定结论而发生的争议

B. 进城务工的农民黄某与其雇主某个体户之间因支付工资报酬而发生的争议

C. 某国有企业退休职工王某与社会保险经办机构因退休费用的发放而发生的争议

D. 某有限责任公司的职工李某是该公司的股东之一,因股息分配与该公司发生的争议

10. 要求仲裁的一方应当自劳动争议发生之日起(　　)内向劳动争议仲裁委员会提出书面申请。

A. 3个月　B. 6个月　C. 30日　D. 60日

二、案例分析题

肖某2008年8月31日进入某公司工作,签订3年劳动合同。2009年4月30日,因法律、法规变更,公司实行产业升级,经劳动行政部门批准,公司实行裁员。肖某于5月30日办理了与公司解除劳动合同的手续,并收取了经济补偿金。但2009年6月15日肖某在体检时发现自己已有3个月身孕,她当日就通知原公司,要求恢复劳动关系,并退回经济补偿金。而公司则认为,公司是合法裁员,裁员之时并不知道肖某怀孕,故不同意恢复劳动关系。

问:肖某是否可以要求恢复劳动关系?

第十章　企业国际贸易法律实务

学习目标

了解国际贸易法的概念，了解国际货物买卖合同订立程序及内容，了解国际货物运输与保险，了解国际贸易支付方式，理解国际贸易争端解决的方式，能够利用国际贸易法知识从事国际贸易活动，能够帮助企业防范与控制国际贸易风险。

案例引导 10-1

企业从事国际贸易会涉及哪些法律问题?

有一份 CIF 合同在美国订立，合同约定，由中国 A 企业出售一批电脑给美国 B 企业，按 CIF 条件在美国成交。双方在执行合同的过程中，对合同的形式及合同有关条款的解释发生争议，对合同中有关支付方式的内容也有不同的理解。对于此案件，应适用中国法律还是美国法律？怎么会有在国内贸易中很少涉及的提单方面的问题？什么是 CIF?

企业在参与国际贸易过程中，需要对相关国际贸易法律法规有较为全面的了解，如贸易合同如何适用具体的法律。企业在国内贸易中不会关注这样的问题，但是在国际贸易中，双方当事人可以选择法律，如果没有选择，可由法官根据最密切联系原则来裁量。在此案中，如果双方没有选择法律，因为签约地和履约地都是美国，应该适用美国法。有关贸易术语，也是企业进行国际贸易时才会接触的，如本案中的 CIF 术语，是指成本加保险费加运费，即由卖方支付运费和保险费，卖方承担货物在装运港装上船为止的一切风险，买方则承担货物自装运港装上船之后的一切风险。需要说明的是，自 2010 年版起，《国际贸易术语解释通则》取消了 2000 年版及之前的与货物有关的风险在装运港船舷转移的概念。

由这个小案例我们可以看出，国际贸易与国内贸易有很大区别。它涉及国际货物贸易法，与货物贸易紧密相连的运输法、保险法、国际支付法，以及解决国际贸易争议的国际法律制度等。

第一节 国际贸易法律概述

一、国际贸易法的概念、调整对象与法律规范

（一）国际贸易法的概念与调整对象

国际贸易法是指调整跨越国境贸易活动的法律制度和法律规范的总称。这里的“跨越国境”，包括跨越一国内部，但分属不同法域的边境。如我国内地与香港特别行政区之间的贸易就属于这种情况。

国际贸易法所调整的法律关系，主要是指以下两种法律关系。

（1）国际商品买卖关系本身。其内容为买方与卖方之间在交易中的权利与义务关系，表现为国际货物买卖合同关系。专门调整这类关系的规范属于国际贸易法规范。

（2）附属于国际商品买卖的关系，即实现国际商品买卖所不可缺少的，但其本身不是商品的买卖关系，包括以下关系。

① 国际货物买卖中的运输关系。包括国际货物的海上、空中、铁路、公路、河道等各种运输关系，内容为提单、航空、铁路、公路等各种货物运单中的托运人（或发货人）、收货人和承运人之间的权利与义务关系。

② 国际货物买卖中的保险关系。包括海、陆、空的货物运输保险关系，内容为国际货物运输保险单中的保险人和被保险人之间的权利与义务关系。

③ 国际货物买卖中的支付和结算关系。内容为各种支付方式中有关当事人之间的权利与义务关系。

④ 专门解决国际商品买卖争议的调解或仲裁关系。内容为在调解或仲裁程序中，调解或仲裁机构及人员、申诉人、被诉人、证人及其他关系人彼此之间的权利与义务关系。

（二）国际贸易法的法律规范

国际贸易法的法律规范，具体体现为国内贸易立法、国际贸易公约以及国际贸易惯例中的各种实体规范和处理国际贸易争议的冲突性规范。国际贸易法涉及的范围很广，就国际货物贸易而言，概括起来主要有国际货物买卖法、国际货物运输法、国际货物运输保险法、海关与商检法、国际贸易支付与结算法、与货物贸易有关的国际技术转让法、国际贸易诉讼与仲裁法、国际贸易行政管理法等。

二、国际贸易法的历史发展与统一

国际贸易法的最早表现形式是行业习惯。罗马帝国之前，地中海地区即开始有调整向外国人销售和海上运输的规则。在中世纪，随着国际贸易的复兴，出现了处理商人纠纷的专门法庭，执行调整商人关系的法律——商人法（lex mercatoria）。其中，发展最快的是海商法。这一时期是商法与调整社会的主要法律相分离的一个时期。

国家形成后，各国都从本国立场和经济利益出发制定本国对外贸易法律，这使得各国对外贸易立法在形式、具体制度以及法律概念上都有很大差异，特别是英美法系与大陆法

系之间，因而引起法律冲突，对国际贸易发展形成重重法律障碍。为促进国际贸易发展，一些国际组织认为有必要制定出一套与国际贸易特点相适应的统一的国际贸易法律规范。这些法律规范，被称为国际贸易统一法；制定这些法律规范的活动，被称为国际贸易统一法活动。

第二次世界大战后，由于生产力的提高，商品的生产、流通进一步增长，消费过程日益国际化，国际贸易法关系的数量越来越多，复杂性也随之增加。为适应这种关系的发展，出现了许多直接调整它的双边的、区域性的及世界性的实体法性质的条约，加强了对国际贸易惯例的运用，为国际贸易法成为一个独立的法律部门提供了条件。1962 年 9 月在联合国教科文组织的资助下，由国际法律科学协会主持，在伦敦召开会议，专门就国际贸易法问题进行了讨论，这次会议为国际贸易法成为一个独立法律部门奠定了理论基础。1966 年第 21 届联合国大会上通过了加强国际贸易法的决议，决定成立一个大会下属的机构，命名为“联合国国际贸易法委员会”，任务为通过推动制定公约、惯例及商业条款法典化的办法，来协调和统一国际贸易法。从此国际贸易法的制定进入了一个新的阶段。联合国国际贸易法委员会的成立是国际贸易法成为一个独立法律部门的标志。

三、国际贸易法的渊源

国际贸易法有国内渊源和国际渊源两种。国内渊源是指各国国内的对外贸易立法，有的国家还包括判例；国际渊源是指一些国际组织对国际贸易的统一立法，主要包括国际贸易方面的公约和惯例。

国际贸易法的渊源有多种形式，每种形式的约束力程度及作用范围有所不同。国际贸易法的渊源主要有：①国际公约与区域性条约；②国际双边协定；③国际贸易惯例；④各国国内有关贸易方面的法律规定。

国际条约是国际贸易法的主要渊源，在缔约国之间生效。载有国际贸易法规范的条约可分为世界性的、区域性的和双边的。世界性的如 1980 年《联合国国际货物买卖合同公约》（以下简称《公约》）、1924 年《统一提单若干法律规则的国际公约》（即《海牙规则》）、1978 年《联合国海上货物运输公约》（即《汉堡规则》）、1929 年《统一国际航空运输某些规则的公约》（即《华沙公约》）等。这类公约的作用范围大，是国际贸易法渊源的发展方向。区域性的如 1980 年《欧洲经济互助委员会交货共同条件》，其作用范围有限。双边的如 2015 年《中华人民共和国和澳大利亚政府自由贸易协定》，调整两国之间的商品买卖关系。

国际贸易惯例是指有确定内容的、在国际上反复使用的贸易惯例，如对外贸易价格条件，它在当事人引用或认可时生效。在国际货物买卖中，如国际法协会《华沙-牛津规则》和国际商会《国际贸易术语解释通则》，统一解释了国际货物买卖惯例，在国际上被广泛采用。

案例分析 10-1

该合同是否属于国际贸易合同？

营业地位于甲国的玩具生产企业 A，与营业地位于乙国的玩具设备制造企业 B 签订合同。A 从 B 处购买一批设备，该设备由 B 在 A 企业所在地生产建造，并负责使之正常运转。对于该合同是否属于国际贸易合同，双方发生了纠纷。

经仲裁机构裁决认为，虽然合同履行地在甲国境内，但由于合同双方营业地位于不同国家，符合《公约》的规定，所以该合同是国际贸易合同，应受相关国际贸易法调整。

第二节　国际货物买卖

案例引导 10-2

本案中的合同是否成立？

法国甲公司给中国乙公司发盘："供应 50 台拖拉机，100 匹马力，每台 CIF 北京 4000 美元，合同订立后 3 个月装船，不可撤销即期信用证付款，请电复。"乙还盘："接受你的发盘，在订立合同后立即装船。"双方的合同是否成立？

本案中，法国甲公司与中国乙公司之间并未达成买卖拖拉机的合同。法国甲公司给中国乙公司的发盘构成要约，但是中国乙公司对法国甲公司的回复不构成承诺。因为中国乙公司的还盘对法国甲公司要约中装船时间作出了修改，而这一修改构成实质性修改。根据《公约》，合同在受要约方对要约作出承诺的情况下成立。本案中，虽然法国甲公司向中国乙公司发出了要约，但中国乙公司对此并未作出有效的承诺，因此双方之间的合同并未成立。

一、国际货物买卖合同的概念与特征

企业从事国际贸易过程中涉及最多的就是与国际货物买卖相关的法律制度，如国际货物买卖合同的订立、国际贸易术语的理解等。

买卖合同是转移货物所有权的合同。国际货物买卖合同是指具有国际因素的买卖合同。《公约》以当事人的营业地位于不同的国家作为判断国际性的标准。

与国内货物买卖合同相比，国际货物买卖合同具有下列特征：①买卖的货物一般很少由买卖双方直接交接，而多由负责运输的承运人转交；②货物和与货物有关的单据经由不同的程序分别处理，有时处分单据就是处分货物；③国际货物买卖的风险大、周期长、程序

复杂，买卖双方一般应对货物进行保险；④买卖双方处于不同的国家，互相了解不深，直接付款的情况少，多利用银行收款或由银行直接承担付款责任；⑤买卖双方或一方都面临适用外国法律的问题，法律选择成为合同中的重要问题；⑥当事人可以自由选择争议的解决方式和地点。

二、国际货物买卖合同的成立

（一）合同当事人

参加国际贸易活动的主体非常广泛，可以是自然人、法人或国家等。国际贸易法所调整的贸易关系，既包括营业地处于不同国家的法人和（或）自然人之间的贸易关系，也包括国家在其管理对外贸易活动中同法人、自然人之间的各种法律关系。《公约》第 1 条规定，营业地分处于不同国家的当事人之间订立的货物买卖合同适用此公约，当事人的国籍不予考虑。

此外，适用《公约》的国际货物买卖合同除了当事人营业地必须分处于不同国家外，还需要满足以下条件之一：①双方当事人的营业地分处《公约》的成员国之内；②由国际私法规则导致适用某一缔约国的法律。我国政府在批准《公约》时，对此提出了保留。故在我国，《公约》的适用范围仅限于营业地分处于不同的缔约国的当事人之间订立的货物买卖合同。

（二）合同的形式

国际上对合同形式的要求不完全一致。有的要求合同必须具备某种特定的形式，即为要式合同；有的则无此要求，即为不要式合同。《公约》对合同订立的形式原则采取了不要式的方式，它规定合同无须以书面的形式订立或书面证明，在形式上也不受任何其他条件的限制，可以包括用人证在内的任何方法证明。我国政府在批准《公约》时，对此提出了保留，规定在国际贸易中，必须采用书面形式。

然而，我国后来制定《合同法》时规定："当事人订立合同，有书面形式、口头形式和其他形式。"2013 年我国已撤销了该项保留，撤销于 2013 年 8 月 1 日生效，这意味着我国已经承认了非书面合同的效力。

（三）要约与承诺

1. 要约的概念与有效要件

根据《公约》的规定，要约是指向一个或一个以上特定的人提出的订立合同的建议。

构成一项有效要约，必须满足以下条件。

（1）应向一个或一个以上特定的人提出。除非当事人有明示相反的规定，否则为了邀请对方向自己订货而发出的商品目录单、报价单以及一般的商业广告不是要约，而是要约邀请，因为不是向一个或者一个以上的特定的人发出的。但是，根据我国《民法典》第 473 条的规定，商业广告的内容符合要约规定的，视为要约。

（2）要约内容十分明确肯定。根据《公约》的规定，一项要约需要写明货物并且明示或默示地规定数量和价格，或者规定如何确定数量和价格。如果要约中伴随有要约人的保留条件，则不是有效的要约，只是要约邀请，即使对方表示了接受，合同仍然不能成立。

（3）要约必须表明一旦受到承诺即受其约束的意思。因为要约未送达受约人，或者要约不是送达受约人的，受约人不知道要约的内容，当然无法表示接受，即使从其他渠道知道了要约内容，其发出的承诺也是无效的。

要约在送达受要约人时生效。要约生效是指从此时起，如果受要约人对要约作出承诺，要约人即受其要约的约束。

2. 要约的撤回与撤销

要约的撤回是指要约人在要约生效前，以某种方式追回要约或使要约不再发生任何法律效力的法律行为。根据《公约》第 15 条的规定，任何一项要约，即使是不可撤销的要约，都可以撤回，只要撤回的通知于该要约到达受要约人之前或与该要约同时送达受要约人。撤回通知生效的时间以送达受要约人为准。如果撤回通知晚于要约通知送达受要约人，则该撤回通知不再具有撤回的效力。因为在这种情况下，要约已发生法律效力。撤回要约的意义在于使要约对要约人不发生法律约束力，受要约人也因此不可能取得要约所赋予的权利。

要约的撤销是指要约人在要约生效后，受要约人发出接受通知之前，以某种方式使已生效的要约的法律效力依法终止的法律行为。

3. 承诺

承诺是指受要约人对要约表示无条件接受的意思表示。一项有效的承诺要由受要约人作出，与要约的条件保持一致，在要约有效的时间内作出，且必须通知要约人才生效。

《公约》对承诺生效的时间，原则上是采用到达生效的原则。根据《公约》第 18 条的规定，对要约所作出的承诺，应于表示同意的通知送达要约人时生效。如果表示同意的通知在要约人所规定的时间内未曾送达要约人，承诺即为无效。

《公约》第 22 条规定，承诺可以被撤回，只要撤回的通知早于或与承诺同时送达要约人。承诺人在发出承诺之后，如果发现不妥，则在该承诺生效之前，可以将其撤回。一旦承诺生效，合同即告成立，承诺人就不能再撤回其承诺了。所以承诺没有撤销的问题。

三、国际货物买卖合同的内容

（一）货物的品质规格条款

货物的品质规格是指商品所具有的内在质量与外观形态。在国际贸易中，商品的品质首先应当符合合同的要求，对于某些国家制定了品质标准的商品，如某些食品、药物的进出口，其品质还必须符合有关国家的规定。主要内容包括品名、规格和牌号等。

（二）数量条款

国际货物买卖合同中的数量是指用一定的度量衡表示出商品的重量、个数、长度、面积和容量等。主要内容包括交货数量、计量单位和计量方法等。

（三）包装条款

包装条款的主要内容包括包装方式、包装规格、包装材料、包装费用和运输标志等。

（四）价格条款

价格条款的主要内容包括每一计量单位的价格金额、计价货币、指定交货地点、贸易术语与商品的作价方法等。

（五）装运条款

装运条款的主要内容包括装运时间、运输方式、装运港与目的港、装运方式（分批、转船）及装运通知等。

（六）保险条款

国际货物买卖中的保险是指进、出口商按照一定的险别向保险公司投保并缴纳保险费，以便当货物在运输过程中受到损失时，从保险人处得到经济补偿。

（七）支付条款

国际货物买卖中的支付条款是指用什么手段，在什么时间、地点，用什么方式支付货款及其从属费用。支付条款的主要内容包括支付手段、支付方式、支付时间和地点等。

（八）检验条款

商品检验条款是指由商品检验机关对进出口商品的品质、数量、重量、包装、标记、产地、残损等进行查验分析与公证鉴定，并出具检验证明。

（九）不可抗力条款

不可抗力是指合同订立后发生的当事人订立合同时不能预见、不能避免、人力不可控制的意外事故，导致不能履约或不能如期履约。不可抗力条款的主要内容包括不可抗力的含义、范围，不可抗力引起的法律后果，双方的权利义务等。

（十）仲裁条款

国际货物买卖中的仲裁条款是指双方当事人愿意将争议提交第三者进行裁决的意思表示。

（十一）法律适用条款

国际货物买卖合同是营业地位于不同国家的当事人之间订立的，由于各国法律制度不同，常常产生法律冲突与法律适用的问题。当事人在合同中可以明确宣布合同适用何国法律。

四、买卖双方的义务

（一）卖方的义务

1. 交付货物

卖方有义务按合同的规定交付货物，即卖方有交货义务。至于交货的时间和地点，一般由当事人在国际货物买卖合同中约定，如没有约定，则可以适用《公约》的有关规定。

(1) 交货的时间。根据《公约》第 33 条的规定，卖方必须按以下规定的日期交付货物：①如果合同规定了交货日期，或从合同中可以确定交货日期，则应在该日期交货；②如果合同规定了一段交货的期间，或从合同中可以确定一段期间，除非情况表明应由买方选定一个日期外，应在该段期间内任何时候交货；③在其他情况下，应在订立合同后一段合理时间内交货。

（2）交货的地点。如果国际货物买卖合同中对交货地点已有规定，卖方应按合同规定的地点交货。如果合同对交货地点没有作出规定，根据《公约》第 31 条的规定，卖方可按以下方法来确定交货地点。

① 如果合同涉及货物的运输，卖方应将货物移交给第一承运人，以运交给买方，这时卖方即已履行交货义务。货物交给第一承运人的地点，就是卖方的交货地点。第一承运人是指首先接运货物并开出运输单据的承运人。

② 如果合同不涉及货物运输，则下列三种货物的交货地点是货物所在的地点：a. 特定货物；b. 从特定货物中提取的货物，未经特定化的货物；c. 尚待制造或生产的未经特定化的货物。确定这些货物的所在地为交货地的前提条件是双方当事人在订立合同时已知道这些货物是在某一特定地点或者将来某一特定地点制造或生产。

③ 除上述两种情况外，卖方在其订立合同时的营业地将货物交给买方处置。交给买方处置是指卖方采取一切必要的行动，使买方能够取得货物。

2. 移交单据

在国际货物买卖中，货物单据具有十分重要的作用，是买方提取货物、转让货物、办理报关手续以及向承运人或保险公司请求赔偿所必不可少的文件。因此，移交有关单据是卖方的重要义务。《公约》在第 30 条规定了卖方的这一义务，即卖方必须按照合同和《公约》的规定，移交一切与货物有关的单据。

3. 卖方的品质担保义务

卖方应保证其售出的货物的品质完全符合合同要求，并且没有影响买方利益的瑕疵。这就是卖方的品质担保义务。一般来说，如果买卖合同对货物的品质规格已有具体的规定，卖方应按合同规定的品质、规格交货；如果合同对货物的品质规格没有作出具体规定，则卖方按合同应适用的法律的有关规定交货。

4. 卖方的权利担保义务

卖方对货物的权利担保是指卖方应保证其所出售的货物享有合法的权利，没有侵犯任何第三人的权利，并且任何第三人都不会就该项货物向买方主张任何权利。在国际货物买卖中，卖方以转移货物所有权来获得货物价款，买方以支付一定的代价来取得货物的所有权。转移货物所有权是卖方的重要义务，卖方必须提供货物的权利担保，各国的货物买卖法都有类似要求。

（二）买方的义务

1. 支付义务

买方支付货款的义务包括履行必要的付款手续以及按照约定或规定的价格、时间、地点支付等。

（1）履行必要的付款手续。《公约》第 54 条规定，买方支付货款的义务包括采取合同或者任何有关法律或规章规定的步骤和手续，以便支付货款。

（2）确定货物的价格。如果买卖合同已经规定了货物的价格或确定价格的方法，买方应当按照合同规定的价格付款。但是，如果合同没有明示或默示地规定货物的价格或确定价格的方法，则可根据《公约》第55条的规定处理。该条款规定，如果合同已有效地成立，但没有明示或默示地规定货物的价格或如何确定价格，在没有任何相反表示的情况下，双方当事人应视为已默示地同意引用在订立合同时此种货物在有关贸易的类似情况下出售的价格。"类似情况"是指货物品质规格、交易条件、运输、支付方式等方面相同或相近，若有所不同，则要进行相应的增减。

(3) 支付货款的地点。如果买卖合同中对付款的地点有明确规定，则买方应在合同规定的地点付款。如果买卖合同中对付款地点没有作出具体规定，买方可以按《公约》第57条的规定，在下列地点支付货款。

① 在卖方的营业地付款。该营业地是指卖方签订合同时的营业地。若卖方有一个以上营业地，则以与合同或合同的履行关系最密切的营业地为付款地。若在合同订立后卖方营业地发生变动，则买方应在卖方新营业地付款，但因此而增加的支付方面的费用由卖方承担。

② 如果凭移交货物或单据支付货款，则在移交货物或单据的地点付款。在国际货物买卖中，如采用CIF、CFR和FOB等条件成交时，通常是凭卖方提交装运单据支付货款。无论是采用信用证付款方式还是跟单托收的支付方式，都是以卖方提交装运单据作为买方付款的必要条件。所以，交单的地点就是付款的地点。

2. 收取货物

根据《公约》第60条的规定，买方收取货物的义务包括两个方面。

(1) 采取一切理应采取的行动，以期卖方能交付货物。这主要是要求买方与卖方合作，做好接收货物的各项必要准备，以便卖方履行交货义务。如果买方有义务安排货物运输，则应及时派船接运货物，使卖方能按期将货物交给承运人；如果是卖方安排货物运输，则买方须在目的港做好各项接收货物的准备；如果进口货物须申领进口许可证，买方应及时办理必要的手续等。凡是买方理应采取的行动，买方均应履行，否则因此导致卖方无法履行交货义务的，买方应承担责任。

(2) 接受货物。买方有义务在卖方交货时接受货物。如果买方不及时接受货物，可能会产生货物积压等问题，产生一些额外的费用，影响买卖双方的利益。因此，买方应按合同和《公约》规定，及时到指定地点接受货物。

五、国际贸易术语解释通则

案例引导10-3

熟练掌握国际贸易术语十分重要

我出口公司对日商报出大豆实盘，每公吨CIF大阪150美元，发货港口是大连，现日商要求我方改报FOB大连价，我出口公司对价格应如何调整？如果最后按FOB条件签订合同，买卖双方在所承担的责任、费用和风险方面有什么差别？

我出口公司从报CIF大阪价改为FOB大连价时，应将原报价调低，即从原报价中减去货物从大连至大阪的运费和保险费。当按 FOB 条件签订合同时，买卖双方除风险的划分没有变化外，他们所承担的责任和费用都发生了变化。按 CIF 大阪条件成交时，卖方负责租船订舱和投保，并支付运费和保险费；按 FOB 大连条件成交时，则由买方派船接货和投保，并支付运费和保险费。

《国际贸易术语解释通则》(International Rules for the Interpretation of Trade Terms, INCOTERMS)是国际商会为统一各种贸易术语的不同解释于 1936 年制定的。随后，为适应国际贸易实践发展的需要，国际商会先后于 1953 年、1967 年、1976 年、1980 年、1990 年、2000 年、2010 年和 2019 年进行过多次修订和补充，目前最新版本是 2019 年 9 月公布、2020 年 1 月 1 日起生效的《2020 年版国际贸易术语解释通则》。

《2010 年版国际贸易术语解释通则》将 2000 年版贸易术语中 EFCD 四组分为适用于各种运输的 CIP、CPT、DAP、DAT、DDP、EXW、FCA 等以及只适用于海运和内水运输的 CFR、CIF、FAS、FOB 等，并将术语的适用范围扩大到国内贸易中，赋予电子单据与书面单据同样的效力，增加对出口国安检的义务分配，要求双方明确交货位置，将承运人定义为缔约承运人，这些都在很大程度上反映了国际货物贸易的实践要求，并进一步与《公约》及《鹿特丹规则》衔接。

2020 年版相比 2010 年版，并没有进行大幅度的修改，主要是对一些术语的细节问题进行了改进。其中主体内容仍旧延续了 2010 年版的规定。修改的主要内容包括以下六个方面。

一是 2020 年版 FCA 术语下就提单问题引入了新的附加机制。根据该新引入的附加选项，买方和卖方同意买方指定的承运人在装货后将向卖方签发已装船提单，再由卖方向买方作出交单(可能通过银行链)。2010 年版 FCA 术语中存在的一个主要问题是该术语的效力在货物装船前就已经随货交承运人而截止，这就导致卖方无法获得已装船提单。但是在一般情况下，已装船提单是银行在信用证项下的常见单据要求，因此对 FCA 规则的修订充分考虑到这一市场上的实际情况。

二是各个贸易术语项下买卖双方的费用承担在 A9(卖方承担)和 B9(买方承担)中详细载明，该部分为每一个贸易术语都提供了“一站式费用清单”。也就是说除了在具体规定有关义务的条款中对承担该义务产生的费用成本进行分配以外，还新加入将买方卖方各自承担的费用成本一并汇总的部分。例如，在 FOB 贸易术语项下，取得交付或运输相关单据产生的成本除在说明该项义务的 A6/B6 部分载明外，在汇总费用承担的 A9/B9 部分也有载明。

三是 CIF 和 CIP 术语中的最低保险范围的规定有所不同。CIF 术语继续要求卖方购买符合 LMA/IUA《协会货物保险条款》(C)条款要求的货物保险。但是，在适用 CIP 术语的贸易中，最低保险范围已经提高到《协会货物保险条款》(A)条款的要求(即“一切险”，不包括除外责任)。

四是当采用 FCA、DAP、DPU 和 DPP 术语进行贸易时，买卖双方可以使用自有运输工具，而不再像 2010 版那样推定使用第三方承运人进行运输。

五是 DAT(Delivered at Terminal，目的地或目的港的集散站交货)术语被重命名为

DPU(Delivered at Place Unloaded,卸货地交货)。这是为了反映作为目的地的交货地点可以是任何地方而不仅仅是终点。

六是每个国际贸易术语项下的A4和A7部分都明确规定了与安全有关的义务的分配规则,为履行该义务产生的费用的承担方式也在A9/B9部分载明。例如,FOB术语项下的A4部分载明"卖方必须遵守任何与运输安全有关的要求,直至交付"。这些规定反映了当前国际贸易领域对安全问题日益增长的关注。

《2020年版国际贸易术语解释通则》的贸易术语一共有两组11种。第一组为适用于任何运输方式的术语,共7种:EXW(ex works,工厂交货)、FCA(free carrier,货交承运人)、CPT(carriage paid to,运费付至目的地)、CIP(carriage and insurance paid to,运费/保险费付至目的地)、DPU(delivered at place unloaded,卸货地交货)、DAP(delivered at place,目的地交货)、DDP(delivered duty paid,完税后交货);第二组为适用于水上运输方式的术语,共4种:FAS(free alongside ship、装运港船边交货)、FOB(free on board,装运港船上交货)、CFR(cost and freight,成本加运费)、CIF(cost insurance and freight,成本、保险费加运费)。

现介绍其中二种主要的、最常用的贸易术语。

(一) FOB术语

FOB的全文是Free On Board,即船上交货(指定装运港),习惯上称为装运港船上交货。

1. 卖方义务

(1) 在合同规定的时间或期限内,在装运港按照习惯方式将货物交到买方指派的船上,并及时通知买方。

(2) 自负风险和费用,取得出口许可证或其他官方批准证件。在需要办理海关手续时,办理货物出口所需的一切海关手续。

(3) 负担货物在装运港交货以前的一切费用和风险。

(4) 自付费用提供证明货物已交至船上的通常单据。如果买卖双方约定采用电子通信,则所有单据均可被具有同等效力的电子数据交换信息所代替。

2. 买方义务

(1) 自负风险和费用取得进口许可证或其他官方批准的证件。在需要办理海关手续时,办理货物进口以及经由他国过境的一切海关手续,并支付有关费用及过境费。

(2) 负责租船或订舱,支付运费,并给予卖方船名、装船地点和要求交货时间的充分的通知。

(3) 负担货物在装运港交货以后的一切费用和风险。

(4) 接受卖方提供的有关单据,受领货物,并按合同规定支付货款。

(二) CIF术语

CIF的全文是Cost,Insurance and Freight,即成本、保险费加运费。按此术语成交,货价的构成因素中包括从装运港至约定目的地港的通常运费和约定的保险费。

1. 卖方义务

(1) 在合同规定的期限内,在装运港将符合合同的货物交至运往指定目的港的船上,并给予买方装船通知。

(2) 负责办理货物出口手续,取得出口许可证或其他核准证书(原产地、商检证书等)。

(3) 负责租船或订舱并支付到目的港的海运费。

(4) 负责办理货物运输保险,支付保险费。

(5) 负责货物在装运港交货以前的一切费用和风险。

(6) 负责提供商业发票、保险单和货物已装船提单等。

2. 买方义务

(1) 按合同规定支付价款。

(2) 负责办理进口手续,取得进口许可证或其他核准书。

(3) 负担货物在装运港交货以后的一切费用和风险。

(4) 收取卖方按合同规定交付的货物,接受与合同相符的单据。

六、违反合同的救济方法

案例引导 10-4

以降价来救济国际货物买卖合同违约风险

我生产企业向马来西亚客户出口汽车配件,品名为 YZ—8303R/L,但生产企业提供了 YZ—8301R/L,两种型号的产品在外形上非常相似,却用在不同的车型上。客户不能接受,要求我方调换产品或降低价格。我方考虑到退货相当麻烦,费用很高,只好降低价格 15%,了结此案。可见,买卖双方当事人必须按照合同规定履行义务,如果一方未履行义务,另一方可以通过一定方式进行救济,以最大限度地降低违约风险。

(一) 卖方违约时的救济方法

卖方违约主要有不交货、延迟交货、所交货物与合同不符等情形。根据《公约》第 2 章第 3 节的规定,如果卖方违约,买方可以采取下列救济方法。

1. 要求卖方履行合同义务

《公约》第 46 条第 1 款规定,买方可以要求卖方履行义务,除非买方已采取与此一要求相抵触的某种补救措施。这也就是实际履行的救济措施。按照合同规定履行各自义务,以实现各自经济利益,是合同当事人订立合同的目的。为使当事人利益能够实现,《公约》规定了这一补救方法。

2. 要求交付替代货物

《公约》第 46 条第 2 款规定,如果货物不符合同,买方只有在此种不符合同情形构成根本违约时才可以要求交付替代物。可见，要求买方交付替代货物，是有严格的条件限制的，即只有当卖方所交货物不符合同的情形相当严重，业已构成根本违约时，买方才可以要求卖方交付替代货物。如果卖方所交付的货物虽然与合同不符，但情况并不严重，尚未构成根本违约，买方就不能要求卖方交付替代货物，而只能要求卖方采取其他相应的救济方法，如赔偿损失或对货物与合同不符之处进行修补等。

3. 要求卖方对不符合同之处进行修补

《公约》第 46 条第 3 款规定，如果卖方所交货物与合同不符，买方可以要求卖方通过修理对不符合同之处作出补救。同样，修理的要求也必须是在发出交货不符的通知同时或以后的一段合理时间内提出。这种救济方法适用于货物不符合同的情况并不严重，尚未构成根本违约，只需卖方加以修理，即可使之符合合同的情形。

4. 宣告合同无效

根据《公约》第 49 条的规定，买方可以在下列情况下宣告合同无效，即解除合同。

(1) 卖方不履行其在合同或《公约》中的任何义务，构成根本违约。

(2) 卖方发生不交货的情况，卖方在买方规定的合理的额外时间内仍不交货，或卖方声明他将不在买方规定的合理的额外时间内交货。

(3) 卖方已交付货物，如果符合下列条件买方仍可宣告合同无效：①卖方是迟延交货的，则买方须在知道交货后一段合理时间内宣告合同无效；②对于迟延交货以外的其他违约，买方须在已知道或理应知道这种违约的一段合理时间内，或者在买方规定的一段额外时间期满后或在卖方声明他将不在这一额外时间履行义务后一段合理时间内，或者卖方超过补救期限未进行补救或买方拒绝接受买方采取补救后一段合理时间内，可以宣告合同无效。超过这一时间买方丧失宣告合同无效的权利。

5. 要求减价

根据《公约》第 50 条的规定，如果卖方所交货物不符合同，不论价款是否已付，买方都可以减低价格。

6. 请求损害赔偿

如果卖方违反合同，买方可以要求损害赔偿，而且该权利不因其已采取其他补救方法而丧失。

（二）买方违约时的救济方法

买方违约主要有不付款、延迟付款、不收取货物、延迟收取货物等情形。根据《公约》第 3 章第 3 节的有关规定，如果买方违约，卖方可以采取下列救济方法。

1. 要求买方实际履行合同义务

《公约》第 62 条规定，卖方可以要求买方支付价款、收取货物或履行其他义务，除非卖方已采取与此一要求相抵触的某种补救办法。当买方违约时，卖方可以要求买方实际履行合同义务，并就延迟支付价款要求支付利息，以实现自己的经济目的和合同利益，但不能采取相抵触的补救办法，如宣告合同无效。

同时，根据《公约》第 63 条的规定，买方可以规定一段合理时限的额外时间，让买方履行义务。在宽限期内，买方不能采取任何其他补救方法，除非卖方收到买方的通知，声称他将不在所规定的时间内履行义务。

2. 宣告合同无效

根据《公约》第 64 条的规定，卖方在下列情况可以宣告合同无效，即解除合同。

(1) 买方不履行其在合同或《公约》中的任何义务，构成根本违约。

(2) 买方违约后，卖方规定了一段合理时限的宽限期，而买方在宽限期内仍不支付货款或收取货物，或者买方声明他将不在宽限期内履行支付货款或收取货物的义务。

(3) 如果买方已经支付货款，但是迟延履行义务，则卖方在买方履行义务前可以宣告合同无效；或者即使买方已经支付货款，但是对于买方除迟延履行义务外的其他违约行为，卖方在已知道或理应知道买方的这种违约情况后一段合理时间内，或者在卖方规定的宽限期内，买方仍不履行义务或声明将不在宽限期内履行义务后的一段合理时间内，卖方仍可以宣告合同无效。

3. 自行确定货物的具体规格

根据《公约》第 65 条的规定，如果买卖合同对货物的具体规格(如形状、大小、尺码等)没有作出具体规定，而只规定买方有权在一定日期内提出具体规格要求或在收到卖方通知后提出具体的规格要求，但买方在合同规定的时间内或在收到卖方要求后的一段合理时间内没有提出具体规格要求，则卖方在不损害其可能享有的任何权利的情况下，可以依照他所知的买方的要求，自己确定货物的具体规格。同时，卖方应把他确定的具体规格通知买方，而且必须规定一段合理时间，让买方可以在此期间内交出他所需要的规格。如果买方在收到卖方通知后没有在规定时间内提出不同的规格要求，卖方所确定的规格就具有约束力。

4. 请求损害赔偿

当买方违反合同或《公约》规定的义务时，卖方有权请求损害赔偿。而且根据《公约》的规定，卖方请求损害赔偿的权利，不因其已采取上述其他补救方法而受到影响。

案例分析 10-2

该合同是否成立?

位于甲国的卖方 A 给位于乙国的买方 B 发出电报:"确认卖与你方 X 型拖拉机一台，请汇 5000 美元货款，收到款后 10 天内交货。"B 复电:"确认你方电报，我方购买 X 型拖拉机一台，条件按你方电报的规定，已汇交你方银行 5000 美元，该款在交货前由银行代你方保管，请确认本电，且在收到电报后 10 天内交货。"A 方没有回电，却以较高价格卖给第三方。B 遂向法院起诉。

法院审理认为，A、B 之间的合同没有成立。因为 B 公司对 A 公司的要约在付款条件方面作出了实质性修改。对要约的实质修改不能够构成有效承诺，而是一项新的要约。当 A 方没有对此要约作出承诺，该要约对 A 方不具有拘束力。所以 A 方的行为不构成违约，B 方不可能胜诉。

第三节　国际货物运输与保险

国际货物运输及国际货物运输保险，是由于国际货物买卖的进行而发生的，它们以货物买卖为中心并为之服务。国际货物运输是指采取一种或多种运输方式，把货物从一国的某一地点运至另一国的某一地点的运输，包括国际海上货物运输、国际航空货物运输、国际铁路货物运输和国际货物多式联运等。

一、国际海上货物运输

案例引导 10-5

承运人过失造成的损失责任由谁承担？

甲国A公司（买方）与乙国B公司（卖方）签订一进口水果合同。合同约定，价格条件为FOB，装运港的检验证书作为议付货款的依据，但买方在目的港有复验权。货物在装运港检验合格后交由C公司运输。由于C公司船长在航行中驾驶不当，导致船舶搁浅数日，A公司在目的港复验时发现该批水果因未及时运到，已全部腐烂。

在国内运输中，此类因承运人过失造成的损失，多由承运人承担。但是依据《海牙规则》第4条的规定，船长、船员、引水员或承运人的雇佣人员，对在航行或管理船舶中的行为、疏忽或不履行义务都不负责，这与国内运输归责方式差异很大。

（一）提单运输

提单（bill of lading，B/L），据我国《海商法》，是指用以证明海上货物运输合同和货物已经由承运人接收或装船，以及承运人保证据以交付货物的单证。提单主要适用于班轮运输。所谓班轮运输（liner transport），是指船舶在固定的航线和港口间，按事先规定的船期和公布的费率进行的运输。

海上货物运输合同涉及承运人和托运人双方，双方利益在某些方面是对立的。18、19世纪，作为海上运输大国的英国，允许承运人按照契约自由原则在提单中列入一系列的免责条款，这不利于托运人的利益。美国的《哈特法》规定了承运人的最低责任，某些情况下承运人的免责条款无效。其他国家也制定了类似的法律，这就产生了提单法律的冲突。为了统一提单的法律规则，1924年制定了《海牙规则》。《海牙规则》较多地反映了承运人的利益，随着殖民地国家的独立，要求修改《海牙规则》的声音越来越强烈。由此，1968年诞生了《修改统一提单的若干法律规则的国际公约的议定书》（即布鲁塞尔议定书，简称《海牙-维斯比规则》或《维斯比规则》）。但其仍然没有改变对承运人的偏向。经过联合国国际贸易法委员会的多年努力，1978年，《联合国海上货物运输公约》（即《汉堡规则》）通过。但加入国多是一些小国、内陆国和发展中国家。

中国没有批准加入上述任何一个公约，但中国航运公司的提单条款是根据《海牙规则》制定的。

（二）提单的内容与种类

1. 提单的内容

提单由两部分组成，包括正面条款和背面条款。正面条款主要是对货物、运输情况的描述。背面条款是承运人印就的权利、义务条款。

2. 提单的种类

(1) 根据签发提单时货物是否已装船，可将提单分为已装船提单和备运提单。

已装船提单(On Board or Shipped B/L)是指货物装船后，由承运人或其授权代理人根据大副收据签发给托运人的提单。

备运提单(Received for Shipment B/L)是指承运人已收到托运货物，等待装运期间所签发的提单。这种提单没有确定的装货日期，往往不注明装运船舶的名称，因而买方和银行一般不接受备运提单。备运提单如经承运人加注"已装船"字样，注明装船名称、装船日期并签字证明，也可以转为已装船提单。

(2) 根据提单是否可以流通转让，可将提单分为不可转让提单和可转让提单。

不可转让提单(Non-Negotiable Bills of Lading)是指在"收货人"一栏具体填写某人或某企业的名称，只能由提单所指定的收货人提货，不能转让的提单。

可转让提单(Negotiable Bills of Lading)是指可以通过背书的方式进行转让的提单。它可以分为指示提单和不记名提单。指示提单(Order B/L)的特点在于"收货人"一栏只填写"凭指定"(To Order)或"凭某人指定"(To Order Of…)等字样。这种提单可以通过背书的办法转让给他人提货。不记名提单(Bearer B/L)是指托运人不具体指定收货人，在"收货人"一栏只填写"交与持票人"(To Bearer)字样，故又称作"空白提单"。这种提单不经背书即可转让，凡持票人均可提取货物，在国际贸易中因风险太大而很少使用。

(3) 根据承运人是否在提单上进行批注，可将提单分为清洁提单和不清洁提单。

清洁提单(Clean B/L)是指货物在装船时"表面状况良好"，承运人(船公司)在提单上未加任何有关货物受损或包装不良等批注的提单。

不清洁提单(Unclean B/L，Foul B/L)是指承运人在提单上对货物表面状况或包装加有不良或存在缺陷等批注的提单。例如提单上批注"X 件损坏"(X packages in damaged condition)、"铁条松失"(Iron strap loose or missing)等。

（三）提单的性质

1. 货物收据

提单是承运人(或其代理人)出具的货物收据，证明承运人已收到或接管单上所列的货物。

2. 运输合同的证明

提单是承运人与托运人之间订立的运输契约的证明。提单条款明确规定了承、托双方之间的权利与义务、责任与豁免，是处理承运人与托运人之间的争议的法律依据。

3. 物权凭证

提单是货物所有权的凭证，在法律上具有物权证书的作用，船货抵达目的港后，承运人应向提单的合法持有人交付货物。提单可以通过背书转让货物的所有权。

（四）承运人、托运人的义务与责任

1. 承运人的义务与责任

承运人作为货物的运输人和保管人，负有两个方面的义务，即经营船舶和管理货物。

(1) 提供适航的船舶。我国《海商法》第 47 条规定，承运人在船舶开航前和开航当时，应当谨慎处理，使船舶处于适航状态，妥善配备船员、装备船舶和配备供应品，并使货舱、冷藏舱、冷气舱和其他载货处所适于并能安全收受、载运和保管货物。

(2) 管理和安全运送货物。我国《海商法》第 48 条规定，承运人应当妥善地、谨慎地装载、搬移、积载、运输、保管、照料和卸载所运货物。承运人的该项义务为绝对义务，对违反该义务所造成的货物的灭失或损坏，承运人应负赔偿责任。但免责事项造成的损失除外。

(3) 签发提单并据以交付货物。货物由承运人接收或装船后，应托运人的要求，承运人应当签发提单。提单中载明的向记名人交付货物或按照指示人的指示交付货物或向提单持有人交付货物的条款，构成承运人据以交付货物的保证。货物应在明确约定的时间内交付，货物因迟延交付而灭失或损坏，或者虽没损坏但遭受经济损失的，承运人应承担赔偿责任。

(4) 行驶合理的航线。承运人应当按照约定的或习惯的或地理上的航线将货物运往卸货港。船舶在海上为救助或企图救助人命或财产的绕航视为合理绕航。

2. 托运人的义务与权利

托运人作为运输合同的一方当事人，应承担下列基本义务。

(1) 提交合同约定的货物并充分通知。托运人应当按时向承运人提交品名、标志、包数或件数、重量或体积正确且妥善包装的货物。如托运危险货物，应按照有关海上危险货物运输的规定妥善包装，做出危险品标志的标签，并将货物的正式名称、性质及应当采取的预防措施通知承运人。

由于包装不良或上述资料不正确，给承运人造成损失的，托运人应当负赔偿责任。托运人不交付或不完全交付约定托运的货物，应对承运人可能产生的空舱负责。

(2) 办理必要的单证并交付承运人。托运人应当及时向港口、海关、检疫、检验和其他主管机关办理货物运输所需要的各项手续，并将已办理各项手续的单证送交承运人；因办理各项手续的有关单证送交不及时、不完备或不正确，承运人的利益受到损害的，托运人应当负赔偿责任。

(3) 支付运费。托运人应当按照约定向承运人支付运费，也可约定由收货人支付。船舶在装货港开航前，托运人要求解除合同的，应支付运费的一半，因不可抗力解除合同的除外。

另一方面，托运人有请求签发提单权、换取提单权、提货权、索赔权等权利。

（五）租船合同

租船合同是出租人（船方）与承租人（租船方）间订立的，承租人租用出租人的船舶装运货物并向出租人支付使用费的合同。租船合同可以分为航次租船合同与定期租船合同。

1. 航次租船合同

航次租船合同（voyage charter party），又叫定程租船，是指船舶出租人向承租人提供船舶或者船舶的部分舱位，装运约定的货物，从一港运至另一港，由承租人支付约定运费的合同。

2. 定期租船合同

定期租船合同（time charter party）是指船舶出租人向承租人提供约定的由出租人配备船员的船舶，由承租人在约定的期限内按照约定的用途使用，并支付租金的合同。定期租船合同的最大特点是承租人负责船舶的经营管理，出租人只负责船舶的维护、维修。

二、国际航空货物运输

（一）国际航空货物运输公约

目前，调整国际航空货物运输关系的国际公约主要有《华沙公约》、《海牙议定书》、《瓜达拉哈拉公约》、《蒙特利尔公约》等。

（二）国际航空货物运输单证

国际航空货物运输单证简称航空运单，是指由承运人出具的证明承运人与托运人已订立了国际航空货物运输合同的运输单证。航空运单须由托运人或其代理和承运人或其代理签署后方能生效。

航空运单与海运提单不同，它不是货物的物权凭证，因为航空运输速度快，没有必要通过转让单证来转移货物的所有权。

三、国际铁路货物运输

国际铁路货物运输是指在两个或两个以上国家的铁路运送中，使用一份运输单证，并以连带责任办理货物全程运输的运输方式。国际铁路货物运输一般不受气候条件的影响，可保障全年的正常运输，并具有运量较大、速度较快、有连续性、安全可靠、运输成本较低等特点。

（一）国际铁路货物运输公约

目前，关于国际铁路货物运输的公约有两个：《国际货约》和《国际货协》。

1.《国际货约》

全称是《铁路货物运输国际公约》，1961 年在伯尔尼签字，1970 年修订，1975 年 1 月 1 日生效。其成员国包括了主要的欧洲国家以及西亚、西北非国家。

2.《国际货协》

全称是《国际铁路货物联运协定》，1951 年在华沙订立。《国际货协》的东欧国家又是

《国际货约》的成员国，《国际货协》国家的进出口货物可以通过铁路转运到《国际货约》的成员国去，这为沟通国际间铁路货物运输提供了更为有利的条件。我国是《国际货协》的成员国，凡经由铁路运输的进出口货物均按《国际货协》的规定办理。

（二）国际铁路货物运输单证

国际铁路货物运输单证是指由承运人出具的证明承运人与托运人已订立了国际铁路货物运输合同的运输单证。铁路运单须由托运人或其代理和承运人或其代理签署后方能生效。

铁路运单与海运提单不同，它不是货物的物权凭证。

四、国际货物多式联运

（一）国际货物多式联运的概念

国际货物多式联运是指按照多式联运合同，以至少两种不同的运输方式，由多式联运经营人将货物从一国境内接管货物的地点运至另一国境内指定交付货物的地点的运输方式。为履行单一方式运输合同而进行的该合同所规定的货物接交业务，不应视为国际多式联运。国际货物多式联运是把远洋运输、内河、公路、铁路以至航空运输联结起来的运输方式，是随着海运集装箱化的发展而发展起来的。

（二）国际货物多式联运的责任

国际货物多式联运经营人负责全程运输，对发生于全程各区段的货物损坏都承担赔偿责任。在组织联运时，多式联运经营人与参加联运的有关承运人和换装机构签订合同，规定相互的权利与义务。这种联运工作的内部合同不能影响联运经营人对托运人承担的义务。

五、国际海上货物运输保险

案例引导 10-6

海上货物运输的损失如何赔偿？

某载货船舶在航行过程中突然触礁，致使部分货物遭到损失，船体部分船板产生裂缝，急需补漏。为了船货的共同安全，船长决定修船，为此将部分货物卸到岸上并存舱。卸货过程中部分货物受损。这次事件造成的损失有部分货物因船触礁而损失、卸货费、存舱费及货物损失。

如果要考察上述损失应该如何赔偿，首先需要弄清楚损失的性质以及投保人投保的险别。

（一）国际货物运输保险的概念与种类

国际货物运输保险是指由保险人同被保险人双方订立保险合同，被保险人缴付约定的保险费，对货物在国际运输途中遭受保险事故所致的损失，保险人负责经济补偿的一种保险。

按照不同的运输方式，国际货物运输保险可分为：①海上运输货物保险，即经海上用轮船运输于各国港口之间的货物保险；②陆上运输货物保险，即经陆路用火车或汽车运输于各国车站之间的货物保险；③航空运输货物保险，即经空中用飞机运输于各国机场之间的货物保险；④邮包保险，即经邮局用邮包递运于各国之间的货物保险；⑤联运保险，即经海、陆、空两种以上不同主要运输工具联合运输于国际各地间的货物保险。

以上各种货物保险，以海上运输货物保险为主，其他各种货物保险的保险条款都是以它为准，再根据本身的特点加以补充或修订的。

（二）海上货物运输保险

在国际海洋货物运输中会遇到各种危险与意外事故，保险人承保的风险就是有可能使保险标的遭受损害或灭失的危险和事故。中国人民保险公司《海洋运输货物保险条款》所包含的承保风险具体有以下几种。

（1）自然灾害，即暴风雨、雷电、海啸、地震和洪水等自然现象造成的灾害。

（2）意外事故，即运输工具遭受搁浅、触礁、沉没、碰撞、失火等意外造成的事故。

（3）外来风险，即除上述风险以外的外来原因造成的风险，如盗窃、受潮、串味等外来原因，以及由战争、暴动、罢工等特殊原因造成的货物损失、灭失等。这类风险往往都规定在各种附加险中。

（三）海上货运险涉及的损失

海上货物运输的损失又称海损（average），是指货物在海运过程中由于海上风险而造成的损失，包括与海运相连的陆运和内河运输过程中的货物损失。海上损失按损失的程度可以分成全部损失和部分损失。

1. 全部损失

全部损失又称全损，是指被保险货物的全部遭受损失，可分为实际全损和推定全损。实际全损是指货物全部灭失或全部变质而不再有任何商业价值。推定全损是指货物遭受风险后受损，尽管未达实际全损的程度，但实际全损已不可避免，或者为避免实际全损所支付的费用和继续将货物运抵目的地的费用之和超过了保险价值。推定全损须经保险人核查后认定。

2. 部分损失

不属于实际全损和推定全损的损失，为部分损失。按照造成损失的原因可分为共同海损和单独海损。

在海洋运输途中，船舶、货物或其他财产遭遇共同危险，为了解除共同危险，有意采取合理的救难措施所直接造成的特殊牺牲和支付的特殊费用，称为共同海损。在船舶发生共同海损后，凡属共同海损范围内的牺牲和费用，均可通过共同海损清算，由有关获救受益方（即船方、货方和运费收入方）根据获救价值按比例分摊，然后再向各自的保险人索赔。共同海损分摊涉及的因素比较复杂，一般均由专门的海损理算机构进行理算。不具有共同海损性质，尚未达到全损程度的损失，称为单独海损。该损失仅涉及船舶或货物所有人单方面的利益损失。

（四）中国人民保险公司海洋运输货物保险条款

根据中国人民保险公司制定的《海洋运输货物保险条款》，海上货运险分为基本险和附加险。

1. 基本险

基本险又称主险，是可以独立投保的险别，主要承保海上风险（自然灾害和意外事故）所造成的货物损失。作为主要险别，基本险可以独立承保，不需要附加在某一险别项下。

（1）平安险（free from particular average，FPA），这一名称在我国保险行业中沿用甚久，其英文原意是指单独海损不负责赔偿。根据国际保险界对单独海损的解释，它是指保险标的物在海洋运输途中遭受保险范围内的风险直接造成的船舶或货物的灭失或损害。因此，平安险的原来保障范围只限于全部损失。但在长期实践的过程中对平安险的责任范围进行了补充和修订，目前平安险的责任范围已经超出只赔全损的限制。

（2）水渍险（with particular average，WPA），又称单独海损险，英文原意是指单独海损负责赔偿。水渍险的责任范围除了包括平安险的各项责任外，还包括被保险货物由于恶劣气候、雷电、海啸、地震、洪水等自然灾害所造成的部分损失。

（3）一切险（all risk，AR），是指保险人对保险标的物遭受特殊附加险以外的其他原因造成的损失均负赔偿责任的一种保险。一切险所负责的险别包括平安险、水渍险和一般附加险。货物因战争、罢工、进口关税、交货不到等原因所致的损失，不在一切险的责任范围以内。一切险是投保人因附加险的种类繁多，为避免遗漏，保障货物安全而投保的一种安全性较大的险别。通常是在所发运货物容易发生碰损破碎、受潮受热、雨淋发霉、渗漏短少、串味以及混杂玷污等情况下投保一切险。

2. 附加险

附加险是相对于主险（基本险）而言的，是指附加在主险合同下的附加合同。它不可以单独投保，要购买附加险必须先购买主险。一般来说，附加险所交的保险费比较少，但它的存在是以主险存在为前提的，不能脱离主险，这样就可形成一个比较全面的险种。

（1）一般附加险（general additional risk），包括偷窃提货不着险、淡水雨淋险、短量险、混杂玷污险、渗漏险、碰损破碎险、串味险、受潮受热险、钩损险、包装破裂险、锈损险等。它们包括在一切险范围内。

（2）特别附加险（special additional risk），包括交货不到险、进口关税险、舱面险、拒收险、黄曲霉素险、出口到港澳存舱火险等。

（3）特殊附加险，包括战争险和罢工险。

六、航运货物保险与陆运货物保险

航运货物保险和陆运货物保险历史较短，不像海运险那样发达。

（一）航空运输险和航运一切险

航空运输险与海运险中的水渍险大致相同，保险公司负责赔偿被保险货物在运输途中遭受雷电、火灾、爆炸或由于飞机遭受恶劣气候或其他危难事故而被抛弃，或者由于飞机遭受碰撞、倾覆、坠落或失踪等自然灾害和意外事故所造成的全损或部分损失。航运一切险的承保责任范围除包括航空运输险的全部责任外，还包括被保险货物由于一般外来原因所造成的全部损失和部分损失。上述两个基本险的除外责任与海运险的除外责任基本相同。

（二）陆运险和陆运一切险

陆运险的承保责任范围与海运险中的水渍险相似，保险公司负责赔偿被保险货物在运输途中遭受自然灾害及意外事故所造成的全部损失和部分损失。此外，被保险人对遭受承保责任内危险的货物采取抢救、防止或减少货损的措施而支付的合理费用，保险公司也负责赔偿，但以不超过该批被救货物的保险金额为限。在投保陆运险的情况下，被保险人可根据需要加保一种或数种一般附加险。陆运一切险的承保责任范围与海运险中的一切险相似，保险公司除承担陆运险的赔偿责任外，还负责被保险货物在运输途中由于一般外来原因所造成的全部损失或部分损失。

案例分析 10-3

海损的认定和保险的确定

甲国 A 公司按 CIF 条件进口一批货物，卖方 B 公司向我国的保险公司办理了货运保险。载货船舶航行在太平洋某岛屿附近一度搁浅，经拖轮施救后继续航行，至新加坡附近又遇暴风雨，致使 2000 箱货物中有 400 箱货物遭不同程度的海水浸湿。

本案中，拖轮费用属于共同海损。因为拖轮费用是为了对抗危及船货各方共同安全的风险而导致的损失；400 箱货损属于自然灾害导致的部分损失，属于单独海损，因为该损失是风险本身所导致的后果。B 公司应投保平安险，保险公司才承担赔偿责任。因为平安险承保共同海损，以及运输工具如发生搁浅、触礁、沉没、焚毁意外事故，在此前后，由于自然灾害造成的部分损失。

第四节 国际贸易支付

案例引导 10-7

我方可否根据《合同法》主张中止合同履行？

我某公司以 CIF 价格向美国出口一批货物，合同的签订日期为 6 月 2 日。到 6 月 28 日由日本东京银行开来了不可撤销即期信用证，金额为××万日元，证中规定装船期为 7 月份，偿付行为美国花旗银行。我中国银行收证后于 7 月 2 日通知出口公司。7 月 10 日，我方获悉国外进口商因资金问题濒临破产倒闭。在此情况下，我方可否根据《合同法》主张中止合同履行？

在国际贸易中，由于银行的介入和信用证的广泛使用，国际贸易支付得到保障。本案中，信用证的开证行承担第一性的付款责任，且由于两个业务行，即开证行（东京银行）、偿付行（花旗银行）都是资信很高的银行，我方可以办理出口手续，将货物出口，而不用担心货物无法收回的情形。

一、贸易支付工具

在国际贸易中，作为支付的工具主要有货币和票据。

（一）货币

货币在国际贸易中可作为计价、结算和支付的手段。但是在国际贸易中以货币作为支付工具的情形，却不多见。因为以货币清偿国际债权债务，不仅涉及直接运送大量现金所引起的各种危险和不便，而且会导致资金周转缓慢。所以，现代国际贸易的结算，以货币作为支付工具的情形，可说是例外。

（二）票据

票据（bills）是指以支付一定金额为标的，而依票据法发行的，可以转让流通的证券（transferable and negotiable instrument），通常包括汇票、本票和支票。在国际贸易结算中，一般都使用一定的票据作为支付工具，通过银行进行非现金结算。

票据是依一定的票据法发行的，且技术性强，有别于民法上的其他证券。票据具有以下特征。

（1）票据为设权证券。作成票据并经交付，票据的权利才产生。但票据与其他证券，如提单、股票不同，非记明已存在的权利，而是创设权利。因此，无票据则无票据上的权利。

（2）票据为有价证券，即代表财产权的证券。票据是代表给付一定金额的证券，票据上权利的行使，以占有票据为必要。

（3）票据为金融证券。票据是以给付一定金钱为标的的证券。因此，以金钱以外给付为标的者，虽形式上为票据，也不得称为票据。

（4）票据为债权证券。票据的债权人占有票据，得就票据上所载一定的金额向特定票据债务人行使其请求权。

（5）票据为文义证券。票据上的权利义务须依票据上记载的文义而定。不能就文义以外的事项来认定票据上的权利义务，也不可以票据以外的其他立证方法变更或增减票据上的权利义务。

（6）票据为要式证券。票据必须依法定方式作成，才产生票据的效力。依《联合国国际汇票和国际本票公约》、《日内瓦统一汇票本票法公约》及多数国家的票据法规定，票据中应记载的事项，若有欠缺，不能产生票据的效力。

（7）票据为无因证券。执票人在主张票据上的权利时，不必明示产生票据上的权利义务关系的原因。因为票据如已具备法定形式，其权利即行成立，而不论其法律行为发生的原因如何。

《日内瓦统一汇票本票法公约》只包括汇票和本票两种，但现在国际上一般都通认票据应包括汇票、本票和支票三种。

汇票（bill of exchange，draft），是指由发票人签发的，要求付款人在见票时或在一定期限内，向收款人或执票人无条件支付一定款项的票据。

本票（promissory note）又称期票，是指由发票人签发的，承诺自己在见票时无条件支付确定金额给收款人或执票人的票据。

支票（check）是指发票人签发一定的金额，委托金融业者，于见票时无条件支付于收款人或执票人的票据。

在国际贸易活动中，使用最普遍的是汇票，因此本节所介绍的内容也以汇票为主。

二、汇付与托收

（一）汇付

汇付（remittance），又称汇款，是付款人将货款通过银行寄交出口方的结算方式。汇付属于顺汇。汇付的优点在于手续简便、费用低廉。

汇付一般涉及四个当事人，即汇款人、汇出行、收款人和汇入行。

汇付根据汇出行向汇入行转移资金发出指示的方式，可分为以下方式。

1. 电汇

电汇（telegraphic transfer，T/T）是指汇出行应汇款人的申请，拍发加押电报或电传给在另一国家的分行或代理行（汇入行）解付一定金额给收款人的汇款方式。电汇方式的优点在于速度快，收款人可以迅速收到货款。随着现代通信技术的发展，银行与银行之间使用电传直接通信，快速准确。电汇是目前使用较多的一种方式，但其费用较高。

2. 信汇

信汇（mail transfer，M/T）是指汇出行应汇款人的申请，用航空信函的形式，指示出口国汇入行解付一定金额的款项给收款人的汇款方式。信汇的优点是费用较低廉，但收款人收到汇款的时间较迟。

3. 票汇

票汇（remittance by banker's demand draft，D/D）是指汇出行应汇款人的申请，代汇款人开立以其分行或代理行为解付行的银行即期汇票，支付一定金额给收款人的汇款方式。

（二）托收

托收（collecting）是指出口人在货物装运后，开具以进口方为付款人的汇票，委托出口地银行通过它在进口地的分行或代理行代出口人收取货款的结算方式。托收属于商业信用，采用的是逆汇法。

托收一般涉及四方当事人，即委托人、托收行、代收行和付款人。

根据托收时是否向银行提交货运单据，托收分为光票托收和跟单托收两种。

（1）光票托收（clean collection）。如果托收时汇票不附任何货运单据，而只附有非货运单据(发票、垫付清单等),叫光票托收。这种结算方式多用于贸易的从属费用、货款尾数、佣金、样品费的结算和非贸易结算等。

(2) 跟单托收(documentary collection)。包括附有商业单据的金融单据的托收和不附有金融单据的商业单据的托收。在国际贸易中所讲的托收多指前一种。

跟单托收根据交单条件的不同,又可分为付款交单和承兑交单两种。

(1) 付款交单(documents against payment,D/P)。它是指代收行必须在进口人付款后方能将单据交给进口人的方式。即所谓的"一手交钱,一手交单"。出口人把汇票连同货运单据交给银行托收时,指示银行只有在进口人付清货款的条件下才能交出货运单据。这种托收方式对出口人取得货款提供了一定程度的保证。

(2) 承兑交单(documents against acceptance,D/A)。它是指在使用远期汇票收款时,当代收行或提示行向进口人提示汇票和单据,若单据合格进口人对汇票加以承兑时,银行即凭进口人的承兑向进口人交付单据。这种托收方式只适用于远期汇票的托收,与付款交单相比,承兑交单为进口人提供了资金融通上的方便,但出口人的风险增加了。

三、跟单信用证

(一) 跟单信用证概述

在国际贸易活动中,买卖双方可能互不信任,买方担心预付款后,卖方不按合同要求发货,卖方也担心在发货或提交货运单据后买方不付款。因此需要两家银行作为买卖双方的保证人,代为收款交单,以银行信用代替商业信用。银行在这一活动中所使用的工具就是信用证。信用证(letter of credit,L/C),是指开证行应申请人的要求并按其指示向第三方开立的载有一定金额,在一定的期限内凭符合规定的单据付款的书面保证文件。信用证是目前国际贸易中最主要、最常用的支付方式。

跟单信用证运转涉及的当事人通常有开证申请人、开证行、通知行、受益人、付款行、议付行、承兑行、保兑行和偿付行;其基本的当事人为开证申请人、开证行、通知行和受益人。

(二) 跟单信用证的特征

《跟单信用证统一惯例》(UCP600)规定,跟单信用证有以下三个主要特征。

1. 开证行负首要付款责任

信用证支付方式是由开证行以自己的信用作保证,所以对作为一种银行保证文件的信用证,开证行负第一性的付款责任。信用证开证行的付款责任,不仅是首要的,而且是独立的、终局的,即使进口人在开证后失去偿付能力,只要出口人提交的单据符合信用证条款,开证行也要负责付款,付了款如发现有误,也不能向受益人和索偿行进行追索。

2. 信用证是一项自足文件

虽然信用证是根据买卖合同开立的,但信用证一经开立,就成为独立于买卖合同以外的约定。UCP600 第 4 条明确规定,信用证与可能作为其开立基础的销售合同或其他合同是相互独立的交易,即使信用证中含有对此类合同的任何援引,银行也与该合同无关,且不受其约束。

3. 信用证方式是纯单据业务

银行处理信用证业务时，只凭单据，不问货物，它只审查受益人所提交的单据是否与信用证条款相符，以决定是否履行付款责任。

（三）跟单信用证的分类

1. 根据是否附有货运单据，可分为光票信用证与跟单信用证

（1）光票信用证。它是指凭不附货运单据的汇票付款的信用证。有些要求汇票附有非货运单据（发票、垫款清单等）的信用证也属于光票信用证。光票信用证由于不附有货运单据，对进口商来说风险太大，因而在国际贸易结算中主要用于贸易从属费用以及小额样品货款的结算及来料加工、补偿贸易中的预付定金等。

（2）跟单信用证。它是指凭跟单汇票或仅凭单据付款的信用证。这里所说的单据是指代表货物所有权的单据（提单）或证明货物已经发运的单据（如铁路运单、航空运单、邮包收据等），跟单信用证主要用于国际贸易结算。

2. 根据开证行对信用证的责任，可分为可撤销信用证与不可撤销信用证

（1）可撤销信用证。它是指开证行对所开信用证不必征得受益人同意即有权随时撤销的信用证。当然，倘若通知行在接到通知前，已经议付了信用证，开证行仍应负责偿付。

（2）不可撤销信用证。它是指信用证一经开出，在有效期内，非经信用证各有关当事人同意，开证行不得修改或撤销的信用证。

3. 根据付款时间不同，可分为即期信用证与远期信用证

（1）即期信用证。它是指开证行或付款行收到符合信用证条款的单据后，立即履行付款义务的信用证。

（2）远期信用证。它是指开证行或付款行收到符合信用证条款的单据时，不立即付款，而是等到信用证规定的到期时间方履行付款义务的信用证。

4. 根据受益人对信用证的权利是否可以转让，可分为可转让信用证与不可转让信用证

（1）可转让信用证。它是指在受益人的要求下，信用证的全部或部分可以转让给第二受益人的信用证。信用证转让后，由第二受益人办理交货，但原受益人仍须负买卖合同上卖方的责任。

（2）不可转让信用证。它是指受益人不能将信用证权利转让给他人的信用证。除非明确注明“可转让”，否则即为不可转让信用证。

案例分析 10-4

货物与信用证不符，银行是否承担责任？

美国某银行应当地客户的要求开立了一份不可撤销 L/C，出口地为上海，证中规定单证相符后，议付行可向美国银行的芝加哥分行索偿。上海某银行议付了该笔单据，并在L/C有效期内将单据交开证行，同时向其芝加哥分行索汇，顺利收回款项。第二天，开证行提出货物实际数量与单据记载存在明显不符，要求退款。但此时从受益人处得知，开证申请人已通过其他途径（未用提单）将货提走。议付行可否以此为理由拒绝退款？

法院认为，议付行可以拒绝退款。因为L/C业务是纯单据业务，银行只审查单证是否相符，不问货物真实情况。

第五节 国际贸易仲裁与诉讼

案例引导10-8

本案争议如何解决？

我生产企业向马来西亚客户出口汽车配件，但是双方对配件的型号等问题产生争议，马方向马方所在地的法院起诉，而我方认为应该通过仲裁的方式解决。

在国际贸易中，由于当事人分处于不同的国家，所涉及的法律关系复杂。如是采用诉讼还是仲裁方式解决争议，是适用我国法律还是马来西亚的法律，这些问题的解决比国内贸易要复杂得多。

一、国际贸易争议解决的途径

随着经济全球化进程的加快，国家间贸易活动日益频繁，与此相关的争议不可避免。妥善解决好这些争议，对国际贸易的健康发展将会产生积极的推动作用。在国际贸易实践中，一般通过四种方式解决争议，即协商、调解、仲裁和诉讼。

二、协商与调解

（一）协商

协商是指争议双方通过当面谈判或函电磋商，寻求双方都接受的解决方案的活动。它具有气氛友好、灵活简便、经济的优点，这是解决争议的好办法。但这种办法有一定的限度，如要以双方自愿为基础、解决方案易被当事人推翻而难以生效等，所以协议的履行完全依赖于双方的诚意。

（二）调解

调解是指双方当事人以外的第三者，以国际条约、国际惯例和（或）双方当事人选择的有关法律或者规则为依据，对纠纷双方进行疏导、劝说，促使他们相互谅解，进行协商，自愿达成协议，解决纠纷的活动。主持调解的人可以是仲裁机关、法院，也可以是双方信赖的、能主持公道并有能力进行调解的机构或者个人。调解的结果不具有法律效力。调解的优点在于它是在第三方介入的前提下由当事人双方自愿达成协议的，其结果公平、合理，一般都能执行。

1987年，中国国际贸易促进委员会在北京设立了调解中心，1992年1月1日开始施行《北京调解中心规则》。该中心是中国唯一的涉外调解机构，专门受理国际商事和海事争议调解案件。调解所遵循的原则是：①调解不是仲裁必经的程序，它以当事人的自愿为基础；②调解的结果必须以事实为基础，公平合理；③和解协议必须经双方当事人一致同意；④调解员的作用是促进双方当事人分清责任，认清事实，进行法律协助，从而引导当事人从良好的意愿出发，互谅互让，达成协议。

三、仲裁

仲裁是指不同国家的公民、法人将其在对外经济贸易及海事中所发生的争议，以书面的形式，自愿交由第三者进行评断和裁决的活动。

（一）仲裁协议的内容

在国际货物买卖中，仲裁协议有两种表现形式，即合同中的仲裁条款和专门的仲裁协议书。仲裁协议内容一般应包括仲裁地点、仲裁机构、仲裁的程序规则、仲裁裁决的效力及仲裁费用的负担等内容。

1. 仲裁地点

仲裁地点乃是仲裁条款的核心所在。一般而言，在哪个国家仲裁，就适用哪个国家的法律和仲裁法规。由此可见，仲裁地点不同，所适用的法律可能不同，对双方当事人的权利、义务的解释也会有差异，仲裁结果也就可能不同。因此，买卖双方当事人在协商仲裁地点时，都力争在自己国家或比较了解和信任的地方仲裁。

2. 仲裁机构

国际贸易中的仲裁机构有两类，即常设仲裁机构和临时仲裁机构。

常设仲裁机构是指依据国际条约和一国国内立法所成立的，有固定的组织、固定的地点和固定的仲裁程序规则的永久性机构，一般都备有仲裁员名册供当事人选择。目前，国际常设商事仲裁机构几乎遍及世界上所有国家，在业务范围方面也已涉及国际商事法律关系的各个领域。影响较大的常设商事仲裁机构主要有国际商会仲裁院、瑞典斯德哥尔摩商事仲裁院、英国伦敦仲裁院、美国仲裁协会、苏黎世商会仲裁院等。我国的常设涉外商事仲裁机构是中国国际经济贸易仲裁委员会。该委员会隶属于中国国际贸易促进委员会，总会设在北京，在深圳和上海设有分会。此外，在一些省市还相继设立了一些地区性的仲裁机构。

临时仲裁机构是指根据各方当事人的仲裁协议，在争议发生后由各方当事人选定的仲裁员临时组成的，负责审理当事人之间的有关争议，并在审理终结作出裁决后即行解散的临时性机构。有关临时仲裁机构的组成及其活动规则、仲裁程序、法律适用、仲裁地点、裁决方式以至仲裁费用等都可以由有关当事人协商确定。

3. 仲裁规则

仲裁规则即进行仲裁的手续、步骤和做法。各仲裁机构都有自己的仲裁规则。按国际仲裁的一般做法，原则上采用仲裁所在地的仲裁规则，但也允许按双方当事人的约定，并经仲裁机构同意，采用仲裁地点以外的其他仲裁机构的仲裁规则进行仲裁。在双方约定的情况下，双方当事人甚至可以约定，不依据严格的法律规则，而是依据它所认为公平的标准作出对当事人双方有约束力的裁决。一般而言，仲裁不公开进行；在当事人要求时，可以公开。

4. 仲裁费用的负担

仲裁协议应明确规定仲裁费用的负担问题。一般规定由败诉方承担，也有的规定由仲裁庭酌情决定。

5. 仲裁庭的组成

根据组成仲裁庭的仲裁员人数的不同，仲裁庭可以分为由 1 位仲裁员组成的独任仲裁庭、由 2 位仲裁员组成的两人仲裁庭和由 3 位或 3 位以上仲裁员组成的仲裁庭。最常见的是独任仲裁庭和由 3 位仲裁员组成的仲裁庭。根据《联合国国际贸易法委员会仲裁规则》第 7 条，如果打算指定 3 名仲裁员，当事人每一方应指定 1 名仲裁员。指定的该 2 名仲裁员应推选第 3 名仲裁员，担任仲裁庭的首席仲裁员。

（二）仲裁裁决的效力

一般而言，仲裁裁决是终局性的，对争议双方都有约束力，不允许任何一方向法院起诉要求变更。

一项有效的仲裁协议，应该具备以下条件。①仲裁协议是双方当事人真实的意思表示，而不是一方当事人通过欺诈、强迫等方式使另一方当事人接受的产物。②双方当事人应该依照适用的法律，具有合法的资格和能力。如果当事人依据其适用的法律无行为能力，则会致使仲裁协议无效。③仲裁的内容应当合法。这些事项应当依据裁决地法律为合法有效，不会违反有关强制性的规定，也不会与这些国家的公共政策相抵触。④仲裁协议的形式必须合法有效。根据《纽约公约》和《国际商事仲裁示范法》，仲裁协议必须采用书面形式。

四、诉讼

当国际贸易争议发生后，如果当事人之间没有仲裁协议，任何一方当事人均有权向有管辖权的法院起诉。由此将会面临诉讼管辖权的问题。

（一）管辖权

目前，针对这一国际管辖权，国际上并没有一整套完备的法律规则规范，通常而言存在以下管辖原则。

1. 属地管辖

属地管辖又称领土管辖原则或地域管辖原则，是指采用一些与地域有关的标志来确定法院对国际民事案件的管辖权，如以当事人的住所、居所、营业所，被告财产所在地，诉讼原因发生地，诉讼标的物所在地等在本国境内为行使管辖的依据。属地管辖原则是主权国家所享有的属地优越权在国际民事案件管辖权方面的体现。世界上大多数国家采用这一原则。

2. 属人管辖

属人管辖是指根据当事人的国籍来确定管辖权，例如有些国家规定，只要当事人一方具有本国国籍，本国法院就具有管辖权。该原则是主权国家所享有的属人优越权在国际民事案件管辖权方面的体现。

3. 协议管辖

协议管辖又称合意管辖原则，是指根据当事人共同选择管辖法院的协议来确定管辖权，即当事人合意选择处理其争议的法院对案件享有管辖权。目前，各国一般都承认当事人选择管辖法院的协议的效力，但对当事人的选择有不同程度的限制，如当事人的协议不得违反本国有关专属管辖和级别管辖的规定。

4. 专属管辖

专属管辖是指一国主张其法院对某些国际民事案件具有独占的或排他的管辖权，不承认其他国家法院对这些案件的管辖权。各国民事诉讼立法一般将关于不动产、身份、婚姻家庭、继承方面的案件列入专属管辖的范围，但具体规定差异很大。

（二）外国人的诉讼地位

外国人的诉讼地位是指受诉法院所在国法律赋予外国人什么样的诉讼权利和什么样的诉讼义务。

世界各国的民事诉讼法和有关的国际条约在规范外国人的民事诉讼地位时，原则上都给予外国人以国民待遇，即规定外国人享有与本国国民同等的民事诉讼权利，承担同等的民事诉讼义务，但一般要求以对等互惠为条件。

案例分析 10-5

甲公司的异议是否成立?

我国甲公司与新加坡乙公司就从事一系列进出口贸易活动签署合作合同。合同规定，“与本合同履行有关的争议事项的解决应该在北京进行仲裁”。第二年，甲乙双方在利润分配问题上发生争议，乙公司将争议提交给北京中国国际经济贸易仲裁委员会进行仲裁。甲公司在第一次开庭前对仲裁委员会的管辖权提出异议，声称应当由争议发生地中国法院行使管辖权。

仲裁委员会认为，中国国际经济贸易仲裁委员会没有管辖权的异议成立，但是甲公司提出异议的理由不正确。国际贸易双方可以选择诉讼或者仲裁方式解决争议。但是，如果双方在合同中规定适用仲裁方式的话，应当优先适用。本案中，合同中没有明确确定仲裁机构，此仲裁条款无效，中国国际经济贸易仲裁委员会没有管辖权。

本章小结

通过本章的学习，使学生能够了解国际贸易的基本概念，对国际货物买卖合同有清晰的理解，掌握国际货物买卖中涉及的运输及保险事项和由此而产生的支付手段问题。通过学习，能够在企业国际贸易争议中，通过合适的手段维护企业的合法权益。

技能训练

订立国际贸易合同

【目的】

使学生掌握国际贸易中合同的订立，培养学生熟练运用几个常用的贸易术语，增强他们解决问题的实践能力。

【内容】

订立一个国际贸易合同。

【步骤】

(1) 将学生分为两组，分别作为买方和卖方。

(2) 双方协议货物运输方式。

(3) 确定货物的具体保险。

(4) 确定支付手段。

(5) 协商发生争议时的解决方法。

(6) 双方正式签订国际贸易合同。

【要求】

掌握国际货物买卖合同的订立方式、国际货物运输和保险制度；了解国际支付；能够运用所学的知识，签订一个简单的国际贸易合同。

实践活动

模拟处理国际贸易纠纷案件

【目的】

运用国际贸易法律知识，让学生提出国际贸易纠纷的解决方案。培养学生实际运用国际贸易法律知识的能力。

【内容】

我国进出口公司 A 与澳大利亚公司 B 以“CIF 悉尼”条件签订出口 10000 吨白糖的合同，即期信用证付款。货物由远洋运输公司 C 承运，货物在装运港广州装船后，向保险公司 D 投保海上货物运输的平安险。当货物运至某航行海域时，遭到暴风雨的袭击，致使船舶迟延15天到达目的港，并因船员过失使船舶货仓进水，一半的白糖变质。为此，B公司提出索赔。请大家为此案的解决提出自己的建议。

【步骤和要求】

(1) 学生分成两组，分别代表A、B公司提出自己的解决方案。

(2) 按照国际贸易法律进行谈判，达成书面协议。

(3) 教师总结，学生写出心得。

本章练习

一、不定项选择题

1. 最早制定的解释贸易术语的国际贸易惯例是(　　)。

A. 1932年《华沙-牛津规则》

B. 1941年美国《对外贸易定义修订本》

C. 1936年《国际贸易术语解释通则》

D. 1990年《国际贸易术语解释通则》

2. 下列情形中属于共同海损的是(　　)。

A. 船舱着火，船长和船员忙着救火，致使部分货物受潮造成损失

B. 机舱外烟雾弥漫，船长误认为船舱着火，号召大家救火，致使部分货物受潮造成损失

C. 船因故搁浅，船长为脱浅，将部分货物抛入海中造成的部分货物的损失

D. 在航行中推进器失灵，船舶失控，船长向附近港口要求排拖轮而产生的拖轮费用

E. 船搁浅，船壳钢板出现裂缝需修船，为此必须将货卸至岸上，卸货过程中部分货物受损

3. 我国某公司按FOB进口一批玻璃器皿，在运输途中的装卸、搬运过程中，部分货物受损。要得到保险公司赔偿，该公司应该投保(　　)。

A. 平安险　　B. 一切险

C. 破碎险　　D. 一切险加破碎险

4. 提单上若注明了“包装松散”，则该提单是(　　)。

A. 清洁提单　　B. 不清洁提单　　C. 指示提单

D. 已装船提单　　E. 倒签提单

5.《联合国国际货物买卖合同公约》仅适用于(　　)。

A. 营业地分处不同缔约国的当事人之间的货物买卖

B. 具有不同国家国籍的当事人之间的货物买卖

C. 船舶、飞机、气垫船的买卖

D. 卖方提供劳务或其他服务的买卖

6. 提单的签发人是(　　)。

A. 托运人　　B. 承运船大副　　C. 承运船船长　　D. 卖方

7. 在同外商商定买卖合同中的仲裁条款时，关于仲裁地点有以下各种不同的规定，其中对我方最有利的一种为（　　）。

A. 在双方同意的第三国仲裁　　B. 在被告国仲裁

C. 在我国仲裁　　D. 在对方国仲裁

8. 中国人民保险公司《海洋运输货物保险条款》将货物险分为（　　）。

A. 征收险　　B. 一切险　　C. 水渍险

D. 违约险　　E. 平安险

9. 一项有效的仲裁协议，应该具备以下条件（　　）。

A. 双方当事人意思表示真实

B. 双方当事人依照适用的法律，具有合法的资格和能力

C. 仲裁的内容合法

D. 仲裁协议的形式合法有效

10. 采取仲裁的方式解决国际商事纠纷的优点有（　　）。

A. 仲裁必须严格按照法律的规定进行裁决

B. 未经双方当事人同意，任何一方不能将争议提交仲裁

C. 仲裁审理争议大多秘密进行

D. 仲裁一般比司法诉讼更为迅速

二、案例分析题

甲公司签订向乙公司出售蜡烛的国际货物买卖合同，约定采用 CIF 价格条款。甲将包装好的货物交由丙公司负责运输，丙在运输过程中与他船发生碰撞，从而造成 30％的货物损坏，并且丙船也为了能继续航行而进入避难港进行修理，从而支出修理费。船到达目的港后，发现短少 10％，剩下的 60％的货物也已全部变形（船不通风导致温度过高所致），无法使用。

问题：

(1)在上述碰撞中所发生的 30％的货损应由谁承担？

(2)避难港的费用由谁承担？

(3)剩下的 60％的货物已全部变形的损失由谁承担？

(4)短少 10％的损失谁承担？

(5)如果当事人约定采用 FCA 价格条款，上述损失投保人投何种保险可以都得到赔偿？

各章习题参考答案

第一章

一、不定项选择题

1. ABD　2. A　3. ABD　4. A　5. AD　6. ABD　7. ABC　8. ABD
9. ACD　10. D

二、案例分析题

以下是这位律师的回答，供参考（学生可以就自己的理解，作出不同的回答）。

面对这个问题，我通常会反问他们以下几个问题。

(1) 你是否有把企业做大做强，向规模化、正规化大公司发展的抱负？

(2) 企业在经营过程中有没有因为没有签合同或签订的合同存在漏洞使自己蒙受经济损失？

(3) 有没有因为没有和员工签订劳动合同，没给员工上保险或出现工伤，或者对员工意气用事之后，不得已而进行不必要的仲裁或诉讼？

(4) 有没有在遇到相关法律问题需要向律师咨询的时候，因为临时寻找律师而贻误了最佳解决问题的时机？

(5) 企业经营中是不是涉及专利实施、特许经营权、知识产权等专业化非常强的领域？

如果以上问题有两个以上回答是肯定的，那么我不得不以一名律师的身份提醒他：你的公司该聘请法律顾问了。

或许，企业规模现在还不够大，员工不是很多，所签的合同也不是很烦琐，遇到重大诉讼的机会也不是很多。但是，无论是世界五百强的大公司还是刚刚进入运营的小企业，对企业经营风险的防范都是一刻也不能懈怠的。

企业的主要精力应该是在经营方面，过多的杂事会影响企业的正常发展。如果企业有自己的法律顾问，如同服务外包一样，将专业的事情交给专业的人去处理，节省出来的时间可以去做企业擅长的经营，从而获取更大更多的利润。

从目前运营比较成功的企业可以看到，企业法律顾问在参与企业的决策、经营、管理、预防和处理各种法律纠纷方面的作用将越来越重要，企业要想更好地发展，就必须重视法律顾问的作用。

很多规模较大的公司，会成立专门的法务部，而且还将内聘法律顾问列入企业的决策层，作为公司副总级的决策人。但是即使如此，这些大公司仍然会外聘律师作为公司的法律顾问，原因就在于，法律顾问作为公司外聘的专业人员，能够提供中肯、独立、专业的法律意见。

而对很多中小企业而言，专门的法律部门运营成本太大。在此种情况下，直接聘请律师为法律顾问提供法律服务、防范企业法律风险方为上上之策（成本较雇佣一名法务人员要低很多，效益却高很多）。

第二章

一、不定项选择题

1. D　2. C　3. A　4. ACD　5. BD　6. ABD　7. BCD　8. D

二、案例分析题

1. (1) 王某成立的是个人独资企业，依法应以王某个人财产对企业债务承担无限责任。由于王某在经济上独立于其家庭，因此债权人无权向其家庭要求偿还。

(2) 根据《个人独资企业法》的规定，个人独资企业应有投资人申报的出资，但并不要求有最低注册资金，因此该个人独资企业的出资额合法。

(3)《个人独资企业法》规定，个人独资企业有下列情形之一时，应当解散：①投资人决定解散；②投资人死亡或者被宣告死亡，无继承人或者继承人决定放弃继承；③被依法吊销营业执照；④法律、行政法规规定的其他情形。因此，本题中王某解散个人独资企业的行为有效。

2. (1) 公司章程中关于董事任期的规定不合法。因为根据《公司法》的规定，有限责任公司董事任期由公司章程规定，但每届任期不得超过3年。

(2) 公司章程中关于监事会职工代表人数的规定不合法。因为根据《公司法》的规定，监事会成员中的职工代表的比例不得低于1/3。所以，监事会成员为7人时，职工代表应最少为3人。

(3) 公司章程中关于股权转让的规定不合法。因为根据《公司法》的规定，股东向股东以外的人转让股权，应当经其他股东过半数同意。

第三章

一、不定项选择题

1. C　2. A　3. A　4. BCD　5. C　6. D　7. B　8. A　9. C　10. AD

二、案例分析题

(1) 4月30日甲的邮件；5月1日乙的回复；5月2日甲的回复构成要约。

(2) 5月4日乙的回复构成承诺。

(3) 甲、乙之间的合同成立于5月4日。

(4) 甲、乙之间合同的成立地点在甲的经常居住地C地。

(5) 该费用应该由甲承担。

(6) 丙不应向甲承担违约责任，应由乙向甲承担违约责任。

(7) 甲不应向丙承担赔偿责任。

第四章

一、不定项选择题

1. B　2. C　3. BD　4. AD　5. D　6. D　7. C　8. ABCD　9. ABCD　10. ACD

二、案例分析题

属于横向垄断协议。对于涉嫌垄断协议的,我国反垄断执法机构依法对涉嫌行为进行调查。如果确实存在垄断协议,应予以禁止,同时对相关责任人给以罚款等措施,涉及违法、犯罪的应当负相应的法律责任。

第五章

一、不定项选择题

1. D 2. C 3. CD 4. ABD 5. B 6. ABCD 7. ABCD 8. CD

二、案例分析题

1. (1) A的债权无担保,所以不能对卖房所得主张权利。银行与B的抵押权都登记过,银行登记在先,所以优先受偿,故12万元售房款中银行分得10万元,剩余2万元归B。

(2) 无效。该房不属于李某,李某没权利设定抵押权。

(3) 保险赔偿10万元仍用于担保银行和B的债权,因银行登记在先,享有优先权,所以这10万元应用于清偿银行的债权。

2. (1)必须登记。根据当时的《物权法》第15条以及第187条的规定,抵押合同自签字时生效,抵押权自办理登记之日期生效。因此,甲公司与银行之间在不动产上设定抵押权,经登记该抵押权始生效力。

(2)一并设定抵押。当时的《城市房地产管理法》第31条规定,房地产转让、抵押时,房屋的所有权和该房屋占用范围内的土地使用权同时转让、抵押。该法第47条规定,依法取得的房屋所有权连同该房屋占用范围内的土地使用权,可以设定抵押权。以出让方式取得的土地使用权,可以设定抵押权。以上两个条文表明我国立法上采"房地一体主义",即以房地产转让、抵押的,其效力及于该房屋占用范围内的土地使用权。《物权法》第182条再次确认了这一规范。

(3)不属于。依照《物权法》第200条以及《城市房地产管理办法》第51条的规定,房地产抵押合同签订后,土地上新增的房屋不属于抵押财产。

(4)银行可以与抵押人协议以抵押物折价或者以拍卖、变卖该抵押物所得的价款受偿;协议不成的,抵押权人可以向人民法院提起诉讼。抵押物折价或者拍卖、变卖后,其价款超过债权数额的部分归抵押人所有,不足部分由债务人清偿。

第六章

一、不定项选择题

1. D 2. BC 3. ABC 4. ABCD 5. ABCD 6. AB 7. ABCD 8. AB 9. AC 10. ABD

二、案例分析题

1. (1) 该公司和国有公司签订借贷协议的做法是不符合法律规定的。

(2) 该公司不满足上市的主体要求。首先,该公司是有限责任公司,而不是法律要求的股份有限公司,并且没有有权机关的同意;其次,上市的要求是近3年的净利润超过3000万,A公司仅1年。

(3) 在王某被冻结财产后,公司应该及时宣布。

2. 该公司是一家软件开发企业，经营已达到2年，虽然他不能选择A股上市，但是可以通过深交所创业板上市，也可以通过香港创业板上市，或者通过海外收购，间接上市。

第七章

一、不定项选择题

1. B 2. A 3. AB 4. A 5. B 6. B 7. A 8. D 9. AC 10. B 11. B 12. D 13. D 14. ABC 15. C

二、案例分析题

(1) 以乔小伟、乔大伟和正华汽车修理厂为共同被告。《民事诉讼法意见》第57条规定："提供劳务一方因劳务造成他人损害，受害人提起诉讼的，以接受劳务一方为被告。"个体工商户乔小伟是直接致损人钱财旺的雇主，理当作为本案被告。《民事诉讼法意见》第59条规定："在诉讼中，个体工商户以营业执照上登记的经营者为当事人。有字号的，以营业执照上登记的字号为当事人，但应同时注明该字号经营者的基本信息。营业执照上登记的经营者与实际经营者不一致的，以登记的经营者和实际经营者为共同诉讼人。"本案适用第2款，确定乔小伟与乔大伟为共同被告。《民事诉讼法意见》第54条规定："以挂靠形式从事民事活动，当事人请求由挂靠人和被挂靠人依法承担民事责任的，该挂靠人和被挂靠人为共同诉讼人。"据此，正华汽车修理厂亦成为共同被告。

(2) 甲市A区、B区、C区与甲市L县人民法院皆有管辖权。如果李有良以侵权起诉，《民事诉讼法》第28条规定："因侵权行为提起的诉讼，由侵权行为地或者被告住所地人民法院管辖。"侵权行为地在甲市C区，三被告住所地分别在甲市A区、B区与L县。如果李有良以违约起诉，《民事诉讼法》第23条规定："因合同纠纷提起的诉讼，由被告住所地或者合同履行地人民法院管辖。"合同履行地在甲市C区。

(3) 应由先立案的人民法院管辖。《民事诉讼法》第35条规定："两个以上人民法院都有管辖权的诉讼，原告可以向其中一个人民法院起诉；原告向两个以上有管辖权的人民法院起诉的，由最先立案的人民法院管辖。"

(4) 由争议方协商解决，协商不成的，报请其共同的上级法院指定管辖。《民事诉讼法》第37条规定："人民法院之间因管辖权发生争议，由争议双方协商解决；协商解决不了的，报请它们的共同上级人民法院指定管辖。"

(5) 由上级人民法院以违反程序为由撤销其判决，并将案件移送或指定其他人民法院审理，或者由上级人民法院提审。最高人民法院《关于在经济审判工作中严格执行〈中华人民共和国民事诉讼法〉的若干规定》第4条规定："两个以上人民法院如对管辖权有争议，在争议未解决之前，任何一方人民法院均不得对案件作出判决。对抢先作出判决的，上级人民法院应当以违反程序为由撤销其判决，并将案件移送或者指定其他人民法院审理，或者由自己提审。"

第八章

一、不定项选择题

1. C 2. ACD 3. C 4. A 5. D 6. C 7. B 8. ABD

二、案例分析题

1. (1) 该专利申请应当核准授予B公司。因为我国专利申请适用的是先申请原则，两个以上的申请人分别就同样的发明创造申请专利的，专利权授予最先申请的人。本案中，虽然A公司是先发明方，但B公司的申请早于A公司。

(2) 不构成侵权。因为《专利法》规定，在专利申请日前已经制造相同产品，使用相同方法或者已经做好制造、使用的必要准备，并且仅在原有范围内继续制造、使用的，不构成侵犯专利权。本案中，A厂早在B公司申请专利前已成功研制出该漏电触电保护产品，并进行了小批量试产，所以B公司取得专利权后，A厂继续在原有范围内继续生产不构成对B公司的专利侵权。

2.(1) 应于2月5日之前向商标评审委员会申请复审。

(2) 应当改变初审决定。因为“长寿”具有“寿命长”等其他含义，应当可以作为商标注册；同时用“长寿”作为保健器的商标，是一种暗示商标，而不是叙述商标，应当具有一定的显著性，符合商标申请的条件。

(3) 可以向人民法院提起诉讼。因为《商标法》规定，商标的取得、维持和撤销都纳入司法审查的范围，申请人可以在收到商标评审委员会复审决定之日起30日内向人民法院起诉。

(4) 不能。此时使用将侵犯商标专用权。

第九章

一、不定项选择题

1. B　2. B　3. C　4. D　5. A　6. C　7. BD　8. AD　9. B　10. D

二、案例分析题

《劳动合同法》第42条规定，女职工在孕期、产期、哺乳期的，用人单位不得以企业转产、产业升级为理由解除劳动合同。本案中，肖某是在劳动关系存续期间怀孕的，所以用人单位不应解除劳动合同，肖某是可以要求恢复劳动关系的。

第十章

一、不定项选择题

1. A　2. ACDE　3. B　4. B　5. A　6. C　7. C　8. BCE　9. ABCD　10. BC

二、案例分析题

(1) 由买受人向保险人索赔。CIF价格条款，默认卖方投保平安险。平安险的承保范围包括由于运输工具遭受搁浅、触礁、沉没、互撞、与流冰或其他物体碰撞以及失火、爆炸等意外事故造成货物的全部或部分损失。

(2) 避难港的费用属于共同海损，由保险人承担。

(3) 由买受人向承运人索赔。货物受潮受热造成的损失属于一切险的承保范围，本题没有投保一切险，保险公司不赔。船不通风导致温度过高导致货物损失，这属于承运人管货不当，承运人应当赔偿。

(4) 由买受人向承运人索赔。短量险属于一切险的承保范围，本题没有投保一切险，保险公司不赔。本题中货物减少由承运人承担责任。

(5) 投一切险或者水渍险附加短量险和受潮受热险。

参考文献
Bibliography

[1] 吴家曦.中小企业创业经营法律风险与防范策略[M].北京:法律出版社,2008.

[2] 陈解.企业与法律环境[M].北京:清华大学出版社,2004.

[3] 杨紫煊.经济法[M].2版.北京:北京大学出版社,2006.

[4] 向飞,陈友春.企业法律风险评估[M].北京:法律出版社,2006.

[5] 李建中,贾俊玲.个人独资企业法与个人独资企业管理[M].北京:国家行政学院出版社,2000.

[6] 卞耀武.中华人民共和国个人独资企业法释义[M].北京:法律出版社,2000.

[7] 刘芸,汪琳.个人独资企业法实务与案例评析[M].北京:工商出版社,2003.

[8] 全国人大常委会法工委.中华人民共和国合伙企业法释义[M].北京:法律出版社,2006.

[9] 张士元.企业法[M].2版.北京:法律出版社,2007.

[10] 徐永前.新合伙企业法100问[M].北京:企业管理出版社,2006.

[11] 李继刚.以案说法:合伙企业法[M].北京:中国社会科学文献出版社,2006.

[12] 孙晋.企业法实例说[M].长沙:湖南人民出版社,2003.

[13] 梁上上.图解新公司法:18小时轻松掌握新公司法[M].北京:水利水电出版社,2006.

[14] 刘俊海.新公司法的制度创新:立法争点与解释难点[M].北京:法律出版社,2006.

[15] 怀效峰.中国最新公司法典型案例评析[M].北京:法律出版社,2007.

[16] 赵旭东.新公司法案例解读[M].北京:人民法院出版社,2005.

[17] 崔建远.合同法[M].北京:法律出版社,2010.

[18] 何志.合同法分则判解研究与适用[M].北京:人民法院出版社,2002.

[19] 杨立新.合同法判例与学说[M].长春:吉林人民出版社,2005.

[20] 丁义军,郭华.新合同纠纷案件判解研究[M].北京:人民法院出版社,2005.

[21] 薄守省.中国合同法案例[M].北京:对外经济贸易大学出版社,2005.

[22] 李晓斌.物权法律政策解读与实用范本典型案例全书[M].2版.北京:中国法制出版社,2013.

[23] 雍雪林,刘庭清,贺俊.驾驭风险:企业经营365个法律痛点解决之道[M].北京:法律出版社,2017.

[24] 郭明瑞,房绍坤,张平华.担保法[M].5版.北京:中国人民大学出版社,2017.

[25] 黄书建.担保法司法实务要点与规范集成[M].北京:法律出版社,2017.

[26] 史国政.担保法理论与适用实务全书[M].北京:中国法制出版社,2018.

［27］ 司伟，肖峰．担保法实务札记：担保纠纷裁判思路精解［M］．北京：中国法制出版社，2019．

［28］ 邓学敏，饶梦莹．中国担保法律法规汇编及案例精选（批注版）［M］．北京：北京大学出版社，2019．

［29］ 孙鹏．最高人民法院担保法司法解释精释精解（增订本）［M］．北京：中国法制出版社，2019．

［30］ 孙应征．借款合同法律原理与实证解析［M］．北京：人民法院出版社，2006．

［31］ 杨立新．物权法规则适用［M］．长春：吉林人民出版社，2007．

［32］ 王利民．担保法实务与案例评析［M］．北京：工商出版社，2003．

［33］ 陈祥健．担保物权法研究［M］．北京：中国检察出版社，2004．

［34］ 王利明．民法［M］．北京：中国人民大学出版社，2000．

［35］ 杨震．民法［M］．北京：中国人民大学出版社，2010．

［36］ 贺小虎．企业融资法律实务［M］．北京：中国经济出版社，2008．

［37］ 关景欣．中国中小企业板上市融资操作实务［M］．北京：法律出版社，2007．

［38］ 陈晓峰．企业投资融资法律风险管理与防范策略［M］．北京：法律出版社，2009．

［39］ 强力，王志诚．中国金融法［M］．北京：中国政法大学出版社，2010．

［40］ 杨庆育．企业债券融资理论与发展研究［M］．重庆：重庆大学出版社，2004．

［41］ 颜学海．企业投融资法律与操作实务［M］．上海：复旦大学出版社，2006．

［42］ 张卫平．民事诉讼法［M］．5版．北京：法律出版社，2019．

［43］ 江伟．民事诉讼法［M］．5版．北京：高等教育出版社，2016．

［44］ 王亚新，陈杭平，刘君博．中国民事诉讼法重点讲义［M］．北京：高等教育出版社，2017．

［45］ 李浩．民事诉讼法学［M］．3版．北京：法律出版社，2016．

［46］ 中国法制出版社．民事诉讼法及司法解释新编（含请示答复及指导案例）［M］．北京：中国法制出版社，2019．

［47］ 刘春田．知识产权法［M］．北京：法律出版社，2009．

［48］ 吴汉东．知识产权法［M］．北京：北京大学出版社，2009．

［49］ 郑成思．知识产权法［M］．北京：法律出版社，2004．

［50］ 汤宗舜．专利法教程［M］．北京：法律出版社，2003．

［51］ 黄晖．商标法［M］．北京：法律出版社，2005．

［52］ 王明．劳动合同法 HR 全攻略［M］．北京：法律出版社，2008．

［53］ 王明．企业裁员、调岗调薪、内部处罚、员工离职风险防范与指导［M］．北京：中国法制出版社，2009．

［54］ 左祥琦．用人单位劳动合同法操作实务［M］．北京：法律出版社，2007．

［55］ 王桦宇．劳动合同法实务操作与案例精解［M］．北京：中国法制出版社，2011．

［56］ 王全兴．劳动法［M］．北京：法律出版社，2008．

［57］ 黎建飞．劳动与社会保障法教程［M］．北京：中国人民大学出版社，2007．

［58］ 关怀．劳动法［M］．北京：中国人民大学出版社，2008．

[59] 黎建飞.身边的法律顾问:劳动合同与社会保障[M].北京:中国人民大学出版社,2009.

[60] 王传丽.国际经济法[M].北京:法律出版社,2005.

[61] 郭寿康,赵秀文.国际经济法[M].北京:中国人民大学出版社,2009.

[62] 董新民.国际商务法律[M].北京:中国时代经济出版社,2005.

[63] 姜作利.国际商法[M].北京:法律出版社,2006.

[64] 吴宏伟.竞争法有关问题研究[M].北京:中国人民大学出版社,2000.

[65] 黄勇,岑兆琦.中外反不正当竞争法经典案例评析[M].北京:中信出版社,2007.

[66] 徐士英.新编竞争法教程[M].北京:北京大学出版社,2009.

[67] 徐孟洲,孟雁北.竞争法[M].北京:中国人民大学出版社,2008.

[68] 倪振峰.竞争法案例教程[M].上海:复旦大学出版社,2005.

[69] 曲振涛,王福友.经济法[M].4版.北京:高等教育出版社,2011.

[70] 秦雷,陈元刚.经济法[M].北京:清华大学出版社,2010.

[71] 漆多俊.经济法学[M].2版.北京:高等教育出版社,2010.

[72] 史际春,等.反垄断法理解与适用[M].北京:中国法制出版社,2007.

[73] 王晓晔.竞争法学[M].北京:社会科学文献出版社,2007.

[74] 王先林.竞争法学[M].3版.北京:中国人民大学出版社,2018.

[75] 商务部法条司.《中华人民共和国反垄断法》理解与适用[M].北京:法律出版社,2007.

[76] 董学立.企业与企业法的概念分析[J].山东大学学报(哲学社会科学版),2001(6).

[77] 路伟国际律师事务所.中国企业法律风险典型案例简析[J].法人杂志,2005(4).

[78] 王义军.企业法律事务工作运行模式略探[J].广东法学,2008(5).

[79] 北京市智维律师事务所.为什么失败的总是我?——一份关于中国企业并购失败的法律风险分析报告[N].华夏时报,2010-05-29(10).

[80] 李志银.华为公司的企业法务[OL].[2011-08-10].http://blog.sina.com.cn/s/blog_4c4060f10100phtz.html.

[81] 郭洪魁.企业法律风险及防控体系[OL].[2011-08-20].http://www.lawtime.cn/info/zscq/zscqlw/2010123158530.html.

[82] 刘克江,苗颖.律师担任非上市外资公司独立董事业务之分析[C/OL].德衡论文集.[2011-08-11].http://www.deheng.com.cn/asp/PAPER/html/200972215301111.htm.

[83] 张晓美.什么样的公司需要聘请法律顾问[OL].[2011-08-20].http://www.lawtime.cn/article/lll43667304371824oo29677.

[84] 吴卫明.大数据企业上市过程中的法律风险与防范[OL].[2019-11-25].https://www.bizchinalaw.com/archives/12123.

与本书配套的二维码资源使用说明

本书部分课程及与纸质教材配套数字资源以二维码链接的形式呈现。利用手机微信扫码成功后提示微信登录，授权后进入注册页面，填写注册信息。按照提示输入手机号码，点击获取手机验证码，稍等片刻收到 4 位数的验证码短信，在提示位置输入验证码成功，再设置密码，选择相应专业，点击“立即注册”，注册成功。（若手机已经注册，则在“注册”页面底部选择“已有账号？立即注册”，进入“账号绑定”页面，直接输入手机号和密码登录。）接着提示输入学习码，需刮开教材封面防伪涂层，输入 13 位学习码（正版图书拥有的一次性使用学习码），输入正确后提示绑定成功，即可查看二维码数字资源。手机第一次登录查看资源成功以后，再次使用二维码资源时，只需在微信端扫码即可登录进入查看。